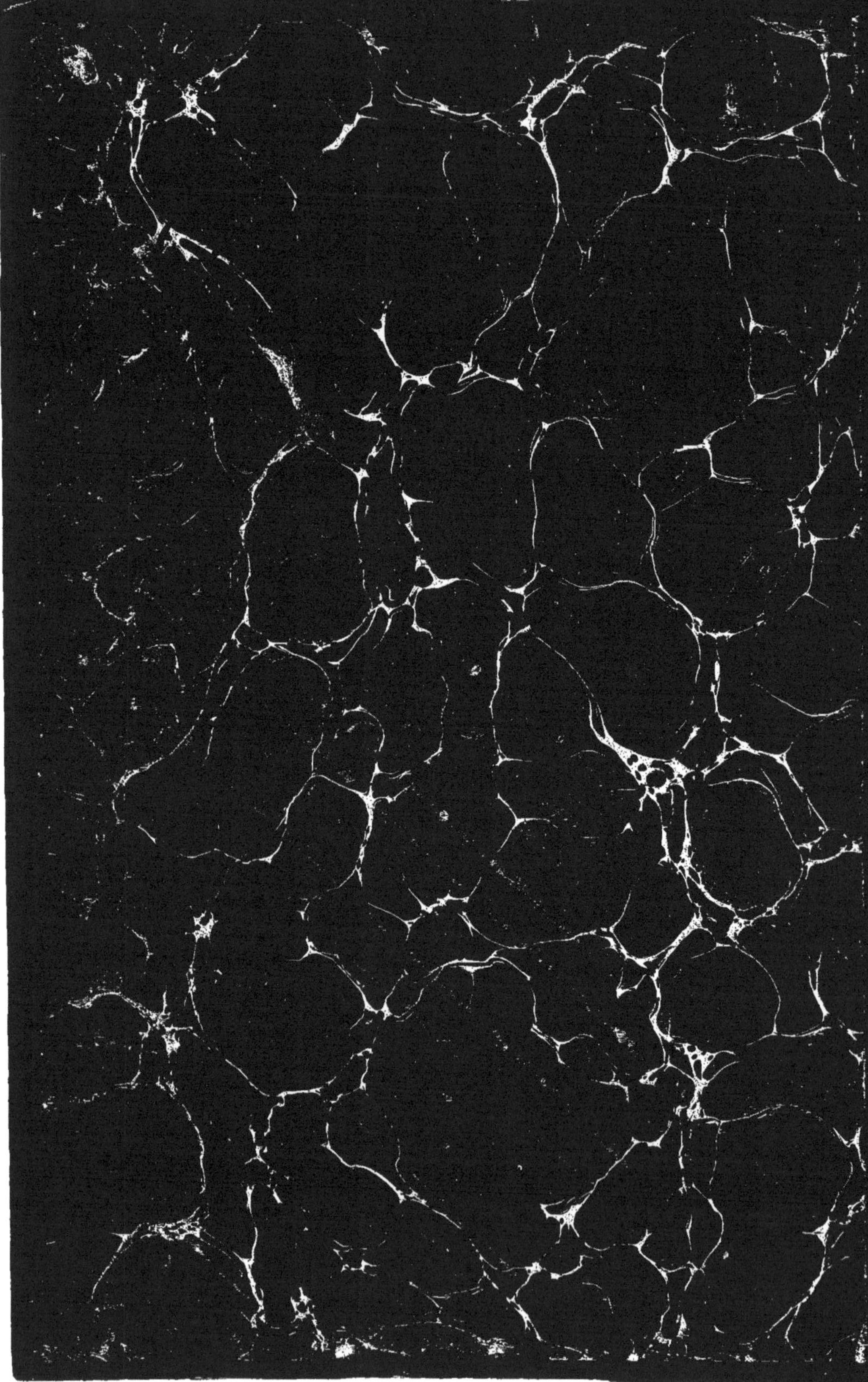

ANNALES DES ROIS D'ASSYRIE.

ANNALES

DES

ROIS D'ASSYRIE

TRADUITES ET MISES EN ORDRE SUR LE TEXTE ASSYRIEN

PAR

M. JOACHIM MÉNANT.

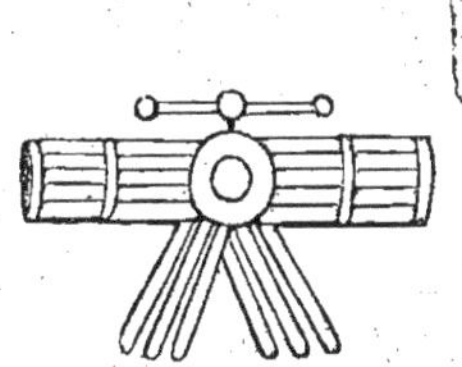

PARIS
MAISONNEUVE ET Cie, ÉDITEURS,
QUAI VOLTAIRE, 15.

M. D. CCC. LXXIV.

PRÉFACE.

J'ai essayé de réunir dans ce volume les renseignements qui nous sont fournis sur l'histoire de l'Assyrie par les inscriptions en caractères cunéiformes. Ces inscriptions écrites par les Rois assyriens eux-mêmes forment un ensemble qui permet de suivre les agrandissements de l'Empire, depuis ses origines jusqu'au moment où il disparaît de la scène du monde.

J'ai dégagé mes traductions des commentaires philologiques, qui, par leur aridité et par les conditions spéciales que la discussion de ces matières exige, ne les rendent accessibles qu'à un petit nombre de savants. Je crois les avoir mises ainsi plus facilement à la portée du grand public. Je crois également qu'on pourra se former une idée plus exacte de l'importance et de l'étendue des textes assyriens en les consultant dans une traduction courante, débarrassée de longueurs que les observations sur l'écriture et sur l'idiome entraînent inévitablement.

Ces documents, si étendus qu'ils soient déjà, ne forment cependant qu'une faible partie des textes qui ont été recueillis sur le sol de l'Assyrie;

mais ceux qui nous permettraient de pénétrer plus intimement dans la vie du peuple assyrien renferment, par la nature même des sujets qu'ils nous font connaître, des expressions techniques dont la signification n'a pas encore été assez rigoureusement déterminée pour les faire sortir du domaine de la discussion.

Une grande partie des inscriptions que je publie aujourd'hui ont été traduites ; quelques-unes même ont été accompagnées de commentaires auxquels il nous a suffi de renvoyer et sur lesquels il est inutile de revenir ici.

J'ai revu avec soin chaque texte, chaque inscription. Les travaux auxquels je me suis livré sur le Syllabaire Assyrien *m'ont fait une nécessité, pendant plusieurs années, de lire avec une scrupuleuse attention, tous les textes assyriens à mesure qu'ils parvenaient à ma connaissance pour déterminer la valeur et la forme des caractères. Je ne pouvais me livrer à ce travail sans me préoccuper du contenu des inscriptions ; ces longues recherches m'ont permis de fixer le sens véritable d'un grand nombre de lectures indécises.*

Quelques passages présentent encore des difficultés sérieuses. On trouvera çà et là des points pour indiquer les lacunes des textes, — des mots transcrits pour suppléer aux insuffisances de la traduction, — des points d'interrogation pour appeler l'attention sur des interprétations douteuses. Ces indications étaient nécessaires pour édifier les lecteurs auxquels ces pages sont particulièrement destinées. Ceux qui voudront aller au-delà, devront se reporter aux inscriptions elles-mêmes ; nous en avons soigneusement indiqué les points de repères. Ils devront surtout consulter les travaux élémentaires relatifs à la lecture et à l'interprétation, et s'entourer des renseignements qui peuvent leur être fournis par les discussions philologiques qu'il n'est plus permis d'ignorer aujourd'hui.

J. MÉNANT.

Rouen, le 1er *décembre* 1873.

NOTA

Nous nous sommes conformé, pour les références, aux abréviations qui sont aujourd'hui généralement adoptées pour désigner les principaux Recueils des inscriptions assyriennes.

BOTTA. — *Le Monument de Ninive, découvert et décrit par* M. P. E. Botta; Paris, 1849. — Le troisième volume est particulièrement consacré aux inscriptions. — Une publication spéciale a été mise à la portée des savants.

LAYARD. — *Inscriptions in the cuneiform character, from assyrian Monuments, discovered by* A.-H. Layard, D. C. L. London, 1851.

W. A. I. — *A. Selection from the historical Inscriptions of Chaldea, Assyria and Babylonia. — (Western Asia Inscriptions.)* — Cette importante publication comprend déjà trois volumes. Les deux premiers ont été préparés et mis en ordre par sir H. Rawlinson, assisté de M. Edwin Norris. Pour le troisième, sir H. Rawlinson s'est adjoint M. G. Smith, attaché au Musée Britannique.

INTRODUCTION

> « Je dis ceci à celui qui, dans la suite des jours,
> « sera appelé, parmi mes fils, à la garde du Pays,
> « par Assur et Istar : Ces palais vieilliront et tom-
> « beront en ruines... qu'il relève ces palais, qu'il
> « rétablisse les inscriptions qui portent mon nom,
> « qu'il restaure les sculptures, qu'il les remette à
> « leur place... »
>
> (*Inscriptions des Rois assyriens.*)

Les Assyriens avaient écrit leur histoire non-seulement pour leurs contemporains, mais surtout pour la postérité. Jamais peuple ne s'est montré plus soucieux de l'avenir et n'a fait un plus grand usage de l'écriture pour perpétuer sa renommée. Les Rois gravaient le récit de leurs conquêtes sur des stèles, sur des prismes ou des cylindres enfouis dans les fondations des palais et des temples, derrière les bas-reliefs qui en ornaient les portiques et sur les marbres qui en décoraient les grandes salles.

Les Assyriens répétaient le même texte un grand nombre de fois, souvent ils l'imprimaient pour le multiplier à l'infini ; chaque brique, dans un édifice, porte le nom et la généalogie du prince qui l'a fait construire.

La substance sur laquelle les Assyriens écrivaient le plus généralement les a, du reste, merveilleusement servis : c'est l'argile, cette matière plastique de la Chaldée, qui résiste à l'eau, au feu, et que la pioche des démolisseurs peut à peine entamer aujourd'hui.

Aux précautions matérielles qu'ils prenaient pour assurer la durée de leurs récits, les Assyriens ajoutaient le prestige des influences morales. Il n'y a pas une inscription publique ou privée, de quelque importance, qui ne commence par une invocation religieuse et qui ne se termine par des imprécations terribles contre ceux qui voudraient l'altérer ou la détruire.

Malgré cela, le jour de la ruine arriva pour ces monuments qu'on voulait rendre éternels. Les palais et les temples furent renversés, les inscriptions disparurent, les langues furent oubliées; d'autres empires, d'autres palais, une autre langue, une civilisation nouvelle, en un mot, s'éleva sur les débris de la civilisation assyrienne, et aucune tradition ne parut rattacher l'empire d'Assyrie aux destinées du monde. C'est aujourd'hui seulement qu'on commence à fouiller ces ruines, à recueillir ces inscriptions si longtemps ensevelies, qu'on peut les étudier et ressusciter la langue du pays d'Assur.

Trois points seulement ont été explorés jusqu'ici sur le sol de l'Assyrie. C'est d'abord au village de Khorsabad que les fouilles de M. Botta ont commencé, puis M. Layard a entrepris des recherches analogues à Nimroud et particulièrement en face de Mossoul, sur le sol même de Ninive, et ces explorations nous ont fourni les nombreuses inscriptions que nous pouvons consulter aujourd'hui sur l'histoire de l'Assyrie.

Ces inscriptions nous initient à la vie publique et à la vie privée. Nous trouvons, à côté de l'histoire du développement de l'empire assyrien, des monuments de sa vie religieuse et civile, des documents de jurisprudence, des observations scientifiques, des traités de grammaire et des poèmes.

Le nombre des matériaux est considérable et les faits se classent avec une admirable précision. La plupart du temps, ils sont datés du jour, du mois, de l'année d'un souverain dont il est possible de fixer le règne dans l'ensemble de la chronologie. On peut ainsi mettre à sa place chaque détail, à mesure qu'il se produit, et apprécier l'étendue des lacunes que les investigations ultérieures viendront combler.

Le calendrier assyrien, auquel nous aurons souvent besoin de recourir, se compose de douze mois de trente jours, plus un mois complémentaire, dont la longueur et la place ont pu varier. Il a été facile d'établir la concordance du calendrier assyrien avec le calendrier juif et nos calendriers usuels.

L'origine de ce calendrier échappe à toute appréciation; quand nous le trouvons établi en Assyrie, il est déjà d'une haute antiquité. Quelques tablettes nous présentent les noms des mois dans leur succession régulière sous les deux formes que comporte l'écriture assyrienne. Nous connaissons ainsi l'idéogramme qui exprime le symbole du mois ou sa désignation primitive, puis sa transcription assyrienne. Il est certain que les Assyro-Chaldéens ont reçu leur calendrier d'une civilisation antérieure et qu'ils ont traduit ou transcrit, dans leur langue, des noms dont nous ne pouvons plus comprendre la signification première. Ce calendrier a servi de base à celui que les Juifs ont adopté pendant la captivité de Babylone, il s'est perpétué jusqu'à nos jours.

L'année ordinaire commençait à l'équinoxe de printemps, au mois de *Nisannu* qui est appelé dans les inscriptions « le commencement de l'année. » Cependant les Assyriens distinguaient l'année civile de l'année ordinaire; l'année civile commençait à l'équinoxe d'automne. Les Assyriens faisaient usage, dans leurs calculs astronomiques, d'un cycle dont nous n'avons pas à nous préoccuper ici, car ils ne semblent pas y avoir rattaché, ordinairement, les faits de leur histoire. Lorsqu'ils veulent indiquer la date d'un événement ancien, ils le précisent par le nombre des années qui se sont écoulées depuis cet événement jusqu'au moment de leur observation.

L'année civile était désignée par le nom d'un personnage particulier qui porte le nom de *Limmu* et qui était choisi parmi les grands fonctionnaires de l'Etat; le roi lui-même pouvait être appelé à cet honneur. Les Limmu rappellent le rôle des Archontes de la Grèce; on leur a même donné, pour cette raison, le nom de « éponymes» que nous croyons devoir rejeter. Nous leur conserverons leur désignation assyrienne qui n'a pas de correspondant français. Cette notation paraît équivalente à celle des « campagnes » (*palie*) ou des « années » (*sannat*) du souverain; plusieurs passages en ont établi la concordance.

On a reconnu, sur un certain nombre de tablettes, des listes de Limmu. En réunissant ces différents fragments, on a recomposé quatre listes, à peu près identiques, qui renferment une suite non-interrompue d'indications comprenant 228 années consécutives. Cette longue période couvre précisément l'époque où les Assyriens se sont trouvés en rapport avec les Hébreux ; et, dès lors, chaque date acquiert une importance facile à comprendre.

Pour rattacher la liste des Limmu à l'histoire générale, les synchronismes n'ont pas manqué ; il suffisait, du reste, d'un point bien établi pour assurer la régularité de toute la série. Les récits bibliques et le canon de Ptolémée sont les deux autorités principales sur lesquelles on peut s'appuyer pour arriver à ce résultat.

L'époque de la prise de Samarie se trouve fixée par toutes les données de l'histoire d'une manière précise. D'après les textes bibliques, la chute du royaume d'Israël eut lieu la sixième année du règne d'Ezéchias, la neuvième d'Osée. On s'accorde à fixer cet événement, suivant les historiens, l'an 721 avant J.-C., correspondant à l'année 720 des astronomes. D'un autre côté, la prise de Samarie est relatée dans les textes assyriens ; elle eut lieu la première année du règne du souverain qui a construit le palais de Khorsabad. Le texte assyrien conforme au texte biblique ne laisse aucun doute à ce sujet.

La prise de Samarie peut donc servir de point de départ pour fixer les autres dates qui en seront la conséquence, les concordances à l'appui viendront naturellement dans le récit des événements que nous allons exposer.

Nous trouvons sur la liste des Limmu 56 noms après cette époque et 172 auparavant. Entre ces deux limites, la chronologie paraît régulièrement suivie. Nous indiquerons comment quelques dates d'une haute antiquité ont été précisées ; nous ne nous écarterons pas du reste de ce point de départ, et nous n'accepterons comme certaines que les dates qui s'appuient sur des documents assyriens.

Il s'est présenté une difficulté sur laquelle nous devons nous expliquer ici. Quand il s'est agi de lire les noms des rois assyriens dans leurs textes, et de les appliquer à ceux que nous connaissions déjà, les faits ont quelquefois fourni, au début des recherches, le premier indice du nom du monarque qui les avait accomplis, et la lecture s'est trouvée justifiée après coup ; mais souvent, quoique la lecture fut assurée, ils ont résisté à une assimilation que rien n'est encore venu justifier.

Aujourd'hui, nous pouvons nous rendre compte de cette difficulté. Nous savons, en effet, que les noms des rois assyriens se présentent dans les textes sous leur forme idéographique. Ils sont, en général, composés de plusieurs éléments ; leur transcription phonétique est très-rare, mais la lecture phonétique de leurs différents éléments donne la lecture de l'ensemble. Nous conserverons à ces noms ainsi lus leur forme assyrienne tout en ayant soin d'indiquer, d'après cette transcription, le nom du souverain auquel l'histoire a déjà donné sa consécration.

Il faut distinguer les différentes sources d'où nous provenaient jusqu'ici nos renseignements sur l'histoire d'Assyrie. Les rapports qui ont existé entre les Juifs et les Assyriens donnent aux récits bibliques une grande autorité. Les Grecs n'ont connu l'Assyrie que de seconde main ; nous pouvons croire *à priori* que les récits qu'ils nous transmettent ont été altérés. Examinons d'abord les renseignements qui nous sont fournis par les Juifs.

La Bible nous a transmis le nom de six rois assyriens ; cinq ont été reconnus d'une manière rigoureuse dans les inscriptions, un seul fait exception, c'est Phul.

Phul (פול), l'adversaire de Ménahem (II.R.XV.19), n'a pas jusqu'ici de correspondant dans les noms des rois assyriens que les inscriptions nous font connaître, bien que le nom de Ménahem s'y soit rencontré. Deux systèmes se sont présentés parmi les assyriologues pour résoudre les difficultés qui naissent à propos de ce nom. Sir H. Rawlinson a cherché à assimiler Phul à un des rois compris dans la suite des Limmu ; après de vains efforts pour concilier les données bibliques avec les textes assyriens, il a dû y renoncer. M. Oppert ne désespère pas de rencontrer un jour le nom de ce monarque sur quelque document encore inconnu ou inexploré ; en attendant, il lui fait une place dans la liste des Limmu qui devaient marquer son règne. Il prétend que cette liste a été interrompue et reprise sans avoir laissé de trace sur les tables que nous possédons. Cette hypothèse ne se justifie que par le besoin de concilier certaines difficultés chronologiques dont nous ne dissimulerons pas la gravité ; mais elle ne paraît pas justifiée par l'ensemble des listes que nous pourrons consulter.

Le second roi assyrien, dont nous trouvons le nom cité dans la Bible, est Tiglat-Pileser (תגלת פלאסר) ou Taglat-Phalassar (Θαγλαφαλλασάρ) soit que nous prenions la transcription des Massorètes, soit que nous adoptions celle des Septantes. Ce prince était contemporain d'Achaz, roi de Juda ; celui-ci soutenait une guerre inégale contre les Syriens ; il envoya des ambassadeurs auprès de Tiglat-Pileser, roi d'Assyrie, pour solliciter son appui, et en retour de sa protection il lui offrit des présents (II. Rois 1, XVI. 7). Or, Achaz est précisément nommé parmi les tributaires d'un roi dont le nom figure ainsi dans les inscriptions :

Le nom assyrien se compose de trois éléments qui signifient littéralement « adoration au fils du dieu Asar » et se lit phonétiquement *Tuklat-pal-Asar*. Ce nom s'applique à plusieurs princes homonymes dans la suite des rois assyriens. Nous aurons occasion de signaler plus tard les différences qui les caractérisent ; nous réserverons toutefois la forme hébraïsée à celui-là seul qui s'est trouvé en rapport avec les Juifs.

Le troisième roi cité dans la Bible est Salmanassar (שלמנאסר). On lit dans le *Livre des Rois* (XVII.I-3) : « La douzième année d'Achaz, roi de Juda, Osée, fils d'Ela régna sur Israël à Samarie pendant neuf ans ; il fit le mal devant le Seigneur, mais non comme les rois d'Israël qui avaient régné avant lui. Salmanassar, roi des Assyriens, marcha contre lui, et Osée fut asservi à Salmanassar, roi des Assyriens et lui paya tribut. » Or, on lit le nom d'Osée parmi les tributaires d'un prince assyrien dont le nom se présente ainsi :

Ce nom se compose de deux éléments qui sont à lire phonétiquement *Salman-Asar*. Ce prince figure comme le successeur de Tuklat-pal-Asar dans la liste des Limmu. Il a également plusieurs homonymes, mais nous ne conserverons le nom de Salmanassar qu'à l'adversaire d'Osée.

Le texte biblique continue : Osée voulut s'affranchir du tribut qu'il payait aux Assyriens, il chercha des alliés et voulut secouer le joug de l'Assyrie. Salmanassar fit d'abord des courses dans le pays, et étant venu à Samarie, il la tint assiégée pendant trois ans (XVII.4,5.).

La neuvième année d'Osée *le roi des Assyriens* prit Samarie et transporta les Israélites en Assyrie (xvii.6.). Ici la Bible ne nomme pas le roi des Assyriens qui s'empara de Samarie, mais nous le connaîtrons par les textes assyriens ; il nous suffit de faire remarquer que les monuments du règne de Salmanassar portent la trace de graves complications intérieures auxquelles le peuple d'Israël a dû rester étranger.

Le quatrième roi dont nous trouvons le nom est Sargon (סרגון). Il n'est nommé qu'une fois, par Isaïe, à propos de la prise d'Asdod : « L'année que le Tartan envoyé par Sargon, roi des Assyriens, vint à Asdod l'assiégea et la prit » (xx.i.) Or, la prise d'Asdod est mentionnée dans les annales du prince qui a construit le palais de Khorsabad et dont le nom s'écrit :

Ce nom se compose de deux éléments dont la lecture phonétique nous donne *Sar-kin,* ou *Sarru-kin.* Sarkin est ce prince que la Bible ne nomme pas et qui a achevé le siége de Samarie. On lit, en effet, dans ses annales : « J'ai assiégé, j'ai pris la ville de Samarie et j'ai réduit en captivité 27,280 de ses habitants. » (Botta, pl. 70, Salle II, n° 3). Il ne peut y avoir de doute sur l'identité de ce prince, qui succéda plus ou moins régulièrement à Salmanassar et qui figure après lui dans les listes des Limmu.

Le cinquième roi est Sennachérib (סנחריב) l'adversaire d'Ezéchias (ii.r.xviii.13). C'est précisément le nom du roi de Jérusalem, dont la lecture n'offrait pas de difficultés dès l'origine, qui a mis sur la voie du nom du prince assyrien ainsi désigné dans les textes assyriens :

Ce nom est composé de trois éléments qui signifient littéralement « Sin augmente les frères ». La lecture phonétique permet de le prononcer *Sin-akh-irib.* L'histoire du siége de Jérusalem dont on peut contrôler les détails dans les récits des juifs et des Assyriens, ne laisse aucun doute sur l'identité du prince qui succéda à Sargon.

Le dernier roi assyrien que la Bible nous fait connaître est Assarhaddon (אסרחדון) le fils de Sennachérib, que le Livre des Rois nous indique comme ayant succédé à son père après le meurtre commis par ses deux frères Adramélech et Sarassar. (II. Rois XIX. 37.) Les textes assyriens nous présentent le nom du fils de Sennachérib sous la forme :

Ce nom se compose de trois éléments qui signifient littéralement « Assur a donné des frères » et l'articulation assyrienne qui y correspond se lit *Assur-akh-idin*.

Tels sont les rois que les récits hébraïques nous font connaître. Jetons maintenant un coup d'œil sur ceux qui nous sont fournis par les historiens grecs.

Le canon de Ptolémée ne mentionne que deux rois dont on peut facilement retrouver les noms dans les textes assyriens. Le premier, c'est Sargon qu'on s'accorde à reconnaître dans la forme Ἀρκεάνος. Le second, c'est Assarhaddon qu'on reconnaît plus facilement encore dans la transcription grécisée Ἀσαριδίνος.

Hérodote ne donne qu'un nom, celui de Sennachérib (Σαναχάριϐος). La transcription grecque fut-elle moins transparente n'en serait pas moins certaine par la concordance des détails qui nous sont transmis sur les guerres du prince assyrien, en Syrie et en Egypte, par l'historien grec, par la Bible et par les inscriptions.

En dehors de ces trois noms, il est difficile de reconnaître ceux des autres souverains de l'Assyrie qui nous sont transmis par les Grecs.

Le nom de Sardanapale (Σαρδανάπαλος) si célèbre dans l'antiquité, est évidemment calqué sur un type assyrien, mais il est difficile de l'appliquer à un des souverains que les inscriptions nous font connaître ; bien qu'il puisse répondre à plusieurs noms plus ou moins altérés que nous aurons occasion de signaler.

D'un autre côté, il paraît évident que les Grecs n'ont pas toujours eu en vue le même personnage sous le même nom. L'un d'eux aurait été un grand guerrier, mais on ne donne rien de précis sur ses exploits ; un autre au contraire doit sa renommée à des détails qui nous sont donnés sur son luxe, sur sa vie efféminée et sur sa fin tragique. Il est certain qu'il ne faut pas s'attendre à trouver sur une brique assyrienne le récit des derniers moments de Ninive, mais au moins nous devrions reconnaître le nom du dernier de ses rois dans quelque document antérieur ou postérieur. Quant à présent, on n'est point arrivé à ce résultat. Ninive a été ravagée plusieurs fois, on s'accorde à placer sa chute définitive vers l'an 605 avant J.-C. La liste des Limmu permet de descendre jusqu'à l'année 665. Le dernier prince qui y figure monta sur le trône le 12 Iyar du Limmu Sakan-la-armi, par conséquent, le 12 avril-mai 667 avant J.-C. ; il porte le nom suivant :

Ce nom se lit phonétiquement *Assur-bani-pal*. Quels que soient les rapports qui puissent exister entre ce nom et celui de Sardanapale, ce prince ne saurait avoir péri dans les flammes au moment de la ruine de Ninive. Sans nous arrêter à la durée exagérée qu'il faudrait accorder à son règne, il nous suffit de dire que les inscriptions nous font connaître son successeur :

Ce nom se lit *Assur-edil-ili* et il est plus difficile encore d'y voir le Sardanapale des Grecs.

Enfin, on ne saurait le reconnaître dans le nom du prince qui régnait au moment de la première chute de Ninive ; d'après les calculs de M. Oppert, elle aurait eu lieu vers l'an 792, et ce prince se nomme *Assur-narara*.

N'oublions pas que les Grecs n'ont été en rapport avec l'Assyrie que longtemps après la chute de Ninive. Il est certain qu'ils ne pouvaient lire l'écriture dont nous retrouvons le sens aujourd'hui ; il est même évident qu'ils ont eu sous les yeux des inscriptions dont ils ont dénaturé les termes, et dont nous pouvons reconstruire les éléments malgré les défigurations qu'ils nous ont transmises. C'est ainsi que depuis longtemps M. Oppert a restitué dans l'inscription rapportée par Clitarque le véritable sens du nom si étrange d'Anakyndaraxarès (Ἀνακυνδαραξάρης). Il en est de même du nom de Kounouskonkoleros (Κονοσκογκόλερος) que les Grecs attribuent à un Sardanapale, et qui n'est que la défiguration d'un titre royal rapporté dans toutes les inscriptions des souverains de l'Assyrie.

Ce n'est donc qu'avec la plus grande réserve qu'on doit accepter les renseignements qui nous viennent des Grecs. Ils ne savent rien sur l'origine de l'empire d'Assyrie. Moïse de Khoren nous transmet une liste de noms de villes qu'il prend pour les premiers rois d'Assyrie. Ctésias nous est particulièrement suspect, ce n'est pas à la cour des Perses qu'il a pu s'inspirer du sens historique ni recueillir des documents sérieux sur les Assyriens. Ce qu'il nous raconte sur Ninus et sur Sémiramis doit être rejeté dans le domaine des légendes, et ne trouve aucun appui dans l'histoire que les textes assyriens vont nous raconter.

Bérose au contraire paraît avoir puisé à une source chaldéenne dont il avait l'intelligence; et, à ce titre, les fragments qui nous sont parvenus de cet historien sont d'une grande importance. En dégageant ce qu'il doit y avoir d'exagéré et d'incompris par ses copistes, il est facile de ramener les données qu'ils nous ont transmises sur les premiers âges de la Haute-Asie dans des limites appréciables, et parfaitement en rapport avec les renseignements qui nous sont fournis par les découvertes modernes.

Bérose nous indique la suite des premières dynasties qui ont régné jadis sur la Haute-Asie et dont nous croyons devoir rappeler les données.

C'est d'abord une dynastie qu'il nomme Médique (?) et qui comprend huit rois parmi lesquels il cite Zoroastre ; cette dynastie aurait régné 224 ans et les calculs portent à la placer de l'an 2458 à 2234 avant J.-C.

Vient ensuite deux dynasties chaldéennes comprenant cinquante rois ayant régné 716 ans, de l'an 2234 à 1518.

Puis une dynastie arabe de huit rois, ayant régné 245 ans (?) de l'an 1518 à 1273.

Vient alors une première dynastie assyrienne de quarante-cinq rois ayant régné 526 ans, de l'an 1273 à 747.

Puis une deuxième dynastie assyrienne de huit rois, ayant régné 122 ans, de l'an 747 à l'an 625.

Enfin, une nouvelle dynastie chaldéenne comprenant 6 rois qui ont régné 87 ans, de l'an 625 à l'an 538.

Nous ne chercherons pas à pénétrer dans les origines de la Chaldée, il nous suffit de savoir que l'histoire des premiers rois de l'Assyrie mêlée à celle des derniers rois de l'empire de Chaldée nous présente des renseignements que nous ne pouvons complètement écarter avant d'arriver aux annales des rois assyriens.

Hérodote, dont les indications doivent toujours être acceptées avec respect, nous dit que le grand empire d'Assyrie avait duré 520 ans et s'était écroulé sous les armes des Mèdes, ce qui porte la fin de l'influence assyrienne vers l'année 606. Les différences qui peuvent exister dans les chiffres qui nous sont transmis doivent se concilier par le sens qu'on attachait au nom de la domination assyrienne et qu'on pouvait expliquer d'une manière plus ou moins large; mais ce qu'il y a de remarquable, c'est que tous les calculs font aboutir à la même époque la chute de la puissance Assyro-Chaldéenne dans la Haute-Asie. Nous ne croyons pas trop nous écarter de la vérité des faits en traçant de la manière suivante le cadre dans lequel nous essaierons de faire rentrer les matériaux dont nous donnerons la traduction.

Notre histoire des rois d'Assyrie comprendra ainsi quatre périodes :

La première période dont nous ne pouvons saisir l'origine, mais qui commence certainement avant l'année 1800, s'étend jusqu'à l'an 1400; elle comprend les rois Pontifes, dont la puissance paraît s'être étendue sur la Chaldée et sur l'Assyrie sans pouvoir déterminer d'une manière rigoureuse si le siége de l'empire était alors à Ninive ou à Babylone.

La seconde période appartient définitivement à un premier empire assyrien; elle commence vers l'an 1400, la date est encore assez indécise; mais après les premiers souverains nous trouvons bientôt une série de rois dont on peut suivre la succession jusqu'au Xe siècle avant J.-C. Le siége de l'empire paraît être Ellassar.

La troisième période commence avec un prince que les inscriptions regardent comme « l'origine de la royauté. » Elle s'étend, par une succession régulière de rois dont la filiation est établie, jusqu'à l'an 746. La capitale n'est plus Ellassar; les rois résident d'abord à Calach, puis à Ninive; l'empire d'Assyrie commence à prendre une extension considérable.

La quatrième période ne comprend que deux règnes et s'étend jusqu'à l'an 721. Nous avons cru devoir détacher ces deux rois de la période précédente parce que les inscriptions ne nous permettent pas de les relier directement à leurs prédécesseurs. A cette époque, Ninive devait être en ruine, car si elle est mentionnée dans les textes des rois de la période précédente, aucun monument ne vient jusqu'ici témoigner de son existence pendant ces deux règnes.

La cinquième période commence à la chute de Samarie. Les conquêtes des Assyriens ne connaissent plus de limites : Sargon envahit les îles de la Méditerranée, il s'empare de l'Arménie, de la Médie, de la Susiane, de la Chaldée et menace l'Egypte ; il construit à l'empire une nouvelle capitale à laquelle il donne son nom ; mais bientôt après Sennachérib, qui continua ses conquêtes, rebâtit Ninive avec un luxe digne de ses nouvelles destinées, il est suivi dans cette voie par ses successeurs qui s'emparent de l'Egypte et affirment la domination des Sémites au-delà de la Haute-Asie.

Après la chute du grand empire assyrien, la Chaldée, si longtemps tributaire ou rivale de l'Assyrie, reprend alors son influence sur les destinées du monde.

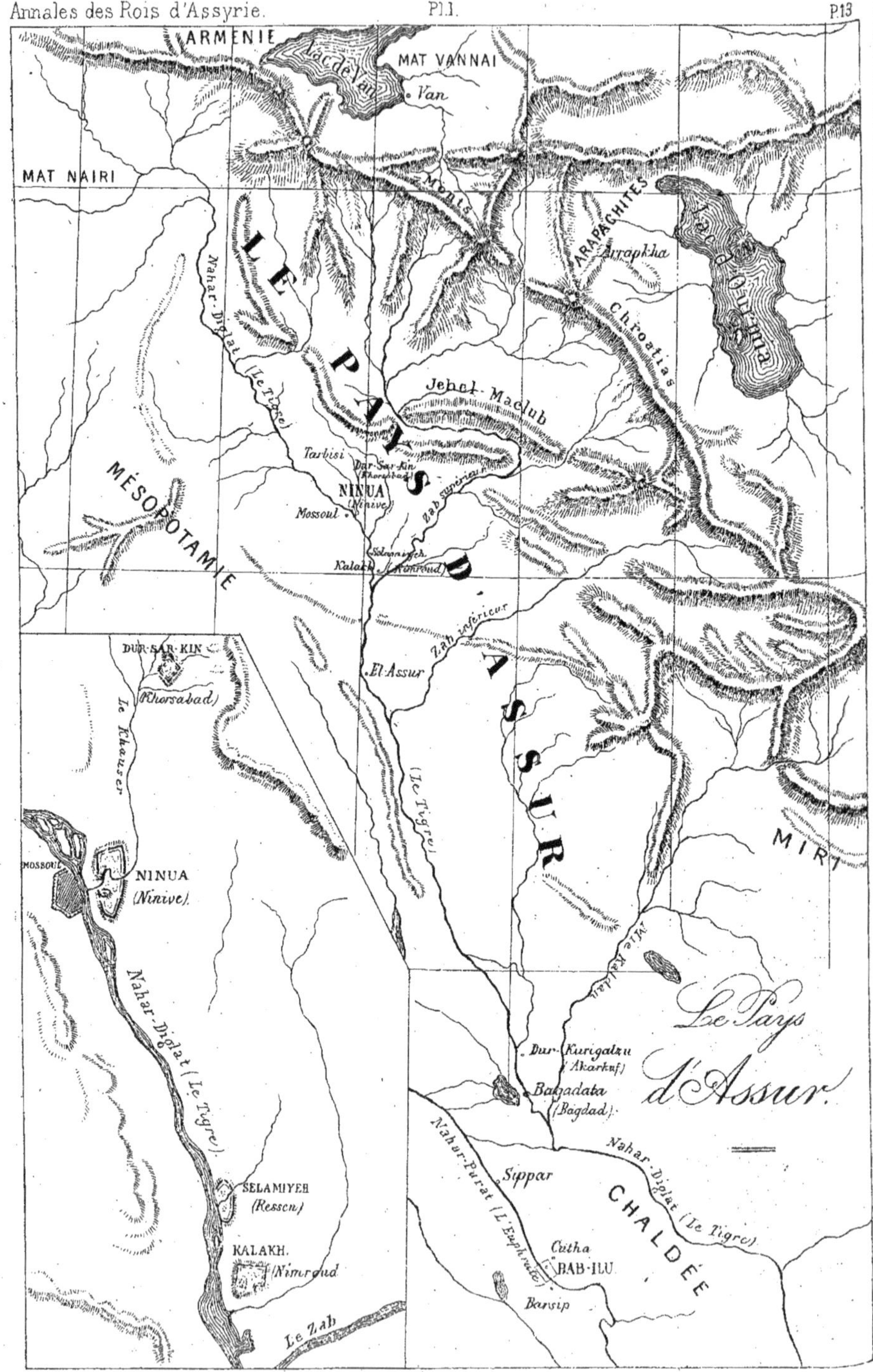

Imp E. Cagniard, à Rouen. Gaston Morel, sc.

PREMIÈRE PÉRIODE.

LE PAYS D'ASSUR.

D'après les inscriptions, Assur est la grande divinité de l'Assyrie, d'après les traditions bibliques c'est un fils de Sem. Le pays auquel Assur a donné son nom était, dans ses limites naturelles, borné au midi par le Zab, au nord il s'étendait jusqu'au Djebel-Makloub et Khorsabad, au nord-ouest jusqu'aux ruines de Chérif-Khan. C'est dans ces limites que cette province était restreinte à l'origine, et c'est ainsi qu'elle est restée après la chute du grand empire assyrien.

La première capitale de l'Assyrie devait être El-Assur «la ville d'Assur» l'Ellassar de la Genèse. Aujourd'hui les ruines d'El-Assur sont cachées sous l'immense monticule de Kalah-Sherghat, sur la rive gauche du Tigre, à 60 kilomètres au-dessus de sa jonction avec le Zab. Les explorations sont très-difficiles sur ce point; aussi elles ont été très-incomplètes; elles n'ont guère porté que sur la partie ouest du monticule. C'est là que M. Layard a trouvé, au milieu des ruines d'un palais assyrien, les plus anciens documents que nous puissions consulter sur l'Assyrie.

Les inscriptions ne nous donnent aucun renseignement précis sur les origines de la civilisation assyrienne ; c'est en suivant les traditions de la Genèse que nous pouvons remonter le plus loin dans les souvenirs de l'histoire de la Haute-Asie. A une époque qu'il serait téméraire de préciser, la Basse-Chaldée était soumise à Nemrod, un des fils de Cousch; il régnait sur Babylone, Erech, Accad et Chalanné dans la terre de Sennaar. D'un autre côté, Assur, le second fils de Sem, avait bâti Ninive et les rues de cette ville, et Calach. Il avait aussi bâti la grande ville de Résen entre Ninive et Calach (x.8-12). Les fils de Nemrod et les fils d'Assur ont dû former, à l'origine, deux royaumes distincts; mais les bords du Tigre et de l'Euphrate ont été pendant de longues années le théâtre de luttes sérieuses entre ces deux empires toujours rivaux; souvent, avec des chances diverses, soumis l'un à l'autre; quelquefois couverts l'un et l'autre par le flux et le reflux des conquêtes étrangères. Ils nous présentent ainsi les différents produits de l'influence arienne, touranienne, couschite ou sémitique, sans nous permettre de distinguer le caractère propre à la civilisation autochtone.

Lorsque les textes assyro-chaldéens nous parlent des anciens habitants de ces contrées, ils nous les désignent comme appartenant à deux races distinctes: les *Sumirs* et les *Akkads*.

Les Sumirs et les Akkads se partagent alors la possession des deux vallées du Tigre et de l'Euphrate, depuis l'Ararat jusqu'aux rives du golfe persique. Le nom de l'Ararat, paraît désigner dans les inscriptions (*Urarthu*) un peuple plutôt que la montagne dont le nom (אררט) est indiqué dans la Genèse (VIII, 4); il y a plus, certains passages tendent à établir l'idendité des peuples de l'Urathu et des Akkads. Rien n'indique toutefois si se sont les habitants des montagnes qui ont envahi les plaines, ou si ce sont les habitants de la plaine qui sont montés vers les montagnes. Dans tous les cas, les Akkads paraissent représenter plus particulièrement les peuples du nord de la Mésopotamie et les Sumirs les peuples du Midi.

Ces deux races parlaient deux langues différentes; l'une paraît se rattacher au groupe touranien, l'autre au groupe sémitique. Il est impossible, dans l'état actuel de nos connaissances, de préciser auquel de ces deux groupes il faut attribuer l'une ou l'autre de ces langues, ni surtout de déterminer les limites de l'occupation géographique de ces deux races. Elles étaient déjà confondues lorsque les monuments nous en transmettent le souvenir. Les principales villes qu'elles occupaient portent, en général, deux noms : un nom sémitique et un nom touranien, sans qu'il soit possible de reconnaître quel était le nom primitif.

Quoiqu'il en soit, le peuple touranien paraît être l'inventeur de l'écriture en caractères cunéiformes qui a été acceptée plus tard par la population sémitique de l'Assyrie et par les différents peuples de la Haute-Asie, malgré la diversité de langues qu'elle devait interpréter.

Les plus vieilles inscriptions de la Chaldée, antérieures à celles qui proviennent de l'Assyrie, sont écrites dans une langue qui se rattache au groupe touranien, et pourtant les noms des souverains qui nous sont transmis sur ces monuments ont une apparence sémitique très-caractérisée.

Aux temps où nous nous reportons, la Haute-Asie était déjà dans un état de civilisation fort avancé ; les rares débris de cette époque, briques imprimées, pierres gravées, etc., suffisent pour attester un degré de culture auquel l'esprit humain n'avait pu arriver qu'après de longs efforts et une longue suite de générations.

Les premiers rois assyro-chaldéens s'intitulent *Patesi* :

Ce titre a évidemment un caractère sacerdotal, car il est toujours suivi du nom de la grande divinité de l'Assyrie « Patis d'Assur. »

Ces rois Pontifes prenaient encore un titre qui paraît d'origine touranienne, *Sakkanaku*. Il est également suivi d'une désignation religieuse, l'on est convenu de traduire l'ensemble par « Représentant des Dieux. » Cette expression s'est conservée jusque sous les rois de la dernière époque.

Nous trouvons encore un titre royal qui est exprimé par l'idéogramme :

Ce groupe se lit en assyrien *Ri'u* (רעי) « Pasteur. » Ce titre paraît plus spécialement appartenir aux souverains de la Chaldée. Celui qui désigne les souverains assyro-chaldéens est exprimé par le signe :

Ce titre se lit en assyrien *Sarru*, et il s'est perpétué à Ninive et à Babylone, à l'exclusion du titre de *Malik* (מלך) avec lequel les traditions bibliques nous avaient familiarisés et qui s'applique, dans les inscriptions, plus particulièrement aux rois des bords de la Méditerranée.

Quel que soit le titre qu'ils prennent, on ne saurait méconnaître le caractère profondément théocratique de la puissance des Rois Assyro-Chaldéens. C'est au nom des Grands-Dieux dont ils se vantent de descendre qu'ils exercent le pouvoir. A Ninive comme à Babylone, les ennemis de l'empire sont ceux qui ne reconnaissent pas la puissance d'Assur ou de Bel. Du reste la civilisation assyrienne n'est que la continuation de la civilisation de la Chaldée, comme celle-ci continuera l'Assyrie à son tour. Il n'y a entre ces deux empires qu'un déplacement d'influences : la langue, la religion, les mœurs sont les mêmes dans les deux empires. Un document assyrien du VIIe siècle nous parle d'une divinité de la Chaldée qui, 1635 ans auparavant, avait été enlevée par les Elamites et qu'Assur-bani-pal a rendue au culte primitif qu'elle recevait depuis les temps les plus reculés dans l'antique Erech.

Si les documents permettent de remonter plus loin dans l'histoire de la Chaldée, ses origines n'en sont pas moins obscures. Des difficultés paléographiques augmentent encore les difficultés philologiques que l'on rencontre sur des textes d'un laconisme regrettable. Nous voyons surgir des documents d'un grand nombre de prince qui avaient le siége de leur empire dans une des villes situées sur le cours inférieur de l'Euphrate, mais ces nombreux matériaux peuvent à peine nous servir à établir leur succession régulière, et c'est tout ce que nous saisissons de leur histoire.

Nous ne connaissons pas le nom du premier souverain de l'Assyrie, aussi nous devons nous borner à inscrire ici celui qui nous paraît le plus ancien, sans nous livrer à des conjectures d'autant plus fragiles que nos recherches, en reculant chaque jour les limites de l'inconnu, agrandissent en même temps le champ des hypothèses.

ISMI-DAGAN.

(Vers l'an 1800, a. J.-C.)

Documents. — *Briques de Kalah-Sherghat.* (*W.A.I.* 1., pl. 7, nº 1). — *Inscription de Tuklat-pal-Asar.* (*W.A.I.*, I. pl. 15, c. VI, l. 70). — *Briques de Mugheïr et de Niffar.* (*W.A.I.* 1, pl. 2, nº v, 1 et 2).

Le premier souverain dont nous puissions citer le nom est Ismi-Dagan; il régnait vers la fin du XVIIIᵉ siècle avant J.-C. Son nom nous est conservé, d'abord sur les briques d'un temple dont on retrouve les ruines à Kalah-Sherghat, puis dans les annales d'un roi postérieur. Ces indications, du reste, ne nous sont fournies qu'à cause des travaux qui ont été exécutés par son fils.

Le nom d'Ismi-Dagan se trouve également sur les briques d'un temple dont on a découvert les ruines à Mugheïr, dans la Basse-Chaldée. Cette localité qui fournit des documents sur un grand nombre des premiers souverains de l'empire Chaldéen a été identifié avec Chalanné. Dans les textes de cette provenance, le nom du souverain est sémitique; on a depuis longtemps rapproché le nom d'Ismi-Dagan du nom d'Ismaël (ישמע אל) nous n'avons pas à y insister; mais la rédaction du texte appartient à la langue des Sumirs ou des Akkads. Quoiqu'il en soit, la traduction s'en dégage assez facilement:

« Ismi-Dagan, seigneur de Nipur, chef suprême de Chalanné, lumière d'Eridu, seigneur d'Erek, roi de Nisin (?), roi des Sumirs et des Akkads à la déesse Mylitta. »

(*W. A. I.* I., pl. 2, nº v.)

L'étude des textes postérieurs a permis de reconnaître les noms de ces différentes localités sous leurs deux formes et de les identifier à ceux que nous connaissons aujourd'hui.

Nipour, c'est la נפר du Talmud de Babylone, aujourd'hui Niffar. L'antique Chalanné de la Genèse (XI. 28) est actuellement Mugheïr, « la ville du bitume ». Erech est désignée par un idéogramme dont la prononciation assyrienne n'est pas établie, mais la provenance des briques ne permet aucun doute sur son identité : c'est la ארך de la Genèse (X., 10), l'Ορχόη des Grecs, maintenant Warka, « la ville des tombeaux. » Quant à Nisin, le nom de cette localité ne s'est encore rencontré que deux fois dans les inscriptions.

SAMSI-BIN.

(Vers 1760. a. J.-C.)

Documents. — *Briques de Kalah-Sherghat.* (*W.A.I.*, I. pl. 6, nº 1.) — *Inscription Tuklat-pal-Asar.* (*W.A.I.* I., pl. 15, c. VII, l. 60-70, c. VIII, l. 1.) — *Frag.* (*W.A.I.* III. pl. 5, nº V.)

Samsi-Bin avait construit un temple au dieu Assur ; les briques de ce temple dont on a retrouvé les ruines à Kalah-Sherghat portent la légende :

« Samsi-Bin, Patis du dieu Asit (Assur), fils de. . . . . a construit le temple du dieu Asit (Assur).

(*W.A.I.* I, pl. 6, nº 1.)

Le nom du père de Samsi-Bin est effacé sur les briques de Kalah-Sherghat ; mais la filiation nous est donnée dans un autre document qui sert à fixer d'une manière certaine la date de ces deux règnes.

En effet, Samsi-Bin avait également construit à Kalah-Sherghat un autre temple en l'honneur des divinités Anu et Bin. Ce temple était tombé en ruines ; un roi postérieur, Tuklat-pal-Asar en entreprit la reconstruction, et il en est fait mention dans ses annales où il s'exprime ainsi :

« Dans ce temps-là, le temple d'Anu et de Bin, les Grands-Dieux mes Seigneurs, que Samsi-Bin, Patis d'Assur, fils d'Ismi-Dagan, Patis d'Assur, avait construit 641 années avant moi, était tombé en ruines. Assur-dayan, roi du pays d'Assur, fils de Adar-pal-Asar, roi du pays d'Assur avait démoli ce temple; mais il ne l'avait pas reconstruit. Pendant 60 ans on ne toucha point à ses fondations.

« Au commencement de mon règne, Anu et Bin, les Grands-Dieux mes Seigneurs, qui soutiennent ma puissance, m'ordonnèrent de rebâtir leurs sanctuaires. . . . . ».

(*W.A.I.* I., pl. 15, c. VII, l. 60-70).

Samsi-Bin régnait donc 641 ans avant le commencement du règne de Tuklat-pal-Asar. Or, ce règne est lui-même fixé par une mention analogue qui nous reporte 418 ans plus tard, aux premières années du règne de Sennachérib (*Insc. de Bavian. W.A.I.* III, pl. 14, l. 50). Enfin, la date de l'avénement au trône de ce dernier monarque est fixée d'une manière précise: elle tombe au 12 ab du Limmu de Pakhar-Bel, préfet d'Admid (*W.A.I.* II, pl. 69, fragment). C'est-à-dire au 12 août 704 a.J.-C. Il ne peut donc y avoir qu'une erreur de quelques années sur les dates que nous avons assignées à ces deux antiques souverains de l'Assyrie.

Nous avons vu que le nom d'Ismi-Dagan se retrouve sur les monuments de la Basse-Chaldée; on s'est demandé si ces textes appartenaient au même roi? Dans le cas de l'affirmative, les royaumes d'Assyrie et de Chaldée auraient été alors soumis au même sceptre et leur séparation aurait eu lieu à une époque qu'il n'est pas possible de préciser. Nous devons ajouter toutefois que le nom de Samsi-Bin ne se retrouve pas sur les monuments de la Basse-Chaldée; et, d'un autre côté, il paraît y avoir une certaine différence dans l'orthographe de ces deux noms. Il est écrit sur les briques de Kalah-Sherghat, par un signe qui implique un ס, et dans l'inscription de Tuklat-pal-Asar par un autre signe qui implique ordinairement un ש. Cette différence, qui peut avoir son explication paléographique n'exclut pas sans doute l'identité des deux personnages, mais elle nous commande une certaine réserve en l'absence de tout autre document.

. . . .

704
418
641
1763

1122

Après ces deux rois, nous trouvons une lacune considérable qui embrasse environ quatre siècles, et sur laquelle les renseignements font à peu près défaut, toutefois, c'est dans cette période que nous devons placer les noms de quelques rois assyriens auxquels il ne nous est pas donné de pouvoir assigner une date plus précise.

TE. . . BA.

IRI-AMTUK.

(Vers 1500 a. J.-C.)

Documents. — *Inscription des briques de Kalah-Sherghat.* (*W. A. I.* I., pl. 6, nº 2).

Le nom de ces deux rois figure sur les briques d'un palais à Kalah-Sherghat, l'inscription mutilée est ainsi conçue :

« Iri-amtuk, Patis d'Assur, fils de Te. . . ba Patis d'Assur. . . à Assur. . . . seigneur. . . . . à. . »

(*W. A. I.* I, pl. 6, nº 2.)

La provenance des inscriptions, les titres des deux rois, Patis d'Assur, l'examen paléographique des textes, tout cela nous décide à assigner cette place dans l'histoire d'Assyrie à ces deux souverains que nous ne connaissons pas du reste autrement.

ASSUR-NARARA.

NABU-DAGAN.

(Vers 1500 a. J.-C.)

Documents. — *Tablette de Koyoundjik.* (*W.A.I.* III., pl. 4, nº 5.)

C'est également dans cette lacune que nous plaçons les deux rois Assur-narara et Nabu-Dagan, dont les noms figurent sur une tablette du musée britannique assez fruste et qui ne permet guère de saisir que leurs noms et de supposer la simultanéité de leurs règnes, en attendant que d'autres documents viennent éclairer leur histoire.

. . . .

Tels sont les souverains qui ont régné pendant cette première période sur la Haute-Asie et dont les noms sont parvenus jusqu'à nous. Il est certain que nous ne connaissons pas le dernier et que nous ne pouvons même préciser la date du règne de ceux que nous venons de citer ; il y a là une lacune que nous devons constater et dont nous ne chercherons même pas à préciser l'étendue.

Après cette lacune, nous arrivons, en effet, à un document qui nous permet de suivre pendant assez longtemps les rapports qui ont existé entre l'Assyrie et la Chaldée. C'est une de ces innombrables tablettes rédigées par les derniers rois d'Assyrie. Malheureusement, cette tablette est très-mutilée et il ne reste de mentions précises que sur les trois premiers et sur les trois derniers souverains qui figurent dans le document. Il commence avec le nom d'Assur-Bel-nisisu qui régnait vers 1400 et s'arrête à Salman-Asar, fils de Bel-kat-irasu qui régnait à Ninive vers l'an 1010 avant J.-C., embrassant ainsi une période de quatre siècles environ.

DEUXIÈME PÉRIODE.

ASSUR-BEL-NISISU.

(Vers 1400).

Documents. — *Tablette des synchronismes.* (*W.A.I.* II, pl. 65, nº 1, obv. l. 1. a. 4.)

Voici d'après la tablette des synchronismes la mention relative à ce roi:

« Karaindas, roi du pays de Kar-Dunias (la Basse-Chaldée) et Assur-Bel-nisisu, roi du pays d'Assur. . . se lièrent par un traité réciproque qui régla leurs conventions. »

(*W. A. I.* II, pl. 65, nº 1.)

BUSUR-ASSUR.

(Vers 1390, a. J.-C.)

Documents. — *Tablette des synchronismes.* (*W.A.I.* II, pl. 65, l. 5 à 7.)

Busur-Assur, successeur de Assur-Bel-nisisu continua les bonnes relations établies entre les deux pays, la tablette s'exprime ainsi :

« Busur-Assur, roi du pays d'Assur et Purnapuryas, roi du pays de Kar-Dunias firent un traité pour établir entre eux leurs conventions respectives. »

(*W. A. I.* II. pl. 65.)

𒁹𒀭𒀸𒋩𒌑𒆷𒌅

ASSUR-U-BALAT.

(Vers 1370 a. J.-C.)

Documents. — *Tablette des synchronismes,* (*W. A. I.* II, pl. 65, l. 8 à 17.)

En suivant la relation consignée sur la tablette des synchronismes, nous voyons un roi d'Assyrie nommé Assur-u-balat qui a donné sa fille en mariage à un roi de Babylone, probablement Purnapuriyas, bien qu'il ne soit pas nommé; mais les documents chaldéens permettent de le supposer et de compléter jusqu'à un certain point le récit des événements consignés sur cette tablette.

« Au temps d'Assur-u-balat, roi du pays d'Assur et de Karardas, roi du pays de Kar-Dunias, fils de Šalmu-ballita-serua, fille d'Assur-u-balat, les hommes de Kassi se révoltèrent et le mirent à mort. Nazibugas . . . . fut élevé au trône. Pour venger [Karardas, Assur-u-balat] marcha vers le pays de Kar-Dunias; il tua [Nasibugas, roi de Babilu], et il mit sur le trône [Kurigalzu (?) fils de] Purnapuryas. »

(*W. A. I.* II, pl. 65.)

La généalogie des rois chaldéens nous est donnée par les documents de la Chaldée et confirme la succession de leurs contemporains de l'Assyrie.

Ici la tablette paraît nous abandonner; mais, après un court intervalle, nous arrivons à un roi auquel d'autres documents nous permettent d'assigner une filiation et une date à peu près précise.

BEL-NIRARI.

(Vers 1350 a. J.-C.)

Documents. — *Briques de Kalah-Sherghat.* (*W. A. I.* I. pl. 6, nº III, l. 3.)

Nous ne connaissons que le nom de ce prince, et encore la lecture de son nom a été longtemps indécise, à cause du dernier élément qui le compose ; elle a été déterminée par la variante qui se trouve dans le nom d'un de ses successeurs qui assure à cet élément la lecture phonétique *nirari*. Cette lecture paraît définitivement acquise. La généalogie qui rattache ce prince à son troisième descendant nous donne une série de quatre rois qui se succèdent de père en fils. Or, le règne du dernier est déterminé par un document assyrien analogue à celui qui nous a servi à fixer les règnes de Samsi-Bin et d'Ismi-Dagan, il y a donc une très-grande probabilité pour maintenir les dates que nous avons indiquées.

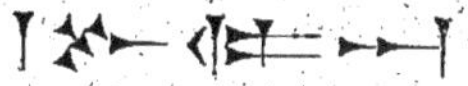

PUDIEL.

(1330 a. J.-C.)

Documents. — *Briques de Kalah-Sherghat.* (*W. A. I.* pl. 6, nº III, l. 2.)

Le fils de Bel-nirari se nomme Pudiel. C'est un prince dont nous ne connaissons également que le nom et qui se rattache au précédent par la généalogie de son fils.

BEN-NIRARI.

(Vers 1310.)

Documents.—*Briques de Kalah-Sherghat.* (*W.A.I.* I., pl. 6, nº III, — *W.A.I.* III., pl. 3, nº 12.)

Les documents de ce roi sont peu nombreux jusqu'ici, nous ne pouvons citer que des fragments très-succints, mais suffisants pour établir sa généalogie.

Nous trouvons d'abord, sur des briques de Kalah-Sherghat, une inscription mutilée de laquelle nous pouvons toutefois extraire ce passage :

« Palais de Ben-nirari, roi des légions, fils de Pudiel, roi du pays d'Assur. . . . »

(*W.A.I.* I, pl. 6, nº 3. B. 1 et C.)

Sur des fragments d'un vase d'albâtre trouvé également à Kalah-Sherghat, nous lisons :

« Ben-nirari, roi. . . . fils de Pudiel, roi. . . . . . . fils de Bel-nirari. . . . . »

(*W.A.I.* I, pl. 6, nº III. A.)

SALMAN-ASAR.

(1290 a. J.-C.)

Documents. — *Briques de Kalah-Sherghat.* (*W.A.I.* I, pl. 6, nº IV.) — *Inscription de Assur-nasir-habal.* (*W.A.I.* I, pl. 26 c. III, l. 132.)

Les briques de Kalah-Sherghat nous font connaître le nom de ce prince en le rattachant directement aux précédents ; nous lisons, en effet, sur ces briques :

« Palais de Salman-Asar, roi des légions, fils de Ben-nirari, roi des légions. »

(*W.A.I.* I, pl. 6, n° IV).

Cependant Salman-Asar n'avait pas toujours résidé à Ellassar. Il paraît au contraire que ce prince avait transporté la capitale de son royaume à Calach. Nous lisons, en effet, dans les textes d'Assur-nasir-habal :

« La ville ancienne de Kalakh avait été bâtie par Salman-Asar, roi du pays d'Assur, un prince qui vivait avant moi ; cette ville était tombée en ruines, elle était changée en un monceau de décombres...

(*W.A.I.* I. pl. 26, c. III, l. 132 et suiv.)

Nous retrouverons bientôt plusieurs princes du nom de *Salman-Asar*, et à cette occasion nous ferons une remarque qui recevra malheureusement quelquefois son application. Lorsque des princes homonymes sont cités sans être accompagnés d'une indication suffisante pour en préciser l'individualité, il est à peu près impossible de déterminer celui dont il est question. C'est au Salman-Asar, fils de Ben-nirari que nous rapportons ce passage qui se trouve dans les textes d'un de ses successeurs, parce qu'il est le plus ancien, et qu'il faut du temps à une ville neuve pour tomber en ruines.

Les ruines de Calach qui portent aujourd'hui le nom de Nimroud sont situées à 30 kilomètres au sud de Mossoul sur la rive gauche du Tigre. Il ne nous est rien parvenu de la ville de Salman-Asar; elle était tombée en ruine lorsque Assur-nasir-habal y établit sa résidence. Il est certain que dans l'intervalle qui sépare de ces deux règnes, les hasards de la guerre ont poussé les Assyriens vers la Chaldée ; Babylone a été ravagée, mais les Chaldéens ont repris l'offensive et ont poursuivi les Assyriens jusque dans leur capitale.

TUKLAT-SAMDAN.

(1270 a. J.-C.)

Documents. — *Inscript. de Ben-nirari.* (*W.A.I.* I., pl. 35, nº 3, 1, 19 et 21.) — *Inscript. du cachet de Tuklat-Samdan.* (*W.A.I.* III, pl. IV, nº 2).

La généalogie de ce roi ne nous est pas donnée d'une manière rigoureuse, nous la trouvons dans celle d'un de ses successeurs, Ben-nirari, le troisième du nom, où nous lisons :

« Descendant de Tuklat-Samdan, roi du pays d'Assur et des Akkads. »

(*W.A.I.* I., pl. 35, nº 3.)

Une tablette de Sennachérib, nous permet cependant de fixer la date de ce règne, 600 ans avant la guerre que Sennachérib entreprit contre la Chaldée. Nous voyons par cette tablette que Tuklat-Samdan avait un sceau qui portait une inscription, mais ce sceau fut enlevé par les Chaldéens et transporté à Babylone où Sennachérib l'a retrouvé. A cette occasion, il a rédigé une tablette dont la traduction doit trouver sa place ici.

« Tuklat-Samdan, roi des nations, fils de Salman-Asar, roi du pays d'Assur a conquis le pays de Kar-Dunias. Si quelqu'un détruit mon écriture et mon sceau, Assur et Bin feront disparaître son nom de ces contrées. . . . . .

« Ceci était écrit sur le sceau en pierre *za mat*.

« Ce sceau fut enlevé du pays d'Assur et d'Akkad pendant une guerre, Moi, Sin-akh-irib, roi du pays d'Assur, après 600 ans, j'ai conquis Bab-ilu et j'ai enlevé ce sceau du trésor de Bab-ilu. »

(Suit une ligne difficile à traduire).

(*W.A.I.* III., pl. 4. nº 11).

BEL-KUDUR-USUR.

(Vers 1260 a. J.-C.)

Documents. — *Tablette des synchronismes.* (*W.A.I.* III, pl. 4, nº 3, l. 19 à 24.)

Nous retrouvons ici une précieuse tablette de synchronismes analogue à celle dont nous avons déjà parlé et qui, toute mutilée qu'elle est, nous assure au moins la succession des rois d'Assyrie dont nous avons à nous occuper ici. Tuklat-Samdan eut pour successeur Bel-kudur-ussur. A cette époque, Bin-pal-idin, un des princes imposés à la Chaldée par les rois assyriens se révolta. Bel-kudur-ussur fut tué, et les Chaldéens, après avoir chassé les Assyriens de leurs domaines, envahirent à leur tour l'Assyrie. La tablette ne nous donne que ce détail :

« Bel-kudur-ussur, roi d'Assyrie. . . .
. . . . . et tua Bel-kudur-ussur. »

Puis la tablette continue le récit de la guerre avec son successeur.

ADAR-PAL-ASAR.

(Vers 1250 a. J.-C.)

Documents. — *Tablette des synchronismes.* (*W.A.I.* III, pl. 4, nº III, l. 17 à 24.) — *Inscription de Tuklat-pal-Asar.* (*W.A.I.* I., pl. 15, c. VII, l. 55.)

La tablette poursuit et nous apprend que les Assyriens, refoulés par les armées de Bin-pal-idin jusque sous les murs d'Ellassar reprirent l'offensive, Adar-pal-Asar les poursuivit à son tour sur leur territoire et fonda définitivement l'empire d'Assyrie. Nous lisons en effet :

« Bin[-pal-idin ? . .] au milieu de la guerre avec Adar-pal-Asar, retourna dans son pays ; il compta ses nombreux guerriers et il s'avança à la conquête du pays d'Assur. Adar-pal-Asar l'attaqua dans son camp, il le repoussa et il revint dans son pays. »

(*W.A.I.* III., pl. 4, nº 3.)

Ces exploits nous sont confirmés par ses successeurs. Tuklat-pal-Asar, en énumérant ses ancêtres, s'exprime ainsi :

« Descendant de Adar-pal-Asar, le roi qui fonda le royaume d'Asar, celui qui. . . . , celui qui organisa le premier les armées d'Assur. »

(*W.A.I.* I., pl. 15, c. VII, l. 55.)

ASSUR-DAYAN.

(1170 a. J.-C.)

Documents. — *Inscription de Tuklat-pal-Asar*. (*W.A.I.*, pl. 15, nº VII, l. 49 et 60.) — *Tablette des synchronismes*. (*W.A.I.*. III., pl. 4, nº 21, 28 à 35.)

Nous savons par Tuklat-pal-Asar que Assur-dayan était un de ses ancêtres et qu'il régnait 60 ans avant lui. La légende du prisme de Kalah-Sherghat s'exprime ainsi :

« Arrière-petit-fils de Assur-dayan (le roi) qui porta le sceptre suprême, qui rendit illustre la nation de Bel, qui recommanda l'œuvre de sa main et la créature de ses doigts aux Grands-Dieux et qui surpassa ce qui avait été avant lui. »

(*W.A.I.* I. pl. 15, c. VII, l. 49.)

Quelques lignes plus loin, nous trouvons un passage que nous avons cité (sup. p. 19), mais dont nous croyons devoir rappeler quelques mots :

. . . . « Assur-dayan, fils de Adar-pal-Asar, démolit le temple d'Anu et ne le reconstruisit pas ; il resta pendant 60 ans en ruines. »

(*W.A.I.* I, pl. 15, c. VII, l. 66.)

La tablette des synchronismes nous donne sur son règne les renseignements suivants :

« Au temps de Zamana-zikir-idin, roi du pays de Kar-Dunias, Assur-dayan, roi du pays d'Assur, marcha contre le pays de Kar-Dunias [il prit] les cités de Zaba, Irriga et Agarsal, et il apporta leurs dépouilles au pays d'Assur. »

(*W.A.I.*, III. pl. 4, l. 25 à 28, n° 3.)

Nous avons encore ici une lacune, rien ne relie directement ce prince aux générations suivantes ; mais nous savons que 60 années seulement se sont écoulées entre le règne d'Assur-dayan et celui de Tuklat-pal-Asar. Or, pour combler cet intervalle, nous avons le règne des deux ascendants directs de Tuklat-pal-Asar, de sorte que la lacune ne saurait être d'une grande étendue.

MUTAKKIL-NABU.

(Vers 1150 a. J.-C.)

Documents. — *Inscriptions de Tuklat-pal-Asar* (*W.A.I.* I., pl. 15, c. VII. l. 45).

Mutakkil-Nabu, le grand-père de Tuklat-pal-Asar, ne nous est connu que par la mention qui en est faite dans la généalogie de son petit-fils où il s'exprime ainsi :

« Petit-fils de Mutakkil-Nabu, qu'Assur, le Grand-Seigneur, a choisi, dans la ferme volonté de son cœur, pour le destiner au gouvernement du pays d'Assur. »

(*W.A.I.* I. pl. 15, c. VII, l. 45.)

ASSUR-RIS-ISI.

(Vers 1150, a. J.-C.)

Documents. — *Inscription de Tuklat-pal-Asar.* (*W.A.I.* I., pl. 15, c. VII, l. 42.) — *Tablette des synchronismes,* (*W.A.I.* II, pl. 65, obv.) — *Légendes votives des coupes de Koyoundjik et de Sherif-Khan,* (*W.A.I.* III., pl. 3, nos 6, 7 et 8.)

Assur-ris-isi nous est connu, d'abord, par la mention qui en est faite dans l'inscription de son fils, Tuklat-pal-Asar, qui s'exprime ainsi :

« Fils d'Assur-ris-isi, le roi puissant qui attaqua les contrées des rebelles et qui soumit les pays de toute la terre. »

(*W.A.I.* I. pl. 15, c. VII, l. 42.)

Après cette mention, la table des Synchronismes nous donnait encore de précieux renseignements, mais elle présente une nouvelle lacune. Au moment où nous pouvons reprendre le récit, l'Assyrie avait été déjà deux fois envahie par les Chaldéens; le texte continue avec la troisième invasion :

« . . . . . et il retourna dans son pays. Après ce temps, Nabu [kudur-ussur] prit son *nibisi* et il s'avança vers *Zanki,* sur les frontières du pays d'Assur. Assur-ris-isi, roi du pays d'Assur, rassembla ses chariots pour marcher contre lui. Nabu-kudur-ussur voyant que son *nibisi* ne pouvait pas avancer, brûla ses bagages et fut contraint de retourner dans son pays.

« Nabu-kudur-ussur revint pour reprendre ses chars et ses bagages vers les frontières du pays d'Assur ; Assur-ris-isi envoya défendre ses chars et ses cavaliers, il en vint aux mains avec lui, il le mit en fuite, il tua ses guerriers, il tailla son armée en pièces, il prit 50 de ses chars et leurs harnais, et il s'empara de l'étendard qu'on portait devant lui. »

(*W.A.I.* II. pl. 65, l. 1 à 13.)

TUKLAT-PAL-ASAR.

(Vers 1130 a. J.-C.)

Documents. — *Briques de Kalah-Sherghat.* (*W.A.I.* I, pl. 5.) — *Inscription du prisme de Kalah-Sherghat.* (*W.A.I.* I, pl. 9 à 16.) — *Inscription de Assur-nasir-habal.* (*W.A.I.* I, pl. 19, c. I, l. 105.) — *Inscription du bas-relief des sources du Tigre.* (*W.A.I.* III, pl. 6.) — *Inscription de l'obélisque de Kalah-Sherghat trouvée à Koyoundjik.* (*W.A.I.* I. pl. 25.) — *Tablette des synchronismes.* (*W.A.I.* II, pl. 65, l. 14 à 25.) — *Inscription de Sennachérib à Bavian.* (*W.A.I.* III, pl. l. 48 à 50.)

Les monuments de Tuklat-pal-Asar, le fils d'Assur-ris-isi commencent à avoir une certaine étendue et une grande précision. La capitale de l'Assyrie est encore Ellassar : le palais dont les ruines ont été explorées à Kalah-Sherghat par M. Layard a été construit par Tuklat-pal-Asar ; en effet, sur les briques de cet édifice, on lit :

« Tuklat-pal-Asar, le favori d'Assur, fils d'Assur-ris-isi, le favori d'Assur, a construit et restauré le temple de Bin, son Seigneur. »

(*W.A.I.* I, pl. n° 5.)

Dans les fondations de ce palais on a découvert, aux quatre angles principaux, quatre prismes à huit pans, en argile, de 45 centimètres de hauteur. Chaque face est couverte de cent lignes d'une petite écriture fine et serrée, et chaque colonne est divisée en un certain nombre de paragraphes que nous avons respectés. Ces quatre monuments sont, à très-peu de chose près, identiques malgré les quelques altérations qu'ils ont subies, les textes se complètent les uns par les autres. C'est cette inscription qui a servi, en 1857, à l'épreuve provoquée par la Société asiatique de Londres pour se prononcer sur la valeur des traductions indépendantes qui se produisaient déjà, et qui a amené un résultat si décisif en faveur des études assyriennes. Ces premières traductions ont été faites par MM. Rawlinson, Hincks, Fox-Talbot et Oppert. Dès cette époque, le sens général fut fixé; malgré de grandes lacunes dans ces différents travaux. Depuis, aucune incorrection grave n'a été relevée, et M. Oppert a pu compléter sa première traduction sans s'écarter du sens général qui est resté acquis, et que les travaux ultérieurs ont rendu plus précis.

L'inscription commence par une invocation aux dieux de l'Assyrie et une énumération des titres que le roi peut invoquer en sa faveur.

Après cette invocation qui s'étend depuis le commencement jusqu'à la 62e ligne de la 1re colonne, le roi entreprend le récit de ses campagnes.

Tuklat-pal-Asar combat d'abord les Muschaïens qui, des bords du Pont-Euxin étaient descendus, commandés par cinq rois, au secours de la Commagène, révoltée contre la domination assyrienne; il les met en déroute, et il fait rentrer ce pays sous sa domination.

Il porte la guerre dans des provinces de l'Arménie, situées au-dessus des sources du Tigre. La même année, à la tête de ses troupes, dans une direction opposée, il franchit le Petit Zab, pénètre dans les montagnes et soumet quelques tribus de la Médie occidentale.

Il tourne ensuite vers le nord-ouest et livre plusieurs combats contre des tribus qui paraissent avoir occupé le pays situé entre les frontières de l'Arménie et de la Médie. De victoires en victoires il parvient jusqu'à la mer Caspienne « la Mer-Supérieure. »

Au sud, Tuklat-pal-Asar entreprit la conquête du pays d'Aram (la Syrie) qui ne reconnaissait pas Assur son Seigneur. Le premier de sa race il franchit l'Euphrate, s'empare de Kar-kamis (Circeséum) impose un tribut aux Khatti (les Syriens) et pénètre jusque dans les gorges de l'Amanus. Enfin, il porte la guerre au nord de Ninive qu'il ne nomme pas, dans le pays de Mousri, où s'élèvera plus tard le palais de Sargon.

Le récit s'arrête avec la cinquième campagne, au moment où Tuklat-pal-Asar dépose les prismes dans les fondations du temple. Après un résumé rapide de ses victoires (c. 6, l. 39) il passe à un autre ordre d'idées.

D'abord il fait le récit de ses chasses royales (c. 6, l. 58); puis il énumère les travaux qu'il a fait dans sa ville d'El-Assur (c. 6, l. 80). Enfin il donne sa généalogie (c. 7, l. 35) et termine son inscription par une imprécation foudroyante contre ceux qui voudraient altérer le récit de ses exploits (c. 8, l. 17).

Voici maintenant la traduction de ce long document :

𒀭

« Commencement.

I. (c. 1, l. 1.) — « Assur, Grand-Dieu, toi qui diriges les légions des Dieux, toi qui donnes le sceptre et la couronne, qui affermis la royauté.

« Dagon, Seigneur, roi du monde, Dieu des *an-nun-na-ki,* père des Dieux, Seigneur de la terre.

« Sin, divinité sainte, Dieu des couronnes, toi qui répands la rosée des *namriri.*

« Samas, arbitre du ciel et de la terre, toi qui dissipes les plans des ennemis.

« Bin, gardien (du monde), toi qui inondes les terres des rebelles, les montagnes et les vallées.

« Adar-Samdan, Dieu puissant, toi qui renverses les ennemis et qui soutiens le courage.

« Istar, Souveraine des Dieux, Déesse de la victoire, arbitre des combats.

II. (c. 1, l. 15.) — « Grands Dieux, vous qui gouvernez le Ciel et la Terre, vous dont la volonté s'étend en haut et en bas, vous qui avez agrandi la royauté de Tuklat-pal-Asar, grand parmi les grands, votre adorateur, le Pasteur des peuples, celui que vous avez choisi par votre volonté, auquel vous avez confié la royauté, la couronne suprême, et auquel vous avez transmis, avec la puissance, le pays de Bel ; vous lui avez assuré l'*assaridut,* la supériorité, la valeur ; vous avez consacré pour toujours le sort de son empire pour qu'il impose des tributs et des redevances, et pour qu'il règne sur la terre.

III. (c. 1, l. 28.) — « Je suis Tuklat-pal-Asar, le roi puissant, roi des légions invincibles, roi des quatre régions, roi de tous les souverains, seigneur des seigneurs, rois des rois, le père auguste, celui qui, par la puissance de Bel, a surpassé tous les peuples, le Pasteur véritable qui a annoncé sa puissance parmi les rois (*malki*). Arbitre suprême, dont le dieu Assur, son protecteur, propagera le nom dans les quatre régions pendant l'éternité. . . . . . . Il a répandu la terreur dans les pays révoltés ; géant dans les batailles, il a envahi comme les flots de la mer les contrées rebelles; il a imposé le culte du dieu Bel, et il a écrasé les adversaires du dieu Assur.

IV. (c. 1, l. 46.) — « Le dieu Assur et les Grands-Dieux ont étendu mon empire; ils m'ont donné la puissance sur mes sujets, ils ont proclamé ma souveraineté sur les rois (*ri'u*). Pendant la guerre, ils ont chargé ma main des armes qui renversent mes ennemis dans les plaines et dans les montagnes. J'ai détruit les temples des rois ennemis d'Assur et je me suis emparé de leurs provinces. J'ai vaincu 70 rois et je leur ai pris des ôtages. J'ai triomphé dans des batailles, j'ai imposé des tributs dans des guerres sans nombre, j'ai ajouté des provinces aux provinces du pays d'Assur, à ses habitants d'autres habitants, j'ai reculé les frontières de mon pays et j'ai imposé des tributs à tous les Etats.

V. (c. 1, l. 62.) — « Au commencement de mon règne, j'ai vaincu 20,000 Muskaiens et leurs cinq rois. Pendant 50 ans, le pays d'Alzi et le pays de Burukhumzi avaient payé des tributs et des redevances qui revenaient au dieu Assur, mon Seigneur.

« Aucun roi ne les avait vaincus dans une bataille rangée; ils se fièrent à leur puissance et subjuguèrent le pays de Khummuk (la Commagène). Pour obéir au dieu Assur, mon Seigneur, j'ai disposé mes chars et mes armées. Je n'ai pas fait comme mes prédécesseurs, j'ai marché vers le pays de Kasiyara, situé sur un plateau inaccessible. J'en vins aux mains avec les 20,000 guerriers et les cinq rois du pays de Khummuk; je les mis en déroute. Je me suis précipité comme la tempête dans les rangs des combattants, au milieu de la mêlée. J'ai rempli de leurs cadavres les ravins des montagnes. Je leur coupai la tête. J'ai renversé les murs de leurs villes, j'ai pris des esclaves, du butin, des trésors sans nombre; 6,000 des leurs qui s'étaient soustraits à ma puissance, prirent mes genoux; je les ai faits prisonniers.

VI. (c. 7, l. 89.) — « Dans ce temps-là, j'ai marché contre le pays Khummuk qui m'était rebelle. Il avait refusé au dieu Assur, mon Seigneur, les tributs et les redevances qui lui sont dus: j'ai envahi tout le pays de Khummuk (la Commagène). J'en ai remporté des esclaves, des butins et des trésors, j'ai incendié leurs villes (c. 2, l. 1), je les ai démolies, je les ai détruites. Les habitants du pays de Khummuk qui s'étaient soustraits à ma puissance, s'étaient retirés dans la ville de Sérissé, de l'autre côté du Diglat. Ils avaient fortifié cette ville pour s'y maintenir. J'ai réuni mes chars et mes guerriers, j'ai traversé, avec des roues en airain, des lieux inaccessibles et des ravins tortueux. J'ai jeté un pont sur le fleuve pour faire passer mes chars et mes soldats. J'ai franchi le Diglat et j'ai attaqué Sérissé, une de leurs places fortes. J'ai traqué leurs combattants comme des bêtes fauves, dans les forêts. J'ai jonché de leurs cadavres les ravins des montagnes. Après cela, j'ai entouré les armées du pays de Kurkhié qui étaient venues au secours des hommes du pays de Khummuk, je les ai défaites en même temps que ceux-ci. J'ai entassé, par monceaux les cadavres de leurs soldats, dans les ravins des montagnes. J'ai jeté leurs bataillons dans le Diglat et dans le fleuve Nami. Kiliantaru, fils de Kaliantaru, qu'ils avaient fait roi pour soutenir leur révolte, tomba entre mes mains dans la mêlée. J'ai fait prisonniers ses femmes, ses fils, les rejetons de son cœur et ses filles; je me suis emparé de 180 *sunuk* d'airain, dix *nirmak* de fer, de leurs Dieux, de l'or, de l'argent, du *dumuk* de leurs trésors ; j'ai emporté leurs esclaves, j'ai livré aux flammes leurs meubles, leur trésor; j'ai démoli, j'ai détruit et sa ville et son palais.

VII. (c. 2, l. 36.) — « La ville d'Urakhinas, leur capitale, située dans le pays de Panari, fut terrifiée par la puissance et la crainte immense du dieu Assur, mon Seigneur. Ses habitants, pour sauver leur vie, enlevèrent leurs Dieux; ils volèrent, comme des oiseaux, vers les défilés des montagnes. Je me suis avancé avec mes chars et mes armées sur le Diglat. Saditiru, fils de Khattikni, roi de la ville d'Urakhinas, prit mes genoux pour m'empêcher d'attaquer son pays. J'acceptai, comme ôtage, ses fils, les rejetons de son cœur, et sa famille.

« Il m'apporta en tribut 60 *sunuk* d'airain, 90 *nirmak* et *namhar* de fer, des *pur* avec 120 captifs, des bœufs, des moutons. J'ai exigé cette rançon et je lui ai pardonné. Je lui fis grâce de la vie, je lui imposai ma domination puissante pour l'avenir et j'occupai les vertes contrées du pays Khummuk ; je les annexai à mon empire. Dans ce temps-là, je consacrai au dieu Assur, mon Seigneur, un *hamhar* d'airain, un *nirmak* de fer provenant du butin du pays de Khummuk ; et je destinai 60 *sunuk* d'airain, avec leurs Dieux, au dieu Bin, mon soutien.

VIII. (c. 2, l. 63.) — « Pour assurer la puissance de mes armes auxquelles le dieu Assur, mon Seigneur, a promis la victoire et l'empire du monde, je me suis avancé avec 30 chars qui marchent comme les *idi* de mes ...... pour enlever mes soldats (puissent-ils accomplir la punition de leurs ennemis) vers le pays de Mildis, dont les habitants sont perfides et rebelles. J'ai traversé des contrées puissantes et des plaines immenses qui m'étaient soumises. Dans le pays d'Aruma, le terrain est tortueux, il n'est pas praticable pour faire passer mes chars, je les ai abandonnés. Je me suis mis à la tête de mes soldats; ils s'avancèrent comme des *mebi*, et j'ai pénétré comme un javelot dans les gorges des montagnes tortueuses. J'ai changé le pays en un monceau de ruines. J'ai poursuivi les combattants au milieu de la mêlée jusque dans leurs retraites; j'ai fait des prisonniers, je me suis emparé de leurs biens et de leurs terres, j'ai livré toutes leurs villes aux flammes, j'ai exigé des ôtages, et je leur ai imposé des tributs et des redevances.

IX. (c. 2, l. 85.) — « Je suis Tuklat-pal-Asar, le juste, le vaillant, celui qui ouvre le chemin des conquêtes, qui réduit les ennemis, qui soumet la vaste terre.

X. (c. 2, l. 89.) — « J'ai soumis à mon empire le pays de Subari, habité par des hommes pervers et méchants. J'ai imposé le joug de ma domination aux pays d'Alzi et de Purukhumzi, qui avaient refusé de payer leurs tributs et leurs redevances; je les ai forcés de les apporter à ma ville d'El-Assur, ainsi que tout ce qui a été acquis par ma valeur. Assur, le maître de mes armes puissantes, a soumis les méchants à ma main pour étendre les limites de mon empire. Quatre mille hommes des provinces de Kaskay et d'Urudanya, dépendant du pays de Khatti (la Syrie) avaient conquis le pays de Subarti. Ils firent leur soumission devant le dieu Assur, mon Seigneur (c. 3, l. 1.) Ils apprirent mon approche vers Subarti; la grandeur de ma puissance les terrifia; ils abandonnèrent le combat et se soumirent à moi. J'ai pris, avec leurs trésors, 120 (2 *susi*) chars et leurs équipages et je les ai donnés aux habitants de mon pays.

XI. (c. 3, l. 8.) — « J'ai marché avec courage et résolution vers le pays de Khummuk; j'ai attaqué ces contrées, j'ai fait des prisonniers, j'ai pillé leurs biens, leurs trésors, j'ai brûlé leurs villes, je les ai démolies, je les ai détruites. Le reste de leurs soldats, qui avait craint mes armes terribles, et qui n'avait pu résister au choc de ma puissante attaque, s'était dirigé, pour sauver sa vie, vers le sommet des montagnes sur des plateaux élevés, vers les clairières des forêts, par les ravins tortueux des montagnes que le pied de l'homme ne peut traverser. J'ai monté derrière eux; ils en vinrent aux mains avec moi; je les ai mis en fuite. J'ai passé comme une tempête sur les rangs de leurs combattants, au milieu des ravins des montagnes, j'ai jonché les rochers des vallées des cadavres de leurs soldats, je les ai faits prisonniers sur les plateaux des montagnes, je me suis emparé de leurs biens, de leurs trésors; j'ai soumis le pays de Khummuk dans toute son étendue et je l'ai compris désormais dans les limites de mon empire.

XII. (c. 3, l. 32.) — « Je suis Tuklat-pal-Asar, le roi puissant, le destructeur des méchants, celui qui anéantit les bataillons ennemis.

XIII. (c. 3, l. 35.) — « Suivant les desseins suprêmes du dieu Assur, mon Seigneur, j'ai marché contre le pays de Kharia et les armées du vaste pays de Kurkhié, dans des forêts impénétrables qu'aucun roi n'avait encore explorées. Le dieu Assur, mon Seigneur, me dit de marcher; je disposai mes chars et mes armées et je m'emparai des forteresses du pays d'Itui et du pays d'Aya, sur les pics élevés des montagnes impénétrables, semblables à la pointe d'un poignard et qui ne permettent pas le passage de mes chars. J'ai laissé mes chars dans la plaine et j'ai pénétré dans les montagnes tortueuses. Les habitants du pays de Kurkhié avaient disposé leurs armées pour me livrer bataille dans le pays d'Azu. J'ai lutté contre leurs forces sur le plateau de la montagne, je les ai mises en déroute. J'ai entassé par monceaux les cadavres de leurs guerriers dans les rochers et les ravins des montagnes; j'ai détruit les villes qui étaient sur le revers de la montagne, j'ai occupé 25 villes du pays de Kharia, qui étaient dans les districts d'Aya, de Suira, d'Idia, de Sezu, de Lelgu, d'Arzanibiu, d'Urunu, d'Anitku-zal'ani. Je me suis emparé de leurs esclaves, de leurs biens et de leurs trésors. Jai livré ces villes aux flammes, je les ai démolies, je les ai détruites.

XIV. (c. 3, l. 66.) — « Les hommes du pays d'Adanit évitèrent le choc de mes bataillons terribles; ils abandonnèrent leurs demeures et s'enfuirent, comme des oiseaux, dans les ravins des montagnes inaccessibles. La puissance du dieu Assur, mon Seigneur, les terrifia; il se soumirent et prirent mes genoux, je leur imposai des tributs et des redevances.

XV. (c. 3, l. 73.) — « J'ai couvert de ruines les pays de Saranit et d'Ammanit; depuis un temps immémorial, ils n'avaient pas fait leur soumission. Je me suis mesuré avec leurs armées dans le pays d'Aruma, je les ai châtiés, j'ai poursuivi leurs guerriers comme des bêtes fauves, j'ai occupé leurs villes, j'ai emporté leurs Dieux. J'ai fait des prisonniers, je me suis emparé de leurs biens et de leurs trésors, j'ai livré les villes aux flammes, je les ai démolies, je les ai détruites, j'en ai fait des ruines et des décombres, je leur ai imposé le joug pesant de ma domination, et, en leur présence, j'ai rendu des actions de grâce au dieu Assur, mon Seigneur.

XVI. (c. 3, l. 88). — « J'ai attaqué les pays d'Issua et de Daria habités par des hommes pervers et rebelles ; je leur ai imposé des tributs ; et, en leur présence, j'ai rendu des actions de grâce au dieu Assur, mon Seigneur.

XVII. (c. 3, l. 92). — « Dans mon *Asaridut*, j'ai attaqué mes ennemis ; j'ai réuni mes chars et mes soldats ; j'ai franchi le Zab inférieur ; j'ai attaqué les pays de Murattas et de Saradanit, qui sont situés dans la province d'Asani et de Thuma ; j'ai pris position dans des plaines difficiles à traverser ; j'ai moissonné leurs armées comme de l'herbe sèche ; j'ai occupé la ville de Marattas, leur capitale, du côté du soleil levant ; j'ai pris leurs Dieux, leurs biens, leurs trésors, 60 *Sunuk* d'airain (c. 4, l. 1) 30 talents d'airain. *Sa mi ta bu se tu lur* de leurs palais et des esclaves ; j'ai livré la ville aux flammes, je l'ai détruite. Dans ce temps-là, j'ai consacré moi-même l'airain que j'avais conquis au culte du dieu Bin, mon Seigneur.

XVIII. (c. 4, l. 7). — « D'après les ordres suprêmes du dieu Assur, mon Seigneur, j'ai marché vers le pays de Sugi, qui fait partie du territoire de Kirkhié et qui ne s'était pas soumis. — J'ai combattu contre quatre mille guerriers du pays de Khimi de Lukhi d'Arizé d'Alamuni, de Numni et de Kurkhi. J'ai marché vers le pays de Khirkhié, un pays difficile à traverser qui s'élève comme la pointe d'un poignard. Je les mis en fuite, j'ai poursuivi les combattants dans les ravins des montagnes, et j'ai fait tomber les cadavres des guerriers du pays de Kirkhié comme des feuilles. J'ai envahi le pays de Sugi ; j'ai emporté 25 de leurs Dieux, leurs esclaves, leurs biens, leurs trésors ; j'ai fait passer toutes leurs villes par les flammes, je les ai démolies, je les ai détruites. Les débris de leurs armées prirent mes genoux, j'en ai eu pitié, je leur ai imposé des tributs et des redevances, je les ai soumis au culte du dieu Assur, mon Seigneur.

XIX. (c. 4, l. 32). — « Dans ce temps-là, j'ai consacré les 25 dieux de ce pays qui sont les trophées de mes mains, comme des *utu uh* dans le temple de Sala, la grande épouse aimée du dieu Assur, mon Seigneur, et je les ai dédiés aux Dieux de mon pays, à Anu, à Bin, à Istar l'Assurit, dans ma ville d'El-Assur.

XX. (c. 4, l. 43). — « Je suis Tuklat-pal-Asar, le roi puissant, celui qui attaque les pays rebelles, le vainqueur de tous les rois.

XXI. (c. 4, l. 43). — « Dans ce temps-là, d'après les ordres suprêmes du dieu Assur, mon Seigneur, d'après sa volonté puissante, j'ai assemblé mes guerriers; et, soumis aux Grands-Dieux des quatre régions, je les ai commandés selon leur justice. Brave dans la mêlée, courageux dans les batailles, j'ai marché sans égal contre les rois *ninisule* des bords de la Mer-Supérieure, qui n'avaient pas fait leur soumission et que le dieu Assur m'avait signalés. J'ai traversé des marais inaccessibles, des contrées fiévreuses, dans lesquelles personne, parmi les rois antérieurs, n'avait pénétré ; j'ai passé par des chemins difficiles, dans des fourrés épais; j'ai traversé les pays d'Elama, d'Amadana, d'Ilkhis, de Serabili, de Tarkhuma, de Tirkakhuli, de Kisid, de Tarkhanabat, d'Elula, de Khastarai, de Sakhisaru, d'Ubatra, de Miliatrumi, de Sulianze, de Nubanase, de Sisé, seize grandes contrées. Je me suis frayé un passage dans des chemins escarpés avec mes chars aux roues d'airain. J'ai coupé les *Uram* des montagnes et j'ai pratiqué un passage pour faire passer mes guerriers. J'ai franchi le fleuve Purat. Les rois du pays de Numni, de Tunumit, de Tuali, de Kindari, de l'Uzula, d'Unzamuni, d'Andiamit, de Pilakinni, d'Athurgini, de Kulibarzini, de Pinibirni, de Khunua, de Païtiri, d'Uïram, de Sururia, d'Abaeni, d'Adaeni, de Kirini, d'Albaya, d'Ugina, de Nazabia, d'Amassiuni, de Dayaeni, en tout 23 rois du pays de Naïri, avaient sur les frontières de leur territoire, disposé leurs chars et leurs armées ; ils vinrent à ma rencontre pour me livrer combat et bataille, je les ai refoulés par la puissance de mes armes, j'ai répandu la terreur dans leurs rangs comme une tempête du dieu Bin, j'ai refoulé les premiers rangs de leurs guerriers dans l'intérieur de leurs hautes montagnes et jusque sous les murs de leurs villes. J'ai pris 120 (2 *susi*) chars, des *hadirtu*, au milieu de la mêlée; j'ai poursuivi les 60 rois du pays de Naïri et ceux qui étaient venus à leurs secours des bords de la Mer-Supérieure ; j'ai attaqué leurs grandes forteresses ; j'ai pris leurs esclaves, leurs biens, leurs trésors ; j'ai livré aux flammes leurs villes, je les ai démolies, je les ai détruites, j'en ai fait un monceau de ruines et de décombres. J'ai emmené leurs troupeaux (*sugullat*) : des chevaux, des juments, des ânes, des veaux et les produits innombrables de leurs vignes. J'ai pris vivants tous les rois du pays de Naïri, j'eus pitié de ces rois, je leur pardonnai et je leur accordai la vie. J'ai offert leurs dépouilles et leurs biens au dieu Samas, et, par des actes religieux j'en ai consacré la propriété à nos Grands-Dieux pour la durée des jours, pour des temps éternels. J'ai pris comme ôtages leurs fils, l'espoir de leur royauté ; je leur ai imposé comme tribut 1,200 chevaux et 2,000 bœufs et je les ai renvoyés dans leur pays.

XXII. (c. 5, l. 22). — « Sieni, roi de Dayani, ne voulut pas se soumettre au dieu Assur, mon Seigneur, j'ai emporté ses dépouilles et ses biens dans ma ville d'El-Assur pour qu'il se soumette aux Grands-Dieux, et pour qu'il persévère dans sa soumission. Pendant ce temps-là, j'ai subjugué les vastes contrées du pays de Naïri dans toute leur étendue, et j'ai soumis à ma domination la totalité de leurs rois.

XXIII. (c. 5, l. 33). — « Après cette campagne, je me suis dirigé sur la ville de Milidis, qui appartient aux pays de Khanigulmil, habitée par des hommes pervers et malveillants. Ils craignirent le choc de mes puissantes armées, ils prirent mes genoux et j'eus pitié d'eux ; je ne me suis pas emparé de cette ville, j'ai pris des ôtages, je leur ai imposé comme tribut chaque année un animal des pays de Bari et d'Abari pour les maintenir dans la soumission.

XXIV. (c. 5, l. 42). — « Je suis Tuklat-pal-Asar, *naplu khamthu*, celui qui règle la victoire dans les combats.

XXV. (5, l. 44). — « Dans l'adoration du dieu Assur, mon Seigneur, j'ai réuni mes chars et mes guerriers ; j'ai fixé une année et un jour propice d'après un songe que j'avais eu, et j'ai marché sur le pays d'Aram, qui ne reconnaissait pas le dieu Assur, mon Seigneur. Je me suis avancé du pays de Sukhi jusqu'à la ville de Kar-kamis au pays de Khatti (la Syrie), j'ai fait le trajet dans un seul jour. J'ai fait un grand carnage ; j'ai enlevé leurs esclaves, leurs biens, leurs propriétés sans nombre. Les débris de leurs armées, qui s'étaient soustraits à la puissance du dieu Assur, franchirent le fleuve Purat (l'Euphrate), je les poursuivis sur des radeaux, je franchis le fleuve Purat (l'Euphrate) et j'occupai 6 de leurs villes dans le pays de Bisri ; je les livrai aux flammes, je les démolis, je les détruisis et j'apportai leurs dépouilles, leurs biens et leurs propriétés dans ma ville d'El-Assur.

XXVI. (c. 6, l. 64). — « Je suis Tuklat-pal-Asar, celui qui foule aux pieds les ennemis *attuli*, qui asservit les méchants, qui domine par toute la terre.

XXVII. (c. 5, l. 67). — Assur, mon Seigneur, me commanda d'attaquer le pays de Musri. J'ai pris les forteresses du pays d'Elamuni, de Tala et de Kharusa, et j'ai occupé tout le pays de Musri; je fis prisonniers leurs soldats; je livrai les villes aux flammes, je les démolis, je les détruisis. Les guerriers du pays de Kumani vinrent pour porter secours au pays de Musri, je combattis avec eux dans les montagnes, je les mis en fuite, je les refoulai sur une ville, la ville d'Arini, sur les frontières du pays d'Aïsa; ils prirent mes genoux, j'épargnai cette ville et je lui imposai des ôtages, des tributs et des redevances.

XXVIII. (c. 5, l. 82). — « Dans ce temps-là, les provinces du pays de Khumani qui s'étaient constituées les alliées du pays de Musri se réunirent pour renouveler l'attaque et me livrer combat et bataille. Confiant dans mes armes terribles, je combattis contre 20,000 de leurs puissants guerriers dans le pays de Tala, je les mis en fuite. J'ai réduit leurs forces complètement, j'ai poursuivi les fuyards jusqu'au pays de Kharusa, situé en face du pays de Musuri. J'ai entassé les dépouilles de leurs guerriers dans les ravins des montagnes comme des *subat*; j'ai jonché de leurs cadavres les abîmes et les hauteurs des montagnes; j'ai occupé leurs grandes forteresses, je les ai livrées aux flammes, je les ai démolies, je les ai détruites, j'en ai fait des décombres et des ruines.

XXIX. (c. 5, l. 99). — « J'ai fait disparaître sous ses ruines la ville de Khunusa, leur capitale. J'ai combattu contre leurs armées dans la ville et sur les hauteurs (c. 6, l. 1). Je les ai mis en fuite, j'ai poursuivi leurs combattants dans les forêts comme des *subat*, j'ai coupé leurs têtes comme des *zirki*, j'ai jonché de leurs cadavres les ravins et les hauteurs des montagnes, j'ai pris leur ville, j'ai emporté leurs Dieux, je me suis emparé de leurs biens et de leurs trésors, j'ai livré la ville aux flammes, j'ai démoli, j'ai détruit leurs trois forteresses qui étaient en brique *rasbu* et la totalité de la ville, j'en ai fait un monceau de ruines et de décombres. J'ai élevé sur eux des pierres *sipa*, j'ai fait des tables de bronze pour y inscrire le butin des peuples que j'ai conquis par mon Dieu, mon Seigneur. J'ai écrit sur ces tables : « Cette ville ne sera plus rebâtie et cette forteresse ne sera plus relevée. » J'ai construit sur l'emplacement un bâtiment en briques et j'y ai placé mes tables de bronze.

XXX. (c. 6, l. 22). — « Dans la soumission au dieu Assur, mon Seigneur, j'ai réuni mes chars et mes guerriers et je me suis approché de la ville de Yasuna, leur capitale. Les gens de Khumani craignirent le choc de mes armes terribles, ils prirent mes genoux, je leur fis grâce de la vie, mais je décrétai la démolition de leur forteresse et de ses remparts en briques; ils furent détruits depuis la fondation jusqu'aux créneaux; j'en fis des ruines et des décombres. 300 (5 *susi*) fugitifs s'y étaient retirés pour se soustraire à l'obéissance d'Assur, je les fis prisonniers et je les pris en ôtages. Je leur imposai des tributs et des redevances en dehors de ce qu'ils avaient fourni auparavant et j'ai réduit sous ma puissance la totalité de la vaste province de Khumani.

XXXI. (c. 6, l. 39). — Compte donc 42 pays et leurs princes, depuis les rives du Zab inférieur, des forêts *nisuti* jusqu'aux rives du Purat, le pays de Khatti (la Syrie) et la Mer-Supérieure, qui est au soleil couchant, voilà ce que depuis mon avénement, jusqu'à ma cinquième campagne ma main a pu atteindre, je les ai soumis l'un après l'autre, j'ai pris leurs ôtages, je leur ai imposé des tributs et des redevances.

XXXII. (c. 6, l. 49). — « Ajoute à cela des expéditions nombreuses contre les rebelles qui ne payaient pas leurs tributs et que j'ai poursuivis avec mes chars par des chemins impraticables: j'ai brisé la puissance des ennemis dans mon pays.

XXXIII. (c. 6, l. 55). — « Je suis Tuklat-pal-Asar, le vaillant, le terrible, celui qui tient le sceptre des nations, celui qui anéantit les oppresseurs.

XXXIV. (c. 6, l. 58). — Le dieu Adar et le dieu Nergal m'ont confié leurs armes terribles et leur arc puissant pour soutenir ma royauté. Dans l'adoration du dieu Adar, mon protecteur, j'ai tué quatre bufles mâles *suturut* dans des *Khudirti*, dans le pays de Mitan et dans la ville d'Arazika qui est vis-à-vis du pays de Khatti (la Syrie), je les ai tués avec mon arc puissant, mon glaive en fer et mon grand *mulmalli*, j'ai apporté leurs peaux à ma ville d'El-Assur.

XXXV. (c. 6, l. 70. — « J'ai tué dix sangliers mâles et robustes dans le pays de Rasni et sur les bords du Khabur. J'ai pris quatre sangliers vivants. J'ai apporté les peaux et les dents des sangliers morts, avec les sangliers vivants dans ma ville d'El-Assur.

XXXVI. (c. 6, l. 75). — « Sous les auspices d'Adar, qui me donna son aide, j'ai tué 120 (2 *susi*) lions ; j'ai lutté, avec mon courage, corps à corps, et je les ai mis sous mes pieds ; j'ai pris 800 lions avec mes chars dans les *passuti bu ul an nir*, et l'oiseau du ciel, dans son vol, ne s'est pas dérobé à la sûreté de mes flèches.

XXXVII. (c. 6, l. 85). — J'ai mis un maître dans tous ces pays, contre les ennemis du dieu Assur ; j'ai reconstruit et j'ai terminé le temple de la déesse Istar, l'Assourit, ma souveraine, le temple du dieu Martu, le temple du dieu Bel-aura, le temple de la déesse Belit, les demeures des Dieux de ma ville d'El-Assur qui étaient tombées en ruines. J'ai fait les *tirubat* de leurs sanctuaires ; j'y ai déposé les images des Grands-Dieux, mes Seigneurs, et j'ai réjoui le cœur de leurs grandes divinités. Les anciens palais, les demeures royales, ces vastes châteaux dont le territoire de mon pays était couvert, avaient été abandonnés depuis le temps de mes pères ; depuis de longues années, ils étaient tombés en ruines, j'ai refait, j'ai achevé leurs portiques *ratbu* ; j'ai restauré les forteresses de mon pays qui étaient en mauvais état, j'ai protégé dans tout le pays d'Assur leurs fondations avec des galeries (*gabbut?*) et j'ai ajouté un. . . . *tabak* de *rim* à celles qu'avait faites mes pères. J'ai réuni des troupeaux de chevaux, de bœufs, de moutons, que dans l'adoration du dieu Assur, mon Seigneur, j'ai choisi dans les différents pays vaincus et réunis par ma main ; j'ai rassemblé des troupeaux de *nali* de. . . . . *d'arni* et de *taragui*, que les dieux Assur et Adar, les Dieux mes protecteurs, pour augmenter ma gloire, m'avaient fait prendre dans des forêts impénétrables. Je pouvais en compter le nombre comme on compte les moutons domestiques. Selon le désir de mon cœur, j'ai sacrifié à Assur, mon Seigneur, les. . . . *bukudi* de moutons, leurs rejetons, avec mes victimes suprêmes *musammu*.

XXXVIII. (c. 7, l. 17.) — « Je me suis servi des bois de cèdre, d'*Urkarina*, d'*Alla*, les produits des pays que j'avais imposés et que mes prédécesseurs, les rois mes pères, n'avaient pas abattus ; j'ai planté des arbres dans les forêts et j'ai soigné les plantations qui se trouvaient dans mon pays *la assu* ; j'ai reboisé les forêts du pays d'Assur.

XXXIX. (c. 7, l. 28.) « J'ai augmenté le nombre de mes chars et je les ai fait traîner par une couple de bêtes pour la commodité de mon pays. J'ai ajouté au pays d'Assur du territoire, à ses habitants d'autres hommes. J'ai réjoui le cœur de mes sujets, je leur ai fait un lieu de délices.

XL. (c. 7, l. 36.) — « Je suis Tuklat-pal-Asar, le Seigneur suprême, que les dieux Assur et Adar ont contenté selon le désir de son cœur, celui qui a poursuivi les ennemis du dieu Assur dans toutes leurs contrées, le vainqueur qui les a complètement défaits.

XLI. (c. 7, l. 42.) — « Fils d'Assur-ris-isi, le roi puissant, qui attaqua les contrées rebelles, qui a soumis les pays de toute la terre.

XLII. (c. 7, l. 45.) — « Petit-fils de Mutakkil-Nabu, que le dieu Assur, le grand maître, a choisi dans la ferme décision de son cœur en le destinant au gouvernement du pays d'Assur.

XLIII. (c. 7, l. 49.) — « Arrière petit-fils d'Assur-Dagan, qui porta le sceptre suprême, qui illustra la nation de Bel, le roi qui recommanda l'œuvre de sa main et la créature de son doigt aux Grands-Dieux et qui surpassa ce qui avait été accompli avant lui.

XLIV. (c. 7, l. 55.) — « Descendant de Adar-pal-Asar, le roi qui inaugura le royaume d'Assur, celui qui *la bar vú ru* son *nubala* comme un *urini*, sur son pays, celui qui le premier organisa les armées du pays d'Assur.

XLV. (c. 7, l. 60.) — « Alors il arriva ceci : le temple d'Anu et de Bin, les Grands-Dieux, mes Seigneurs, que dans le temps Samsi-Bin, Patis d'Assour, fils d'Ismi-Dagan, Patis d'Assur, avait construit 641 ans auparavant, était tombé en ruines. Assur-Dagan, roi du pays d'Assur, fils de Adar-pal-Asar, roi du pays d'Assur, démolit ce temple, mais ne le reconstruisit pas ; pendant 60 ans (1 *susi*), on ne toucha pas à ses fondations.

XLVI. (c. 7, l. 71.) — « Au commencement de mon règne, Anu et Bin, les Grands-Dieux, mes Maîtres, qui soutiennent ma puissance, m'ordonnèrent de rebâtir leurs sanctuaires. Jai moulé des briques, j'ai exploré la place, j'ai retrouvé les fondations et j'ai jeté de nouvelles fondations solides comme les montagnes, j'ai recouvert la place d'une plate-forme de briques dans toute son étendue comme un *kamir*, j'ai *ahibi* 40 *tibik* dans le bas, et, sur ces derniers, j'ai jeté les soubassements du temple d'Anu et de Bin; je l'ai rebâti depuis les fondations jusqu'au sommet et je l'ai construit plus grand que le premier. J'ai bâti deux *zigurrat* énormes, qui étaient en proportion avec la grandeur de leurs augustes divinités; j'ai bâti et j'ai achevé dans le temple la Maison suprême, le séjour sacré (*Ḳasuda*), la demeure de leurs *nidat*, le repos de leurs *tasitti*, qui brille comme les étoiles du firmament; d'après le désir de leurs prêtres *mahdis, nasaka, akbad anah*, je l'ai bâti au milieu du sanctuaire, j'ai posé les soubassements aussi profondément que l'abîme d'où se lèvent les étoiles. J'ai *usarrit* ses *namiri*, j'ai élevé ces *zigurrat* jusqu'au ciel et j'ai entouré leurs créneaux de briques, j'ai disposé au milieu du sanctuaire (*emlia*) la couche de leurs grandes divinités, j'y ai fait entrer les dieux Anu et Bin, les Grands-Dieux, je les ai installés dans leurs augustes demeures et j'ai réjoui le cœur de leurs grandes divinités.

XLVII. (c. 8, l. 1.) — « Le Bit-Hamri de Bin, mon Seigneur, que Samsi-Bin, Patis d'Assur, fils d'Ismi-Dagan, Patis d'Assur, avait construit, était tombé en ruines et en décombres; j'en ai exploré le site et je l'ai restauré en briques, depuis les fondations jusqu'au faîte, je l'ai construit; je l'ai rebâti plus grand que celui qui y avait été auparavant, et au milieu de ce temple j'ai sacrifié des victimes sacrées au dieu Bin, mon Seigneur.

XLVIII. (c. 8, l. 2.)—« Dans ce temps-là, j'y ai fait apporter les pierres *ka, alta* et *kagina* des montagnes de Naïri, que m'avait fait avoir Assur, mon Seigneur, et je les ai placées dans le temple du *Bit-Hamri* de Bin, mon Seigneur, pour des temps éternels.

LIX. (c. 8, l. 17.) — « J'ai honoré ce qui devait être honoré, la Maison suprême, le séjour auguste, que j'ai destiné à la demeure d'Anu et de Bin, les Grands-Dieux, mes Seigneurs. Je n'ai pas interrompu mon dessein, pendant que je travaillais je l'ai poursuivi avec persévérance et j'ai réjoui le cœur de leurs grandes divinités; qu'ainsi Anu et Bin me rendent heureux pour toujours, qu'ils bénissent l'œuvre de ma main, qu'ils écoutent ma prière, qu'ils m'accordent, pour mes jours victorieux, des *zuni dahuti,* des années d'abondance et de bonheur, qu'ils m'accompagnent à la victoire dans les combats et dans les batailles! qu'ils soumettent à ma domination toutes les contrées qui se révoltent contre moi, les pays rebelles et les princes mes rivaux! qu'ils acceptent mes offrandes sacrées pour la propagation et la fécondité de ma famille!

qu'ils fondent ma race, ferme comme les montagnes, que ce soit le désir d'Assur et des Grands-Dieux, jusqu'aux jours les plus reculés!

L. (c. 8, l. 29.) — « J'ai écrit le récit de ma bravoure, le succès de mes combats, la soumission des rebelles révoltés contre Assur, la protection que les dieux Anu et Assur m'ont accordée *anà sisuti*, sur des pierres solides; j'ai placé ces tables dans le temple d'Anu et de Dagan, les Grands-Dieux, mes Seigneurs pour l'éternité, ainsi que les inscriptions de Samsi-Bin, mon aïeul. J'ai restauré leurs bas-reliefs, j'ai accompli un sacrifice, je les ai remises à leur place.

LI. (c. 8, l. 50.) — « A celui qui, dans la suite des jours, dans les temps éloignés, règnera après moi, je dis ceci : Ce temple d'Anu et de Bin, les Grands-Dieux, mes Seigneurs, et ces tours vieilliront et tomberont en ruines, qu'il restaure leurs ruines, qu'il nettoie les tables, les pierres de fondation et les bas-reliefs, qu'il accomplisse un sacrifice purificatoire, qu'il les remette en place et qu'il écrive son nom à côté du mien, et ainsi Anu et Bin les Grands-Dieux, lui accorderont, avec bonheur, la joie du cœur et le succès de ses entreprises.

LII. (c. 8, l. 63.) — « Mais celui qui cache, qui efface ou qui oblitère mes tables et mes pierres de fondation, qui les jette dans les eaux, qui les brûle dans le feu, qui les enfouit dans la terre, qui les dépose dans un endroit où on ne saurait les voir; celui qui en enlève le nom qui est écrit dessus et qui y met son nom et s'approprie les faits racontés dans ce récit et qui altère ainsi mes inscriptions;

LIII. (c. 8, l. 74.) — « Anu et Bin les Grands-Dieux, mes Seigneurs, le maudiront de toute leur puissance, ils le frapperont par une imprécation flétrissante, ils abaisseront sa royauté, ils ébranleront les bases de son trône, ils briseront la force de sa souveraineté, la gloire de ses serviteurs, ils mettront en fuite ses armées; le dieu Bin, dans la table de ses malédictions, vouera son pays à la désolation, il y répandra la pauvreté, la faim, la maladie, la mort, il ne le laissera pas vivre un seul jour et il détruira sur la terre et son nom et sa race! »

« Dans le mois de cislev, le 29e jour, pendant le Limmu de In-Iliya-allik, chef des eunuques. »

Ici s'arrête le texte; il est daté du jour, du mois, de l'année de sa rédaction. C'était, jusqu'à présent, la plus ancienne mention des Limmu dans les textes assyriens; mais il paraît que M. G. Smith vient de découvrir un document de Bin-nirara, fils de Pudiel, et, par conséquent, antérieur de deux siècles, daté du Limmu d'un Salman-Asar.

Nous avons vu que Tuklat-pal-Asar, dans le cours de ses conquêtes, avait plusieurs fois remonté le Tigre. Arrivé aux frontières de ses états, près des sources du fleuve, il fit tailler un bas-relief pour représenter son image, et il y grava une inscription pour perpétuer le souvenir de ses conquêtes. Ce fait nous est confirmé par un de ses successeurs qui n'avait pas encore franchi ces limites, mais qui fit graver son image auprès de celle de ses devanciers. Assur-nasir-habal s'exprime ainsi :

« Près des sources du fleuve Supnat, à l'endroit que Tuklat-pal-Asar et Tuklat-Samdan, les rois du pays d'Assur, mes pères, avaient choisi pour ériger leurs images, j'ai fait faire celle de ma majesté, et je l'ai élevée auprès des leurs. »

(*W.A.I.* I., pl. 19, c. 1, l. 105.)

Ces bas-reliefs ont été retrouvés en Arménie, dans un endroit nommé Soubeneh-Sou, par M. Jones Taylor, avant que la traduction du passage que nous venons de citer ait pu donner des indications à ce sujet. Le monument de Tuklat-pal-Asar est le plus ancien bas-relief de l'art assyrien; un estampage en a été envoyé à Londres. L'inscription qui l'accompagne est ainsi conçue :

« D'après la volonté d'Assur, de Samas, de Bin, les Grands-Dieux, mes Seigneurs, Moi, Tuklat-pal-Asar, roi du pays d'Assur, fils d'Assur-risisi, roi du pays d'Assur, fils de Mutakkil-Nabu, roi du pays d'Assur, le vainqueur des peuples depuis la Grande-Mer du pays d'Akhari (la Phénicie) qui domine la Mer, jusqu'au pays de Naïri.... J'ai soumis le pays de Naïri. »

(*W.A.I.* III., pl. 4, nº 6.)

L'inscription du prisme s'étend jusqu'à la 5e campagne. Il est certain que le monarque assyrien ne s'est pas arrêté dans ses succès ; il en a poursuivi le cours, et tout indique que c'est vers l'Ouest qu'il a dû étendre ses conquêtes. On lui attribue les faits consignés sur une des faces d'un monolithe brisé, qui, suivant l'opinion de sir H. Rawlinson, aurait été élevé d'abord à Ellassar et transporté plus tard à Ninive, où il aurait été trouvé dans les ruines du palais de Koyoundjik. L'inscription devait renfermer un abrégé de l'histoire d'Assyrie ; la partie qui recouvre la seconde face est relative aux travaux de plusieurs des successeurs de Tuklat-pal-Asar; rien de précis ne peut indiquer, quant à présent, le point de départ des premiers faits consignés dans cette inscription, ni jusqu'où la narration pouvait descendre. D'après le passage qui paraît concerner Tuklat-pal-Asar, ce prince aurait pénétré jusqu'à Aradus, il aurait envahi une partie de la Phénicie et de la Chaldée, et se serait même emparé de Babylone. Enfin le bruit de ses exploits se serait répandu jusqu'en Egypte et lui aurait valu des présents du roi. Voici la traduction de cette inscription :

. . . .

« Le dieu Adar et le dieu Nirgal ont augmenté sa gloire, ils lui ont accordé la force et le succès, il est monté sur les vaisseaux d'Arvada (Aradus) et il a tué un dauphin dans la Grande-Mer.

« Il a tué des buffles mâles et vigoureux dans la ville d'Araziki, qui est située en face du pays de Khatti (la Syrie), auprès du mont Labnani. Il a pris vivant de jeunes buffles, il en a formé des troupeaux. Il a abattu des sangliers avec ses flèches. Il en a pris de vivants et il les a envoyés à sa ville d'El-Assur. Il a tué 120 (2 *susi*) lions qu'il a pris dans des piéges ; il a poursuivi ces animaux qui tombaient de frayeur devant lui; il a forcé des lions dans des *nir-amti*. Comme dans les forêts impénétrables, il a accompli des exploits sur la mer ; il a pêché dans la mer des *kuni*, des *halpie*, des *suripi ;* dans la mer où se lève l'étoile de..... ainsi que dans le pays d'Ebikh, d'Urase, d'Azameri, d'Ankurna, de Pizitru, de Kasiyari, depuis les montagnes du pays d'Assur et de Khana jusqu'aux plaines de Lulume et aux montagnes du pays de Naïri.

« Il a pris dans des trappes (?) des *armi*, des *turahi*, des chèvres sauvages et des cerfs ; il en a formé des troupeaux, il les a fait multiplier et il en a compté le nombre comme des troupeaux d'agneaux.

« Il a tué des léopards, des *midini*, des *asi*, deux *dun isgi*, des oiseaux *malsir*. Il a pris des.... *burhak*, des *urbarra*, des *simmatri ;* il a envoyé les petits *burhi* aux hommes *dampur*, ils les ont acceptés ; il les a classés, il les a fait multiplier et il a distribué leurs troupeaux aux hommes de son pays.

« Le roi du pays de Musri (l'Egypte) lui a envoyé, comme présent, un crocodile (*namsukh*) et des *ummi* de la Grande-Mer; il distribua aux hommes de son pays les *ummi* ainsi que les oiseaux du ciel dont le nom est célèbre.

« Il . . . . . : les œuvres de sa main, les noms des *ummi* dont les espèces ne peuvent être comparées aux autres.

« Ajoute à ces faits les conquêtes de sa main, les expéditions contre les ennemis. Dans ses voyages, il a traversé les chemins sur son char et les routes escarpées....

« Il fit expier la rébellion.....

« . . . Il domina depuis la ville de Bab-ilu (Babylone), qui est située dans le pays des Akkads jusqu'au pays d'Akhari (la Phénicie).... »

(*W.A.I.* I, pl. 28, c. 1).

La tablette des synchronismes, non-seulement ne s'oppose pas à l'attribution qu'on peut faire à Tuklat-pal-Asar des faits consignés dans cette inscription, mais encore elle paraît en apporter la confirmation. Nous y lisons en effet:

« Tuklat-pal-Asar, roi du pays d'Assur et Marduk-nadin-usur, roi du pays de Kar-Dunias, pour la seconde fois ont mis en ligne de bataille leurs chars près d'une ville du Zab inférieur, la ville d'Arzukhina. Dans la deuxième année, il (Tuklat-pal-Asar) réduisit la partie supérieure du pays d'Akkad, il prit les forteresses et les places fortes de Dur-Kurigalzu, de Sippar-sa-Samas, de Sippar-Anunit, de Bab-ilu et de Upi.

« Dans ce temps-là il s'empara de la ville de . . . . . . , de la ville d'Agarsal et de Lubdi, ainsi que du pays de Sukhi jusqu'au voisinage de la ville de Rapiki. »

(*W.A.I.* II, pl. 65, l. 14 à 25.)

La partie supérieure du pays d'Akkad était donc limitée par la forteresse de Dur-Kurigalzu. Cette localité porte aujourd'hui le nom de Arkakouf et paraît avoir servi de frontière entre l'Assyrie et la Chaldée. La ville de Sippar, les Sépharvaïms (ספרוים) de la Bible, était divisée en deux parties par le Tigre; l'une de ces parties était nommée *Sipar sa Samas*, la « Sipar du Soleil », elle est ainsi désignée dans les fragments de Bérose : Πόλις ἡλίου Σιππάροις; l'autre partie, désignée également sous le nom d'Agané, était consacrée à la déesse *Anunit*, une des épouses du dieu Samas. Sipar, dans son acceptation rigoureuse, signifie encore la ville des livres (ספר), la Παντιβίβλα des Grecs.

Les conquêtes de Tuklat-pal-Asar avaient déjà bien étendu la puissance assyrienne. Malheureusement après ces exploits, vinrent des revers. Si les documents ne nous permettent pas d'en apprécier l'étendue, nous savons toutefois que la Chaldée secoua promptement le joug de l'Assyrie et que Babylone recouvra bientôt son indépendance. Marduk-nadin-usur, roi de Chaldée, poursuivit les Assyriens jusque sur leur territoire; il s'empara de la ville d'Ekali (la ville des Palais). Il prit ses Dieux, suivant l'usage du vainqueur, et il les apporta en triomphe à Babylone où, 418 ans plus tard, Sennachérib les reprit à son tour. Nous lisons, en effet, dans l'inscription de Bavian que nous avons déjà citée :

« Les dieux Bin et Sala, les Dieux de la ville d'Ekali que Marduk-nadin-usur, roi du pays d'Akkad, au temps de Tuklat-pal-Asar, roi du pays d'Assur, avait pris et apportés à Bab-ilu, après 418 années, je les ai enlevés de Bab-ilu et je les ai remis à leur place dans la ville d'Ekali. »

(*W.A.I.* III, pl. 14, l. 48 et 50.)

Ce fait sert à fixer d'une manière très-précise l'époque du règne de Tuklat-pal-Asar. Sennachérib s'est emparé de Babylone vers la 10e année de son règne; cette guerre n'est pas mentionnée dans l'Inscription du prisme dit de Taylor; dès lors, la date la plus récente qu'on puisse assigner à cette expédition est celle de 688 à 680 a. J.-C.; donc le règne de Tuklat-pal-Asar se place vers le commencement du XIe siècle a. J.-C.

Tel est l'ensemble des documents que nous pouvons consulter sur ce règne. Chaque détail pourrait être l'objet de longs commentaires, mais nous devons nous circonscrire et nous nous bornerons à résumer ici les limites de la domination assyrienne à cette époque.

A l'Est, l'empire de Tuklat-pal-Asar ne s'est pas étendu au-delà de la chaîne du Chouthras et des monts Zagros, limite naturelle de la plaine du Tigre. Les expéditions ont été dirigées particulièrement au Nord-Ouest, du côté du pays de Naïri, comprenant les tribus touraniennes qui vivaient au Sud de l'Arménie, dans les vallées arrosées par le cours supérieur du Tigre et de l'Euphrate. Tuklat-pal-Asar s'avança du Sud au Nord, dans les premières chaînes des montagnes parallèles à la frontière. Les tribus qu'il combattit alors ne reparaissent plus dans les récits des conquêtes de ses successeurs et semblent, dès-lors, définitivement acquises à l'empire d'Assyrie.

C'est à l'Occident et au Sud qu'il aurait eu cependant les plus grands succès, du côté de la Syrie et de la Phénicie. On ne dit pas jusqu'où il a pu s'étendre sur les bords de la Méditerranée, au Sud d'Aradus. Mais son expédition, dans ces parages, n'a pu aboutir qu'à une occupation plus ou moins précaire.

La Chaldée formait la seule puissance capable de résister à l'Assyrie, et de l'attaquer au besoin. L'occupation de Babylone n'a été que momentanée, ainsi que les inscriptions le constatent. Les deux empires rentrèrent bientôt dans leurs limites respectives, et pendant quatre siècles encore Babylone a tenu en échec la puissance de plus en plus envahissante de l'empire assyrien.

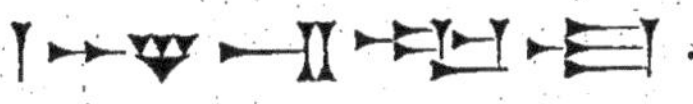

ASSUR-BEL-KALA.

(1080 a. J.-C.)

Documents. — *Tablette des synchronismes.* (*W.A.I.* II, pl. 65, l. 25.) — *Inscription de la statue de Koyounjik.* (*W.A.I.* I, pl. 6, n° 6.) — *Fragments de Kalah-Shergat. Layard*, pl. 73.)

Le successeur de Tuklat-pal-Asar, tel qu'il est indiqué par l'ordre qui a été suivi sur la tablette des synchronismes, se nomme Assur-Bel-kala. Le récit continue de la manière suivante :

« Au temps d'Assur-Bel-kala, roi du pays d'Assur et de Marduk-sapik-zirat, roi de Bab-ilu, ils (les deux rois) firent [un traité] de paix.

« Au temps d'Assur-Bel-kala, roi du pays d'Assur et Marduk-sapik-zirut, roi du pays de Kar-Duniyas la mort le prit (ce dernier). Ils (les Chaldéens) mirent sur le trône Sadanis, d'une naissance obscure.

« Assur-Bel-kala, roi du pays d'Assur, vint au pays de Kar-Duniyas et emporta ses dépouilles au pays d'Assur.

« Nabu-zikir-iskoun.....

« Je les ai mis en déroute, j'ai pris *ban bala*, j'ai pris Bagdada, la grande ville, et des dépouilles nombreuses, et je les ai transportées au pays d'Assur. . . . *ħianati*. La mort le prit.

« Ils se donnèrent en mariage leurs filles, et conclurent entre eux un traité de paix ; ils limitèrent le pays d'Assur et d'Akkad, et ils établirent leurs frontières depuis le mont Bit-Bari, qui est au-dessus de la ville de Zaban, jusqu'au mont Batani près de la ville de Zabdani. »

(*W.A.I.* II, pl. 65, l. 25-44).

Nous devons relever, dans ce passage, le nom de la ville de Bagdad, facile à reconnaître, et qui se trouve également dans le document chaldéen connu sous le nom de cailloux de Michaux.

Il est aujourd'hui certain qu'Assur-Bel-kala est le prince dont le nom figure sur l'inscription qui recouvre le piédestal d'une statue brisée, découverte dans les ruines de Ninive, où on lit :

« Palais de Assur-bani-pal [roi puissant, roi du pays d'Assur], fils de Tuklat-pal-Asar [roi puissant, roi du pays d'Assur], fils d'Assur-ris-isi, roi du pays d'Assur. Cette image . . . . celui qui altère mon écriture et mon nom que . . . . . . le père des Dieux, ... »

(*W.A.I.* I, pl. 6, nº 6.)

On a considéré pendant longtemps ce monument comme le seul qui pouvait nous renseigner sur les descendants directs de Tuklat-pal-Asar, et le passage de Sennachérib sur lequel on s'appuyait pour fixer les dates de cette époque reculée restait sans avoir sa sanction. Aujourd'hui la table des synchronismes a levé tous les doutes à cet égard, en établissant l'identité du nom d'Assur-bani-pal et de celui qu'on lit dans la tablette des synchronismes Assur-Bel-kala.

SAMSI-BIN.

(1050 a. J.-C.)

Documents. — *Fragments des légendes des coupes votives de Koyounjik et de Shérif-Khan.* (*W.A.I.* III, pl. 3, n° 9).

Le nom de ce prince figure sur un fragment d'une des coupes de Shérif-Khan et de Koyoundjik. Cette légende en établit ainsi la filiation :

« Samsi-Bin, roi puis[sant, roi des légions], roi du pays d'Assur, fils de Tuklat-pal-[Asar, roi puissant, roi des légions, roi du] pays d'Assur, fils de Assur-ris-isi [roi puissant, roi des légions] roi du pays d'Assur.

« Je dis ceci : Dans ce temps-là. . . . . le prince qui régnait avant moi. . . . . . dans les jours éloignés. . . . j'ai écrit . . . . . . du pays d'Assur. (*W.A.I.* III, n° 9).

C'est du reste tout ce que nous connaissons de ce souverain.

ASSUR-RAB-AMAR.

(1030 a. J.-C.)

Documents. — *Stèle de Salman-asar.* — (*W.A.I.* III, pl. 8, c. II, l. 37 et 38.)

Ce roi ne nous est connu que par la mention qui en est faite dans l'inscription d'un de ses successeurs, Salman-Asar, qui s'exprime ainsi :

« .... J'ai remonté le fleuve Sagura près de l'endroit où il se jette dans le Purat. La ville de Mul-kina, sur la rive du Purat, que Tuklat-pal-

Asar, le père puissant qui régnait avant moi, avait réunie à mon pays, Assur-rab-amar, roi du pays d'Assur, l'avait cédée au roi du pays d'A-rama, par sa puissance. J'ai remis cette ville à son ancienne place et j'y ai rétabli les fils du pays d'Assur. »

(*W.A.I.* III, pl. 8, c. II, l. 37-38.)

Les détails nous manquent sur les événements qui se sont accomplis alors dans la Haute-Asie; mais il est certain que les Assyriens furent à cette époque l'objet des attaques les plus sérieuses de la part des nations contre lesquelles ils avaient combattu jusqu'alors avec avantage. Assur-rab-amar perdit toutes les conquêtes de Tuklat-pal-Asar au-delà de l'Euphrate, et l'empire d'Assyrie ne dut retrouver sa splendeur que sous une autre dynastie, au moment où de nouvelles destinées étaient réservées à l'influence des Sémites dans la Haute-Asie.

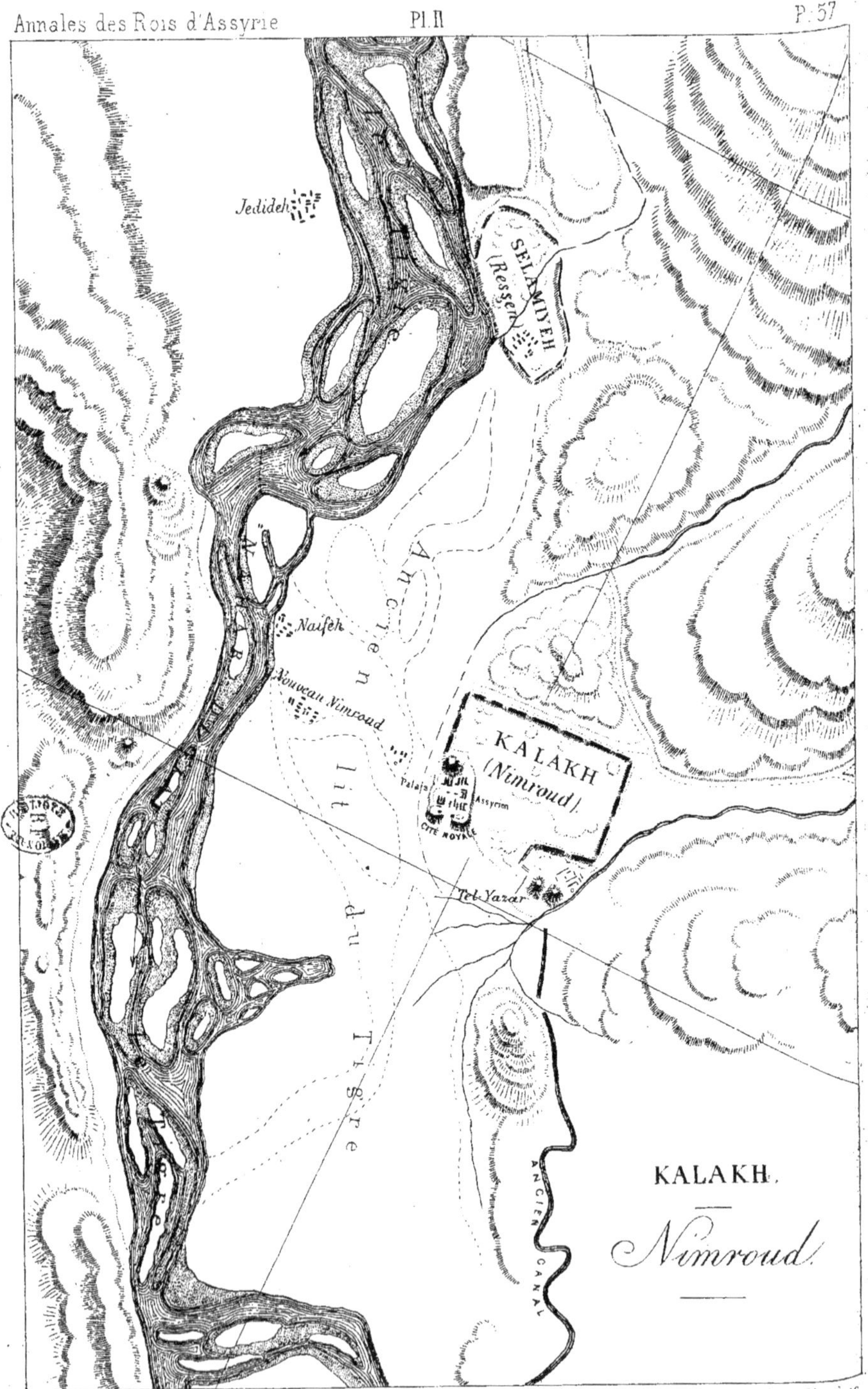

Rouen. Imp. E. Cagniard Gaston Morel. sc.

TROISIÈME PÉRIODE.

CALACH.

La ville assyrienne qui portait jadis le nom de Calach était baignée par le Tigre dans toute sa longueur à l'Ouest, sur une étendue de 1,500 mètres environ. Le lit du fleuve s'est déplacé; et, aujourd'hui, les ruines de Calach ne présentent plus qu'une série de monticules sur la rive gauche du Tigre, non loin du village de Nimroud. Les murs de la ville antique, dont on voit encore la trace, dessinent une figure irrégulière d'une étendue considérable. Ils étaient flanqués de tours, dont on a retrouvé en partie les soubassements ; M. Layard en a compté 58 du côté du Nord.

Dans l'angle Sud-Est de la ville, on trouve une seconde enceinte qui renfermait les palais royaux, disposés sur une plate-forme un peu élevée, et accessible, comme la plate-forme de Persépolis, par des escaliers qui ont disparu. Les recherches de M. Layard ont mis au jour dans cette enceinte plusieurs palais construits par différents rois assyriens.

Nous avons vu que Calach avait été fondée par un prince nommé Salman-Asar, mais que la ville avait été ravagée et que les palais étaient tombés en ruines. Le restaurateur de Calach se nomme Assur-nasir-habal. Dans l'angle Nord-Ouest de la plate-forme on trouve les ruines d'une pyramide carrée bâtie par Assur-nasir-habal; ce monument devait renfermer les tombeaux des rois d'Assyrie. Puis, immédiatement auprès de cet édifice s'élevaient deux palais, le premier qui renfermait sept chambres était orné de bas-reliefs et d'inscriptions ; c'est dans une des chambres de ce palais qu'on a trouvé le plus long monument d'épigraphie assyrienne ; il retrace une partie de l'histoire d'Assur-nasir-habal. Dans les ruines du second, on a découvert la statue en pied de ce souverain, c'est la seule statue d'homme de cette époque qui soit parvenue jusqu'à nous.

Un peu plus au Nord-Ouest, on trouve le palais bâti par Salman-Asar, l'ancien, et restauré par Assur-nasir-habal. Ce palais contient trente chambres et occupe au moins un hectare. C'était la résidence d'Assur-nasir-habal; mais, suivant l'usage traditionnel, il fut abandonné par ses successeurs qui construisirent d'autres palais sur la même plate-forme pour leur usage particulier.

A l'Ouest de ce palais se présentent les ruines d'un édifice élevé par Bin-nirari, jusqu'ici le IIe du nom; les inscriptions de ce monument ont donné la généalogie des premiers rois de cette période.

Dans l'angle Sud-Ouest de la plate-forme existait un des plus grands palais assyriens que les fouilles nous ont fait connaître; sa façade était tournée vers le midi, sur le bord du fleuve qui alors l'entourait de deux côtés. Cet édifice a été construit par Assarhaddon; on voit qu'il a été détruit par le feu avant d'avoir été terminé; des parties inachevées sont encore debout; des plaques lisses à côté des plaques sculptées et gravées attendent encore les inscriptions et les ornements qu'elles devaient recevoir. D'un autre côté, il est évident qu'on a fait entrer dans cet édifice des débris de monuments antérieurs, empruntés à l'édifice du centre et à celui du Nord-Ouest.

Dans l'angle Sud-Est se trouve un petit bâtiment construit par Assur-idil-ili, un des derniers rois de l'empire assyrien; il était situé à côté d'une tour à étage plus ancienne, restaurée par différents monarques et dans laquelle on a trouvé deux statues colossales du dieu Nebo.

Un peu plus au Nord on voyait un autre monument dans lequel on a découvert une stèle en caractères archaïques provenant de Samsi-Bin, le fils d'un Salman-Asar.

Au centre de la plate-forme s'élevait un palais commencé par Salman-Asar et continué par un Tuklat-pal-Asar, le Tiglat-Pileser de la Bible. Cet édifice a été très-maltraité par les princes de la dernière dynastie assyrienne. Sargon et ses successeurs se sont acharnés après les monuments de leurs prédécesseurs immédiats et en ont accéléré la ruine; tout le palais a été démoli par Assarhardon et les débris ont été employés dans la construction de son propre palais.

Tel est l'ensemble des ruines groupées sur la plate-forme de Nimroud

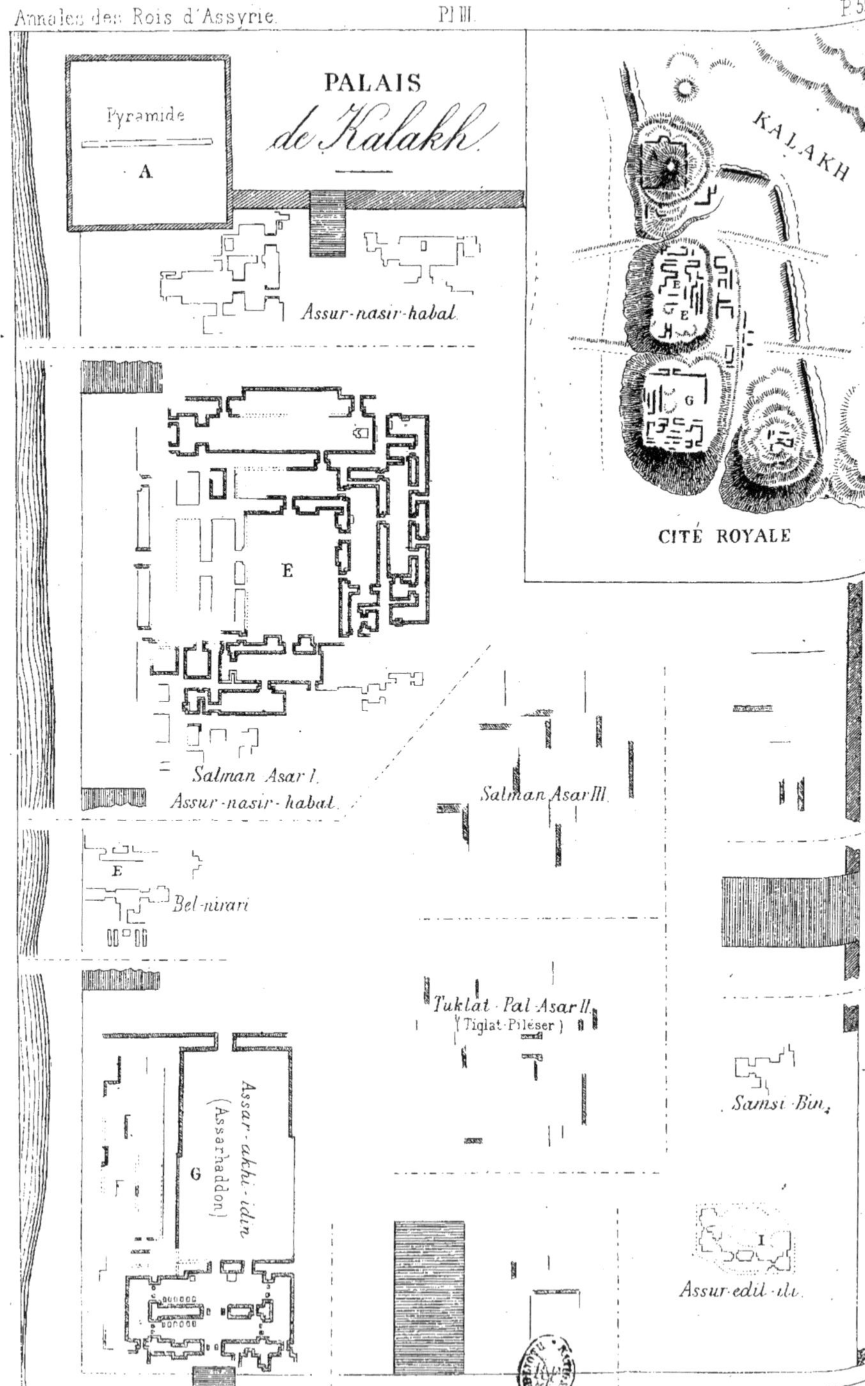
PALAIS
de Kalakh.
Pyramide
A
Assur-nasir-habal.
E
Salman Asar I.
Assur-nasir-habal.
Salman Asar III.
E
Bel-nirari
Tuklat-Pal-Asar II.
(Tiglat-Pileser)
Samsi-Bin.
Assar-akhi-idin
(Assarhaddon)
G
I
Assur-edil-ili.
KALAKH
E
G
E
G
CITÉ ROYALE
G. Morel sc.

et sur lesquels nous aurons occasion de revenir en faisant connaître les documents épigraphiques que les fouilles ont mis au jour ; l'enceinte de la ville n'a jusqu'ici révélé l'existence d'aucun monument important. Un peu plus au Nord en remontant le Tigre, on trouve à 4 kilomètres de Nimroud le village de Sélamiyeh qui doit couvrir les ruines de l'antique Résen ; mais cette localité n'a jusqu'ici fourni que de rares renseignements sur l'histoire de l'Assyrie.

Il est difficile d'apprécier les causes qui ont porté les rois d'Assyrie à abandonner Ellassar, mais il est certain que la ville d'Assur n'est plus la ville privilégiée, Ninive partage avec Calach l'honneur de servir de résidence aux rois assyriens et cependant on n'a pas encore trouvé sur l'emplacement de Ninive, les monuments de cette époque.

Les premiers rois de cette période ne nous sont connus que par les inscriptions de leurs successeurs, mais à partir d'Assur-nasir-habal, les documents s'enchaînent avec précision et fournissent des développements qui jettent la plus grande lumière sur l'histoire de la Haute-Asie.

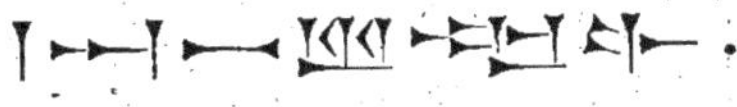

BEL-KAT-IRASSU.

(1020 a. J.-C.)

Documents. — *Inscription généalogique de Bin-nirari.* (*Layard*, pl. 70. *W.A.I.* I, pl. 35, n° 3, l. 24.)

Bel-kat-irassu n'est connu que par l'inscription de Bin-nirari qui donne la généalogie de ses prédécesseurs directs et qui remonte jusqu'au fondateur de la dynastie :

« Bel-kat-irassu qui fut l'origine de la royauté, et que le dieu Assur a appelé à l'empire depuis une époque éloignée. »

(*W.A.I.* I, pl. 35, n° 3, *fine*).

SALMAN-ASAR.

(1010 a. J.-C.)

Documents. — *Inscription généalogique de Bin-nirari.* (*Layard*, pl. 70. — *W.A.I.* I, pl. 35, n° 3.)

Après Bel-kat-irassu, on place généralement un Salman-Asar qui est mentionné dans l'inscription généalogique de Bin-nirari, et que nous ne pouvons considérer comme le fondateur de Calach ; il est trop près de Assur-nasir-habal pour que nous puissions croire que les palais qu'il avait construits étaient déjà tombés en ruines. Voici le passage de l'inscription de Bin-nirari qui lui est applicable :

« Fils de l'arrière-petit-fils de Salman-Asar, celui qui a conservé les temples du pays de *mat ra* (Sennaar), le berceau du pays. »

(Layard, pl. 70.)

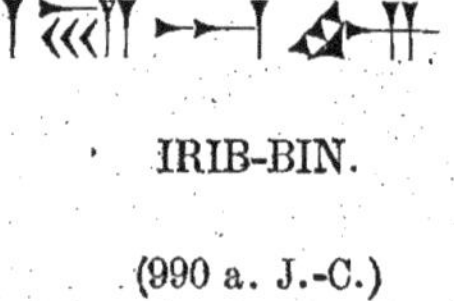

IRIB-BIN.

(990 a. J.-C.)

Documents. — *Inscription de l'Obélisque brisé.* (*W.A.I.* I, pl. 28, c. II, l. 4)

Ce prince est mentionné dans l'inscription de l'obélisque brisé, dont on ignore le rédacteur, à cause d'un travail qu'il avait entrepris et que le prince innommé dans le document avait reconstruit :

« Le palais des tombeaux (*Bit-sa-pagri*), que Irib-Bin avait construit, et les grands établissements qu'avait construits Assur-idin-akhi, roi du pays d'Assur, étaient tombés en ruines, je les ai rebâtis. »

(*W.A.I.* I, pl. 28.)

ASSUR-IDIN-AKHI.

(950 a. J.-C.)

Documents. — *Inscription de l'obélisque brisé.* (*W.A.I.* I, pl. 28, c. II.)

Nous venons de voir le nom de ce prince avec celui que nous considérons comme son prédécesseur, c'est tout ce qui nous est parvenu de ce roi. Après lui, nous trouvons un prince du nom de Salman-Asar qui peut être celui de l'inscription d'Assur-nasir-habal, mais son identité nous paraît douteuse. Il pourrait se faire qu'il fut question d'un prince homonyme qui n'est pas suffisamment désigné par cette expression « qui vivait avant moi, » puisqu'il ne s'agit pas d'un prédécesseur immédiat.

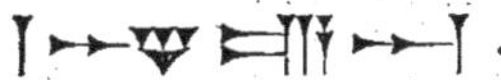

ASSUR-DAN-IL.

(930 a. J.-C.)

Documents. — *Inscription de l'obélisque brisé.* (*W.A.I.* I, pl. 28, c. II, l. 20.) — *Inscription d'Assur-nasir-habal.* (*W.A.I.* I, pl. 17, c. I, l. 30.)

Assur-dan-il est l'arrière-grand-père de Assur-nasir-habal. Ce prince s'exprime ainsi dans sa généalogie :

« Arrière-petit-fils de Assur-dan-il qui bâtit des temples et qui fonda des merveilles.

(*W.A.I.* I, pl. 17, c. I, l. 30).

Ce prince est encore mentionné dans l'inscription de l'obélisque brisé, où le rédacteur inconnu s'exprime ainsi :

« Assur-dan-il, roi du pays d'Assur, avait creusé un canal ; la prise d'eau de ce canal avait été bouchée, et pendant trente ans les eaux n'y avaient pas pénétré. J'ai restauré la prise d'eau, je l'ai creusée profondément et j'y ai laissé couler les eaux. »

(*W.A.I.* I, pl. 28, c. II, l. 20.)

Le prince qui régnait trente ans après Assur-dan-il n'était autre que Assur-nasir-habal, mais cependant ce renseignement ne suffit pas pour lui attribuer la rédaction des faits consignés dans cette inscription.

BIN-NIRARI.

(... à 889 a. J.-C.)

Documents. — *Inscription de Assur-nasir-habal.* (*W.A.I.* I, pl. 17, c. I, l. 30.)— *Inscription de l'obélisque brisé.* (*W.A.I.* I, pl. 28, l. 25.)—*Canon des rois assyriens.* (*W.A.I.* III, pl. 1.)

Ce prince était le grand-père de Assur-nasir-habal, il est ainsi mentionné dans sa généalogie :

« Petit-fils de Bin-nirari, représentant du Dieu qui met en déroute les armées des rebelles. »

(*W.A.I.* I, pl. 17, c. I, l. 30).

Bin-nirari est également désigné dans l'inscription de l'obélisque brisé à cause des travaux qu'il avait entrepris.

« Bin-nirari, roi du pays d'Assur avait construit un *kisrekh* pour protéger la grande digue du Diglat ; elle était tombée, elle s'était éboulée, j'ai élevé au-dessus du niveau des eaux des conduits en bitume et en briques, à la hauteur de sept mesures.

(*W.A.I.* I, pl. 28, c, II, l. 25.)

Enfin, Bin-nirari est le premier des rois assyriens qui figure dans la liste des Limmu ; les tablettes nous donnent des noms pour les trois dernières années de son règne.

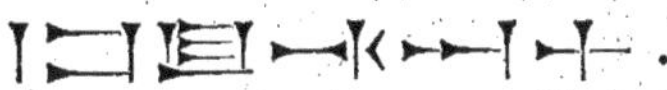

TUKLAT-SAMDAN.

(888 a. J.-C.)

Documents. — *Inscription de Assur-nasir-habal.* (*W.A.I.* pl. 17, l. 28.)—*Inscription de l'obélisque brisé.* (*W.A.I.* I, pl. 28, c. II.) — *Canon des rois assyriens.* (*W.A.I.* III, pl. 1.)

Assur-nasir-habal s'exprime ainsi :

« Fils de Tuklat-Samdan, représentant du Dieu qui répandit la terreur dans le pays de ses ennemis, et qui exposa sur des pals le corps des vaincus.

(*W.A.I.* I, pl. 17, c. I, l. 28).

D'un autre côté, le rédacteur de l'obélisque brisé nous apprend ceci :

« Le grand contrefort (?) de la Maison des Tributs que Tuklat-Samdan, roi du pays d'Assur, avait construit devant les Kisalat, s'était éboulé dans la longueur d'une stade et de trois *kumani* assyriens, je l'ai reconstruit depuis ses fondations jusqu'au sommet. »

(*W.A.I.* I, pl. 28, c. II, l. 28-71).

Il nous est parvenu un petit monument décrit par M. A. de Longpérier dans son Catalogue des Antiquités orientales du musée du Louvre, qui appartient évidemment à ce prince. L'identité en est ainsi assurée par sa généalogie :

« Permis de passage dans le palais de Tuklat-Samdan, roi du pays d'Assur, fils de Bin-nirari, roi du pays d'Assur. »

(*Notice*, etc., 3e édit., p. 106, n° 504.)

Le canon des rois assyriens nous fait connaître les Limmu de son règne, et constate qu'il a occupé le trône d'Assyrie pendant six ans.

Enfin, nous savons que ce prince avait entrepris une campagne aux sources du Tigre et qu'il y avait élevé une stèle commémorative à côté de celle de son prédécesseur Tuklat-pal-Asar. Nous avons déjà cité le passage d'Assur-nasir-habal qui nous fait connaître cet événement (sup. p. 49). Malheureusement ce monument a été détruit, les recherches de M. Jones Taylor établissent que le rocher a été dégradé précisément à l'endroit où le bas-relief avait été sculpté.

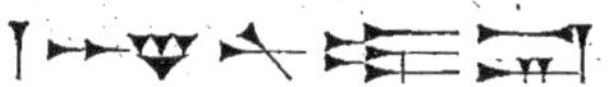

ASSUR-NASIR-HABAL.

(882 a. J.-C.)

Documents. — *Inscription de la statue du roi.* (*W.A.I.* III, pl. 4, nº 8.)—*Grande inscription du palais de Nimroud.* (*W.A.I.* I, pl.17 à 26.)—*Stèle d'Assur-nasir-habal.* (*W.A.I.* I, pl.27.) — *Inscriptions diverses. Layard*, pl. 2, pl. 89 et 84. — *Canon des rois assyriens.* (*W.A.I.* III, pl. 1.)

Assur-nasir-habal est un des princes dont l'histoire est la mieux connue et sur lequel on possède les plus nombreux renseignements.

L'époque de son règne n'en reste pas moins assez indécise : nous touchons au moment où les rois d'Assyrie vont se trouver en rapport avec les rois d'Israël et de Juda ; dès lors, il faut tenir compte des renseignements qui nous sont fournis par les Juifs et des considérations sur lesquelles leur chronologie repose.

Si on consulte le canon des rois assyriens, on compte 161 Limmu depuis la prise de Samarie jusqu'au règne d'Assur-nasir-habal, par conséquent, il aurait commencé à régner vers l'année 882. Ce calcul présente des complications assez graves. En effet, d'après ces données, Assur-nasir-habal serait contemporain de Jehu et de Joas, or, non-seulement ces princes ne sont pas nommés dans les textes d'Assur-nasir-habal, mais encore nous verrons bientôt apparaître Jéhu dans les dernières années du règne de son fils Salman-Asar ; et les textes assyriens, d'accord avec les textes bibliques, établiront de la manière la plus complète le synchronisme des événements dans lesquels nous verrons figurer Salman-Asar, Jéhu et Hazaël.

C'est à cause de ces synchronismes qui se suivent pendant une certaine période que M. Oppert a proposé de voir une interruption dans la liste des Limmu. Cette hypothèse est sans doute hardie, mais elle se corrobore par d'autres observations qui ont leur importance et que nous aurons soin de relever à mesure qu'elles se présenteront. L'une d'elles trouve précisément sa place ici.

La première année du règne de Assur-nasir-habal serait déterminée, suivant M. Oppert, par l'indication d'une éclipse partielle de soleil visible à Ninive, dont il est fait mention dans les textes du roi, et qui a été vérifiée par les calculs astronomiques auxquels on s'est livré. Assur-nasir-habal s'exprime ainsi d'après la traduction de M. Oppert :

« Au commencement de mon règne, dans ma première période annuelle, il arriva que le Soleil, l'arbitre des régions célestes, jeta sur moi son obscurcissement propice; avec puissance je m'assis sur le trône. »
(*W.A.I.* I, pl. 17, c. I, l. 43.)

Si cette indication désigne une éclipse, Assur-nasir-habal serait monté sur le trône le 2 juin 930 a. J.-C. Mais nous ne devons pas dissimuler que nous sommes peu disposés à voir dans ce passage l'indication d'une éclipse solaire. Ce n'est pas ainsi qu'elles sont notées dans les observations astronomiques dont nous possédons de nombreux échantillons. Dans tous les cas, l'interruption de la table des Limmu ayant eu lieu de l'an 792 à 744, laisse dans des rapports relativement exacts, toutes les dates qui s'appuient sur l'indication des Limmu antérieurs à cette époque.

De tous les princes assyriens, Assur-nasir-bahal est le seul dont la statue nous ait été conservée. M. Layard l'a trouvée dans les ruines d'un des palais situés à l'angle N.-O. de l'enceinte royale de Nimroud. Le monarque est debout; d'une main, il tient une faux et de l'autre une massue ; sur sa poitrine, on lit :

« Assur-nasir-habal, roi grand, roi puissant, roi des légions, roi du pays d'Assur, fils de Tuklat-Samdan, roi grand, roi puissant, roi des légions, roi du pays d'Assur, fils de Bin-nirari, roi grand, roi puissant, roi du pays d'Assur.

« Il posséda les terres depuis les rives du Diglat jusqu'au pays de Labnana ; il soumit à sa puissance les Grandes Mers et tous les pays depuis le lever jusqu'au coucher du soleil. »

(*W.A.I.* III, pl. 4, n° 8.)

Un peu plus au Nord de l'édifice où l'on a trouvé la statue du roi, à côté de la grande pyramide de Calach, sur le bord Nord de la plate-forme s'élevait un des palais d'Assur-nasir-habal. Ce monument, fouillé par M. Layard, a fourni des spécimen de l'art assyrien à toutes les grandes collections d'Europe. Les bas-reliefs sont faciles à reconnaître à cause de la disposition des inscriptions formant une bande sur le corps même des personnages. Toutes ces inscriptions reproduisent le même texte, plus ou moins étendu, plus ou moins développé sur un point ou sur un autre. Le monument le plus important a été trouvé dans une grande pièce de 14 mètres de profondeur sur 9,50 de large; c'est un énorme monolithe de 5,50 de large et de 0,34 d'épaisseur ; il formait le pavé d'une niche en forme d'alcôve. Cette immense tranche de pierre était couverte d'inscriptions ; les deux côtés reproduisent le même texte ; le côté qui reposait sur le sol est le plus complet ; il est divisé en trois colonnes comprenant 390 lignes d'écriture. Le texte n'est pas, comme sur les prismes, divisé en paragraphes, le sens seul nous a guidé dans les divisions que nous avons adoptées.

L'exorde est plus explicite sur une stèle; nous en donnerons d'abord l'invocation qui s'adresse aux douze Grands-Dieux. L'inscription du monolithe s'arrête brusquement au milieu d'une phrase, mais on peut suivre la fin du récit sur la stèle qui complète ainsi les renseignements que nous possédons sur Assur-nasir-habal.

Voici d'abord l'invocation de la stèle :

« Assur, Grand Dieu, roi de l'assemblée des Grands-Dieux.
« Anu, le dieu impénétrable, le maître qui règle les destinées.
« Salman-Nisruk, roi des fluides, Seigneur des mystères de *hasisu*.
« Sin, *irsu*, le seigneur des sphères, celui qui abreuve les plaines.
« Marduk, *ap*, le Sage, le Maître des oracles.
« Bin, l'impénétrable. . . . . . le seigneur suprême.
« Adar-Samdan, héros des combats divins, qui réduit les ennemis.
« Nabu, le Dieu qui transmet le sceptre, le Dieu qui surveille.

« Belit, épouse de Bel, mère des Grands-Dieux.

« Nirgal, le. . . . le maître des combats.

« Bel-Dagan, Père suprême des Dieux, architecte, créateur (du monde).

« Samas, arbitre du Ciel et de la Terre, mandataire de l'assemblée des Dieux.

« Istar, souveraine du Ciel et de la Terre, celle qui juge les héros.

« Voilà les Grands-Dieux qui règlent les destinées du pays et qui agrandissent la royauté.

(*W.A.I.* I, pl. 27.)

La suite de l'inscription n'est que l'abrégé du récit consigné sur le grand pavé du temple d'Adar, nous reprendrons celui de la stèle lorsqu'il nous fera défaut.

L'invocation s'adresse aux Dieux Adar et Samas, elle est assez obscure, à cause des termes religieux qu'elle renferme, et qu'une connaissance plus approfondie du Panthéon assyrien pourra seule faire comprendre.

(C. 1, l. 1.)— « Adar, *isri*, Samdan, fils de Bel, premier-né des Dieux, le Terrible, qui fait grandir, sans égal dans les batailles, qui distribue ses faveurs parmi les fils aînés, destructeur des rebelles, premier-né du Dieu des *nukimut*, terrible parmi les Dieux *cinq* et *deux*, *it ik*, roi des Dieux élevés *bit-kur mukil*, centre du ciel et de la terre. . . toi qui soumets la vaste terre. Dieu qui *ina balu-su* ne néglige pas ce *ubar* du Ciel et de la Terre, *mu bu ik du su lu imum kibit kasu*. Seigneur de la crainte, toi qui donnes le sceptre et la massue pour régner sur les villes. Gardien vigilant qui n'altère pas l'éclat de sa magnificence, *rab su nun mi* des dieux *mutallu*.

« Samas, resplendissant, Seigneur des Seigneurs, dont la main s'étend sur les voûtes du Ciel et de la Terre, inspecteur de toute chose, roi des combats, *ka lu su tum ku ma tu*, dominateur, législateur, puissant, seigneur des Terres et des Mers, Dieu fort, qui ne fléchit pas, *sa li bu sa a bu bu*, toi qui anéantis le pays des rebelles, toi qui réduis à l'obéissance la révolte contre le Dieu, toi qui ne changes pas tes intentions, lumière du Ciel et de la Terre, toi qui partages les flots, toi qui asservis l'iniquité, toi qui punis les méchants, toi qui anéantis les ennemis, toi qu'on nomme dans la langue des dieux l'immuable *ka mil* de la vie. Grand souverain dont la bonne pensée règne sur la ville de Kalakh, grand Maître, mon Maître.

(C. I. 10). — « Assur-nasir-habal est le roi puissant, le roi du monde, le roi sans égal, le roi des pays situés dans les quatre régions du soleil, pupille des yeux du dieu Bel et du dieu Adar, celui qui bénit le dieu Assur et le dieu Dagan, le serviteur des Grands-Dieux, *sah tu*, celui qui te bénit dans son cœur, le maître aimé du dieu Bel, celui dont la puissance égale ta divinité, tu l'aimes, tu as conduit son glaive, toi le juste, le terrible, qui marches dans l'obéissance du dieu Assur, son maître ; il est sans égal parmi les rois des Quatre-Régions, il a excité l'admiration, il a commandé le respect, *idu gabsu sa mahir a* incomparable, c'est le roi qui a réduit ceux qui lui ont résisté, qui a soumis la multitude des légions des hommes ; le mâle puissant qui foule aux pieds le sol de ses ennemis, qui écrase les divinités rebelles, qui partage leurs dépouilles et qui distribue la justice. Il a marché dans sa dévotion envers les Grands-Dieux, ses maîtres, il a étendu sa main sur tous les pays, il a commandé sur les forêts, il a imposé des tributs, il a pris des ôtages, il a établi sa domination sur tous les pays.

(C. I, l. 17.) — « Je dis ceci : Assur le dieu souverain a prononcé mon nom, il a fait grandir ma royauté, il m'a transmis son glaive invincible pour que je puisse étendre ma puissance.

« Je suis Assur-nasir-habal, le Maître auguste, l'adorateur des Grands Dieux, chargé de leur puissance, l'administrateur qui occupe les villes, les forêts et leurs dépendances, le roi des Souverains, celui qui détruit les impies, qui passe sur les . . . . qui commande le respect ; ferme dans ses volontés, *tas ka ru* sans égal, il combat l'impiété. Seigneur des Seigneurs, rois des rois, œil d'Adar le terrible, *kassus* des Grands-Dieux, qui apaise les différents, qui marche avec constance dans l'admiration d'Assur, de Samas, les dieux régulateurs ; il a *uh as su* comme *gi a bi* les pays insoumis et les rois rebelles, il a réduit sous sa puissance toutes leurs possessions.

(C. I, l. 23). — « Je suis le roi qui a restitué le culte des Déesses et des Grands-Dieux ; souverain puissant, j'ai dirigé constamment le *pa* des Dieux et des *bit-mat* du pays. Pontife obéissant, il a . . . . les œuvres de ses mains et le don de son *zibi*.

« Les Grands-Dieux du Ciel et de la Terre ont fait grandir ses œuvres, ils ont établi sa suprématie pour l'éternité dans les *bit-mat*, ils ont donné à ses armes le pouvoir pour exercer sa suprématie contre les rois des Quatre-Régions, il a *usarrihu* les ennemis du dieu Assur dans toutes les contrées, en haut et en bas, il a attaqué ses ennemis, il les a châtiés et il leur a imposé des tributs.

(C. I, l. 28). — « Je suis le roi puissant, le roi du pays d'Assur, — le fils de Tuklat-Samdan, l'œil d'Assur qui terrifie les pays de ses adversaires et qui exposa sur des pals les corps de ses ennemis ; — petit-fils de Bin-nirari, Vicaire des Grands-Dieux, qui mit en déroute ceux qui ne reconnurent pas sa puissance ; — descendant d'Assur-dan-il qui bâtit des temples et fonda des merveilles. En ce temps-là surgirent devant la face des Grands-Dieux, la royauté, la souveraineté, la puissance. Je suis roi, je suis maître, je suis auguste, je suis tout-puissant, je suis juge, je suis prince, je suis héroïque, je suis vainqueur, je suis puissant, je suis mâle, je suis Assur-nasir-habal, roi puissant, roi du pays d'Assur, nommé par le dieu Sin, le favori du dieu Anu, le serviteur des Dieux, Moi.

(C. I, l. 34). — « J'ai soumis par mon arme invincible les pays rebelles, Moi.

« Roi des combats, j'ai subjugué les villes et les forêts. Premier né des *Sukmate*, roi des Quatre-Régions, terreur des ennemis j'ai voulu contenir les provinces rebelles, roi des régions soumises à tous les rois, j'ai voulu dompter ceux qui ne me rendaient pas hommage, j'ai voulu régner sur les légions des hommes.

« Ces paroles surgirent devant la face des Grands-Dieux et ils donnèrent de la réalité à mes paroles d'après le désir de mon cœur et l'œuvre de ma main. Istar, la souveraine des combats, a béni mes intentions et m'a prêté son appui dans les guerres et dans les batailles.

« Je suis Assur-nasir-habal, le seigneur auguste, l'adorateur des Grands-Dieux. Bel, d'après le désir de son cœur, lui a fait atteindre tous les rois qui ne l'adoraient pas, il a attaqué ses ennemis dans des lieux inaccessibles, il en a brisé les légions, il en a fait justice.

(C. I, l. 40). — « Je dis ceci : Assur, le Grand-Dieu, a prononcé mon nom, il a fait grandir ma royauté, il a étendu ma souveraineté sur les rois des Quatre-Régions, il m'a délégué sa puissance pour gouverner, il m'a confié les plaines et les forêts pour les utiliser selon mon désir et ma volonté, soumis au Dieu Assur, mon Seigneur, j'ai marché à travers des chemins escarpés, dans des forêts impraticables, avec la multitude de mes armées et je les ai franchis sans faiblir.

(C. I, l. 43). — « Au début de ma royauté, dans ma première campagne, le dieu Samas, l'arbitre du monde, m'accorda son ombre propice, je me suis assis sur le trône de ma souveraineté (*Supra*, p.65); j'ai chargé ma main du sceptre du gouvernement des hommes, j'ai compté mes chars et mes armées, j'ai traversé des déserts tortueux, des montagnes escarpées qui n'avaient pas été franchies par des armées; j'ai marché sur le pays de Nummi, j'ai occupé la ville de Libie, une de ses places fortes et les villes de Sura, Abukum, Arura, Arubie qui sont situées dans la montagne de Rimi, le pays de Aruni, d'Etini et leurs places fortes. J'ai tué beaucoup de leurs habitants, j'ai enlevé leurs captifs, leurs trésors et leurs troupeaux; les guerriers se retirèrent sur les montagnes inaccessibles, ils se retranchèrent sur leurs sommets pour que je ne puisse les atteindre, car ces pics majestueux s'élèvent comme la pointe d'un glaive, et les oiseaux du ciel dans leur vol peuvent seuls les atteindre; ils s'établirent dans ces montagnes comme dans des nids d'oiseaux. Parmi les rois mes pères, jamais personne n'avait pénétré jusque-là; en trois jours j'ai gravi la montagne, j'ai porté la terreur au milieu de leurs retraites, j'ai secoué leurs nids, leurs refuges, j'ai fait passer par les armes 200 prisonniers, je me suis emparé d'un riche butin et j'ai pillé leurs troupeaux. Leurs cadavres jonchaient la montagne comme les feuilles des arbres, le surplus chercha un refuge dans les rochers; j'ai marché vers leurs retraites, j'ai détruit leurs villes, je les ai livrées aux flammes.

(C. I, l. 54). — « Je me suis retiré du pays de Nummi et je suis descendu vers le pays de Kirrari. J'ai reçu les tributs du pays de Kirrari, de Simisi, de Simiru, d'Ullania, d'Adaus, de Kar-gaï, de Karmasu. J'ai reçu comme tribut des chevaux, des bêtes de charge, des bœufs, des moutons et des instruments de fer; enfin, j'ai mis ces pays sous l'autorité d'un vice-roi.

(C. I, l. 56.) — « Pendant que j'étais occupé au pays de Kirruri, la puissance du dieu Assur, mon maître, frappa les habitants du pays de Kirzan et de Khubuska; il m'apportèrent en tribut des chevaux, de l'argent, de l'or, des barres de fer, des instruments de fer.

(C. I, l. 58). — « Je suis parti de Kirruri et j'ai ravagé les environs de la ville de Kulun dans le pays de Kirkhi. J'ai occupé les villes de Khatu, de Katharsu, de Fistun, d'Ibidi, de Miskiga, de Tiela, de Khatun. Ces villes appartiennent au pays de Kirkhi et sont situées sur les confins du pays d'Usu, d'Arua, d'Urarthu qui sont des pays puissants; j'y ai tué beaucoup de monde, j'y ai fait un riche butin; les soldats s'étaient retirés de la ville de Nistun qui s'élève comme une flèche jusque dans le ciel; jamais, parmi les rois mes pères, personne n'avait pénétré jusque-là; mes guerriers fondirent sur eux comme des oiseaux de proie. J'ai fait passer par les armes 260 combattants, je leur ai coupé la tête et j'en ai fait des pyramides; j'ai poursuivi les fuyards dans les montagnes, je les ai surpris comme des oiseaux qui sont encore dans leurs nids et je les ai fait descendre de leurs montagnes avec leurs dépouilles et leurs trésors; j'ai détruit leurs villes pendant que je les poursuivais au milieu de leurs immenses forêts, je les ai renversées, j'en ai fait la proie des flammes. Les hommes *am har* s'étaient soustraits à ma puissance, ils s'humilièrent devant moi, ils prirent mes genoux, je leur ai imposé des tributs, je leur ai nommé un vice-roi. Je me suis emparé de Bubu, fils de Buba, préfet de la ville de Nistun; je l'ai fait écorcher dans la ville d'Arbèle et j'ai couvert le mur de la ville avec sa peau.

(C. I, l. 68). — « En ce temps-là, j'ai fait faire l'image de ma figure, j'y ai écrit le récit de mes exploits, je l'ai érigée dans la montagne à l'entrée de la ville d'Assur-nasir-habal.

(C. I, l. 69). — « Dans l'année dont j'étais Limmu, le 24ᵉ jour du mois abu (24 juillet 882), je suis parti de la ville de Ninua sous la protection des dieux Assur et Istar, les Grands-Dieux, mes maîtres, je me suis avancé vers les villes situées dans la dépendance du pays de Nipur et du pays de Pazata, pays puissants; j'ai occupé les villes de Atkun, de Nithu, de Pilazi et 20 villes des environs, j'ai tué beaucoup de monde, j'ai fait un riche butin et j'ai livré les villes aux flammes. Les hommes *am-har* qui s'étaient soustraits à ma domination s'humilièrent devant moi, ils prirent mes genoux, je les ai rendus à la liberté.

(C. I, l. 73). — « Je me suis retiré des villes de la dépendance de Nipur et de Pazati, j'ai franchi le Diglat et je me suis avancé dans le pays de Khummuk (la Commagène), j'ai exigé comme tribut des pays de Khummuk et de Muski des instruments en fer, des troupeaux de bœufs, de moutons et de chèvres.

(C. I, l. 74). — « Pendant que j'étais au pays de Khummuk on m'apporta un écrit : la ville de Sudi qui, dépendait du pays de Bit-Khalupie, avait fait défection. Les habitants avaient tué le préfet de Khamat qui les gouvernait et ils avaient proclamé roi Akhiabab, fils de Lamanis, qu'ils avaient appelé du pays de Bit-Adi. Aussitôt, d'après la volonté d'Assur et de Bin, les Grands-Dieux, qui font grandir ma royauté, j'ai compté mes chars et mes bataillons, je me suis dirigé sur le fleuve Khabur. Pendant ma marche, j'ai reçu des tributs considérables de Salmanhaman-ilan, préfet de la ville de Sadikanna et de Ilu-Bin, préfet de la ville de Sunna, de l'argent, de l'or, des barres de fer, des instruments en fer, des étoffes de laine et de fil. Je me suis avancé vers la ville de Suri qui dépend de Bit-Khalupie. La crainte immense d'Assur, mon Seigneur, terrifia les habitants, les grands et les notables de la ville vinrent vers moi. Pour sauver leur vie, ils prirent mes genoux; j'en fis tuer un sur deux (?) j'en fis *a ha da sa lib ka ni*, j'ai pris Akhiyabab fils de Lamanis qu'ils avaient appelé de Bit-Adi. D'après la volonté de mon cœur et le succès de mes armes, j'ai pris la ville d'*Arzurbi* et les hommes criminels ; j'ai logé mes vaillants guerriers dans leurs palais superbes ; j'ai pris de l'argent, de l'or, des meubles, leurs trésors, du fer, des *an bar*, des barres de fer, des instruments en fer, des *khariati* en fer, des *garga* en fer, des ustensiles en fer en grand nombre, du plomb, du *is ir*, de l'airain, des *ah zi*, les femmes de son palais, ses fils, ses filles, les dépouilles de ces hommes criminels, leurs dieux, les instruments des sacrifices, des pierres précieuses, son char, ses chevaux, des armures, des étoffes de laine et de fil, des . . . . . . excellents en cuivre, des *lim* en bois de cèdre, des *ki si ti*, des lingots de cuivre, du cuivre travaillé, des bœufs, des moutons, des dépouilles de toute sorte, un butin sans nombre comme les étoiles du ciel, des esclaves sans nombre ; je me suis emparé de toutes ces richesses et j'ai mis à la tête du pays un homme que j'ai choisi parmi mes généraux.

(C. I, l.92.)—« J'ai fait un mur devant les Grandes-Portes de la ville ; j'ai fait écorcher les chefs de la révolte et j'ai couvert ce mur avec leur peau, quelques-uns ont été enfermés dans la maçonnerie du mur, d'autres ont été mis en croix sur le mur ou exposés sur des pals le long du mur, j'en ai fait écorcher un grand nombre en ma présence et j'ai fait couvrir le mur de leur peau; j'ai fait des couronnes de leurs têtes, j'ai fait des guirlandes de leurs cadavres transpercés. Enfin j'ai emmené Akhiyabab à Ninua, je l'ai fait écorcher et j'ai étendu sa peau sur le mur de Ninua.

(C. I, l. 93). — « J'ai fait des prodiges et des merveilles dans le pays de Lakie. Pendant que j'étais dans la ville de Suri, je me suis fait apporter des tributs de tous les rois du pays de Lakie, de l'argent, de l'or, du fer, des barres de fer, des bœufs, des moutons, des étoffes de laine et de fil; enfin, j'ai imposé un tribut à Khagani, préfet de la ville de Kindan, de l'argent, de l'or, des barres de fer, des instruments, des pierres, du bois, du plomb, du cuivre, des *parrati*.

(C. I, l. 98). — « En ce temps-là j'ai fait faire l'image de ma royauté, j'y ai inscrit ma gloire et le récit de mes exploits, je l'ai fait placer dans l'intérieur de mon palais, j'ai fait des tables pour raconter mes exploits, je les ai fait graver et je les ai placées dans mon palais à l'intérieur de la grande porte.

(C. I, l. 99.) — « Dans l'année qui porte mon nom (882) d'après la volonté du dieu Assur, mon maître, et du dieu Samdan, qui règle ma marche, qui agrandit ma force (il arriva ceci): le pays de Sukni n'était pas soumis au pays d'Assur sous les rois mes pères; mais Elibus, gouverneur de Sukhi, pour se conserver la vie me donna en ôtage ses enfants, il m'apporta à Ninua de l'argent, de l'or, des tributs.

(C. I, l. 101). — « Dans cette même année, pendant que j'étais à Ninua, au milieu des grands du pays d'Assur, on m'apporta un écrit: Khulaï, préfet des villes que Salman-Asar, roi du pays d'Assur, le puissant monarque qui vivait avant moi avait soumises, s'était révolté dans la ville de Khalzilukha et marchait contre la ville de Damdamusa, sa capitale, pour la subjuguer. D'après les décrets d'Assur, de Samas, de Bin, les dieux mes protecteurs, j'ai compté mes chars et mes bataillons, puis près des sources du fleuve Soupnat, à l'endroit que Tuklat-pal-Asir et Tuklat-Samdan, les rois du pays d'Assur, mes pères, avaient choisi pour ériger leurs images, j'ai fait faire celle de ma majesté et je l'ai fait tailler auprès des leurs.

(C. I, l. 106.) — « En ce temps-là, j'ai imposé au pays de Zalla des tributs de bœufs, de moutons, de chèvres. Je me suis dirigé vers la ville de Kinabu, la capitale de Khulaï ; j'ai enlevé de vive force la ville de Asibi, j'ai fait 600 prisonniers, j'ai fait passer 300 hommes par les armes et je les ai livrés aux flammes ; je n'en ai pas épargné un seul, j'ai pris de ma main Khulaï, le chef de leur ville, j'ai élevé un monceau de cadavres haut comme un mur, j'ai déshonoré leurs fils et leurs filles. Enfin, j'ai fait écorcher Khulaï et j'ai étendu sa peau sur le mur de Damdamusa, j'ai ravagé la ville, je l'ai détruite, je l'ai livrée aux flammes.

(C. I, l. 111). — « J'ai attaqué la ville de Mariru, qui est située dans ces parages, j'ai fait passer 50 hommes par les armes, 200 prisonniers furent la proie des flammes ; j'ai tué en outre 322 hommes des environs qui avaient été pris les armes à la main ; j'ai emporté un riche butin, des bœufs et des moutons, je me suis emparé de tout le pays d'Ukhiru. J'ai menacé Tiela leur place forte, j'ai quitté la ville de Kinabu, je me suis approché de Tiela et de Dan-il-dan. Les habitants de ce pays possédaient 23 forteresses avec leurs garnisons, ils se fièrent à leurs places fortes et à leurs nombreuses armées, ils ne prirent pas mes genoux. Je me suis avancé sur Tiela et, après un combat meurtrier, j'ai occupé la ville de Tiela ; ils laissèrent 300 guerriers sur le champ de bataille ; j'ai fait des prisonniers, j'ai pris leurs dépouilles, des bœufs, des moutons, j'ai livré aux flammes beaucoup de butin, j'ai pris moi-même beaucoup de prisonniers ; aux uns, j'ai coupé les mains et les pieds, aux autres le nez et les oreilles, à d'autres encore j'ai crevé les yeux ; j'ai élevé un mur auprès de la ville dans un *idumi* pour y exposer les prisonniers vivants et un autre pour y exposer la tête des morts ; j'ai fait un monceau de têtes, j'ai déshonoré leurs fils et leurs filles, j'ai ravagé la ville, je l'ai démolie, je l'ai livrée aux flammes.

(C. II, l. 1). — « Dans ce temps-là j'ai détruit les grands murs de la ville d'Assur, située dans le pays de Nirbi, je les ai démolis, je les ai livrés aux flammes. J'ai quitté le pays de Nirbi pour marcher sur la ville de Tuskha...... j'ai rasé son ancienne forteresse, j'ai fouillé les fondations et j'ai élevé un mur nouveau depuis la base jusqu'au sommet ; je l'ai terminé, je l'ai achevé, je l'ai élevé à une grande hauteur ; j'y ai construit un palais pour la demeure de ma royauté ; j'ai fait des colonnes, j'ai fait des portes, j'ai bâti les *uriti* de ce palais, depuis les fondations jusqu'au sommet ; je les ai achevés. J'ai fait faire une image de ma figure en marbre, j'y ai inscrit le récit de mes exploits et des faits que j'avais accomplis dans le pays de Naïri, je l'ai érigée dans la ville de Tuskha et j'ai placé des tables d'écriture sur les murs.

(C. II, l. 7.) — « Les hommes du pays d'Assur avaient enlevé des *su un ki bu bu li* et les avaient emmenés vers ce pays; ils en avaient conduit d'autres vers le pays de Kurié; je les ai dirigés vers la ville de Turkha et je les y ai enfermés. J'ai donné la ville de Turkha à mes généraux avec les habitants et les tributs du pays de Niribé. Ceux du pays de Niribé qui s'étaient soustraits à ma domination, s'humilièrent devant moi; ils prirent mes genoux, je leur ordonnai de refaire leur ville, de rebâtir leurs maisons qui tombaient en ruines et je leur ai imposé des tributs et des redevances, des chevaux, des *nir nun na,* des bœufs, des moutons des chèvres, des instruments en fer, en sus de ce qu'ils avaient déjà donné, et j'ai pris leurs enfants comme ôtages.

(C. II. l. 2.) — Pendant que j'étais à Tuskha, j'ai reçu les tributs de Ammibaal, fils de Zamani, d'Ankhiti du pays de Ruze, de Latpur, fils de Tubus du pays de Nirdun, et les tributs du pays d'Urzumzabitan, des rois du pays de Naïri, des chars, des chevaux, des *nirnumna,* des lingots d'argent et d'or, des instruments en fer, des bœufs, des moutons et des chèvres, j'ai institué un vice-roi au pays de Naïri; mais, après mon départ, le pays de Naïri et le pays de Niribu, qui est situé près du pays de Kasiyari, firent défection; huit villes se liguèrent et se fortifièrent dans la ville d'Ispitibria, une de leurs places fortes, et dans leurs montagnes inaccessibles. J'ai occupé les défilés et je leur ai tué beaucoup de monde dans leurs grandes montagnes, leurs cadavres jonchaient les ravins comme des feuilles; le reste se réfugia dans les cavernes des montagnes; je me suis emparé de leurs dépouilles et de leurs biens, j'ai coupé la tête des prisonniers et j'en ai élevé un monceau à l'entrée de leurs villes, j'ai déshonoré leurs fils et leurs filles.

(C. II, l. 19.) — « J'ai fait des courses dans les environs de la ville de Buliyani, je me suis dirigé vers le fleuve Lukhia, en passant, j'ai occupé les villes du pays de Kirkhi qui étaient sur ma route, j'ai tué beaucoup de monde, j'ai emmené des prisonniers, j'ai livré les villes aux flammes et je me suis éloigné de la ville d'Ardoupatti.

(C. II, l. 21.) — « Dans ce temps-là, j'ai reçu les tributs de Akhiram, fils de Yakhiri du pays de Nila, le *Bakhian* de Syrie et des rois du pays de

Khanigalmit, de l'argent, de l'or, de l'étain (?), des barres de fer, des bœufs, des moutons, des chevaux.

(C. II, l. 23.) — «Dans l'année de Assur-iddin (881 a. J.-C.), j'ai reçu un écrit : Zab-bin, préfet de Nasiku du pays de Dagaru s'était révolté, le pays de Zamuya tout entier s'était joint à lui ; les pays situés dans le voisinage de la ville de Babiti, établirent un camp retranché pour me livrer combat et bataille, ils se fièrent à leur courage. Dans l'adoration du dieu Assur, mon Maître et des Grands-Dieux qui marchent devant moi, je me suis fié à mes armes, j'ai incliné ma face devant Assur, j'ai compté mes forces et mes armées, je me suis avancé vers la ville de Babiti ; ces hommes qui s'étaient fiés à leur courage engagèrent le combat. Dans mes. . . . . les Grands . . . le dieu protecteur, qui marche devant moi, j'ai engagé la bataille, je les ai mis en fuite, je les ai taillés en pièces, j'ai laissé 1460 combattants sur le champ de bataille, j'ai occupé les villes d'Uzie, de Birutu, de Lagalaga, leurs places fortes et 100 forteresses sur leurs frontières ; j'ai pris leurs dépouilles, leurs biens, leurs richesses, leurs bœufs, leurs moutons. Zab-bin, pour sauver ses jours, se retira dans les montagnes inaccessibles ; j'ai pris 1200 hommes de leurs troupes. J'ai quitté la ville de Dagara et je me suis avancé vers la ville de Bara ; j'ai occupé la ville de Bara, j'ai fait passer par les armes 320 hommes et je me suis emparé de leurs bœufs, de leurs moutons, d'un butin considérable, j'ai transporté 300 hommes au pays d'Assur.

(C. II, l. 33.) — Le 15e jour du mois tasritav (15 septembre), je me suis éloigné de la ville de Kakzi, je me suis dirigé vers la ville de Babite. J'ai quitté Babite pour m'approcher du pays de Nisir, dépendant du pays de Lallu qu'on appelle aussi le pays de Kinipa ; j'ai occupé la ville de Bunasi, la capitale de Murasina et 20 villes des environs ; les habitants se réfugièrent vers les hautes montagnes ; Assur-nasir qui marchait en avant fondit sur leurs derrières avec ses guerriers comme des oiseaux de proie, il joncha de cadavres la montagne du pays de Nisir, il fit 326 prisonniers, il leur prit leurs chevaux, leurs bagages et tout ce qu'ils avaient emporté dans la montagne. J'ai pris 7 places fortes du pays de Nisir qu'ils avaient fortifiées pour leur défense, j'ai tué beaucoup de monde, j'ai fait des prisonniers, j'ai pris du butin, des bœufs, des moutons, j'ai livré les villes aux flammes.

(C. II, l. 39.) — Je suis rentré dans mes retranchements et j'ai quitté mon camp pour m'avancer vers les villes du désert situées dans leur voisinage, où personne n'avait pénétré avant moi ; j'ai pris la ville de Larbura, la capitale de Kirtiaru et 8 places fortes de sa dépendance. Les habitants s'étaient réfugiés dans les montagnes inaccessibles, ils avaient établi leur camp sur les sommets de ces montagnes qui élèvent leurs pics majestueux comme des flèches ; je suis monté au milieu des montagnes, j'ai tué 162 combattants et j'ai laissé de nombreux.... dans les ravins des montagnes; j'ai pris leurs biens, des bœufs, des moutons ; j'ai livré les villes aux flammes ; j'ai élevé des pyramides avec leurs têtes au milieu des montagnes ; j'ai déshonoré leurs fils et leurs filles et je les ai emmenés dans mon camp. . . . j'ai occupé 150 villes du pays de Larbuz, d'Asillum, de Bunis, de Bar ; j'ai tué les habitants, j'ai emmené des captifs, j'ai ravagé les villes, je les ai démolies, je les ai livrées aux flammes et j'ai tué en plus 50 hommes de la ville de Barie dans un engagement.

(C. II, l. 46.) — « Dans ce temps-là, tous les rois du pays de Zama furent terrifiés par la crainte immense qu'Assur, mon Seigneur, leur inspirait. Ils prirent mes genoux et je leur imposai comme tribut des chevaux, de l'argent, de l'or ; j'ai distribué entre eux la part de la contribution et j'ai exigé de chacun d'eux des chevaux, de l'argent, de l'or et du blé.

(C. II, l. 48.) — J'ai quitté la ville de Tuklat-Assur; je me suis avancé vers le pays de Nishazamit; j'ai marché contre des villes situées très-loin sur les frontières du pays de Nistar que Zab-bin avait mis en état de défense; j'ai occupé la ville de Birut, je l'ai livrée aux flammes.

(C.II, l.49.)—Dans l'année de Damiktiya-tuklat (880 a.J.-C.), pendant que j'étais à Ninua, on m'apporta un écrit : Amiku, l'arménien, avait refusé de payer les tributs à la couronne d'Assur, mon Seigneur. D'après la volonté d'Assur, des Grands-Dieux, du Dieu mon protecteur qui marche devant moi, dans le mois de sivan le 1er jour (1er mai 880), je m'avançai pour la troisième fois contre le pays de Zamuya. Je fis le dénombrement de mes soldats, de mes chars, de mon armée ; je quittai la ville de Kakzi ; je franchis le zab inférieur et je m'avançai dans le pays situé aux environs de la ville de Babiti ; j'ai franchi le fleuve Radanu, j'ai fait avancer mes *kaktammi* au pied des montagnes du pays de Simaki, j'ai prélevé des bœufs, des moutons, des chèvres en grand nombre sur le pays de Dayara. J'ai placé mes chars dans les environs du pays de Simaki et je me suis avancé avec mes cavaliers et mes bannières (?); j'ai traversé le fleuve Turnat et je me suis avancé vers la ville d'Amisali, la capitale d'Arastu ; j'ai pris la ville après un combat meurtrier, j'ai fait passer par les armes 800 de leurs guerriers, j'ai rempli la ville de leurs cadavres ; j'ai brûlé leurs . . . . j'ai fait moi-même un grand nombre de prisonniers ; j'ai enlevé des femmes en grand nombre, j'ai ravagé la ville, je l'ai détruite, je l'ai livrée aux flammes ; j'ai occupé la ville de Khudun et 20 villes qui en dépendaient; j'ai tué beaucoup de monde; j'ai pris leurs dépouilles, des bœufs, des moutons, j'ai détruit leurs villes, je les ai ravagées, je les ai livrées aux flammes ; j'ai déshonoré leurs fils et leurs filles; j'ai pris la ville de Kiṣirtu et les places fortes qui en dépendaient ; j'ai tué bien du monde ; j'ai pillé leur butin ; j'ai pris des places fortes, celle de Baru, qui avait pour préfet Birtiara, celle de Bura, celle de Bunia, jusqu'au voisinage du pays de Khasmar ; je les ai ravagées, je les ai livrées aux flammes, j'en ai fait des monceaux de ruines, j'en ai fait un champ de vignes.

C. II, l. 60. — « J'ai quitté la ville d'Arastu et je me suis avancé vers les places fortes du pays de Laru, du pays de Bidirgi dans des montagnes élevées, impraticables pour le passage des chars et des armées, vers la ville de Zamri, la capitale d'Amiktu, roi du pays de Zamuya. Amiktu s'enfuit devant mes armes puissantes; il gagna les montagnes ; je me suis emparé de son trésor, de son palais, de son char ; j'ai quitté la ville de Zamri, j'ai franchi le fleuve Lallu et je me suis avancé dans les montagnes du pays d'Etini, situé sur des plateaux inaccessibles, où les chars et les armées ne peuvent passer et où jamais personne n'avait pénétré avant moi ; j'ai poursuivi son armée dans les montagnes du pays d'Etini ; je me suis emparé de son bien, de son trésor, de ses meubles ; j'ai saisi du fer en grande quantité, des *am* de fer, des *kam* de fer, des *sa apli* de fer, des *sukat* de fer et tout le contenu de son palais, je suis revenu dans mes retranchements.

(C. II, l. 65.) — « Avec la permission d'Assur, de Samas, les Dieux mes protecteurs, j'ai quitté mes retranchements et je me suis mis en marche, j'ai franchi le fleuve Edir vers les frontières du pays du Sua et du pays d'Elani, pays puissants ; j'ai tué beaucoup de monde ; j'ai pris des bœufs, leurs biens, leurs trésors, des *am* de fer, des *kam* de fer, des *sapali* de fer, des *naziati* de fer, des instruments de fer en grande quantité, de l'airain, de l'or, des bœufs, des moutons, leurs trésors, leurs dépouilles et je les ai emportés avec des chevaux au pied des montagnes du pays d'Elani. Amika, pour sauver sa vie, s'enfuit dans le pays de Sabuya, j'ai détruit les villes de Zamru, d'Arasilru, d'Amaru, de Barsindu, d'Ecritu, de Suritu, ses places fortes, et 150 forteresses des environs; je les ai livrées aux flammes et j'en ai fait un monceau de ruines et un champ de vignes. Pendant ce temps-là, lorsque j'étais dans la ville de Barsindi, la cavalerie du *kal lu bu* attaqua cette demeure, j'ai tué 150 hommes de l'armée de Amika dans le désert, j'ai fait un monceau de leurs têtes et je l'ai élevé devant mon palais, j'ai fait étouffer dans le mur de mon palais 20 prisonniers qui étaient tombés vivants dans mes mains. J'ai quitté la ville de Zamri avec la cavalerie de *kal la bu*, je me suis avancé vers la forteresse Atu de la ville d'Arzizu où personne, parmi les roi mes pères, n'avait pénétré. J'ai pris la ville d'Arzizu, la ville d'Arsindu, ses places fortes, 10 villes des environs situées dans le pays de Nispi, au milieu des montagnes inaccessibles. J'ai tué du monde, j'ai détruit les places fortes, je les ai livrées aux flammes et je suis rentré dans mes retranchements.

(C. II, l. 75). — « Dans ce temps-là j'ai reçu des tributs de fer, des *kuli* de fer, des *kammat* de fer, tributs du pays de Siparmina qui sont *piruni* comme des femmes. Je me suis éloigné de la ville de Zamri et j'ai parcouru le pays de Lare, un pays montagneux qui n'est pas propre au passage des chars et des troupes; j'ai passé, avec mes roues de fer, mes chars et mon armée. J'ai pris la ville de Tuklat-Assur, située dans le pays de Lulu et qu'on appelle Arakdie. Tous les rois du pays de Zamuya qui avaient méconnu ma puissance s'humilièrent devant ma souveraineté, ils prirent mes genoux, je leur imposai des tributs, de l'argent, de l'or, de l'étain, du fer, des *kam* de fer, des vêtements de laine, des chevaux, des bœufs, des moutons et des chèvres, et j'ai nommé dans la ville de Kalakh un vice roi pour les gouverner.

(C. II, l. 80). — « Pendant que j'étais au pays de Zamuya, les habitants des villes de Khuduna, de Khartis, de Khuturka, de Kuzana furent terrifiés par la crainte immense d'Assur, mon Seigneur. Ils m'apportèrent leurs tributs, de l'or, de l'argent, des chevaux, des étoffes de laine, des bœufs, des moutons, des chèvres. Les hommes *am har* qui s'étaient soustraits à ma puissance montèrent dans les montagnes, j'ai marché après eux, ils s'étaient établis sur la frontière du pays de Aziru et de Simaki, ils s'étaient fortifiés dans la ville de Mizu leur place forte. J'ai ravagé le pays d'Aziru, je l'ai détruit depuis les frontières du pays de Simaki jusqu'au fleuve Turnat, je l'ai couvert de leurs cadavres. J'ai défait 500 de leurs guerriers, j'ai pris des dépouilles nombreuses, j'ai livré leurs villes aux flammes.

(C. II, l. 84). — « Dans ce temps-là, Sibier, roi de Tirat-Dunias avait pris la ville d'Atlita au pays de Zamuya, il l'avait ravagée, il en avait fait un monceau de ruines. Assur-bani-pal, roi du pays d'Assur, l'avait prise de nouveau, j'ai fait mon palais dans la forteresse, j'y ai établi ma demeure, je l'ai orné, je l'ai restauré, je l'ai remis comme il était auparavant. J'y ai amassé des denrées des pays environnants, et je l'ai nommé Dur-Assur.

(C. II, l. 86). — « Dans le mois de sivan, le 1er jour du mois dans l'année de Sa-nalbar-pakid (1er juin 879) j'ai compté les chars de mon armée, j'ai franchi le fleuve Diglat (le Tigre), je me suis avancé vers le pays de Khummuh (la Commagène). J'ai élevé un palais dans la ville de Tilule, j'ai reçu les tributs du pays de Khummuh. J'ai quitté le pays de Khummuh et je me suis avancé du côté du pays des Istarat, je me suis arrêté à la ville de Kibaki. J'ai reçu comme tributs de Kibaki des bœufs, des moutons, des chèvres, des instruments en fer, j'ai quitté Kibaki et je me suis avancé sur la ville de Mattiyati et la ville de Kapranisa, j'ai laissé sur le champ de bataille 2,800 morts, j'ai fait des prisonniers. Les hommes *am har* qui s'étaient soustraits à ma puissance prirent mes genoux et les tributs que j'avais exigés des hommes *urari*, je les leur ai imposés. Puis j'ai fait l'image de ma figure, j'y ai écrit mon histoire et je l'ai placée dans la ville de Mattiyati.

(C. II, l. 91). — « J'ai quitté la ville de Mattiyati, je me suis dirigé vers la ville de Zazabukha. J'ai reçu du pays de Kirkhi des tributs, des moutons, des chèvres, des instruments en fer, des *am* de fer, des vases, des *gurpis* d'airain. Je suis parti de Zazaboukha, j'ai fait une halte en face d'Irisia, j'ai livré la ville d'Irisia aux flammes. J'ai reçu à Irisia les tributs de la ville de Sura, des bœufs, des moutons, des instruments en airain. J'ai quitté la ville d'Irisia et je me suis arrêté au pays de Kasiyari, j'ai occupé la ville de Madaranzu et deux villes voisines, j'ai tué beaucoup de monde, j'ai fait des prisonniers, j'ai livré les villes aux flammes. J'ai franchi . . . dans le pays de Kasiyari, sur les plateaux élevés des montagnes inaccessibles qui ne sont pas propres au passage des chars et des armées. J'ai entouré les montagnes avec des *kalabat* de fer, je les ai franchies avec des roues d'airain et j'ai fait passer mes chars et mon armée. Je reçus, comme tribut, dans la ville d'Assur-sidi-nuli, située dans le pays de Kasiyari, des bœufs, des chèvres, des *kam* de fer, des *gurpisi* de fer.

(C. II, l. 97.) — « J'ai quitté le pays de Kasiyari, et, pour la seconde fois, je me suis avancé vers le pays de Naïri; j'ai marché sur la ville de Sigisa, j'ai quitté la ville de Sigisa pour me diriger vers la ville de Nadaru la capitale de Latbur, fils de Thubusi. J'ai pris d'assaut la ville de Dan-il-dan et 24 places fortes. Ces villes craignirent la puissance de mes armes, je me suis emparé de leurs biens, de leurs trésors, de leurs fils; pour les *sapruti*, ils subirent un tribut pour racheter leur vie; je leur ai imposé la redevance des *urasi*, j'ai détruit leur ville, j'en ai fait un monceau de ruines et un champ de vignes.

(C. II, l. 100.) — « J'ai quitté la ville de Madara pour me diriger vers la ville de Tuskhan; j'ai reçu dans cette ville les tributs des pays environnants, des chevaux, des *nirnunna*, des *kam* de fer, des *gurpisi* de fer, des bœufs, des moutons et des chèvres. J'ai pris 60 villes fortifiées du pays de Kasyari qui appartient à Labturi, fils de Thubusi, je les ai détruites, j'en ai fait un monceau de ruines et un champ de vignes.

(C. II, l. 103.) — « Soumis à la volonté d'Assur, mon Seigneur, j'ai quitté la ville de Tuskhan, j'ai franchi le fleuve Diglat (le Tigre) dans des *raksuti*; j'ai suivi son cours et je me suis dirigé vers la ville de Pituru, une des places fortes du pays de Dirra. La ville est fortifiée sur une hauteur, elle est entourée de deux enceintes qui la protègent, elle s'élève comme un. . . . sur le sommet d'une montagne. Je l'ai attaquée avec l'aide d'Assur, mon Seigneur, avec l'ardeur de mes soldats et le *sitmuri* des combats. Pendant deux jours je l'ai attaquée du côté du soleil levant, comme le dieu Bin qui est le *nir pal*, j'ai fait tomber sur eux . . . . , j'ai relevé le courage et la force de mes soldats, ils s'abattirent sur la ville comme des oiseaux de proie. J'ai pris la ville, j'ai fait passer 800 hommes par les armes, je leur ai coupé la tête; un grand nombre de prisonniers tombèrent dans mes mains, j'ai livré aux flammes leurs demeures, j'ai élevé un mur devant la porte de la ville avec les cadavres des prisonniers, j'ai fait trancher leur tête, j'ai fait mettre en croix devant la grande porte 700 hommes, j'ai ravagé la ville, je l'ai démolie, j'en ai fait un monceau de ruines, j'ai déshonoré leurs fils et leurs filles.

(C. II, l. 110.) — J'ai occupé la ville de Kukunu, qui est située sur la frontière du pays de Matni, j'ai fait passer 700 hommes par les armes, j'ai fait un grand nombre de prisonniers, j'ai attaqué 50 villes du pays de Diru, j'ai tué beaucoup de monde, j'ai pillé un riche butin; j'ai pris 50 hommes vivants et j'ai ravagé la ville, je l'ai démolie, je l'ai livrée aux flammes, j'ai répandu parmi eux la crainte d'Assur mon Seigneur.

(C. II, l. 112.) — « J'ai quitté la ville de Pitura, je suis descendu vers la ville d'Arbaki au pays de Kirkhi qui dépend de *mıt ta ni*. Les habitants craignirent la puissance de ma royauté, ils abandonnèrent leurs places fortes et leurs forteresses; pour sauver leur vie, ils s'enfuirent vers le pays de Matni, un pays puissant; je me suis mis à leur poursuite; j'ai laissé 1,000 cadavres de leurs guerriers dans la montagne; j'ai jonché la montagne de leurs cadavres, j'en ai rempli les ravins. 200 prisonniers tombèrent vivants dans mes mains, je leur ai coupé les poignets; j'ai emmené 2,000 captifs; j'ai pris des bœufs et des moutons sans nombre; j'ai occupé les villes d'Igaya, de Salariba, les places fortes qui dépendent de la ville d'Arbaki. J'ai tué beaucoup de monde, j'ai pris leurs dépouilles; j'ai ravagé 250 villes et les forteresses du pays de Naïri; je les ai détruites, j'en ai fait un monceau de ruines et un champ de vignes; j'ai réuni leurs provisions, les grains, les blés, dans la ville de Tuskhan.

(C. II, l. 118.) — « Amnibaal, fils de Zamani (sup. p. 75) avait été trahi par ses officiers, ils l'avaient tué. J'ai marché pour venger Amnibaal; ils craignirent la force de mes armes et la main terrible de ma puissance; ils m'envoyèrent des chars, des *rukis*, des équipages pour les hommes et les chevaux, 460 chevaux avec leurs harnais, leurs équipages, des tributs en argent, en or, 100 talents d'étain, 100 talents de fer, 300 talents d'airain, 100 *kam* de fer, 300 *katpi* de fer, des instruments de fer, des vases de fer, 1,000 vêtements de laine et de fil, des *pasus*, des parasols (?), des statues dorées, des *ahhusute*, des meubles de son palais, 2,000 bœufs, 5,000 moutons, sa femme, les meubles de sa femme, ses filles, les grands de son palais et des biens considérables.

(C. II, l. 125.) — « Je suis Assur-nasir-habal, roi grand, roi puissant, roi du monde, roi du pays d'Assur, fils de Tuklat-samdan, roi grand, roi puissant, roi du monde, roi du pays d'Assur, fils de Bin-nirari, roi grand, roi puissant, roi du monde, roi du pays d'Assur, le juste, le puissant, celui qui marche dans l'obéissance du dieu Assur, son Seigneur. Il fut sans égal parmi les rois des Quatre-Régions; roi, il régna sur toute la terre depuis les bords du fleuve Diglat jusqu'au sommet des monts Labnana et la Grande-Mer du pays de Lakie, comprenant le pays de Sukhi et la ville de Rapiki. Il a soumis à sa personne tout le pays compris depuis les sources du fleuve Supnat jusqu'aux frontières du pays de Sabitani; depuis le pays de Kirruni jusqu'au pays de Kilzani; depuis le passage du fleuve Zaba (le Zab) jusqu'à la ville de Tul-bari qui est au-dessus de la ville de Zaba; depuis la ville de Tul-sa-abtan jusqu'à la ville de Tul-sa-zabtau; j'ai ajouté à mes états la ville de Kirimu, la ville de Kuratu, les pays de Birut et de Kar-Dunyas; j'ai imposé des tributs à tout le pays de Naïri.

(C. II, l. 131.) — « J'ai refait la ville de Kalakh; j'ai rasé l'ancienne plate-forme jusqu'au niveau des eaux, j'ai élevé dessus 120 *tikpi* et j'ai bâti un temple au dieu Adar, mon Seigneur. Je dis ceci : J'ai fait l'image du dieu Adar, sans égal devant lui, j'ai consacré, dans la piété de mon cœur, le Taureau sacré de sa grande divinité, sur des tables en marbre des montagnes et en or pur; je l'ai choisi pour ma grande divinité dans la ville de Kalakh. J'ai établi en son honneur des fêtes dans le mois sabatu (janvier) et dans le mois ululu (août). J'ai consacré des briques pour bâtir son palais, j'ai élevé un autel au dieu Adar, mon Seigneur, et j'ai fondé, dans la ville, un temple à la déesse Belit, au dieu Sin, à Gulanu, à Nisruk-Salman, à Bin, le gardien du Ciel et de la Terre.

(C. III, l. 1.) — « Le 22e jour du mois sivan (22 mai) de l'année de Dagan-Bel-ussur (878), j'ai quitté la ville de Kalakh. J'ai traversé le fleuve Diglat (le Tigre) et j'ai perçu des tributs considérables de l'autre côté du fleuve Diglat, je me suis arrêté dans la ville de Tabite.

(C. III, l. 2.) — « Le 8e jour du mois duzu (8 juin) je suis parti de Tabite et je me suis avancé le long du fleuve Kharmis. Je me suis arrêté à la ville de Magarisi sur les bords du fleuve Khabur (le Kabour); je me suis arrêté dans la ville de Sadikanni; j'ai reçu des tributs de Sadikanni, de l'argent, de l'or, de l'étain, des instruments en fer, des bœufs, des moutons. Je suis parti de la ville de Sadikanni et je me suis arrêté dans la ville de Katni, j'ai reçu des tributs de cette ville et j'ai quitté Katni. Je me suis arrêté à la ville de Dur-kumlimi, j'ai quitté Dur-kumlimi et je me suis arrêté dans la ville de Bit-Kalupie ; j'ai reçu des tributs de Bit-Kalupie, de l'argent, de l'or, du fer, des instruments en airain, des étoffes de laine et de fil, des bœufs et des moutons. J'ai quitté Bit-Kalupie et je me suis arrêté dans la ville de Sirki ; j'ai reçu les tributs de Sirki, de l'argent, de l'or, de l'étain des *kam*, des bœufs, des moutons. J'ai quitté Sirki et je me suis arrêté dans la ville de Supri, j'ai reçu des tributs en argent, en or, en étain, des *kam*, des bœufs, des moutons. J'ai quitté la ville de Supri et je me suis arrêté dans la ville de Nakarabani ; j'ai reçu les tributs de Nakarabani, de l'argent, de l'or, des *kam*, des bœufs, des moutons. J'ai quitté la ville de Nakarabani et je me suis arrêté auprès de la ville de Khindani. La ville de Khindani est située auprès du fleuve Purat (l'Euphrate); j'ai reçu les tributs des habitants de Khindani, de l'argent, de l'or, des *kam*, des bœufs, des moutons. J'ai quitté la ville de Khindani et je me suis arrêté au pied des montagnes qui bordent le fleuve Purat (l'Euphrate). J'ai quitté ces montagnes et je me suis arrêté dans la Maison de Sabaya, auprès de la ville de Kharidi. La ville de Kharidi est située sur les bords du fleuve Purat (l'Euphrate). Je suis parti de la Maison de Sabaya et je me suis arrêté à l'entrée de la ville d'Anat. Anat est situé sur le fleuve Purat (l'Euphrate). J'ai quitté Anat et je suis arrivé aux environs de la ville de Suri, une des places fortes de Sandudu, le chef du pays de Sukhi, il se fia aux armées du vaste pays de Kassi et il s'avança vers moi pour me livrer combat et bataille. Après deux jours de combat je me suis avancé vers la ville, je l'ai assiégée. Sadudu et ses soldats craignant la puissance de mes armes, s'enfuirent de l'autre côté du fleuve Purat (l'Euphrate). J'ai pris la ville; 50 cavaliers et les soldats de Nabu-bal-idin, roi du pays de Kar-Dunias ainsi que Zabdan, son frère, 300 morts et Bel-bal-idin, leur général tombèrent entre mes mains. J'ai fait un grand nombre de prisonniers; j'ai pris de l'argent, de l'or, de l'étain, des instruments, des pierres des montagnes, le contenu de son palais, des chars, des chevaux, des gages de sa soumission, des habillements (*khallupti*) pour les hommes, des harnais pour les chevaux, les femmes de son palais et des esclaves en nombre considérable; j'ai ravagé, j'ai démoli la ville et j'ai exercé ma puissance sur le pays de Sukhi.

(C. III, l. 23.) — « La crainte de ma puissance s'étendit sur le pays de Kar-Dunias. La terreur de mes armes entraîna le pays de Kaldu (la

Chaldée). J'ai répandu l'épouvante dans les pays arrosés par le fleuve Purat (l'Euphrate) ; j'ai fait faire mon image, j'y ai fait inscrire ainsi ma gloire et ma puissance et je l'ai placée dans la ville de Suri :

« Je suis Assur-nasir-habal, le roi dont la puissance *kayamanu va* « *ana hurepti isturu su panusu*, et qui trouve dans ses alliances l'apaise- « ment de son cœur. »

(C. III, l. 26.) — « Je revins dans la ville de Kalakh (Calah), on m'apporta un écrit : Les habitants du pays de Laki, ceux de la ville de Khindan, ceux du pays de Sukhi dans son ensemble, s'étaient révoltés contre moi. Je traversai le fleuve Purat (l'Euphrate); le 18e jour du mois sivan (18 mai) j'ai quitté la ville de Kalakh, j'ai franchi le fleuve Diglat et je me suis avancé *irsa huriptu* vers la ville de Suri, du côté de Bit-Khalupie. J'ai envoyé des ordres à la ville de Suri. Je me suis dirigé vers les sources du fleuve Purat et jusqu'aux *kinki* du fleuve ; je me suis emparé de la ville de Khintiel et de Aziel, dépendant du pays de Laki ; j'ai tué beaucoup de monde ; j'ai fait de nombreux prisonniers ; j'ai ravagé les villes, je les ai démolies, je les ai livrées aux flammes.

(C. III, l. 31.) — « Dans cette campagne, j'ai occupé tout le pays qui s'étend depuis le confluent du fleuve Khabur jusqu'à la ville de Sibati, qui dépend du pays de Soukhi ; j'ai ravagé les villes situées sur l'autre rive du fleuve Purat, je les ai démolies, je les ai livrées aux flammes ; j'ai tué pendant le combat 460 guerriers, 30 hommes sont tombés vivants entre mes mains, je les ai mis en croix. J'ai traversé le fleuve Purat sur des radeaux que j'avais construits, et sur des radeaux que j'avais pris, à 20 *idulani* de la ville de Kharidi. Les habitants de Sukhi, de Laki et de Khindani avaient eu confiance dans leurs chars, dans leur armée, dans leurs *it*, ils avaient compté 6,000 soldats et ils s'avancèrent vers moi pour me livrer combat et bataille. J'ai accepté le combat et je les ai mis en fuite. J'ai pris leurs chars et j'ai fait passer par les armes 5,600 combattants. Le reste prit la fuite vers les marais (?), sur les bords du fleuve Purat. J'ai occupé le pays à partir de la ville de Kharidi qui dépend du pays de Sukhi jusqu'à la ville de Kipina et les villes du pays de Khindani et de Laki qui sont situées sur l'autre rive. J'ai tué beaucoup de monde, j'ai fait des prisonniers, j'ai ravagé les villes, je les ai détruites, je les ai livrées aux flammes.

(C. III, l. 39.) — « Azi-el du pays de Laki s'était fié à ses *it;* il s'était retranché dans la ville de Kipina ; j'ai engagé le combat avec lui, je l'ai délogé de la ville de Kipina. Il a laissé 1,000 hommes sur le champ de bataille ; j'ai pris ses chars, j'ai fait de nombreux prisonniers et j'ai emporté ses Dieux. Pour sauver sa vie il s'enfuit dans les hautes montagnes du pays de Bisuru, du côté des sources du fleuve Purat. Je l'ai poursuivi pendant deux jours ; j'ai passé par les armes le reste de ses guerriers ; j'ai pris leurs *rihit* sur la montagne d'où sort le fleuve Purat et je l'ai poursuivi jusqu'aux villes de Dummit et d'Asmu, qui appartiennent au fils d'Adini. Je me suis emparé de ses guerriers, j'ai fait de nombreux prisonniers, j'ai pris des bœufs et des moutons en quantité considérable, nombreux comme les étoiles du ciel.

(C. III, l. 43.) — « Dans ce temps-là, j'ai pris Ila du pays de Laki, ses chars, ses *rakis* et 500 hommes de son armée, je les ai transportés au pays d'Assur, ma patrie ; j'ai ravagé la ville de Dummut et la ville d'Asmu, je les ai démolies, je les ai livrées aux flammes. Je suis sorti des sources du fleuve Purat et j'ai fait des courses dans le pays. Aziel s'enfuit pour sauver sa vie ; il craignit ma puissance. J'ai pris Ila, le Nasik de Laki, lui, son char et son *lal*, je les ai transportés au pays d'Assur, ma patrie. J'ai enchaîné Khimti du pays de Laki dans sa ville. Confiant dans Assur, mon Seigneur, je lui ai inspiré la crainte de mes armes et des *sitmuri* de mes fantassins (?). Je lui ai pris les meubles de son palais, de l'argent, de l'or, de l'étain, du fer, des *kam* de fer, des étoffes de laine, des dépouilles nombreuses et je lui ai imposé un tribut plus considérable que celui auquel il était déjà soumis.

(C. III, l. 48.) — « Dans ce temps-là j'ai tué 50 buffles sur l'autre rive du fleuve Purat, j'ai pris 8 buffles vivants, j'ai tué 20 aigles et j'en ai pris 20 vivants.

(C. III, l. 49.) — « J'ai fondé deux villes sur le fleuve Purat ; l'une audelà du fleuve Purat et je l'ai nommée Dur-Assur-nasir-habal ; l'autre en deçà du fleuve Purat et je l'ai nommée Nibarti-Assur.

(C. III, l. 50.) — « Le 20e jour du mois sivan (20 mai) j'ai quitté la ville de Kalakh et j'ai traversé le fleuve Diglat. Je me suis avancé dans le pays de Bit-Adini vers la ville de Katrabi sa capitale. La ville de Danil-dan est située au milieu des nuages, ses habitants eurent confiance dans leurs armées, ils ne se soumirent pas, ils ne firent pas leur soumission. Par la volonté d'Assur mon Seigneur et du Dieu mon Protecteur qui marche devant moi, j'ai pris la ville, je l'ai occupée comme la pluie; j'ai tué beaucoup de monde, j'ai dispersé 8,000 cavaliers, j'ai fait des prisonniers, j'ai pris leurs richesses et j'ai transporté 2,400 hommes dans ma ville de Kalakh; j'ai détruit leur ville, je l'ai démolie, je l'ai livrée aux flammes et j'ai inspiré la crainte d'Assur aux habitants de la ville de Bet-Adini. Après ce temps-là, j'ai reçu les tributs d'Akhuri, fils d'Adini et de Khabini de la ville de Tul-abni (la montagne de pierre), de l'argent, de l'or, de l'étain, du fer, des étoffes de laine et de fil, des poutres de cèdre et toutes les richesses de son palais; j'en ai dressé une liste et je l'ai fait observer.

(C. III, l. 56) — « Le 8e jour du mois aïru (8 avril) j'ai quitté Kalakh, j'ai franchi le fleuve Diglat et je me suis dirigé sur la ville de Karkamis au pays de Khatti (la Syrie); je me suis avancé dans le pays de Bet-Bakhiani. J'ai reçu en tribut des habitants de Bet-Bakhiani des chars, des chevaux, de l'argent, de l'or, de l'étain, du fer, des *kam* de fer, j'ai . . . . les chars et les chevaux aux hommes du pays de Bet-Bakhiani.

(C. III, l. 58.) — « J'ai quitté le pays de Bet-Bakhiani et je me suis avancé dans le pays d'Anila. J'ai reçu de Bin-Immi du pays de Anila des chars, des chevaux, de l'argent, de l'or, de l'étain, du fer, du cuivre. des *kam* de fer, des bœufs, des moutons et des chèvres. J'ai . . . . les chars et les chevaux aux hommes . . . . du pays d'Akhuri.

(C. III, l. 60.) — « J'ai quitté le pays d'Anila. Je me suis avancé vers Bet-Adini, j'ai reçu d'Akhuri, fils de Adini, de l'or, de l'argent, du fer, de l'airain, des *kam* de fer, des *pasur*, des *ka* de *is sa*, des *ka* de *isdisti*, des *ka* en argent et en or, des *saru*, des *khar*, des bracelets (?) en or, des *lunuli* en or, des *tamliti ga gi* en or, des *ru* en or, des bœufs, des moutons et des chèvres. J'ai . . . . les chars et les chevaux aux hommes du pays d'Akhuri. J'ai fixé les tributs à 10 mines d'argent par an.

(C. III, l. 64.) — « J'ai quitté le pays de Bet-Adini et j'ai franchi le fleuve Purat sur des radeaux, je me suis avancé vers le pays de Karkamis. J'ai imposé à Sangar, roi du pays de Khatti (la Syrie) 20 talents d'argent, des . . . . en or, des bracelets (?) en or, des *ru* en or, 100 talents de fer, 250 talents de fer, de l'étain, des instruments de fer, des *khariati* de fer, des *nirmakiti* de fer, des *kibil* de fer, les dépouilles de son palais, des meubles en grand nombre dont la beauté est sans égale, des *is sa* en ébène, des trônes en ébène, des *passur* en ébène, des *ka*, des *sara*, 200 esclaves, des étoffes de laine et de fil teintes en pourpre, des pierres, *sir numa*, des peaux de *amdi*, des chars en ivoire, des statues d'or, *sa tamlité si*, de sa royauté. J'ai . . . . . les chars et la cavalerie aux hommes de Karkamis.

(C. III, l. 69.) — « Les rois de toutes ces provinces se soumirent à moi, ils s'humilièrent; j'en fis dresser la liste, ils . . . . devant moi. Je me suis dirigé vers le pays de Labnana (le Liban) et j'ai quitté Karkamis. Je me suis avancé sur les frontières du pays de Munzigani et de Khaharga. J'ai soumis le pays d'Akhani à ma puissance et je me suis avancé vers la ville de Khazazi (Gaza) qui appartient à Lubarna du pays de Khatti. J'ai reçu de l'or, des étoffes de laine et de fil et je me suis avancé sur les bords du fleuve Aprie, je l'ai franchi.

(C. III, l. 72.) — « J'ai suivi les bords du fleuve Aprie et je me suis avancé vers la ville de Kumulua, la capitale de Lubarna du pays de Khatti. Il redouta la puissance de mes armes et l'issue de la bataille, et pour sauver sa vie il se prosterna devant moi. Je lui ai imposé 20 talents d'argent, 1 talent d'or, 200 talents d'étain, 100 talents de fer, 1,000 bœufs, 10,000 moutons, 1,000 vêtements de laine et de fil, des parasols (?) des *tamliti*, des *ahuzut*, des *issa* d'ébène, des *issa tamliti sa ru*, des *pasur*, des *ka*, des armes en grand nombre, les meubles de sa maison (en grand nombre) dont la beauté est sans égale, 10 esclaves femelles, des . . . . . . en grand nombre, des *pagatu*, des grands maîtres. J'ai *asiki* mes *asi*, les chars, les cavaliers aux hommes du pays de Khatti et j'en ai dressé la liste. Dans ce temps-là, j'ai reçu les tributs de Guzi, du pays de Iakhan, de l'argent, de l'or, de l'étain, . . . des bœufs, des moutons, des étoffes de laine et de fil.

(C. III, l. 78.) — « J'ai quitté la ville de Kunulu, la capitale de Lubarna du pays de Khatti. Je me suis avancé vers le fleuve Arunti (l'Oronte); j'ai franchi le fleuve Arunti et j'ai suivi ses bords; je me suis éloigné du fleuve Arunti et je me suis dirigé vers les pays de Iaraki et de Iaturi. Ces pays s'étaient révoltés. Je me suis avancé le long du fleuve Sangura; puis, en m'éloignant du Sangura, je me suis dirigé vers les frontières du pays de Saratina et de Kerpani. Je me suis arrêté sur . . . . . . et je me suis dirigé vers la ville d'Aribua, une des places fortes de Lubarna du pays de Khatti. J'ai occupé la ville-moi-même, j'y ai réuni les grains et les blés du pays de Lukhuti, j'ai fait ravager son palais et j'y ai établi des hommes du pays d'Assur.

(C. III, l. 83.) — « Pendant que j'étais dans la ville d'Aribua, j'ai pris les villes du pays de Lukhuti. J'ai tué un grand nombre de personnes, j'ai détruit des villes, je les ai ravagées, je les ai livrées aux flammes. Un grand nombre d'hommes sont tombés vivants dans mes mains, je les ai fait mettre en croix devant les portes de leurs villes.

(C. III, l. 84.) — « Dans ce temps-là j'ai occupé les versants du mont Labnana (le Liban); je me suis dirigé vers la Grande-Mer du pays d'Akhari (la Phénicie). J'ai offert un sacrifice aux Grands Dieux sur ces hautes montagnes.

(C. III, l. 85.) — « J'ai reçu en tribut des rois du Pays de la Mer, des gens de Suri (Tyr), de Siduni (Sidon), de Gubal (Byblos), de Makullal, de Maizai, de Kaizai, d'Akhari (la Phénicie), d'Arvada (Aradus), qui est située au milieu de la mer, de l'argent, de l'or, de l'étain, du fer, des *kam* de fer, des vêtements de laine et de fil, des grands *pagut*, des petits *pagut*, du bois, du santal, de l'ébène, des peaux de souffleurs, produits de la mer; ils prirent mes genoux.

(C. III, l. 88.). — « Je suis monté dans les montagnes de Khamani (l'Amanus). J'ai coupé des poutres de cèdre, de pin, de cyprès. J'ai fait des sacrifices en l'honneur des Grands Dieux, j'ai fait un récit de mes exploits et je l'ai gravé sur la montagne. J'ai abattu des poutres de cèdre du mont Khamani pour le *Bit-Khira* (le temple d'Adar), le temple *asmaku*, le temple des hauteurs, le temple de Sin et de Samas, mes grandes divinités.

(C. III, l. 91.) — « Je suis allé au pays de Ismirhi et je l'ai occupé entièrement. J'ai abattu des arbres dans le pays de Ismirhi, je les ai transportés à Ninua (Ninive) et je me suis incliné devant Istar, la déesse de Ninua (Ninive.)

(C. III, l. 92.) — « Dans l'année de Samas-nuri, d'après la volonté d'Assur, mon Seigneur, au mois aïru le 20e jour (20 avril 866) j'ai quitté la ville de Kalakh. J'ai traversé le Diglat et je suis descendu vers le pays de Kipani. J'ai reçu dans la ville de Khuzirina les tributs des chefs des villes du pays de Kipani. Pendant que j'étais dans la ville de Khuzirina j'ai reçu les tributs de Itti-el, gouverneur du pays de Nila, de Giridadi, gouverneur du pays de Assa, de l'argent, de l'or, des bœufs et des moutons. Pendant ce temps-là j'ai reçu des poutres de cèdre, de l'argent, de l'or, les tributs de Katazili, gouverneur du pays de Nummuk.

(C. III, l. 96.) — J'ai quitté la ville de Khuzirina et je me suis dirigé sur les bords du Purat, vers les hauteurs ; le pays de Kubbu était révolté. Je me suis dirigé au milieu des villes du pays d'Assa et du pays de Kirkhi, situé en face du pays de Khatti (la Syrie), j'ai occupé la ville de Umalia, la ville de Khiranu, les places fortes du pays de Adini. J'ai tué beaucoup de monde, j'ai fait un riche butin, j'ai ravagé les villes, je les ai pillées, je les ai détruites, j'ai livré aux flammes 150 villes de leurs dépendances.

(C. III, l. 99.) — « J'ai quitté la ville de Karania ; je me suis avancé sur le territoire de la ville d'Amadani et je me suis dirigé vers les villes du pays de Diriga, j'ai livré aux flammes les places fortes du pays d'Amadani et du pays d'Arkania, j'ai pris moi-même le pays de Mallanu qui dépend du pays d'Arkania.

(C. III, l. 101.) — « J'ai quitté le pays de Multani et je me suis dirigé vers les villes du pays de Zamba qui sont situées sur le bord du désert. Je les ai livrées aux flammes, j'ai traversé le fleuve Sua qui se jette dans le Diglat. J'ai détruit les villes situées sur les rives du Diglat, dépendant du pays d'Arkania, j'en ai fait un monceau de ruines et un champ de vignes. Le pays de Kirkhi fut frappé de terreur, les habitants prirent mes genoux, j'ai pris des ôtages et je leur ai imposé mon lieutenant. J'ai *attiya* dans la ville de Barzanistun qui dépend du pays d'Amadani.

(C. III, l. 105.) — « Je me suis avancé vers la ville de Damdamuna la capitale d'Ilani, fils de Samani ; j'ai pris cette ville, mes soldats s'abattirent dessus comme des oiseaux de proie. J'ai laissé 500 des leurs sur le champ de bataille, je leur fis couper la tête. 400 prisonniers tombèrent vivants en mon pouvoir. J'ai fait sortir de la ville 3,000 prisonniers, j'ai gardé la ville pour moi et j'ai envoyé les prisonniers et les têtes des morts à la ville d'Amida (Diarbekr) sa capitale. J'ai élevé devant les portes de cette ville une pyramide de têtes, j'ai fait mettre en croix les prisonniers vivants au milieu de la grande porte, j'ai ravagé la ville, j'ai détruit ses forêts.

(C. III, l. 109.) — « J'ai quitté la ville d'Amida et je me suis avancé dans le pays de Kariari aux environs de la ville d'Allabria. Parmi les rois mes pères personne n'y avait pénétré avant moi. Je me suis avancé vers la ville d'Uda, une des places fortes de Labthuri, fils de Thubusi. J'ai occupé . . . . , je l'ai livrée aux flammes, j'ai fait passer par les armes 1,400 soldats; 470 prisonniers tombèrent vivants entre mes mains ; j'ai fait sortir 3,000 captifs; j'ai fait crucifier les prisonniers vivants devant la Grande-Porte de la ville, je leur ai fait crever les yeux, j'ai fait conduire le surplus au pays d'Assur et j'ai rebâti la ville.

(C. III, l. 113.) — « Je suis Assur-nasir-habal, roi grand, roi puissant, roi du pays d'Assur, fils de Tuklat-Samdan, roi grand, roi puissant, roi des légions, roi du pays d'Assur, fils de Bin-nirari, roi grand, roi puissant, roi du pays d'Assur; le juste, le terrible, celui qui marche avec soumission sous la conduite d'Assur, son Seigneur.

(C. III, l. 114) — « Sa gloire fut sans égale parmi les rois des quatre régions, pasteur des *dabrati*, sans reproches, *ismi idu gabsu*. Il imposa des tributs considérables. Roi puissant, il a soumis les rebelles et il a dominé les bataillons des hommes; par sa bravoure il a conquis les pays révoltés ; il a broyé sous ses pieds les provinces ennemies auxquelles il a imposé la justice. Soumis aux Grands-Dieux, ses maîtres, il a étendu la main sur toute la terre fertile ainsi que sur les forêts; il a imposé des tributs, il les a fait garantir par des ôtages et il a étendu ses lois sur tout ces pays.

(C. III, l. 118.) — « Je dis ceci : Assur le Seigneur a prononcé mon nom, il a étendu mon empire, il a chargé mon glaive invincible de l'exercice de sa puissance, il a réduit par les armes les bataillons des vastes *lullumie*. Par l'influence de Samas, de Bin, les Dieux mes protecteurs, j'ai envahi le pays de Naïri et le pays de Kirkhi. J'ai brisé leurs frontières, je me suis répandu sur les pays voisins comme Bin, le dieu de l'inondation.

(C III, l. 121.) — « Je suis le roi dont la puissance s'est étendue depuis les rives du Diglat jusqu'au pays de Labnana (le Liban) sur la Grande-Mer, comprenant le pays de Lakie dans son ensemble, et le pays de Sukhi jusqu'à la ville de. Rapik. Ma puissance s'est étendue depuis les sources du fleuve Supnat jusqu'aux frontières de Bitani ; depuis le pays de Kirruri jusqu'au pays de Kirzani; depuis les rives du Zab inférieur jusqu'à la ville de Tul-Bari située au-dessus du pays de Zaban; j'ai réuni à mes états la ville de Tul-Sapdani et la ville de Tul-Saptani, la ville de

Khirimu, la ville de Kharutu, le pays de Kasrati et de Kar-Dunias. J'ai compté parmi mes sujets les habitants de la ville de Babiti et ceux du pays de Khasmar; j'ai imposé des représentants aux pays soumis à ma dépendance et je leur ai inspiré le respect de ma puissance.

(C. III, l. 126.) — « Je suis Assur-nasir-habal le chef auguste, l'adorateur des Grands-Dieux, celui qui soumet les villes et les forêts, le roi des Seigneurs, celui qui punit les infidèles, le *tas ka ru* sans égal qui combat l'injustice. Roi de tous les souverains (*malki*), roi des rois (*sarri*) le chef auguste, la gloire d'Adar, le puissant, le serviteur des Grands-Dieux, celui qui a marché dans la justice et dans l'adoration des dieux Assur et Adar, ses protecteurs, qui soutiennent sa puissance; celui qui a réduit à l'obéissance les pays insoumis et les rois rebelles, celui qui les a ramenés à Assur, en haut et en bas et qui leur a imposé des tributs.

(C. III, l. 129.) — « Je suis Assur-nasir-habal, le roi puissant, la gloire du dieu Sin, le protégé d'Anu, l'œil de Bel qui répand sa rosée sur les autres dieux, le serviteur sans égal qui subjugue les pays révoltés, Moi.

(C. III, l. 130.) — « Roi des batailles, terreur des villes et des forêts, premier né des hommes (?) roi des quatre régions, redouté de ses ennemis, il a soumis à sa puissance des contrées fortifiées, des forêts impénétrables, des rois majestueux et sans peur, depuis le soleil levant jusqu'au coucher du soleil.

(C. III, l. 132.) — « La ville ancienne de Kalakh, celle qui avait été bâtie par Salman-asar, roi du pays d'Assur, le prince qui régna avant moi, était tombée en ruines, elle était devenue comme un monceau de décombres, j'ai rebâti cette ville; j'y ai réuni les peuples que ma main avait soumis, les habitants des pays vaincus, ceux du pays de Sukhi, du pays de Lakie dans son entier, de la ville de Sirku sur le bord du fleuve Purat, du pays de Zamuya et de toutes les tribus qui en dépendent, du pays de Bel-Adini, du pays de Khatti (la Syrie) et ceux de Liburna (roi) du pays de Khatti.

(C. III, l. 134.) — « J'ai creusé un canal à partir du fleuve Zab supérieur et je l'ai nommé le Babut-uhal. J'ai fait des plantations sur ses bords, j'ai consacré ce canal à Assur, mon Seigneur, dans les temples du pays. J'ai rasé l'ancienne construction jusqu'au niveau des eaux, j'ai élevé un mur et je l'ai achevé depuis les fondations jusqu'au sommet. »

(*W.A.I.* I, pl.17-26.)

Ici s'arrête la grande inscription du pavé du palais d'Assur-nasir-habal, elle ne s'étend pas au-delà de la dix-septième année de ce souverain; on peut suivre la fin de la formule qui devait terminer cette histoire sur la stèle qui commence avec la ligne 132 de la grande inscription et qui continue ainsi :

(C. I, l. 12.) — « J'ai fondé un palais pour la demeure de ma royauté et le repos de ma puissance, puisse-t-il durer toujours. Je l'ai commencé, je l'ai fini. Je l'ai couvert en plaques de fer, j'ai fait une charpente en bois de santal, je l'ai entouré de fer, j'ai placé dans la porte des urati, des trônes en bois de santal et en ébène, des *passur*, des *ka*, des *ahhuzzati*, de l'argent, de l'or, de l'étain (?) du cuivre, du fer, les tributs que ma main a conquis sur les pays que j'ai subjugués.

(C. I, l. 23.) — « Que celui qui dans la suite des jours règnera après moi répare ces murs, qu'il remette les inscriptions à leur place et alors Assur exaucera sa prière. Qu'il ne laisse pas tomber en ruine ce palais, qui témoigne de ma gloire, la demeure de ma souveraineté, que j'ai élevé dans la ville de Kalakh ; qu'il ne le livre pas aux rebelles ; qu'il ne renverse pas ses colonnes, ses poutres, ainsi que sa toiture ; qu'il ne le fasse pas servir à construire un autre palais dans une autre ville; qu'il n'emploie pas les poutres à une autre destination ; qu'il n'enlève pas ses *nasabat*; qu'il ne détruise pas les *musi* de ses portes, les *hnikasir*; qu'il n'arrache pas les ornements de ses portes; qu'il n'enlève pas la voûte du trésor; qu'il ne détruise pas la chambre des autels ; qu'il ne déplace pas les hommes et les femmes des ateliers que j'ai construits dans ce palais; qu'il ne les envoie pas au désert, dans les *musuri*, dans les *lakisi*; qu'il n'élève pas un autre palais après avoir détruit la ville qui entoure mon palais ; qu'il n'y pratique pas d'ouvertures et qu'il ne laisse pas y établir un camp; qu'il n'écoute pas la crainte ou la vengeance; qu'il ne détruise pas le monument de ma gloire, la demeure de ma souveraineté; qu'il n'altère pas le contenu de mes inscriptions ni le récit de ma gloire, et alors Assur le Maître et les Grands-Dieux qui ont fait grandir ma royauté, l'exalteront et lui donneront tous les pays de la terre, ils lui procureront la grandeur de son nom et de son empire, ils lui confieront le gouvernement des Quatre-Régions et ils verseront l'abondance, la pureté et la paix dans son royaume.

(C. II, l. 55.) — « Mais celui qui ne respectera pas le contenu de cet écrit, celui qui changera mes récits, celui qui ne montrera pas cette œuvre, celui qui la cachera, celui qui la déplacera, celui qui l'enfouira, celui qui la détruira par le feu, qui la jettera dans l'eau, qui la livrera aux animaux, qui la couvrira d'ordures (?) ; qui altérera mes récits, le chiffre des redevances, qui en critiquera le récit ou le compte, qui la confiera aux hommes du mauvais œil, qui saisira, qui déplacera, qui grattera, qui changera, qui prêtera son oreille à la destruction de mes œuvres, à leur anéantissement, à leur altération, soit de sa propre volonté, soit en confiant à un *aba*, à un *halla*, à toute autre personne en lui disant d'emporter, de briser, de détruire, et qui donnera des ordres qu'on ne doit pas exécuter ou qui entraîneront à la désobéissance, celui qui, poussé par la vengeance, excitera un autre contre mes édifices et contre mes œuvres, qui invoquera une autre religion (?), qui fera une injustice, qui suivant ses désirs changera ce qui est bon et se déclarera l'ennemi de mes œuvres, Assur le grand Seigneur, le Dieu de la justice, le Dieu qui vous écoute, maudira sa prière, il anéantira ses œuvres, il renversera sa royauté, il fera périr ses sujets, il répandra sur son royaume les maladies, le *bubat*, l'affliction et le deuil.

(C. II, l. 97.) — « Si j'ai oublié quelque chose dans cette table, Anu, Bel-Dagan et Salman, les dieux mes protecteurs le diront pour moi ; dans leur sagesse ils ordonneront la perte du méchant, ils briseront son orgueil, ils lui enlèveront le bonheur, ils détruiront sa mémoire et son nom et son pays. »

(*W.A.I.* I. pl. 27.)

Tel est l'ensemble du règne de Assur-nasir-habal, tel est le récit qu'il fait lui-même de ses exploits, les nombreuses inscriptions que l'on possède encore de lui ne contiennent que l'abrégé de ce qu'il avait déjà exposé dans le récit du monolithe. Les textes encore inédits du musée de Berlin, dont nous nous sommes procuré les copies, ne renferment aucun fait nouveau.

Il n'entre pas dans notre plan d'étudier, dans tous ses détails, cette grande civilisation dont nous devons nous contenter de fournir les données. Le caractère d'Assur-nasir-habal dont nous avons l'image répétée à satiété sur ses bas-reliefs, se complète par ses écrits ; son nom qui s'est altéré chez les Grecs est peut-être le type de ce grand guerrier dont la renommée, sous le nom de Sardanapale, est parvenue jusqu'à nous? Nous devons nous borner à constater ici, comme nous l'avons fait pour Tuklat-pal-Asar, l'étendue de l'empire assyrien sous son règne.

La plupart des campagnes d'Assur-nasir-habal eurent lieu dans les montagnes de l'Arménie, dans la Commagêne et dans les provinces du Pont, où dominaient encore les Moschiens. Il s'avança probablement dans la Médie et dans une portion de la Perse occidentale, mais il est difficile d'assimiler les noms des tribus de ces régions, et de déterminer jusqu'où il a pu porter ses armes dans l'Est.

Il soumit les bords de l'Euphrate, toute la rive droite qui forme aujourd'hui l'Irak-Arabie et qui était alors divisée en plusieurs royaumes puissants.

Dans une campagne il vainquit Nabu-bal-iddin, roi de Babylone, qui avait envoyé des secours aux habitants du pays de Sukhi, sur la rive orientale de l'Euphrate. Cependant Babylone ne paraît pas avoir été soumise à l'Assyrie, car nous verrons encore apparaître dans toute leur importance les pays qui en dépendent et sur lesquels il ne fait que donner des indications vagues. A l'occident, il réduisit toute la Syrie septentrionale et il s'avança dans la chaîne de l'Amanus et le bassin de l'Oronte. Il s'arrêta sur les sommets du Liban, mais il ne paraît pas avoir soumis la Phénicie bien qu'il ait pénétré jusqu'à la Méditerranée et qu'il ait reçu les tributs de Tyr, de Sidon, de Byblos et d'Aradus. Au sud, les royaumes de Juda et d'Israël étaient alors dans toute leur puissance. Achab et Josaphat soutenaient avec succès des guerres contre les Araméens, et les successeurs de Salomon n'avaient point encore été inquiétés par la puissance assyrienne. Ce n'est que sous le règne du fils de Assur-nasir-habal que nous verrons porter les premiers coups à l'empire de David et de Salomon.

𒁹𒀭𒁲𒈠𒉌𒋾 𒀭

SALMAN-ASAR.

(857 a. J.-C.)

Documents. — *Briques de Kalah-Sherghat* (Layard, pl. 76). — *Inscription de la statue de Kalah-Sherghat* (Layard, pl. 77). — *Briques de Nimroud* (Layard, pl. 78). — *Inscription de l'Obélisque* (Layard, pl 37 à 98). — *Inscription des Taureaux* (Layard, pl. 12, 13, 14, 66, 46. 47). — *Inscription de la stèle des sources du Tigre* (*W.A.I.* III, pl. 7 et 8). *Canon des Rois assyriens* (*W.A.I.* III, pl. 1).

Salman-Asar, le fils de Assur-nasir-habal paraît avoir habité d'abord Ellassar, comme son père ; on lit, en effet, sur des briques de Kalah-Sherghat :

« Palais de Salman-asar, roi des légions, roi du pays d'Assur, fils d'Assur-nasir-habal, roi des légions, roi du pays d'Assur, fils de Tuklat-Samdan, roi des légions, roi du pays d'Assur. »

(Layard, pl. 77).

Cependant il est certain qu'il résidait habituellement à Calach. C'est là qu'il fit construire un palais dont on a trouvé les ruines au centre de la colline de Nimroud. Sur les briques de cette provenance, on lit :

« Salman-asar, roi grand, roi puissant, roi des légions, roi du pays d'Assur, fils de Assur-nasir-habal, roi grand, roi puissant, roi des légions, roi du pays d'Assur, fils de Tuklat-Samdan, roi des légions, roi du pays d'Assur, a construit ce palais dans la ville de Kalakh. »

(Layard, pl. 78 B).

L'histoire toute entière de Salman-Asar est écrite dans ce palais. Ce prince ne nous est pas connu par la Bible, il n'en est pas fait mention dans les saintes écritures, et cependant des rapports suivis s'étaient déjà établis entre les juifs et les assyriens. Aussi, c'est de l'histoire de son règne qu'il faut attendre de nouvelles données sur l'histoire biblique. Les faits de ce règne sont, du reste, relatés avec une précision qui ne permet aucune équivoque, et ils établissent des synchronismes dont il n'est plus permis de s'écarter.

Salman-Asar, suivant notre calcul, monta sur le trône dans l'année 857 a. J.-C.; on compte 34 noms après lui sur la table des Limmu, il aurait donc régné de l'an 857 à l'an 822 a J.-C. Les inscriptions nous donnent des indications précises sur chacune de ces années ; l'une d'elles est un abrégé de ses annales et comprend le sommaire de 31 campagnes consécutives. Cette inscription est gravée sur un obélisque en basalte noire de cinq pieds anglais de hauteur, chargé de 190 lignes d'écriture. Le sommet de l'obélisque se termine en gradins. Sur l'une des faces du monument, on voit cinq registres de bas-reliefs au-dessus desquels courent quelques lignes d'inscription.

Voici la traduction de cet important document :

(L. 1.)— « Assur, seigneur puissant, roi de l'assemblée des Grands-Dieux

« Anu, roi des. . . . . *a nun na ki*, Seigneur des contrées.

« Bel-Dagon, père suprême, créateur des Dieux ;

« Nisruk, roi des choses qui passent, toi qui règles nos destinées, roi des couronnes, toi qui répands la rosée sur les *namriri ;*

« Bin, dieu sublime, Seigneur des eaux courantes, toi qui présides à la fertilité ;

« Samas, arbitre du Ciel et de la Terre, juge des nations ;

« Marduk, chef des Dieux, Seigneur des *tirieti ;*

« Adar, dieu terrible, Dieu des *a nun na ki* Dieu *Samdàn ;*

« Nirgal, toi qui . . . . . roi des combats ;

« Nabu, toi qui portes le sceptre suprême, surveillant des cieux ;

« Belit, épouse de Bel, mère des Grands-Dieux ;

« Istar, souveraine du ciel et de la terre, déesse des combats ;

« Grands-Dieux, c'est vous qui fixez nos destinées, c'est vous qui faites grandir mon empire.

(L. 15.) — « Je suis Salman-Asar, le roi des légions des hommes, le souverain, le mandataire d'Assur, le roi puissant, le roi des Quatre-Régions

7

de Samas et des légions des hommes, le vainqueur de tous les pays — fils d'Assur-nasir-habal, le seigneur suprême, dont la puissance émane des Grands-Dieux, et qui soumet toute la terre à son empire, — descendant de Tuklat-pal-Asar qui réduisit sous sa puissance tous les pays ennemis et les couvrit de ruines.

(L. 22.) — « Au commencement de mon règne (857 a. J.-C.), je me suis assis solidement sur le trône de mon empire, j'ai compté les chars de mes armées et j'ai marché sur les frontières du pays de Simisi, j'ai occupé la ville d'Aridu, une des places fortes du pays de Ninni.

(L. 27.) — « Dans ma première campagne (856 a. J.-C.), j'ai traversé le Purat sur des radeaux, et je me suis dirigé vers la Mer du côté du soleil couchant; j'ai établi ma puissance à l'Occident; j'ai fait des sacrifices à mes Dieux; je suis monté sur le mont Khamani et j'ai fait abattre des poutres de cèdre de *Simli*; je me suis avancé jusqu'au pays de Lallar et j'y ai fait placer l'image de ma royauté.

(L. 32.) — « Dans ma seconde campagne (855 a. J.-C.), je me suis avancé vers la ville de Tul-Barsip; je me suis emparé des villes appartenant à Akhuni, fils d'Adini; je l'ai fait prisonnier dans sa ville; j'ai traversé le Purat sur des radeaux et j'ai occupé la ville de Dabigu, la ville de Birtu au pays de Khatti (la Syrie) et les villes environnantes.

(L. 35.) — « Dans ma IIIe campagne (854 a. J.-C.), Akhuni, fils d'Adini, s'était révolté contre ma domination puissante, il avait fortifié Tul-Barsip sa capitale, il avait . . . . . . dans le voisinage du Purat; j'ai rétabli cette ville sous la domination d'Assur, je l'ai prise; j'ai pris également les pays situés sur les rives du Purat jusqu'à l'endroit du fleuve *Sagamri* que les habitants du pays de Khatti nomment la ville de Pitru; en revenant sur mes pas, j'ai envahi les frontières du pays d'Alzi, j'ai pris le pays d'Alzi, le pays de Suh, le pays de Dayani, le pays du Nummi, la ville d'Azzar-ibnu, la capitale d'Arumi du pays d'Urarthi (l'arménien), ainsi que le pays de Kirzanu et le pays de Khubuskia.

(L. 45.) — « Dans le Limmu de Dayan-Assur (853 a. J.-C.), j'ai quitté la ville de Ninua, j'ai traversé le Purat sur des radeaux et je me suis mis à la poursuite d'Akhuni, fils d'Adini. Il s'était fortifié sur les bords du Purat, je l'ai enveloppé, j'ai occupé les versants des montagnes; je me suis emparé d'Akhuni, de ses Dieux, de son char, de ses chevaux, de ses fils, de ses filles, de son armée, et je l'ai transporté dans ma ville d'El-Assur.

(L. 50.) — « Dans la même année (853 a. J.-C.), je me suis dirigé vers le pays de Kullar et de Zamuya qui dépend du pays de Bit-ani ; j'ai occupé les villes d'Ida et de Nigdima qui dépendent de Nigdiara.

(L. 52.) — « Dans ma v[e] campagne (852 a. J.-C.), je suis monté vers le pays de Kasyari, j'en ai occupé les places fortes ; j'ai pris El-Khitti de Mururi ; je l'ai fait prisonnier dans sa ville et je lui ai imposé un tribut considérable.

(L. 54.)— « Dans ma VIe campagne (851 a. J.-C.), je me suis avancé vers les villes situées sur les bords du fleuve Balikh. J'ai tué Giammu, le préfet de ces villes ; je me suis avancé vers la ville de Tul-Habal-akhitul, j'ai traversé le Purat sur les radeaux et j'ai reçu les tributs des rois du pays de Khatti. Dans ce temps-là (851 a. J.-C.), Bin-hidri de Dimaska Irkhoulina d'Amat (Hamat), ainsi que les rois du pays de Khatti et de la Mer s'étaient fiés à leur *it, akhatu ;* ils s'avancèrent vers moi pour me livrer combat et bataille ; avec l'aide d'Assur, le grand Maître, mon Seigneur, j'ai combattu contre eux, je les ai vaincus, je me suis emparé de leurs chariots, de leurs cavaleries, de leurs munitions et j'ai laissé sur le terrain 20,500 de leurs combattants.

(L. 67.) — « Dans ma VIIe campagne (850 a. J.-C.), j'ai marché vers les villes soumises à Khabini, de la ville de Tul-abni, j'ai occupé Tul-abni, sa capitale et les villes environnantes. J'ai marché vers les sources du Diglat, à l'endroit où ses eaux prennent naissance, j'y ai célébré la puissance d'Assur, j'ai fait des sacrifices à mes dieux, j'ai fait des *nab dan khu du ut*, j'ai fait faire l'image de ma royauté, j'y ai fait graver la gloire d'Assur mon maître, le récit de mes exploits, et tout ce que j'avais fait dans la contrée et je l'ai érigée au milieu de ce pays.

(L. 73.) — « Dans ma VIIIe campagne (849 a. J.-C.), Marduk-innadin roi du pays de Tirat-Dunias fut trahi par Marduk-bel-usate son frère illégitime, il lui prit ses bagages ; j'ai marché pour soutenir le parti de Marduk-innadinsu et j'ai occupé la ville de Mie-turnat.

(L. 77.) — « Dans ma IXe campagne (848 a. J.-C.), j'ai marché pour la seconde fois vers le pays des Akkads, je me suis emparé de la ville de Ganati. Marduk-bel-usate fut terrifié par la crainte immense d'Assur mon Seigneur, pour sauver sa vie, il s'enfuit dans les montagnes ; je me suis avancé à sa poursuite ; j'ai fait passer par les armes Marduk-bel-usate et ses adhérents ; j'ai gagné les temples des dieux et j'ai offert des sacrifices dans les villes de Bab-ilu, de Barsip et de Kutie (Cutha) ; j'ai élevé des autels en leur honneur et je suis descendu vers le pays de Khaldi (la Chaldée), dont j'ai occupé les villes ; j'ai imposé des tributs aux rois du pays de Khaldi et j'ai étendu ma gloire jusqu'à la Mer.

(L. 85.) — « Dans ma x^e campagne (847 a. J.-C.), j'ai traversé le Purat pour la VIIIe fois, j'ai occupé les villes qui sont sous la dépendance de Sangar au pays de Karkamis ; je me suis avancé vers les villes d'Arumi, j'ai pris Arnié sa capitale et cent autres villes.

(L. 87.) — « Dans ma XIe campagne (846 a. J.-C.), pour la IXe fois, j'ai traversé le fleuve Purat (l'Euphrate), j'ai occupé des villes sans nombre, je suis descendu vers les villes du pays de Khatti et du pays de Amat (Hamath), j'ai pris 79 villes. Bin-hidri, roi de la ville de Dimaska (Damas), et 12 rois du pays de Khatti se fièrent à leurs *it*, je les ai mis en fuite.

(L. 89.) — « Dans ma XIIe campagne (845 a. J.-C.), pour la Xe fois, j'ai franchi le Purat, j'ai marché contre le pays de Pakar-Kubun et j'ai emmené des captifs.

(L. 90.) — « Dans ma XIIIe campagne (844 a. J.-C.), je me suis dirigé vers le pays de Yaëli, et j'ai pris un riche butin.

(L. 91.) — « Dans ma XIVe campagne (843 a. J.-C.), j'ai compté (les armées) de mon pays, j'ai franchi le Purat, 12 rois (du couchant) s'avancèrent vers moi, je les ai mis en fuite.

(L. 92.) — Dans ma XVe campagne (842 a. J.-C.), je me suis dirigé vers les sources du Purat, j'ai fait l'image de ma royauté et je l'ai érigée dans ce pays.

(L. 93.) — « Dans ma XVIe campagne (841 a. J.-C.), j'ai franchi le Zab et je me suis dirigé vers le pays de Namri. Marduk-mudammik, roi du pays de Namri, s'était enfui pour sauver ses jours, j'ai transporté en Assyrie son trésor, ses troupeaux, ses dieux et j'ai élevé à la royauté, sur ce pays, Ranzu, fils de Khamban.

(L. 96.) — Dans ma XVIIe campagne (840 a. J.-C.), j'ai franchi le Purat, j'ai gravi le mont Khamani (l'Hamanus) et j'ai abattu des poutres de cèdre.

(L. 99.) — « Dans ma XVIIIe campagne (839 a. J.-C.), pour la XVIe fois j'ai franchi le Purat. Khaza-ilu (Hazaël), roi du pays de Dimaska (Damas), s'avança vers moi pour me livrer bataille, j'ai pris 1,121 chars et 470 cavaliers avec son camp.

(L. 99.) — « Dans ma XIXe campagne (838 a. J.-C.), pour la XVIIe fois, j'ai traversé le Purat, j'ai gravi le mont Khamani et j'ai abattu des poutres de cèdre.

(L. 100.)—Dans ma XXe campagne (837 a. J.-C.), pour la XXe fois (?), j'ai franchi le Purat, je me suis dirigé vers le pays de . . . . . . j'ai occupé leurs villes et j'ai fait des prisonniers.

(L. 102.) -- « Dans ma XXIe campagne (836 a. J.-C.) pour la XXIe fois, j'ai traversé le fleuve Purat, j'ai marché contre les villes de Khaza-ilu, du pays de Dimaska, j'ai pris leurs forteresses et j'ai imposé des tributs aux habitants du pays de Suri (Tyr), Siduni (Sidon) et Gubal (Byblos).

(L. 102.) —« Dans ma XXIIe campagne (835 a. J.-C.) pour la XXIIe fois, j'ai franchi le Purat, je me suis dirigé vers le pays de Tabal. Dans ce temps-là, j'ai imposé des tributs aux 24 rois du pays de Tabal et je me suis avancé vers ces contrées où on trouve des mines d'argent, de sel (?) et d'albâtre.

(L. 107.) — « Dans ma XXIIIe campagne (834 a. J.-C.) j'ai franchi le Purat, j'ai occupé la ville d'Uetas, la capitale de Lalla, roi du pays de Mili, j'ai tué les rois du pays de Tabal et j'ai imposé des tributs.

(L. 110.) — « Dans ma XXIVe campagne (835 a. J.-C.) j'ai franchi le Zab inférieur et je me suis dirigé vers le pays de Karkhar. J'ai gagné le pays de Namri. Yanzu, roi du pays de Namri, voulait se soustraire à ma domination; il s'enfuit pour sauver sa vie. Je me suis emparé des villes de Sikhisasik, de Bit-tamul, de Bit-sakke, de Bit-siedi qui étaient sous sa dépendance. J'ai tué beaucoup de monde, j'ai fait des prisonniers, j'ai détruit les villes, je les ai démolies, je les ai livrées aux flammes. Quelques-uns s'enfuirent dans les montagnes; j'en ai tué beaucoup; j'ai fait des prisonniers et je me suis emparé de leurs biens. J'ai quitté le pays de Namri et j'ai imposé des tributs aux 27 rois du pays de Parsua. J'ai quitté le pays de Parsua et je me suis dirigé vers les plaines du pays d'Amadai, d'Aruzias, de Tarzanabi, d'Irmul, de Kinnaplila et les villes qui en dépendaient; j'ai tué beaucoup de monde, j'ai pris leurs dépouilles, j'ai détruit leurs villes, je les ai démolies, je les ai livrées aux flammes et j'ai érigé l'image de ma royauté au pays de Kharkhar. Je me suis emparé de Yanzu, fils de Khaban, ainsi que de ses richesses immenses; j'ai pris ses dieux, ses fils, ses filles, ses troupes et je les ai transportés au pays d'Assur.

(L. 126.) — « Dans ma xxve campagne (832 a. J.-C.) j'ai traversé le Purat sur des radeaux, j'ai reçu les tributs de tous les rois du pays de Khatti; j'ai gravi le Khamanu et je me suis dirigé vers les villes dépendant de Khattie, roi du pays de Kasam, j'ai pris la ville de Timur, une de ses places fortes; j'ai tué beaucoup de monde, j'ai pris beaucoup de butin, j'ai détruit des villes sans nombre, je les ai démolies, je les ai livrées aux flammes. A mon retour, je me suis emparé de la ville de Muru, une des places fortes d'Arami, fils d'Arakzi; j'ai démoli sa forteresse et j'y ai élevé un palais pour la demeure de ma royauté.

(L. 132.) — « Dans ma xxvie campagne (831 a. J.-C.), pour la ixe fois, j'ai gravi le mont Khamanu et je me suis dirigé vers les villes dépendant de Khattie; je me suis dirigé vers la ville de Kasam; je me suis emparé de la ville de Tanakun, une des places fortes de Tulka. La crainte immense d'Assur, mon Seigneur, le terrifia, il prit mes genoux, j'exigeai des ôtages et je lui imposai en tribut de l'or, du fer, des bœufs, des moutons. J'ai quitté la ville de Tanakun et je me suis dirigé vers le pays de Laminá, j'ai poursuivi les hommes qui s'étaient dirigés vers les hauteurs des montagnes inaccessibles, j'ai occupé les défilés des hautes montagnes; j'ai tué beaucoup de monde, j'ai fait beaucoup de prisonniers, j'ai pris des bœufs et des moutons, je les ai fait descendre des montagnes, j'ai détruit les villes, je les ai renversées, je les ai livrées aux flammes. J'ai marché vers la ville de Tarzi; les habitants prirent mes genoux, je leur ai imposé comme tribut de l'argent, de l'or et je leur ai donné pour roi Kirri, frère de Katti. A mon retour, je me suis dirigé vers le mont Khamani, j'ai abattu des poutres de cèdre et je les ai emportées dans mes villes, au pays d'Assur.

(L. 141.) — « Dans ma xxviie campagne (830 a. J.-C.) j'ai compté les chars de mon armée, j'ai envoyé Dayan-Assur, le grand Tartan de mon armée, à la tête de mes troupes, vers le pays d'Urarthu (l'Arménie). Il s'avança vers les châteaux du pays de Zamani en se dirigeant vers la ville d'Ambar, il franchit le fleuve Arzania. Siduri, roi du pays d'Urarthu, apprit mon approche, il se confia dans sa nombreuse armée et il s'avança pour me livrer combat et bataille; il (le Tartan) combattit contre eux, il les mit en déroute et il fit un grand carnage de leurs soldats.

(L. 146.) — Dans ma xxviiie campagne (829 a. J.-C), lorsque j'étais dans la ville de Kalakh (Calach) j'appris que les tribus nomades du pays de Khatti (la Syrie) avaient tué Lubarna leur chef et avaient élevé à la royauté Surri qui ne devait pas prétendre au trône. J'ai envoyé Dayan-Assur, le grand Tartan de mon armée, à la tête de mes troupes et de mon camp; il traversa le Purat sur des radeaux et il tua, dans la ville de Kismalu sa capitale, Surri qui n'était pas le maître légitime du trône. La crainte immense d'Assur, mon Seigneur, l'avait terrifié, il expira. Les hommes du pays de Khatti qui s'étaient soustraits à ma puissance, prirent les fils de Surri et les livrèrent. Je fis mettre ces hommes sur des pals. Sasi-habal du pays d'Uzza prit mes genoux; je le leur donnai pour roi et je leur imposai pour tribut de l'argent, de l'or, de l'étain, de l'airain, du fer et des cornes de buffle sans nombre. Puis j'ai fait faire l'image de ma royauté et je l'ai fait élever au milieu d'eux, dans un temple de la ville de Kumalu, leur capitale.

(L. 157.) — « Dans ma XXIXe campagne (828 a. J.-C.) j'ai dressé les états de mon camp; j'ai dirigé mon armée vers le pays de Kirkhi; j'ai saccagé les villes, je les ai détruites, je les ai livrées aux flammes, j'ai couvert le pays de ruines et j'ai inspiré la crainte immense de ma souveraineté.

(L. 159.) — « Dans ma XXXe campagne (827 a. J.-C.), pendant que j'étais dans la ville de Kalakh, j'ai placé Dayan-Assur, le grand Tartan de mon armée, à la tête de mes troupes; il franchit le Zab et s'avança vers la ville de Khubusku; il quitta les villes dépendant du territoire de Khubusku, il s'avança dans le pays de Madakhir et il imposa des tributs aux villes qui dépendent de son territoire. Il s'avança vers les villes soumises à Udaki, roi du pays de Van. Udaki de Van craignit la puissance de ma colère, il abandonna Zirtu sa capitale, il s'enfuit pour sauver sa vie. Je le fis poursuivre et j'ai pris des bœufs, des moutons, des trésors innombrables. J'ai fait ravager ses villes, je les ai démolies, je les ai livrées aux flammes. Il (le Tartan) se retira du pays Van et il s'avança vers les villes du domaine de Lusunu, roi du pays de Kharru; il prit la ville de Masasuru sa capitale et les villes qui en dépendaient. J'ai fait grâce à Lusunu et à ses fils; je lui ai imposé comme gage de sa soumission un tribut de chevaux. Il (le Tartan) s'avança vers la ville de Sudiru, il descendit vers le pays de Parsua (la Perse, (?) et il imposa des tributs au pays de Parsua qui n'adore pas Assur; il s'empara des villes et il envoya leurs dépouilles et leurs trésors au pays d'Assur.

(L. 174.) — « Dans ma XXXIe campagne (826 a. J.-C.) pour la seconde fois j'ai célébré la fête d'Assur et de Bin. Dans ce temps-là, pendant que j'étais dans la ville de Kalakh, j'ai envoyé Dayan-Assur, le grand Tartan de mon armée, à la tête de mes troupes et de mon camp. Il s'avança vers la ville de Data, préfet du pays de Khubuska, il lui imposa des tributs. Il marcha sur la ville de Zapari, une des places fortes du pays de Muzasir, il prit Zapari et 46 villes du pays de Muzasir. Il s'avança vers le pays d'Urarthu (l'Arménie) et ravagea 50 villes de cette contrée; il les détruisit, il les livra aux flammes. Il s'avança vers le pays de Kirzani et imposa des tributs à Uba, préfet du district de Kirzani, dans le pays de Van, ... à Burini, des districts de Kharan, de Sargana, d'Andia et de Ra.... des bœufs, des moutons, des chevaux. Il descendit vers la ville de. . . . , il détruisit ces villes, il ravagea les villes de Pi, de Ria, de Sitiuraya, leurs places fortes et 22 villes de leurs frontières, il les a détruites, il les a ravagées, il les a livrées aux flammes. Il leur a inspiré la crainte immense de ma souveraineté. Il se dirigea vers les villes du pays de Basua, il s'empara des villes de Busta, de Salakhamu, de Einikhamanu, leurs places fortes et 24 villes de leurs frontières. Je fis faire un grand carnage, je m'emparai de leurs dépouilles. Je me suis avancé vers le pays de Namri; la crainte immense d'Assur et de Marduk les terrifia; les habitants s'enfuirent de leurs villes, ils gagnèrent les montagnes inaccessibles. J'ai fait détruire 250 villes, je les ai ravagées, je les ai livrées aux flammes, puis je me suis avancé vers les pays de Semsi, à l'entrée du pays de Khalvan. »

(Layard, pl. 87-98.)

Ici s'arrête l'inscription de l'obélisque, il nous reste à faire connaître encore le contenu des légendes qui accompagnent les bas-reliefs; elles sont ainsi conçues :

I.

« Tributs imposés à Sua, du pays de Kirzana : de l'argent, de l'or, de l'étain, des *kam* de fer, des armes (?) qui sont la main des rois, des chameaux à double bosse.

II.

« Tributs imposés à Yaua (Jéhu), fils de Khumri (Omri) : de l'argent, de l'or, des patères en or, des *zakat* en or, des coupes en or, des armes qui sont la main des rois.

III.

« Tributs imposés au pays de Musri (l'Egypte), des chameaux à double bosse, des éléphants (*al-ap*) du fleuve Sakia, des chevaux *pirati*, des singes, des *udumi*.

IV.

« Tributs imposés à Marduk-bal-idin du pays de Sukha : de l'argent, de l'or, des *dalani* d'or, des cornes de buffles, des étoffes de laine et de fil.

V.

« Tributs imposés à Garparunda du pays de Khatti, de l'argent, de l'or, de l'étain, de l'airain, des barres d'airain, des peaux, des cornes de buffles et de l'ébène.

(Layard, pl. 98.)

Le texte consigné sur l'obélisque de Nimroud n'est que l'abrégé des annales de Salman-Asar. Le détail de ses campagnes devait être rapporté sur d'autres monuments. Quelques-uns sont parvenus à notre connaissance et nous permettent de compléter le récit de certains faits d'une haute importance, non-seulement pour l'histoire de l'Assyrie mais encore pour l'histoire des peuples qui luttaient contre les envahissements incessants de l'empire assyrien.

Le Musée Britannique possède une stèle découverte à Kurkh, sur laquelle on lit la relation beaucoup plus détaillée des quatre premières campagnes. Après l'invocation et l'exorde qui renferment toujours de grandes difficultés de traduction, le récit des campagnes commence ainsi :

(C. 1, l. 15.) — « Dans ce temps-là, au commencement de mon règne, dans ma première campagne (*ina mahrie paliya*), je me suis assis sur le trône de ma royauté, j'ai compté les chars de mes armées . . . . . je me suis avancé vers la ville d'Aridi, une des places fortes de Ninni, je me suis emparé de la ville, j'ai tué beaucoup de monde dans son armée ; j'ai pillé ses dépouilles et j'ai élevé une pyramide de têtes en face de sa ville; j'ai déshonoré ses principaux dignitaires, leurs fils et leurs filles. Alors je me suis retiré de la ville d'Aridi et j'ai perçu les tributs des pays de Khargasa, de Marbaïr, de Simisa, de Simira, de Sirisa, d'Ulbani, des chevaux, *la lal is is*, des bœufs, des moutons et des chèvres. Je suis parti d'Aridi, je me suis dirigé par des lieux impénétrables, vers des montagnes escarpées, dont la tête s'élève vers le ciel comme un poignard de fer; j'ai fait passer mes chars avec des roues d'airain ainsi que mon armée; je me suis avancé vers la ville de Khubuskia; j'ai livré aux flammes la ville de Khubuskia et 100 villes fortifiées de son territoire. Kakiya, roi du pays de Nairi, et le . . . . de son armée, pour échapper à ma domination puissante, avaient battu en retraite vers des pays fortifiés; ils avaient gagné les montagnes; je leur ai livré un combat terrible au milieu des montagnes; je les ai mis en déroute; j'ai pris ses chars, son armée, ses chevaux au milieu des montagnes. La crainte immense d'Assur, mon maître, les terrifia, ce qui en restait fit sa soumission; je leur ai imposé des tributs et des impôts. Jai quitté la ville de Khubuskia et je me suis avancé vers la ville de Subuniga, une des places fortes d'Arami, roi du pays d'Urarthu. J'ai pris la ville, j'ai tué beaucoup de monde, j'ai pris un riche butin, j'ai élevé un monceau de têtes au milieu de la ville et j'ai livré aux flammes 14 villes qui en dépendaient. J'ai quitté la ville de Subuniga, je me suis avancé à l'orient du pays de Naïri, j'ai imposé mon obéissance au pays de l'orient (de Naïri). J'ai fait un sacrifice aux Dieux. J'ai fait exécuter l'image de ma figure, j'ai écrit dessus la gloire d'Assur, le Seigneur puissant, mon Seigneur, et le récit de mes exploits dans le pays. En revenant, j'ai perçu les tributs d'Asu, roi du pays du Guzani, des chevaux, des bœufs, des brebis, des chèvres, 2 *pitit raati*, 2 *gunguli* et je les ai apportés dans ma ville d'El-Assur.

(C.I, l.29.)—«Le 13e jour du mois aïru (13 avril), j'ai quitté Ninua, j'ai franchi le Purat; les pays de Khasamu et de Dihnunu étaient en insurrection; je me suis avancé vers la ville de Lalate qui appartient à Akhuni, fils d'Adini. La crainte immense d'Assur mon seigneur les terrifia . . . j'ai ravagé la ville, je l'ai détruite, je l'ai livrée aux flammes. J'ai quitté la ville de Lalate . . . . . , je me suis avancé vers la ville . . . . . de Akhuni, fils d'Adini. Akhuni fils d'Adini . . . . pour me livrer combat et bataille. Soumis à Assur et aux Grands-Dieux, mes Maîtres, j'ai combattu contre lui; je l'ai mis en fuite *mu su*. J'ai quitté la ville de Kiau, j'ai marché vers la ville de Gur *islal eh-na* d'Akhuni, fils d'Adini. . . . J'ai réduit 300 (5 *susi*) guerriers par les armes. . . . de leurs têtes . . . . les tributs de Khapimi, roi de la ville de Tul-abna, de Guni, roi de la ville de S . . . . de l'argent, de l'or, des bœufs, des moutons et des chèvres. J'ai quitté la ville de Burmarna ; j'ai traversé le Purat sur des radeaux ; j'ai reçu les tributs de Kalazi, roi du pays de Khummuk, de l'argent, de l'or, des bœufs, des moutons et des chèvres. Je me suis dirigé vers la ville de Puburna, une des villes d'Akhuni, fils d'Adini, située sur les rives du fleuve Purat ; je l'ai mis en fuite, j'ai pris ses places fortes; ses cavaliers gagnèrent le désert; j'ai tué 1,300 hommes de son armée et je l'ai réduite en servitude. J'ai quitté la ville de Puburna et je me suis avancé vers les villes de Mutalli, roi de la ville Gumgum ; j'ai reçu les tributs de Mutalli de la ville de Gumgum, de l'or, de l'argent, des moutons, des chèvres, ses filles *ista na du na sa madi*. J'ai quitté la ville de Gumgum et je me suis dirigé vers la ville de Lutibur, une des places fortes de Khanu du pays de Samlu. Khanu du pays de Samlu, Sapaluni du pays de Khatti, Akhuni fils d'Adini, Sangaru de Karkamis, se fièrent à leurs . . . . . ils s'avancèrent vers moi pour me livrer combat et bataille, d'après les desseins profonds des couronnes puissantes marchant avant moi, et suivant la volonté d'Assur, mon Seigneur, j'ai engagé le combat avec eux, je les ai mis en déroute ; j'ai réduit leurs soldats en servitude, je suis tombé sur eux comme le dieu Bin qui inonde ; j'ai rempli le désert des dépouilles de ses cavaliers; j'ai brûlé leurs cadavres comme des *napasi*, j'ai pris leurs chars, leurs chevaux . . . . . . j'ai fait un monceau de leurs têtes à l'entrée de la ville ; j'ai détruit leurs villes, je les ai ravagées, je les ai livrées aux flammes. Dans ce temps-là, ... Assur, Samas . . . . . j'ai fait l'image de ma royauté, j'écrivis . . . . de ma gloire, l'œuvre de mes mains, ... je la plaçai aux sources du fleuve Satuaru, au milieu des montagnes du pays de Khamani. J'ai quitté le pays de Khamani, j'ai franchi le fleuve Arantu (l'Oronte), je me suis avancé vers la ville de . . . . . une des places fortes du pays de Patinu. Sapatul, préfet de la ville de Patinu, pour sauver sa vie. . . . . . Akhuni fils d'Adini, Sagaru, préfet de Karkhamis, Khainu du pays de Samatu . . . . du pays de Kuï, Pikhirim, du pays de Khilaku (la Cilicie), Baranati du pays d'Yasbaka, Adu . . . . . . du pays d'Assur . . . . je les ai réduits par les armes. Au milieu de la mêlée, Garanati tomba dans mes mains. La ville de Bakhazi-rabi, dépendant de la ville de Patin, supérieur du pays de Akhari, à l'orient du soleil . . . . . j'ai imposé des tributs aux rois. . . . . J'ai placé l'image de ma puissance et j'ai écrit mon nom pour l'avenir au milieu d'eux. J'ai gravi les montagnes du pays de Khamanu, j'ai abattu des poutres de cèdre et de *burat* dans les montagnes . . . . . . J'ai pris la d'Azaru, la ville de Zulia, la ville de Butamu du Patinien. J'ai réduit par les armes 2,600 personnes, j'ai pris 14,600 esclaves, j'ai reçu les tributs de Arami, fils de Gasi, de l'argent, de l'or, des moutons, des chèvres, des ornements d'argent.

(C. II, l. 13.) — « Dans le Limmu de mon nom, le 13e jour du mois aïru (13 avril 857), j'ai quitté la ville de. . . j'ai franchi le Diglat. Les pays de Khasamu et de Dihnum s'étaient révoltés, je me suis avancé vers la ville de Tul-barsip, une des places fortes d'Akhuni, fils d'Adini. Akhuni, fils d'Adini s'était fié à la force de son armée, il s'avança vers moi, je l'ai mis en fuite. J'ai quitté la ville de Tul-barsip . . . . . . J'ai passé le Purat sur des radeaux. J'ai occupé la ville de. . . ga, la ville de Tazi, la ville de Surana, la ville de Paripa, la ville de Mabasiru, la ville de Dabigu, 6 places fortes d'Akhuni fils d'Adini. J'ai tué un grand nombre des leurs, j'ai fait un riche butin, j'ai ravagé 200 villes de ses dépendances, je les ai détruites, je les ai livrées aux flammes. J'ai quitté la ville de Dabigi, je me suis avancé vers la ville de Sazabi, une des places fortes de Sangaru, préfet de Karkamis, j'ai pris la ville, j'ai tué beaucoup de monde, j'ai fait un riche butin, j'ai détruit les villes de sa dépendance, je les ai ravagées, je les ai livrées aux flammes. Tous les rois du pays . . . . . de ma soumission puissante, ... ils prirent mes genoux. Au pays de Patid, j'ai imposé 3 talents d'or, cent talents d'argent, 300 talents de fer, 1,000 *kam* de fer, 1,000 vêtements de laine et de fil, ses filles avec des présents nombreux, 20 talents de *zamat*, 500 bœufs, 5,000 moutons, 1/2 talent d'or, 1/2 talent de *zamat*, 100 poutres de cèdre et j'ai transporté ces tributs dans ma ville d'El-Assur. A Kayana, fils de Gabari qui habite auprès du pays de Khamani : 1 talent d'argent, 1 talent de cuivre, 1 talent de fer, 300 vêtements de laine et de fil, 300 bœufs, 3,000 moutons, 200 poutres de cèdre, 2 . . de cèdre, ses filles avec des présents et de plus 10 mines d'argent, 300 poutres de cèdre. . . . . . de cèdre en quantité *murim*. A Aruma fils d'Aguri, ... 10 mines d'or, 6 talents d'argent, 500 bœufs, 5,000 moutons. A Sangaru de Karkamis, 2 talents d'or, 60, 2 talents d'argent, 40 talents de cuivre, 100 talents de fer,

20 talents de *zamat*, 5 *ka*, ses filles avec des présents, 100 filles nobles, 500 bœufs, 500 moutons et j'y ai ajouté une mine d'or, un talent d'argent, *hul* talent de *kizamat*. A Kalazilu du pays de Khummuk, 20 mines d'argent, 300 poutres de cèdre.

(C. II, l. 30.) — « Dans le Limmu d'Assur-bel-kaïn (1re campagne) le 13 du mois duzu (13 juin 856) j'ai quitté la ville de Ninua ; j'ai traversé le Diglat. Les pays de Kharama et de Dihnum s'étaient révoltés, je me suis avancé vers la ville de Tul-barsip, une des places fortes d'Akhuni, fils d'Adini ; ils voulaient se soustraire à mon obéissance, et ils refusèrent le combat, pour sauver leur vie, ils . . . j'ai passé le Purat . . . vers les pays révoltés. . . . avec l'aide d'Assur, mon Grand Seigneur, j'ai . . . . la ville de Tul-barsip . . . . ; j'ai pris la ville de . . . . . sa capitale, je l'ai fait occuper par les Assyriens et j'ai pris ses palais pour la demeure de ma royauté ; j'ai donné à la ville de Tul-barsip le nom de Kar-Salman-Asar, à la ville de Napigi, le nom de Lillu-Assur, à la ville d'Alpigi, le nom de. . . . Dans ce temps-là, je me suis avancé vers la ville d'Assur et j'ai nommé. . . . . J'ai remonté le fleuve Sagura jusqu'à l'endroit où il se jette dans le Purat et j'ai. . . . la ville de Mulkima, près de la rive du fleuve Purat que Tuklat-pal-Asar, le père puissant qui régnait avant moi avait réunie à mon pays, Assur-rab-amar, roi du pays d'Assur, l'avait cédée au roi du pays d'Arama . . . . dans sa puissance, j'ai remis cette ville à son ancienne place et j'ai établi au milieu d'elle les fils du pays d'Assur.

« Pendant que j'étais dans la ville de Kar-Salman-Asar, j'ai reçu les tributs des rois du bord de la mer et des rois des bords du Purat : de l'or, de l'argent, de l'étain, du bronze, du *kam* de fer, des bœufs, des moutons, des étoffes de laine et de fil.

« J'ai quitté la ville de Kar-Salman-Asar; le pays de Sugabli s'était révolté. Je me suis avancé vers le pays de Bit-zamani. J'ai quitté la ville de Bit-zamani; le pays de Namdanu et le pays de Mirhisu s'étaient révoltés; j'ai traversé avec mes roues d'airain des chemins impraticables, des montagnes élevées comme les points d'une flèche qui menace le ciel; j'ai fait passer mon armée ; je me suis avancé vers le pays de Bet-ziti qui dépend du pays de Sua ; j'ai occupé le pays de Bet-zite en totalité, j'ai ravagé ses villes, je les ai livrées aux flammes, je me suis emparé de leurs dépouilles, de leurs trésors, de leurs richesses sans nombre. J'ai fait faire l'image de ma royauté, j'ai écrit dessus la gloire d'Assur, le grand Seigneur mon maître et le récit de mes exploits et je l'ai élevé dans la ville de . . . . .

« J'ai quitté le pays de Bit-ziti ; j'ai franchi le fleuve Arzania et je me suis avancé vers le pays de Sukhmi ; j'ai occupé la ville de . . . une de ses places fortes, j'ai ravagé tout le pays de Sukhmi, je l'ai détruit, je l'ai livré aux flammes ; je me suis emparé de Sua leur chef. J'ai quitté le pays de Sukhmi et je me suis avancé vers le pays de Dayani ; j'ai occupé tout le territoire du pays de Dayani, j'ai ravagé ses villes, je les ai détruites, je les ai livrées aux flammes, j'ai pris ses dépouilles, ses richesses, son trésor immense. J'ai quitté le pays de Dayani, je me suis avancé vers la ville d'Arzaska, la capitale d'Aramtu, du pays d'Urarthu ; Aramu du pays d'Urarthu, craignit de se mesurer contre mes armes puissantes et la violence de la bataille, il s'enfuit vers les montagnes du pays d'Addurie. Je l'ai poursuivi dans les montagnes, j'ai livré un combat terrible dans les montagnes, jai réduit par les armes 3,400 combattants . . . . j'ai. . . . leurs cadavres comme des feuilles, j'ai pris la tête de ses généraux, son char, ses cavaliers, ses chevaux, ses bœufs, ses veaux, son trésor, ses dépouilles immenses au milieu de la montagne ; Aramu, pour sauver sa vie, s'enfuit dans les montagnes élevées. . . . . la ville d'Arzaska, le maître des villes de sa dépendance, je l'ai ravagée, je l'ai détruite, je l'ai livrée aux flammes ; j'ai élevé un monceau de leurs têtes devant les portes (de la ville). . . . . et je les ai fait mettre en croix. J'ai quitté la ville d'Arzastu, je. . . . vers les montagnes. J'ai fait faire l'image de ma royauté, j'ai. . . . la gloire d'Assur, mon Seigneur, et. . . . dans le pays d'Urarthu. J'ai quitté . . . je me suis avancé vers la ville d'Arumali, j'ai détruit cette ville, je l'ai livrée aux flammes ; j'ai quitté la ville d'Arustie, je me suis dirigé vers la ville de Zanziu . . . . . . tué. . . . il prit mes genoux ; je lui ai imposé des chevaux, des bœufs, des brebis. . . j'ai. . . j'ai gagné l'orient du pays de Naïri, j'ai invoqué la protection d'Assur, j'ai fait des sacrifices, j'ai. . . et j'ai écrit dessus la gloire d'Assur, le Seigneur puissant, mon Seigneur. le récit de mes exploits et les défaites de mes ennemis. J'ai quitté . . . je me suis avancé vers le pays de Gilzani. J'ai. . . Asa du pays de Gilzani, son frère, ses fils, son. . . . . . . des chevaux, des bœufs, des moutons et des chèvres ; j'ai fait une image de ma royauté, j'ai écrit dessus la gloire d'Assur, le grand Seigneur, mon Seigneur, et le récit de mes exploits et je l'ai érigée au milieu de sa ville, dans le. . . . . . . J'ai quitté le pays de Gilzani, je me suis avancé vers la ville de Sitaya, une des places fortes de Kaki, roi de la ville de Khubuskia. J'ai occupé la ville d'Asibi, j'ai fait un grand carnage, j'ai pris 3,000 captifs, des bœufs, des moutons, des chevaux, des vaches, des veaux sans nombre et je les ai transportés dans ma ville d'El-Assur. Dans le voisinage du pays de Kirruri, à l'entrée de la ville d'Arba-ilu, *usia*. Akhuni, fils d'Adini, qui depuis les rois mes pères et . . . . puissante avaient posés.

(C. II, l. 66.) — « Au commencement de mon règne, dans le Limmu de mon nom (857 a. J.-C.), je suis parti de la ville de Ninua. . . . j'ai pris la ville de Tul-barsip, une des places fortes. J'ai pris ses cavaliers . . . . . au milieu d'eux. J'ai fait des plantations ; j'ai. . . . . sur lui. . . . . pour se soustraire à mon obéissance. La crainte de ma puissance le terrifia, j'ai pris sa ville. Pour sauver sa vie, il franchit le fleuve Purat dans 2 *timuti*.

(C. II, l. 69.) — « Dans le Limmu d'Assur-banaya-usur (855 a. J.-C.) le pays de. . . avait fait défection. . . . . je me suis avancé vers. . . *mat si tu am rut su si*, dans les pays des bords du fleuve Purat qui s'élèvent comme un poignard vers le ciel, j'ai pris la ville de Lulat sa capitale. Avec le secours du Seigneur, mon Maître et des Grands Dieux, mes protecteurs, qui marchent devant moi, je me suis avancé vers le pays de Sitamru ; jamais, parmi les rois mes pères, on n'y avait pénétré . . . . Akhuni s'était fié à son armée nombreuse, il s'avança vers moi, il ne fit pas sa soumission ; j'ai. . . . . Assur, mon Seigneur, je l'ai mis en fuite, j'ai coupé la tête à ses guerriers dans les montagnes. . . . . . j'ai livré une bataille terrible au milieu de leur ville. La crainte immense d'Assur, mon Seigneur, les terrifia, le reste embrassa mes genoux. J'ai pris Akhuni avec ses troupes nombreuses, ses chars, ses cavaliers, son trésor. . . . . Je les ai fait venir devant moi, je les ai fait passer le Purat, je les ai envoyés dans ma ville d'El-Assur et je les ai ajoutés aux hommes de mon pays.

(C. II, l. 75). — « Dans cette même année (855 a. J.-C.), je suis allé vers le pays de Mazamu. . . . du pays de Bunu, je me suis avancé vers les villes d'Ildini et d'Ildiaru. J'ai quitté ces villes, la. . . . de mes armes puissantes et du combat les terrifia, ils s'enfuirent vers les. . . . je les ai poursuivis ; j'ai livré contre eux un combat terrible ; et, dans la mêlée, je les ai mis en fuite et je me suis emparé de leurs places fortes.

(C. II, l. 78). — « Dans le limmu de Dayan-Assur, le 14e jour du mois aïru (14 avril 853 a. J.-C.) j'ai quitté Ninua, j'ai franchi le Diglat, je me suis dirigé vers les villes de Giammu, de. . . . La crainte de ma puissance, la force de mes armes les terrifia, elles firent elles-mêmes leur soumission. J'ai tué Giammu, leur chef, je me suis avancé vers la ville d'Ulalu et la ville de Tul-sa-tur-usur. J'ai . . . mes Dieux vers son palais ; je me suis installé dans son palais, j'ai pillé son. . . . , son trésor, ses richesses ; je les ai envoyés vers ma ville d'El-Assur. J'ai quitté la ville de Killalu, et je me suis avancé vers la ville de Kar-Salman-Asar, dans . . . . J'ai traversé le Purat sur des radeaux et j'ai perçu les tributs des rois . . . du Purat, de . . . . . de la ville de Karkamis, de Kundaspi, de la ville de Khummuk, d'Arumi fils de Gasi, de Lalli de la ville de Lallida, de Khaiani fils de Gasiri, de Girparunda, du pays de Patin, de Girparudu, du pays de Gumgum, de l'argent, de l'or, de l'étain, du fer, des *kam* de fer. J'ai gagné la ville d'Assur, située sur les bords du Purat, en amont du fleuve Saguri. . , j'ai imposé au pays de Patin, la ville qu'ils nomment la ville de Pitru. J'ai quitté les bords du Purat, je me suis avancé vers la ville de Hulsar, ils. . . . . le combat, ils prirent mes genoux ; j'ai imposé de l'argent, de l'or et des tributs nombreux. J'ai immolé 1,000 moutons à Bin dans la ville de *Khalsar*. J'ai quitté la ville de *Khalsar*, je me suis avancé vers les deux villes dépendant d'Irkhulini de Dimaska. J'ai pris les villes d'Adibel, de Masga, d'Aryani, ses villes capitales ; j'ai pris ses dépouilles, son trésor, les richesses de son palais, les . . . . . . de son palais. J'ai quitté la ville d'Argana et je me suis avancé vers la ville de Burkaru, j'ai ravagé la ville de Burkaru, sa capitale, je l'ai détruite, je l'ai livrée aux flammes. Douze rois avaient réuni contre moi leurs troupes ainsi composées : 1,200 chars, 1,200 cavaliers, 20,000 hommes de Bin-idri, de Dimaska, — 700 chars, 7,000 cavaliers, 10,000 hommes de Sakhulieni, du pays d'Amat, — 2,000 chars, 10,000 hommes d'Akhabbu, du pays de Sirlaï (Achab d'Israël) — 500 hommes de Gua — 1,000 hommes du pays de Musur (l'Egypte) — 10 chars, 10,000 hommes du pays d'Irkanatu —

200 hommes de Matina-baal de la ville d'Aruadu — 200 hommes du pays d'Usanatu, — 900 chars, 10,000 hommes d'Adanaba'al, du pays de Sisana ; 1,000 chameaux de Gendibu du pays d'Arabi. . . . 1,000 hommes de Sabasa, fils de Rukhubi du pays d'Amuni (l'Ammonite), douze rois avaient envoyé contre moi toutes ces troupes pour me livrer combat et bataille . . . . la soumission puissante des rois qui m'ont précédé. J'ai combattu contre eux, je les ai mis en déroute depuis la ville de Burkuru jusqu'à la ville de Gilzan. J'ai tué 14,000 hommes qui ont été passés par les armes ; comme Bin, j'ai fondu sur eux. J'ai mis en déroute leur armée nombreuse, je l'ai réduite par les armes . . . de leurs cadavres. . . . . je les ai poursuivis au-delà du fleuve Arantu et j'ai pris au milieu de chemins leurs chars, leurs cavaliers et leurs chevaux. »

(*W.A.I.* III, pl. 7. 8.)

L'inscription de l'obélisque s'arrête ici ; mais nous trouvons de nouveaux détails dans l'inscription qui recouvre les taureaux du palais. Nous lisons, en effet, sur la partie engagée dans le mur :

« Dans ma VIe campagne (851 a. J.-C.) j'ai quitté la ville de Ninua et je me suis avancé vers les villes situées sur les bords du fleuve Balikh (le Bélias) . . . . J'ai tué Giammu, le préfet de ces villes, je suis entré dans la . . . . , je me suis éloigné des rives du Balikh, j'ai traversé le fleuve . . . . et j'ai pris . . . . . je me suis éloigné du pays de Khatti et je me suis avancé vers la ville de Kalvan ; j'ai. . . . et je me suis avancé vers la ville de Kharkhar.

Bin-hidri, roi de Damas, et . . . avaient eu confiance dans leurs *it ;* ils s'avancèrent vers moi pour me livrer combat et bataille. J'ai accepté le combat ; 20,500 des leurs restèrent sur le champ de bataille. J'ai pris leurs chars, leur cavalerie, leurs engins de guerre ; pour sauver leur vie, ils s'enfuirent ; je suis monté sur des navires et je les ai poursuivis au milieu de la mer.

« Dans ma VIIe compagne (850 a. J.-C.) je me suis avancé vers les villes de Khabini, préfet de la ville de Tul-abni. Je me suis emparé de la ville de Tul-abni, sa capitale et des villes qui en dépendaient, je les ai livrées aux flammes. J'ai quitté la ville de Tul-abni et je me suis avancé vers l'endroit où le fleuve Diglat prend naissance. J'ai fait des sacrifices, j'ai soumis à ma puissance ceux qui n'adoraient pas Assur et j'ai imposé des tributs au pays de Naïri.

Dans ma VIIIe campagne (849 a. J.-C.) j'ai occupé les villes jusqu'à la mer *marrat*. J'ai reçu à Bab-ilu les tribus d'Adini, fils de Dakuri et de Musallim-Marduk, fils d'Ukani, de l'argent, de l'or, du bois de cèdre, des dents de *amsi*. . . .

Dans ma IXe campagne (848 a. J.-C.) j'ai occupé les villes de Sangar, au pays de Karkamis; je les ai ravagées, je les ai livrées aux flammes. Je me suis éloigné des villes d'Arumi. J'ai occupé Arnie sa capitale; je l'ai ravagée, je l'ai démolie, je l'ai livrée aux flammes et 100 villes de ces contrées; j'ai fait un grand carnage et j'ai pris beaucoup de prisonniers.

« Dans ma Xe campagne (847 a. J.-C.) j'ai occupé Arnie sa capitale, je l'ai détruite, je l'ai démolie, je l'ai livrée aux flammes et 100 villes qui en dépendaient. J'ai fait un grand carnage et j'ai pris des captifs. Dans ce temps-là, Bin-hidri, roi de Dimaska, Harka-buré, roi de Khamat et 12 rois des bords de la mer, eurent confiance en leurs *it*, ils s'avancèrent contre moi pour me livrer combat et bataille. J'ai combattu contre eux, je les ai mis en fuite, j'ai pris leurs chars et leur cavalerie, leurs munitions de guerre; ils s'enfuirent pour sauver leur vie.

« Dans ma XIe campagne (846 a. J.-C.) j'ai quitté Ninua pour la 9e fois, j'ai franchi le Purat, j'ai pris 87 villes du pays de Sangar et 100 villes appartenant à Arami, je les ai ravagées, je les ai livrées aux flammes; je me suis dirigé vers le mont Khamanus, j'ai attaqué le pays de Yaruk, je suis descendu vers le pays de Khamat; j'ai occupé Attaku et 89 villes de sa dépendance. J'ai fait un grand massacre et j'ai pris un grand nombre de prisonniers. Dans ce temps-là, Bin-hidri, roi de Dimaska, Urkaluna, roi de Khamat et 12 rois du pays de Khatti avaient confiance dans leurs *it*, ils s'avancèrent vers moi pour me livrer bataille; je les mis en déroute, 10,000 des leurs tombèrent sous la puissance de mes armes. J'ai pris leurs chars, leur cavalerie et leurs munitions de guerre. A mon retour, j'ai occupé Aparaz, la capitale d'Arami. Alors j'ai perçu les tributs de Girparundi du pays de Khatti, de l'argent, de l'or, de l'étain, des chevaux, des bœufs, des moutons, des étoffes de laine et de fil. Je suis monté vers le pays de Khamanni et j'ai coupé des poutres de cèdre.

« Dans ma XIIe campagne (845 a. J.-C.) je suis parti de Ninua, j'ai franchi le Purat, je me suis dirigé vers le pays de Pakar-Khubun ; les habitants s'étaient enfuis vers les hautes montagnes, j'ai entouré les montagnes et j'ai occupé les versants, j'ai tué beaucoup de monde, j'ai fait des prisonniers et je les ai forcés de descendre des hauteurs.

« Dans ma XIIIe campagne (844 a. J.-C.), je suis entré sur le territoire de la ville des Istarat (des Déesses), je me suis dirigé vers le pays de Iaeli. J'ai occupé ce pays dans son entier, j'y ai fait un grand massacre et j'ai pris un grand nombre de prisonniers.

« Dans ma XIVe campagne (843 a. J.-C.), j'ai compté mes vastes possessions, j'ai franchi le Purat sur des radeaux avec 120,000 hommes. Alors Bin-hidri de Dimaska, Irkaluna de Khamat, et les 12 rois de la côte en haut et en bas, qui avaient compté sur leurs innombrables armées, s'avancèrent vers moi ; je me suis mesuré avec eux, je les ai mis en fuite ; j'ai enlevé leurs chars, leur cavalerie, leurs munitions de guerre ; ils s'enfuirent pour sauver leur vie.

« Dans ma XVe campagne (842 a. J.-C.) je me suis dirigé vers le pays de Naïri, j'ai fait une image de ma majesté près des sources du Diglat, au milieu des rochers des montagnes, à l'endroit où il sort de. . . . . .
J'ai écrit le récit de ma valeur et de mes exploits. Je suis entré sur le territoire du pays de Tunibun, j'ai ravagé les villes, je les ai démolies, je les ai livrées aux flammes, j'ai pris les villes dépendant du pays d'Arumi, du pays d'Urruttu aux sources du Purat, je me suis avancé aux sources du Purat, j'ai offert un sacrifice à mes Dieux, j'ai chanté la gloire d'As-sur, je me suis emparé d'Asiu, du pays de Dagani, je lui ai imposé des tributs de chevaux, j'ai fait l'image de ma Majesté et je l'ai placée au milieu de la ville. »

. . . .

(Layard, pl. 46-47.)

Le reste de l'inscription manque, mais nous trouvons encore quelques détails sur la XVIIIe campagne dans le texte des Taureaux. Après l'invocation, nous lisons :

(L. 12.) — « Dans ma XVIIIe campagne (839 a. J.-C.), pour la 16e fois, j'ai traversé le Purat, Khaza-ilu (Hazaël), roi du pays d'Aram, s'était fié dans la force de ses armées ; il avait compté ses guerriers en grand nombre ; il avait soumis le pays de Sanir et le versant des montagnes qui dominent le pays de Labnana (le Liban); j'ai combattu contre lui; j'ai réduit 16,000 hommes par les armes, j'ai pris 1180 chars, 460 cavaliers et son camp.

(Layard, pl. 12.)

Enfin une nouvelle inscription reproduite dans le dernier Recueil du Musée Britannique nous donne ainsi la fin de la campagne :

« Il s'enfuit pour sauver sa vie. Je me suis mis à sa poursuite jusque dans la ville de Dimaska, sa capitale; j'ai coupé ses plantations, je suis parti pour le pays de Khaurani (le Hauran), j'ai détruit des villes sans nombre, je les ai ravagées, je les ai livrées aux flammes; j'ai remporté des dépouilles sans nombre. Je suis allé à l'entrée du pays de Balirari, j'ai érigé au milieu du pays l'image de ma royauté. Dans ce temps-là j'ai reçu les tributs du pays de Suri (Tyr), du pays de Siduni (Sidon), et de Iaua (Jéhu), fils de Khumri (Omri). »

(*W. A. I.* III, pl. 5.)

L'obélisque du palais central de Nimroud nous donne le récit des expéditions de Salman-Asar d'année en année, et sur certains points, ce récit est complété par les détails qui nous sont fournis par les autres inscriptions de ce roi. Nous pouvons dès lors en apprécier l'ensemble et mettre en saillie les principaux événements qui doivent nous intéresser.

Les expéditions de Salman-Asar qui ont été dirigées au Nord, dans l'Arménie et le Pont ne paraissent pas avoir été poussées plus loin que celles de ses prédécesseurs. A l'Orient les provinces de la Médie sont toujours en révolte, et au Sud, la Chaldée tient toujours en échec la puissance assyrienne. A l'Ouest, Salman-Asar s'avance dans la région de l'Ammanus et sur la côte de Syrie beaucoup plus loin que ses prédécesseurs; c'est alors que l'intérêt du récit de ses guerres de ce côté, s'accroît par les rapprochements auxquels nous pouvons nous livrer.

Ce prince, ainsi que nous l'avons déjà fait remarquer, n'est pas mentionné dans les fragments de l'histoire des rois d'Israël et de Juda qui sont parvenus jusqu'à nous. Les guerres auxquelles le peuple juif s'est trouvé mêlé à cette époque, sont longuement décrites, et le silence des juifs sur la puissance assyrienne ne s'expliquerait pas s'il ne trouvait sa justification dans la perte de ses annales. C'est seulement aujourd'hui qu'on peut entrevoir, dans la bouche des prophètes quelques vagues allusions à cette puissance redoutable dont ils étaient encore séparés par d'autres états et dont ils devaient plus tard sentir tout le poids. Du reste, pour l'empire d'Assyrie, qu'est-ce que les rois d'Israël ou de Juda pouvaient être alors, sinon quelques-uns de ces petits souverains des bords de la Mer qui se réunissaient pour se défendre contre l'ennemi commun, quand leurs guerres particulières le leur permettaient, et que les rois d'Assyrie balayaient dans une bataille. Achab n'est cité qu'une fois dans les annales de Salman-Asar précisément à l'occasion d'une de ces ligues dont il faisait partie, et qui, toujours battue, se représentait toujours contre les rois d'Assyrie.

M. Oppert qui, le premier, a lu le nom d'Achab sur la stèle du Musée Britannique en a immédiatement compris l'importance pour fixer le synchronisme des rois dont les intérêts étaient alors engagés. Salman-Asar a pour ainsi dire couvert le pays de stèles, celle sur laquelle on peut lire le nom d'Achab ne s'étend pas au-delà de la VIe campagne, on peut croire *à priori*, qu'Achab était alors dans les dernières années de son règne. On en a là preuve en rapprochant de cette donnée celle qui résulte de la présence des rois syriens avec lesquels Salman-Asar s'est trouvé en rapport.

Il ne me paraît pas intéressant de me livrer ici à la recherche des transformations que le nom du roi de Damas a subies pour se présenter dans la Bible sous la forme de Benhadad (בן־הדד) qui est devenue le Υἱὸς Ἄδερ des septantes et que nous lisons en assyrien Bin-idri; ce prince, qui figure avec Achab dans la ve campagne de Salman-Asar, reparaît dans les xe, xie et xive campagnes. Dans cette dernière expédition Salman-Asar, à la tête de 120,000 hommes s'avance contre les confédérés syriens et les met en déroute; Benhadad ne reparaît plus, et dans la xviiie compagne, nous voyons figurer Hazaël son successeur.

Hazaël est donc monté sur le trône de Syrie entre la xive et le xviii campagne de Salman-Asar; or, Hazaël a été sacré par le prophète Elisée en même temps que Jéhu roi d'Israël, il y a donc entre la mort d'Achab et l'avénement de Jéhu tout le temps qui est mesuré par la chronologie biblique d'une part et par les campagnes de Salman-Asar de l'autre. Il y a entre ces différents événements une relation intime dont on ne peut s'écarter quelles que soient les conséquences qu'on en puisse tirer pour l'ensemble de la chronologie. M. Oppert, en s'appuyant précisément sur cette relation et sur l'ensemble de la chronologie des rois d'Israël et de Juda, a cru pouvoir fixer la mort d'Achab dans le Limmu de Dayan-Assur et faire correspondre cette date à l'année 900 a. J.-C. C'est en nous appuyant sur ces relations, mais en prenant pour base de nos calculs le canon des rois assyriens, tel qu'il résulte des textes des Limmu que nous avons cru devoir faire correspondre le Limmu de Dayan-Assur à l'année 853 a. J.-C.

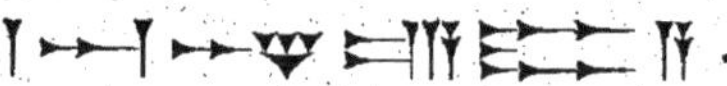

ASSUR-DANIN-HABAL.

(829 a. J.-C.)

Documents. — *Inscription de Samsi-bin* (*W.A.I.* pl. 29, c. 1. l. 39.) — *Canon des rois assyriens.* (*W.A.I.* I, pl. 1.)

Nous hésitons à accorder à ce prince une place dans la liste des rois assyriens. Assur-danin-habal n'est autre, en effet, qu'un fils rebelle qui s'est révolté contre l'autorité paternelle et qui est parvenu, dans les dernières années de la vie de son père à prendre le titre royal et à se faire reconnaître par 27 villes les plus importantes de l'Assyrie. La lutte s'engagea entre le père et le fils, et l'armée se déclara pour le fils. Cependant il paraît que Salman-Asar resta en possession du siége de l'empire ; Ninive et Calah ont tenu pour lui jusqu'à sa mort. Quoiqu'il en soit, les Assyriens semblent avoir fait une place au fils rebelle dans le canon des rois, nous devons les imiter. Cependant, nous ferons ici une remarque qui aura son importance par la suite. Comment, si les Assyriens se sont montrés si faciles pour faire entrer dans la liste de leurs rois un fils rebelle, ont-ils pu oublier Phul dont l'existence nous est attestée par l'histoire du peuple juif d'une manière si précise ?

A la mort de Salman-Asar l'empire passa régulièrement aux mains de Samsi-Bin, son fils aîné, qui triompha de la révolte de son frère ; il nous en a fait connaître très-succinctement l'étendue, sans nous éclairer sur les causes qui avaient amené des troubles si graves dans les dernières années de la vie de Salman-Asar.

SAMSI-BIN.

(822 a. J.-C.)

Documents. — *Inscription de l'obélisque du palais* S. E. de Nimroud (*W. A.I.* I. pl. 29 à 31.) — *Canon des rois assyriens* (*W. A.I.* III. pl. 1.) — *Tablette chronologique, W. A. I.* II. pl. 52.)

Les documents qui nous sont parvenus sur ce prince sont peu nombreux, ils se bornent pour ainsi dire à l'inscription d'une stèle en caractères archaïques de Ninive découverte par MM. Loftus et Hormuz-Rassam, après le départ de M. Layard, dans le palais situé dans l'angle Sud-Est de la plate-forme de Nimroud. La liste des Limmu nous apprend que ce prince a régné 13 ans, et un fragment très-intéressant nous donne le sommaire des expéditions qui ont rempli les dernières années de son règne. Voici d'abord la traduction de la stèle. L'inscription commence comme toutes celles des rois assyriens par une invocation. Nous la supprimerons ici pour arriver immédiatement à la généalogie de Samsi-Bin et au récit de ses campagnes.

(C. I, l. 26.) — « Je suis Samsi-Bin, roi puissant, roi des légions sans nombre, Pasteur des Sanctuaires (le roi), qui porte le sceptre de la justice, le vainqueur des nations qui commande à tous les peuples.

(C. I, l. 29.) — « Depuis longtemps les Dieux ont appelé sa race à la souveraineté, réédificateur du *Bet-khira*, soutien du *Bit-mat*, il s'est appliqué tout entier à restaurer les autels du pays de *Mat-ra* (la Mésopotamie) et les temples de son pays.

(C. I, l. 34.) — « Je suis fils de Salman-Asar, roi des Quatre-Régions, dont les sujets sont sans nombre, et qui foule aux pieds toutes les nations, —

petit-fils d'Assur-nasir-habal (le roi) qui a imposé des tributs et des impôts à toute la terre.

(C. I, l. 39.) — « Je dis ceci. Assur-danin-habal trama un complot perfide contre Salman-Asar son père, il céda à la méchanceté, il souleva le pays, il se prépara à la guerre et s'adjoignit tous les hommes du pays d'Assur, la Haute et la Basse (Assyrie). Il fortifia des villes et se prépara à tenter le sort des combats et des batailles. (Les villes suivantes se révoltèrent). Les villes de Nisura, Adia, Sibaniba, Imgam-bel, Issabri, Bet-imtir, Simu, Sibkhini, Parnusur, Kipsuna, Kurban, Tidu, Nabulu, Kapa, Assur, Vrakka, Salma, Khuririna, Dar-Balat, Dariga, Zaban, Lubdu, Arbakha, (Aarapha, l'Arrapachitis), Arba-itu (Arbèle), ainsi que les villes d'Amidi (Amid, Diarbekr), Tul-abni, Kindan, 27 places fortes et leurs garnisons se révoltèrent contre Salman-Asar, mon père, et furent entraînées vers Assur-danin-habal. Avec l'aide des Grands Dieux mes maîtres, je les ai soumises à mon empire.

(C. I, l. 52.) — « Dans ma première campagne (822 a.J.-C.), je me suis avancé contre le pays de Naïri, j'ai imposé en tribut des chevaux, pour gage de soumission à tous les rois du pays de Naïri. Dans ce temps-là, j'ai ravagé le pays de Naïri tout entier (*kima sapari.*) Le territoire du pays d'Assur s'étendit alors depuis la ville de Paddiru, située dans le pays de Naïri, jusqu'à la ville de Kar-Salman-Asar située en face la ville de Karkamis (Circessium). Depuis la ville de Zaddi, située dans la province d'Akkad, jusqu'au pays des Sumirs; depuis la ville d'Aridi jusqu'au pays de Sukni. Par la grâce d'Assur, de Samas, de Bin, de Belit (Mylitta), les Dieux mes protecteurs, tous ces pays se prosternèrent à mes pieds.

(C. II, l. 16.) — « Dans ma IIe campagne (821 a.J.-C.), j'ai envoyé Musakal-Assur, le grand chef de. . . le surveillant des *Khimi*, avec mes munitions et mes tentes, vers le pays de Naïri. Il s'avança jusqu'à la Mer du Soleil couchant; il enleva 3,000 villes à Sarnina fils de Migdiara, 11 capitales et 200 villes à Uspina. Il tua beaucoup des leurs; il fit des prisonniers; il s'empara de leurs trésors, de leurs dieux, de leurs fils, de leurs filles; il détruisit ces villes, il les ravagea, il les livra aux flammes; en revenant, il tua beaucoup de monde au pays de Sunbaya, et il imposa des chevaux en tribut à tous les rois du pays de Naïri.

(C. II, l. 34.) — « Dans ma IIIe campagne (820 a. J.-C.), j'ai traversé le fleuve Zaban; le pays de Sibar était révolté. Je suis monté vers le pays de Naïri et j'ai reçu les tributs de Dadi du pays de Khubuskiya, de Sarsina, fils de Migdiaru, des pays de Sunba, de Van, de Barsua, de Talikla, je leur ai imposé des chevaux comme gage de leur soumission. Les gens du pays de Misa furent effrayés par la terreur immense que leur inspira Assur, mon Seigneur, ils craignirent la colère de ma puissance, ils abandonnèrent leurs villes et s'enfuirent au milieu des montagnes inaccessibles. Il y a trois montagnes, filles des montagnes, qui s'élèvent comme un poignard vers le ciel, et l'oiseau, dans son vol, peut à peine les atteindre; ils y établirent leurs retranchements ; je me mis à leur poursuite; j'ai occupé les défilés des montagnes et je me suis abattu sur eux comme un oiseau de proie ; j'ai tué beaucoup de monde; je me suis emparé de leurs biens, de leurs trésors, j'ai pris des bœufs, des moutons, des bêtes de charges, des chevaux, j'ai fait descendre les vaches deux à la fois (?) elles étaient innombrables. J'ai détruit 500 villes de leur pays, je les ai ravagées, je les ai livrées aux flammes; je me suis avancé contre Girat-bunda et j'ai occupé la ville de Kinaki, je l'ai ravagée, je l'ai démolie, je l'ai fait passer par les flammes ; j'ai reçu de Titamaska, préfet de la ville de Samasaya, et de Kiara, préfet de la ville de Kar-Sibutaya, des chevaux en signe de soumission.

(C. III, l. 7.) — « Les habitants du pays de Girat-Bunda tout entier avaient été frappés par la peur de ma domination et par la force de mes batailles, ils abandonnèrent leurs villes nombreuses et se réfugièrent dans la ville d'Uras, une de leurs places fortes. J'ai assiégé et j'ai pris cette ville, j'ai entassé les cadavres de leurs soldats comme des . . . . autour de la ville, j'ai tué 9,000 hommes. J'ai pris Pirisati, leur roi, et 1,200 des siens, j'ai fait des prisonniers, je me suis emparé de leurs biens, de leurs dépouilles ; j'ai pris des bœufs, des moutons, des vases d'or et d'argent, des *husi* de cuivre en grand nombre, j'ai détruit la ville, je l'ai démolie, je l'ai livrée aux flammes.

(C. III, l. 19.) — « J'ai reçu les tributs de Bilgur, préfet de la ville de Sibaru. J'ai fait faire une grande image de ma royauté, j'y ai inscrit la gloire d'Assur, mon Seigneur, le récit de mes exploits et des choses que j'avais faites dans le pays de Naïri ; je l'ai érigée dans la ville de Sibàr, la capitale de Girat-Bunda.

(C. III, l. 27.) — « J'ai marché contre les habitants du pays de Matu, ils craignirent la puissance d'Assur et le choc de mes batailles où mes soldats sont sans égal; ils avaient abandonné leurs villes et s'étaient réfugiés dans le pays d'Epizi; je me suis mis à leur poursuite, j'ai tué 2,300 fuyards du pays de Matu, j'ai pris 140 cavaliers, leurs trésors et leurs esclaves; j'ai détruit la ville de . . . . . leur capitale et 1,200 villes qui en dépendaient, je les ai ravagées, je les ai fait passer par les flammes.

(C. III, l. 37.) — « En revenant, je suis descendu vers le pays d'Ekummuri, je me suis rencontré avec Munir-Suurtu, préfet d'Arazias, j'ai fait passer par les armes 1,060 des siens. J'ai rempli de leurs cadavres les rochers et les ravins des montagnes; mes guerriers se partagèrent ses fils, ses filles, ses esclaves, ses trésors, ses bœufs et ses moutons; j'ai détruit leurs villes, je les ai ravagées, je les ai livrées aux flammes.

(C. III, l. 44.) — « Dans ce temps-là (tous les rois du pays de Naïri) m'apportèrent leurs tributs : Amkar de Karmis-andu, Zaris de Pariani, Zaris de Khundur, Sanas de Kibatu-Rulak, Ardaru d'Uslassa, Suma de Kinuk, Talaï de Gingi, Bisiruïn d'Arimu, Parusta de Kimarus, Aspastatu d'Uila, Amamas de Kingislilin-zakhar, Tarsikh de Masiraus, Mamanis de Luksa, Zanzar de Diman, Sirus de Simeguri, Gista d'Abdan, Adadamu d'Asati, Ursi de Ginkhukta, Baru de Ginzin, Arua de Kindutav, Dirnaku de . . . . Laban de Zurarur, Salizal de Gin-da, Barzutu de Talikla, Sua de Nani, Satiria et Artasurari, tous les rois du pays de Naïri. Avec l'assistance de Samas et de Bin, les dieux mes protecteurs, je leur ai imposé pour toujours un tribut de chevaux.

(C. III, l. 66.) — « Dans ce temps-là, j'ai occupé le pays de Salor et les montagnes fortifiées qui s'étendent jusqu'à la mer du côté du soleil, je les ai envahis comme le dieu Bin qui dévaste en passant et je leur ai inspiré la crainte de ma royauté.

(C. III, l. 70.) — Dans ma IVe campagne, au mois Sivanu, le 15e jour (15 avril 819), j'ai marché contre le pays de Kar-Dunias; j'ai franchi le fleuve Zaban, près des villes de Zaddi et de Zaban; j'ai pénétré dans les ravins des montagnes; j'ai tué trois lions. J'ai soumis le pays d'Ebikh, je me suis avancé vers la ville de Mie-Turnat. La crainte immense des dieux Assur et Marduk, mes Seigneurs, avait frappé les habitants ils s'humilièrent devant moi, je les ai fait sortir de leur ville, eux, leurs trésors et leurs Dieux, et je les ai envoyés dans mon pays où ils furent traités comme des habitants de mon pays. J'ai traversé sur des. . . . . le fleuve de Mie-Turnat, j'ai détruit la ville d'Arnie, leur capitale et 200 villes de sa dépendance; je les ai ravagées, je les ai démolies, je les ai livrées aux flammes. Le pays de Yatman était soulevé; j'ai assiégé la ville de Dibina; la crainte immense d'Assur terrifia les habitants; ils s'humilièrent devant moi. J'ai pris 300 villes et leurs habitants, leurs dépouilles, leurs trésors. J'ai enlevé ces habitants de leur ville. J'ai traversé la ville de Kuditi. J'ai occupé la ville d'Ulduya, qui est située au-delà de la ville de Ganasutikan et 200 villes de sa dépendance. J'ai tué 3,000 soldats; j'ai fait des prisonniers, j'ai emporté des dépouilles, leurs trésors, leurs Dieux. J'ai ravagé ces villes, je les ai démolies, je les ai livrées aux flammes. Les hommes qui s'étaient soustraits à ma domination puissante s'étaient enfuis dans la ville de Kidanti et les autres places fortes. J'ai assiégé cette ville, je m'en suis emparé, j'ai laissé 500 morts sur le terrain, j'ai fait des prisonniers, je me suis emparé de leurs dépouilles, de leurs Dieux, des bœufs, des moutons,. J'ai détruit la ville, je l'ai ravagée, je l'ai livrée aux flammes.

(C. VI, l. 22.) — « Les gens du pays des Akkads craignirent la force de ma puissance et mes combats dont le succès est sans égal. Ils s'étaient retranchés dans la ville de Dur-Kurzu, leur capitale, qui est un *ukak* dans un fleuve, au milieu des flots; ils n'attendirent pas la rencontre de mon armée; ils se retirèrent dans 447 villes. J'ai pris leur capitale, sur mon passage, et j'ai passé par les armes 13,000 de leurs guerriers. Leurs cadavres flottaient sur les flots autour de la ville. J'ai entassé les dépouilles de leurs guerriers, j'en ai fait un monceau; 3,000 hommes tombèrent vivants dans mes mains. Je me suis emparé de l'étendard (?) royal, des trésors et des esclaves du palais, des femmes du palais, de ses richesses et de ses Dieux. J'ai emporté un butin considérable de son palais, j'ai donné les dépouilles de ses guerriers aux troupes de mon pays, j'ai détruit la ville, je l'ai démolie, je l'ai livrée aux flammes.

(C. IV, l. 37.) — « Le nommé Marduk-balat-irib avait eu confiance dans la puissance de son armée. Il avait sous ses ordres, avec lui, des hommes du pays de Kaldu (la Chaldée), du pays d'Elam, du pays de Namri, du pays d'Aram, en nombre considérable; il s'avança vers moi pour me livrer combat et bataille près de la ville de Dur-Kusu, sa capitale; il avait compté ses troupes. J'ai accepté le combat, je l'ai mis en déroute, j'ai tué 5,000 hommes, 2,000 prisonniers tombèrent dans mes mains, j'ai pris 200 chars, 200 cavaliers, l'étendard (?) royal et les. . . de son camp. »

(*W. A. I.* I, pl. 29-31.)

Le récit des campagnes de Samsi-Bin ne s'étend pas au-delà de sa IVe campagne contre la Chaldée ; mais nous savons par le texte des Limmu que ce prince a régné 13 ans. Une tablette du plus haut intérêt contient, à partir du règne de Samsi-Bin, non-seulement la liste des Limmu, mais encore l'indication sommaire des principaux événements qui se sont accomplis chaque année ; cette liste malheureusement incomplète ne commence qu'avec la VIIe année de Samsi-Bin, que nous rapportons à l'année 816 a. J.-C. Elle s'étend, sans interruption, jusqu'à la fin du règne de Tuklat-pal-Asar, le Tiglat-Pileser de la Bible. Voici les indications qu'elle nous fournit sur le règne dont nous nous occupons ; il faut faire précéder chaque ligne de ces mots : " Pendant le Limmu de... „ Les parties entre crochet sont restituées d'après la liste des Limmu.

816. [Assur-banuya-ussur], ... (campagne) vers le pays de Tillie.
815. [Sar-pati-bel (préfet) de Ni] si-bina, vers le pays de Zarate.
814. [Bel-balat de] . . . vers la ville de Diri. Le grand Dieu est entré dans la ville de Diri.
813. [Musikni, du pays de] Kirruri, vers le pays d'Ikhsana.
812. [Adar-bel-ussur], de . . . . au pays. — Vers le pays de Kaldi.
811. [Samas-kumma] du pays d'Arbakha, — vers Bab-ilu.
810. [Bel-kat-sabat, de la ville de] Mazamuya, au Pays.

(*W.A.I.* II pl. 52. Reverse 5, 1-7.)

Le règne de Samsi-Bin nous est suffisamment connu pour apprécier encore l'étendue des conquêtes assyriennes. Malgré les difficultés que la révolte de son frère lui avait suscitées au début de son règne, les conquêtes de l'empire n'en continuent pas moins leur marche progressive. Au Nord, Samsi-Bin parvient à raffermir l'autorité assyrienne dans les provinces montagneuses du pays de Naïri, où les deux grands fleuves prennent leur source, et à ramener à l'obéissance l'Arménie proprement dite. Les limites de ses conquêtes restent toujours assez indécises dans l'Est où nous le voyons lutter contre des tribus qui portent des noms d'une apparence arienne et touranienne des plus caractérisées, mais ces désignations ne suffisent pas pour établir d'une manière sérieuse la géographie de ces contrées. A l'Ouest, il ne paraît pas avoir dépassé les anciennes limites, et aucun nom ne vient nous mettre sur la voie des rapports qui auraient pu exister alors entre les Juifs et les Assyriens. Au Sud, les entreprises ont été poussées avec une grande énergie. La Chaldée a déjà besoin de l'appui de la Susiane, et Samsi-Bin inflige à l'alliance élamite une leçon terrible. Malgré cela, les indications des tables des Limmu nous montrent que la Chaldée et Babylone devaient résister longtemps encore à la puissance assyrienne.

BIN-NIRARI.

(809 a. J.-C.)

Documents. — *Briques de Nebi-yunus* (*W.A.I.* I, pl. 35, n° 4.) — *Inscription généalogique du Palais S.-O. de Nimroud* (Layard, pl. 70, *W.A.I.* I, pl. 35, n° 3.) — *Fragments historiques.* (*W.A.I.* I, pl. 35, n° 1.) — *Inscription de la statue de Nebo.* (*W.A.I.* I, pl. 35. n° 2.) — *Canon des rois assyriens.* (*W.A.I.* III, pl. 1.) — Tablette chronologique. (*W.A.I.* II, pl. 52.)

Les inscriptions de Bin-nirari, fils de Samsi-Bin, sont peu nombreuses; nous savons par les fouilles de M. Layard qu'il avait construit le palais situé au Sud de la façade de celui d'Assur-nasir-habal, sur la grande plate-forme de Nimroud. Sur le pavé des chambres de ce petit édifice, un des moins importants par leur étendue, on lit une inscription qui nous fait connaître une partie des ancêtres de ce roi ; elle est ainsi conçue :

« Palais de Bin-nirari, roi grand, roi puissant, roi des légions, roi du pays d'Assur. Assur, le roi des Dieux V et II, l'a fait roi parmi ses fils, il a confié à sa main un royaume invincible, il a étendu sa puissance vers la

Grande-Mer du soleil levant jusqu'à la Grande-Mer du soleil couchant, et il a commandé sur toutes les nations.

« Fils de Samsi-Bin, roi grand, roi puissant, roi des légions, roi du pays d'Assur, — fils de Salman-Asar, roi des Quatre-Régions, celui qui dévasta les pays rebelles et en fit un monceau de ruines.—Petit-fils d'Assur-nasir-habal, le vaillant, le terrible, celui qui recula les frontières du pays.

« Je suis Bin-nirari, le maître auguste, celui qu'Assur, Samas, Bin et Marduk ont assisté pour agrandir son pays.—Rejeton de Tuklat-pal-Asar, roi du pays d'Assur, roi des Sumirs et des Akkads, — fils de l'arrière-petit-fils de Salman-Asar, roi grand, roi puissant, qui a restauré le temple Bit-Haris du pays de *mat-ra* (la Mésopotamie), l'origine du pays. — Arrière-petit-fils de Bel-kat-irassu, le roi qui marche le premier, l'origine de la royauté et qu'Assur avait appelé à la royauté depuis les temps les plus éloignés. »

(*W.A.I.* I, pl. 25, n° 3. Layard. pl. 70)

Ce texte est d'une haute importance pour nous renseigner sur la suite des rois du grand empire assyrien. Malheureusement, les inscriptions historiques de ce roi nous font défaut jusqu'ici, et nous ignorons encore le résultat des fouilles entreprises par M. Loftus après le départ de M. Layard. Voici la traduction du seul fragment historique que nous possédons :

« Palais de Bin-nirari, roi grand, roi puissant, roi des légions, roi du pays d'Assur.

« Assur, le roi des Dieux V et II, l'a fait roi parmi ses fils, il a confié à sa main un royaume invincible, il a établi sa puissance sur tous les hommes du pays d'Assur. Il a fondé solidement le trône de son empire.

« Restaurateur du temple d'Assur (le *Bit-hira*) il a été sans reproche, il a élevé devant lui le *Bit-mat*, il a marché dans l'obéissance envers Assur, son maître, et il a soumis à ses lois les rois (*malki*) des Quatre-Régions.

« Il a soumis tous les pays compris depuis le pays de Siluna, qui est situé au Soleil levant, les pays d'E[lam] (?), le pays d'Illipi, le pays de Karkhar, le pays d'Arazias, le pays de Misu, le pays de Madaï, le pays de Girat-bunda, comprenant dans son ensemble le pays de Munna, le pays de Parsua, le pays d'Allabria, le pays d'Abdadana, le pays de Naïri jusqu'aux tributs du pays d'Andia, dont le site est éloigné et les pays montagneux qui en dépendent jusqu'à la Mer du soleil levant; et, à partir du fleuve Purat, le pays de Khatti (la Syrie), le pays d'Akhari (la Phénicie), comprenant dans son ensemble le pays de Surru (Tyr), le pays de Sidunu (Sidon), le pays de Khumri (le royaume d'Israël), le pays d'Udume (Edom), le pays de Palasta (la Palestine) jusqu'à la Grande-Mer du soleil couchant. Il a réuni tous ces peuples à son empire et il leur a imposé des tributs.

« J'ai marché contre le pays de Khatti, j'ai pris Marik leur roi, dans la ville de Dimaska, sa capitale. La crainte immense d'Assur, mon Seigneur, le frappa, il prit mes genoux, il fit sa soumission. Je lui ai imposé 2,300 talents d'argent, 10 talents d'or, 3,000 talents de cuivre, 4,000 talents de fer, des étoffes de laine et de fil; j'ai pris un étendard (?), un parasol (?), le contenu innombrable de son trésor, tout ce qui se trouvait à Dimaska, dans sa capitale et dans son palais.

« J'ai asservi tous les rois du pays de Kaldi, je leur ai imposé des tributs. A Bab-ilu, à Barzip, à Cutha, les demeures des dieux Bel, Nabu, Nirgal, j'ai fait des sacrifices. . . . . »

(*W.A.I.* I, pl. 35, n° 1.)

Parmi les découvertes les plus curieuses qui aient été faites sur ce point par M. Loftus, il nous reste à parler des statues de Nebo. Nous verrons bientôt que Bin-nirari avait élevé un temple à Nebo et que la dédicace de ce temple eut lieu sous le Limmu de Balathu en 786 a. J.-C. M. Loftus a d'abord trouvé dans ce temple deux statues colossales de la Divinité, mais elles étaient dépourvues d'inscription. Il en a découvert quatre autres de grandeur naturelle; il y en a deux au Musée Britannique et, sur le piédestal de chacune d'elles, on lit l'inscription suivante :

« Au dieu Nabu, le gardien des mystères, le fils de Bit-Sakkil, l'auguste, le directeur des astres, le chef suprême, le fils du dieu des *Nukimut*, le protecteur, le directeur des œuvres brillantes, le surveillant des légions du Ciel et de la Terre. Le tuteur de ceux qui bénissent son nom et qui lui prêtent une oreille attentive; celui qui tient la table des destinées; le . . . . auguste, celui qui s'élève; celui qui préside au lever du soleil et à son coucher; celui qui marque le temps; le glorificateur de Bel; le Seigneur des Seigneurs dont la puissance est immuable et pour qui le Ciel a été créé; le vainqueur, l'auguste, le gardien dont la surveillance est bonne, le dieu qui habite le temple *Bet-Zida*, au milieu de la ville de Kalakh.

« Au Seigneur suprême de son Seigneur, le Protecteur de Bin-nirari, roi du pays d'Assur, mon Maître.

« Au Protecteur de Sammuramat, l'épouse du palais, ma souveraine.

« Bel-hassi-ilumu, préfet de la ville de Kalakh, du pays de Khamidi, du pays de Sutgana, du pays de Timeni, du pays de Yaluna, a fait faire cette image pour protéger sa vie, pour prolonger ses jours, pour augmenter ses années, pour faire prospérer sa race.

« Qui que tu sois, toi qui vivras après moi, ai confiance à Nabu et ne te confie pas à un autre Dieu.

(*W.A.I.* I, pl. 35, nº 2.)

Telle est l'inscription de la statue de Nebo, que le nom de Sammuramat a rendu célèbre; il s'écrit ainsi :

Faut-il voir dans ce nom celui de Σεμιραμίς, la fameuse Sémiramis illustrée par les Grecs? Je ne le pense pas. Il n'y a entre ces deux noms qu'un rapport de consonnance, mais rien de plus; il n'y a rien qui puisse la faire assimiler à la Sémiramis d'Hérodote; il n'y a rien qui puisse donner quelque consistance aux fables que Ctésias a propagées sur la Sémiramis antique; le nom que nous avons relevé sur la statue de Nebo et qui appartient à l'épouse de Bin-nirari, n'a pas encore autrement marqué dans l'histoire.

Les rares documents du règne de Bin-nirari se complètent par les données de la tablette chronologique sur laquelle nous trouvons les indications suivantes :

809. [Bin-nirari, roi du pays] d'Assur, vers le pays de Naïri.
808. [Marduk-malik, grand Tar]tan, vers la ville Guzana.

807. [Bel-idan-il,] préfet du palais, vers le pays de Van.
806. [Sil-il, chef des] eunuques, vers le pays de Van.
805. [Assur-takkil,] ministre, vers le pays d'Arpada.
804. [. . . . . . .], gouverneur du Pays, vers la ville de Khazazi.
803. [. . . alik-pani], du pays de Rasappa, vers la ville de Ba-ilu.
802. [Assur-ur-nisi], du pays d'Arrapha, vers la Mer. — Epidémie.
801. [Adar-malik,] de la ville d'Akhi-zakhina, vers la ville de Khubuskia.
800. [Niri-sar, de la ville de Na]sibina, vers le pays de Naïri.
799. [El-. . . , de la ville] d'Amidi, vers le pays de Naïri.
798. [Mutakkil-Assur,] chef des juges, vers la ville de Lusia.
797. [Bil-tarsi-nalbar, de la ville] de Kalakh, vers le pays de Namri.
796. [Assur-bel-usur,] de Kirruri, vers Man-Suati.
795. [Marduk-Sadua,] au pays. — Vers la ville de Diri.
794. [Kin-abuya, du pays de] Tuskhan, vers la ville de Diri.
793. [Mannuki-Bel,] de la ville de Guzana, vers le pays de Naïri.
792. [Musallim-Adar,] de la ville de Tillie, vers le pays de Naïri.
791. [Bel-basani, de] Mikhinis, vers le pays de Khubuskia.
790. [Niri-Samas, du pays] d'Isana, vers le pays d'Itua.
789. [Adar-akin-akhi,] de la ville de Ninua, vers le pays de Naïri.
788. [Bin-musammir, de la ville de] Kakzi, vers le pays de Naïri.
787. [Babit-Islar... de Ap]ki. — Jubilé ?
786. [Balatu-sa-sibanni,] au Pays. — Le dieu Nabu entre dans son temple.
785. [Bin-ubalit, de la ville de Ri-]musi, vers le pays de Ki...ki.
784. [Marduk-sur-usur. . . . .]. . . . , vers le pays de Khubuskia. — Le Grand Dieu. . . entre dans la ville de Diri.
783. [Nabu-sar-usur. . . . . . .] de Tuskhan, vers le pays de Khubuskia.
782. [Adar-nasir, de la ville de] Mazamuya, vers le pays d'Itu.
781. [Nalbar-likh, de la ville de Nasib]ina... vers le pays d'Itu.

(*W.A.I.* II, pl. 52, rev. 58-96.)

Cette liste nous montre combien le règne de Bin-nirari a été rempli ; chaque année a été marquée par une campagne. Tandis que le roi contient les révoltes toujours menaçantes, il recule encore les frontières de l'Assyrie. Elam et la Chaldée continuent à recevoir les plus rudes atteintes. Déjà la Médie est menacée, la Syrie, la Phénicie sont occupées, et le nom de la Palestine apparaît pour la première fois dans les textes.

Nous touchons à une des périodes les plus obscures de l'histoire de la Haute-Asie; et précisément, les renseignements qui nous viennent si inopinément des découvertes assyriennes vont nous faire défaut.

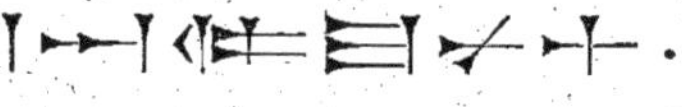

SALMAN-ASAR.

(780 a. J.-C.)

Documents. — *Canon des rois assyriens.* (*W.A.I.* III. pl. I.) — *Tablette chronologique.* (*W.A.I.* II, pl. 52.)

Le règne de ce prince, Salman-Asar, le Ve du nom, ne nous est connu que par la liste des Limmu, et par la précieuse tablette qui donne pour chaque année le sommaire de ses expéditions. La plupart des campagnes ont été dirigées vers l'Arménie; une seule a été dirigée contre le pays de Naïri, le Pays des Fleuves, et une autre vers Damas.

Aucun événement important, du reste, ne mérite d'attirer notre attention d'une manière plus spéciale. Voici les seules indications qui nous sont données par les textes :

780. [Salman-Asar, roi du pays] d'Assur, vers le pays d'Urarthi.
779. [Samsi-el,] Tartan, vers le pays d'Urarthi.
778. [Marduk-lidanni,] chef des eunuques, vers le pays d'Urarthi.
777. [Bel-mustisir,] préfet du palais, vers le pays d'Urarthi.
776. [Nabu-ittalak,] ministre, vers le pays d'Itu.
775. [Pan-Assur-la-habal,] gouverneur du pays, vers le pays d'Urarthi.
774. [Nirgal-issis,] préfet du pays de Rasappa, vers le pays d'Irini.

773. [Istar-duri,] préfet de la ville de Nasibina, vers le pays d'Urarthi. — Vers le pays de Namri.

772. [Mannu-ki-bin,] préfet de la ville de Salmat, vers la ville de Dimaska.

771. [Assur-bel-usur,] préfet de la ville de Kalakh, vers la ville de Hadrakh.

(*W.A.I.* II, pl. 52. Rev. l. 37-45.)

ASSUR-DAN-IL.

(770 a. J.-C.)

Documents. — *Canon des rois assyriens.* (*W.A.I.* III, pl. 1) — *Tablette chronologique.* (*W.A.I.* II, pl. 52.)

Nous n'avons encore pour ce prince que les renseignements qui nous sont fournis par les textes des Limmu et par la tablette qui renferme le sommaire de ses campagnes.

Il peut y avoir quelque incertitude sur le commencement de ce règne; la liste des Limmu place le tracé qui indique la séparation des règnes après le Limmu d'Assur-bel-usur, que nous avons ainsi compté au règne précédent, tandis que la tablette des campagnes le compte au règne d'Assur-dan-il, nous devons relever cette légère différence bien que nous n'y attachions aucune importance et qu'elle n'apporte, du reste, aucun changement dans la chronologie générale.

Malgré le laconisme des indications qui nous sont fournies, l'une d'elles mérite une attention particulière. Voici d'abord quelles sont ces indications :

770. [Assur-dan-il, roi du pays] d'Assur, vers la ville de Ganati.

769. [Samsi-el] Tartan, vers la ville de Surat.

768. [Bel-Malik, du pays] d'Arbakha, vers le pays d'Itu.

767. [Habliya, de la ville] de Mazamuya, au Pays.
766. [Gurdi-Asur, de la ville de...] Zuchina, vers le pays de Ganati.
765. [Musallim-Adar, de la ville de] Tille, vers le pays de Naïri.
764. [Nabu-ukin-nisi, du] pays de Kirruri, vers le pays de Khatarika. — Epidémie.
763. [Sidki-el, du] pays de Tuskham, au Pays.
762. [Pur-el-Salkhe,]de la ville de Guzana, révolte dans la ville de Libzu. — Dans le mois Sivan, éclipse de soleil.
761. [Rab-bel, de] la ville d'Amidi, révolte dans la ville de Libzu.
760. [Adar-bel-usur, de] la ville de Ninua, révolte dans la ville d'Arrapha.
759. [Lakibu, de] la ville de Kakzi, révolte dans la ville d'Arrapha.
758. [Pan-Assur-la-habal, de] la ville d'Arbailu, révolte au pays de Gurana. — Epidémie.
757. [Bel-takil, de] la ville d'Isana, vers la ville de Guzana. — Paix au Pays.
756. [Adar-Iddin, de] la ville de Satban, au Pays.
755. [Bel-Saduya, de] la ville de Parnunna, au Pays.
755. [Kisu, de] la ville de Mikhinis, vers le pays de Khatarika.
753. [Adar-Sizib-anni, de la ville] de Ramusi, vers le pays d'Arpada. — Retour.

(*W.A.I.* II. pl. 52. *Rev.* i. 46-48. *Obv.* l. 1-17.)

Les incidents de ce règne n'offriraient rien de nature à fixer notre attention d'une manière spéciale si ce n'est que nous voyons figurer sous le Limmu de Pur-el-Salkhe, préfet de la ville de Gozan, une éclipse de soleil dont on a cherché à vérifier l'indication.

Les observations astronomiques étaient, dès la plus haute antiquité, consignées dans les archives scientifiques de l'Assyrie et de la Chaldée et il nous en est parvenu d'assez nombreux spécimens pour que nous ne puissions révoquer en doute l'exactitude de cette citation.

Le 30 sivan (30 mai-juin) de l'année de Pur-el-salkhe, il y eut donc une éclipse de soleil visible, à Ninive. A quelle date correspond cette éclipse?

D'après nos calculs, basés sur la prise de Samarie, l'année Pur-el-Salkhe correspond à l'année 762 ou 763 a. J.-C., suivant le point de départ que nous admettrons pour l'entrée en fonctions de Pur-el-Salkhe.

Il y a là une différence dans les calculs dont il est facile de se rendre compte et sur laquelle nous n'avons pas besoin d'insister.

Or, d'après la liste des éclipses du chanoine Pingré, nous voyons que le 13 juin 763 a. J.-C., il y eut une éclipse totale de soleil et, d'après les indications du tracé, il est certain que cette éclipse fut visible à Ninive.

Sir H. Rawlinson a identifié cette éclipse avec celle dont nous trouvons l'observation dans les tablettes assyriennes. C'est sur elle également que nous appuyons le système de chronologie auquel nous nous sommes arrêté. Nous nous appuyons également sur une suite non interrompue d'indications qui nous permettent de suivre d'années en années, les événements considérables qui se sont passés dans l'empire d'Assyrie. Ce système repose donc sur des indications qu'aucune tradition n'a pu altérer.

M. Oppert, en cherchant dans les tables du chanoine Pingré, a trouvé la mention d'une autre éclipse de soleil qui remplirait, selon lui, les mêmes conditions et qui aurait eu lieu le 13 juin 809. En calculant sur cette donnée, il justifie la date qu'il a adoptée pour fixer la mort d'Achab pendant le Limmu de Dayan-Assur, correspondant selon lui à l'année 900 avant J.-C. Les observations de M. Oppert sont sans doute très-sérieuses. Elles reposent sur l'ensemble de la chronologie biblique qui donne des indications précises pour la durée des règnes des rois d'Israël et de Juda. Or, nous devons tenir compte de ces données puisque nous sommes liés par les synchronismes qui résultent des annales du règne de Salman-Asar dans lesquelles nous voyons figurer le premier roi d'Israël avec lequel les Assyriens se sont trouvés en rapport. Quoiqu'il en soit, pour soutenir son système, M. Oppert est obligé de trouver une interruption dans les listes des Limmu qui nous sont fournies par les Assyriens. Jusqu'au moment où cette interruption a eu lieu, les synchronismes s'enchaînent, et rien ne vient déranger la relation qui s'établit entre les événements des différents rois de cette époque. Mais nous n'insisterons pas ici sur la différence relative de ces dates, car c'est au moment où nous arriverons à la lacune qui est indiquée par M. Oppert que nous pourrons examiner jusqu'à quel point son système est fondé.

ASSUR-NIRARI.

(752 a. J.-C.)

Documents. — *Canon des rois assyriens* (*W.A.I.* III, pl. 1.) — *Tablette chronologique* (*W.A.I.* II, pl. 52.)

Le successeur d'Assur-dan-il est Assur-nirari; ce prince ne nous est connu, comme ses deux prédécesseurs, que par les listes des Limmu. Pendant tout son règne de 8 années, nous ne voyons que deux expéditions au pays de Namri, rien ne nous indique que la paix du royaume ait été troublée. Il ne paraît pas avoir quitté sa capitale.

La dernière année seulement, nous est signalée par l'indication d'une révolte à Calach: Voici du reste les mentions qui nous sont fournies.

752. [Assur-nirari,] roi du pays d'Assur, au Pays.
751. [Samsi-el, tar]tan, au Pays.
750. [Marduk-salim-ani. . . . . .] préfet du palais, au Pays.
749. [Bel-idil-el, chef des] eunuques, au Pays.
748. [Samas-itallak,] ministre, vers le pays de Namri.
747. [Bin-bel-ukin,] gouverneur du Pays, vers le pays de Namri.
746. [Sin-salim-ani, du pays] de Rasapa, au Pays.
745. [Nirgal-nasir, de la ville] de Nasibina, révolte dans la ville de Kalakh.

(*W.A.I.* II, pl. 52. *Obv.* l. 18-25.)

C'est ici que nous arrêtons cette période de l'histoire d'Assyrie et qu'il convient d'examiner, en l'absence des documents d'origine assyrienne, quelle pouvait être la situation de la Haute-Asie à cette époque.

QUATRIÈME PÉRIODE.

Nous avons ouvert une nouvelle période pour l'histoire des deux rois qui vont suivre, bien qu'ils paraissent, d'après l'ensemble du canon des rois assyriens, se rattacher encore à la dynastie de Bel-kat-irassu ; mais aucun texte ne nous fait connaître, jusqu'ici du moins, leur généalogie, et il est certain que des événements sur lesquels nous n'avons pas encore de renseignements suffisants ont dû s'accomplir alors dans la Haute-Asie.

Lorsque nous avons rencontré pour la première fois le nom d'un roi d'Israël dans les annales des rois d'Assyrie, les synchronismes se sont rencontrés avec une précision dont il n'a plus été permis de s'écarter. Rien n'empêche de supposer, en l'absence de documents nouveaux, que les synchronismes pourront se continuer pendant les règnes suivants, rien ne vient déranger l'économie de l'histoire générale, jusqu'au moment où nous retrouvons, dans les annales d'un nouveau roi assyrien, l'histoire de ses rapports avec les rois de Juda et d'Israël. Ce roi assyrien se nomme Tuklat-pal-Asar, le second du nom; c'est le Tiglat-Pileser de la Bible, l'allié d'Achaz, l'adversaire de Rasin, roi de Damas. Le synchronisme de ces différents rois est établi par la Bible et par les textes assyriens.

Or, quand nous voulons mettre la chronologie qui résulte de la supputation des tables des Limmu, en rapport avec la supputation des dates, telles qu'elles résultent des données hébraïques du Livre des Rois, nous trouvons une différence d'un demi-siècle environ (45 ans selon les calculs de M. Oppert). Le problème se pose donc ainsi : — ou les supputations qui reposent sur les données bibliques sont fautives, — ou les tables des Limmu renferment un mystère qui a échappé jusqu'ici à notre appréciation.

Nous avons déjà indiqué les deux systèmes qui sont en présence. Sir H. Rawlinson prétend que le texte biblique a été altéré ; M. G. Smith, avec plus de hardiesse encore, prétend que non-seulement le texte biblique a été altéré, mais même que les textes assyriens doivent être modifiés.

M. Oppert se prononce en faveur de l'exactitude du texte biblique et il ouvre une parenthèse de 45 ans dans les listes des Limmu pour y faire entrer les faits dont l'histoire sacrée et l'histoire profane nous donnent la relation et que les textes assyriens ne nous font pas encore connaître.

Deux faits importants se présentent, en effet, à cette époque et demandent leur place dans l'histoire: — la chute de Ninive, — le règne de Phul.

Nous sommes maintenant assez familiarisés avec les règles du droit des gens, telles que les comprenaient les peuples de la Haute-Asie à cette époque, pour supposer facilement que le jour où Ninive est tombée au pouvoir d'un vainqueur, Ninive a subi le sort des villes que les rois assyriens avaient prises, avaient détruites, avaient livrées aux flammes. C'est là formule consacrée qui se répète après chaque victoire ; or, si nous voyons encore, sous le règne précédent, un gouverneur de Ninive dans la liste des Limmu, si rien ne nous indique dans le sommaire de l'histoire chronologique qui accompagne le nom des Limmu, une catastrophe aussi terrible pour l'empire d'Assyrie, il n'en est pas moins vrai qu'un demi-siècle plus tard à peine, un roi assyrien parlera de Ninive comme d'une ville en ruine et que nous verrons bientôt surgir les travaux de son successeur pour la reconstruire.

La ruine paraît avoir été si complète qu'aucun vestige de Ninive, antérieur à l'époque de l'avénement de la dynastie de Sargon, n'est parvenu jusqu'à nous. Ninive a donc disparu ; et, pendant près d'un demi-siècle nous en perdons la trace dans l'histoire même de l'Assyrie.

L'influence de Phul sur les destinées de la Haute-Asie nous est attestée d'une manière si précise que le silence des textes assyriens ne nous suffit pas pour douter de son existence, ou pour le confondre avec un prince dont le nom se serait trouvé altéré dans l'histoire. Il y a là un de ces problèmes historiques qu'on ne saurait résoudre avec des données négatives et qu'on doit se contenter de poser.

Quelques savants ont cru voir dans le dernier prince que nous avons nommé Assur-nirari, bien que son nom souffre encore certaines difficultés de lecture le Sardanapale des Grecs. Les indications de la tablette des

Limmu, qui seules nous renseignent sur son règne, nous montrent que ce prince n'a entrepris aucune grande guerre, qu'il est resté *au pays*. Il ne semble pas, il est vrai, avoir été animé de l'esprit de conquête de ses prédécesseurs, mais, peut-on, sur ces données, en conclure que ce prince doit être le Sardanapale dont les Grecs ont propagé la légende et qui est tombé avec sa capitale sous les armes réunies de Phul et de Bélisis? Je ne puis que constater une chose : rien dans l'état actuel des découvertes n'autorise à le supposer.

L'histoire de la Chaldée est jusqu'ici beaucoup plus obscure que l'histoire de l'Assyrie; qui sait si Phul doit être compté parmi les rois assyriens et si son histoire ne s'éclaircira pas un jour sans qu'on soit obligé de supposer des erreurs dans les textes bibliques ou des fautes de lapicides dans les textes assyriens?

TUKLAT-PAL-ASAR.

(744 a. J.-C.)

Documents. — *Inscription des salles.* Layard, pl. 17-18. — *Fragment des annales,* Layard, pl. 50, 52, 52, 65. (*W.A.I.* III, pl. 9.) — Canon des rois assyriens. (*W.A.I.* III, pl. 1.) — Tablette chronologique (*W.A.I.* II, pl. 52.)

Le prince dont nous allons essayer de lire l'histoire dans les textes assyriens est bien le Tiglat-Pileser de la Bible dont la transcription hébraïque תלגת־פלנסר ou plutôt תגלת־פלאסר nous a conservé la forme peu altérée par les septantes Θαγλαφαλλασάρ, mais que nous ne retrouvons plus dans les formes Θαγλαβανασάρ, Θαγαφάμασάρ et Θαγλαφελλαδάρ ou encore Θαγλαθφαλνασάρ.

Le palais de Tiglat-Pileser était situé sur la partie Ouest de la grande plate-forme de Calach. Ses ruines ne se présentent pas dans le même état que celles des autres palais; elles attestent un fait inouï dans l'histoire des rois d'Assyrie. Nous avons vu avec quelle ferveur les rédacteurs des annales que nous avons consultées, appelaient la colère des Dieux contre ceux qui porteraient une main sacrilége sur leurs inscriptions, sur leurs bas-reliefs, et nous avons vu avec quelle respectueuse soumission les rois se conformaient aux vœux de leurs prédécesseurs. Cette soumission devient un culte, pour ainsi dire, à mesure que le temps marche et que les rois comptent avant eux une plus longue suite de générations.

Les rois du dernier empire de Chaldée suivent à la lettre les recommandations qu'ils font pour leurs œuvres, ils nettoient les bas-reliefs antiques, ils copient les inscriptions, ils les remettent à leur place et ils écrivent leurs exploits à côté du récit des exploits de leurs prédécesseurs.

Il n'en a pas été ainsi des œuvres de Tiglat-Pileser; son palais a été ravagé par ses successeurs. Au milieu des ruines dont la terrasse de Calach est couverte, les ruines du palais de Tiglat-Pilèser, attestent que la main des Assyriens eux-mêmes n'a pas été étrangère à cette dévastation. Ainsi, dans une des salles du palais de Tiglat-Pileser, les inscriptions formaient une frise de douze lignes de hauteur, qui se continuait suivant l'usage de l'époque d'un marbre à l'autre : on a démoli les murs et les inscriptions se retrouvent éparses dans un palais construit par un de ses successeurs. C'est ainsi qu'un grand nombre d'inscriptions ont disparu et que celles qui nous restent sont souvent dans un état plus déplorable que celles qui ont subi l'épreuve du temps et la fureur des étrangers; tous les marbres auraient servi de matériaux à une restauration sacrilége si ce n'est que la ruine a frappé les monuments du dévastateur lui-même avant qu'il n'ait pu achever son œuvre.

Nous donnerons d'abord la traduction d'une inscription qui présente un sens à peu près complet; elle se trouve sur un marbre encastré dans le sol.

L. I. — « Palais de Tuklat-pal-Asar, roi grand, roi puissant, roi des Légions, roi du pays d'Assur, roi des Sumirs et des Akkads, roi des Quatre-Régions, chef suprême, œil du dieu Bel.

L. 3. — « Je suis le roi qui, depuis le lever jusqu'au coucher du soleil, a mis en fuite tous ses ennemis. J'ai dominé les nations, j'ai gouverné les hommes des pays supérieurs et inférieurs, j'ai changé leurs rois et j'ai établi mes lieutenants au-dessus d'eux.

L. 5. — « Au commencement de mon règne j'ai gouverné depuis la ville de Dur-Kurigalzu, la ville de Sippar-sa-Samas, la ville de Pasil, qui dépend du pays de. . . . . jusqu'à Nipur, les tribus de Itu, de Rubu, le pays d'Arumu dans son ensemble, situé sur les bords du fleuve Diglat et du fleuve Surapi, jusqu'au fleuve Ukni qui se jette dans la Mer inférieure.

L. 7. — « A la place de Tul-Khamri, dépendant de la ville nommée la ville de Khumuk, j'ai fait une ville et je l'ai nommée Kar-Assur. J'y ai placé les hommes des pays que j'avais vaincus et j'y ai mis un de mes lieutenants pour les gouverner.

L. 9. — « J'ai trituré comme du khesbet le pays de Bit-Silani dans son ensemble, j'ai changé en solitude la ville de Sarrabana, j'ai fait des prisonniers et j'ai fait mettre en croix Nabu-Yusabsi, leur roi, à l'entrée de la grande porte de la ville. J'ai pris. . . . . de son pays, sa femme, son fils, ses filles, ses richesses, et j'ai pillé son palais.

L. 11. — « J'ai broyé comme du blé le pays de Bet-Amukani, et j'ai transporté au pays d'Assur ses principaux habitants et leurs trésors.

L. 12.—« J'ai mis en déroute les tribus de Pukudu, de Ru'ya, de Libzu, je les ai enlevées à leurs demeures (je les ai transportées). J'ai soumis à mon empire toutes les tribus d'Arumu dans son ensemble et je leur ai imposé des souverains. J'ai imposé des tributs au pays de Kar-Dunias et aux gens du pays de Rasani dépendant du pays de Kaldi.

L. 15. — « J'ai offert des victimes pures, dans les temples du monde, à Assur, à Sirak, à Bel. . . . . , à Nabu, à Tasmit, à Nana, la Souveraine de Bab-Ilu, à Nirgal et à Nibhas.

L. 17. — « J'ai imposé des tributs au pays de Bit-Khamban, au pays de Khazu, au pays de Bit-Barua, au pays de Bit-Alzas, au pays de Bit-Matti, à la ville de Niku du pays d'Umlias, au pays de Bit-Hasil, au pays de Parsua, au pays de Bit-Risi et à la ville de Zakrut, qui dépend du pays de Madaï jusqu'au pays de la Mer; j'ai nommé mes lieutenants pour les gouverner. J'ai imposé des tributs aux chefs de. . . . . du pays de Madaï jusqu'au pays de Bikni.

L. 20. — « Sardu, du pays d'Urarthu (l'Arménien), s'unit contre moi avec Mati-el, sur les limites du pays d'Urarthu et dans les districts dépendant de la ville de Khummuk. Je les ai mis en déroute. Il laissa son camp et s'enfuit en se cachant vers les. . . . . . du pays de Kaspi. La puissance de mes armes l'arrêta, dans la ville de Thurus, il s'humilia devant les Grandes-Portes (de la ville). J'ai fait faire l'image de ma royauté et je l'ai placée au milieu de la ville. J'ai tué beaucoup de monde dans le pays d'Urarthu, depuis. . . . . : jusqu'à la ville de Kuruspa.

L. 25. — « Je me suis emparé du pays d'Ullubu dans son entier ainsi que de la ville de Bidun. . . . J'ai imposé des tributs, j'ai transporté les habitants des villes de Saduri, de Piru, de Pari, de Tasuk, de Manbu, de Babulu, de Lusin, de Bisiu. . . . . . dans les villes de Sikibru et d'Arda au pays d'Assur.

L. 28. — « J'ai pris les. . . du pays d'Urarthu, je les ai mis sous la dépendance d'un de mes préfets; j'ai fondé leur ville que j'ai appelée Assur-Basa et j'ai transporté les habitants des villes d'Usurunun, d'Uzurru, d'Inu, de Sasa, de Lupsu, de Luki au milieu des montagnes et je les ai placés sous la dépendance de mon Chef des esclaves.

L. 32. — « J'ai réuni aux provinces du pays d'Assur les villes de Kulu, d'Urru, d'Arran, de Tubu, d'Urulbu jusqu'au fleuve Purat, le territoire des villes de Khummuk, de Kilir, d'Egidu, de Diua, d'Abina, de Karbinnati du pays des Sumiri, les villes d'Angana, de Binzu, les places fortes du pays d'Urarthu, les pays situés sur les rives du fleuve Kallap et du fleuve Sumat. Je les ai mises sous la dépendance de mon grand Tartan et j'ai étendu son pouvoir sur les provinces du pays de Naïri.

(Layard, pl. 17-18).

Sur une tablette découverte à Nimroud et actuellement au Musée britannique, on lit :

(L. 1.) — « Palais de Tuklat-pal-Asar, roi grand, roi puissant, roi des légions, roi du pays d'Assur, roi de Bab-ilu (Babylone), roi des Sumirs et des Akkads, roi des Quatre-Régions, le puissant, le fort, celui dont la domination s'est étendue au loin et qui a balayé, comme la poussière, des ruines, les légions ennemies.

(L. 3.) — « Le roi qui, dans l'adoration d'Assur, de Samas, de Marduk, les Grands-Dieux, a régné depuis la Mer (*nahar marrati*) de Bet-Yakin, jusqu'au pays de Bikni ; depuis le pays du soleil et de la mer du soleil couchant jusqu'au pays de Musri, depuis l'orient jusqu'au couchant; il a commandé, il a régné sur tous les pays.

(L. 4.) — « Depuis le commencement de mon règne jusqu'à la XVIIe campagne, j'ai gouverné les peuples de Itu, de Rua, de Hamarani, de Luluatu, de Kharilu, de Rupu et Rupiku, de Khiranu, de Rabiel, de Nasiru, de Galaru, de Nabatu (les Nabathéens), de Kam, de Rummulu, d'Adilie, de Kiprie, d'Ubudu, de Garuma, de Khadadumu, de Diru, de Damuna, de Nilku, de Radie, de Da, d'Ubulu, de Karma, d'Amlatu, de Rua, de Kabié, de Lita, de Murusu, d'Amatu, de Khalukhrunu, les villes de Dur-Kurigalzu, Adie, Birtu, de Serrazitu, Birtu-de-Labbanat, Birtu-de-Kar-ilu, les pays d'Aruma, dans leur ensemble; depuis les bords du fleuve Diglat, du fleuve Purat, du fleuve Surappi, jusqu'aux rives du fleuve Arnie, auprès de la Mer-supérieure (j'ai gouverné), j'ai tué du monde, j'ai enlevé des dépouilles.

(L. 10.) — « J'ai annexé aux provinces du pays d'Assur les districts du pays d'Arumu dans son ensemble et j'y ai établi mes préfets et mes juges. J'ai fondé une ville à la place Tul-khamri, qui dépend de la ville qu'ils appellent Khumut, et je l'ai nommée la ville de Kar-Assur ; j'y ai placé les hommes des pays que j'avais conquis.

L. 2. — « Dans les temples sans pareils de Bab-ilu, de Barsip, de Kutha, de Kisik, de Dilbat et de Erech (?); j'ai immolé des victimes pures à Bel, à Nabu, à Tasmit, à Nirgal, à Las, les Grands-Dieux mes maîtres, et j'ai commandé aux hommes du pays de Kar-Dunias la vaste, et sur toutes les provinces qui en dépendent. J'ai soumis. . . . . . les hommes d'Usa, de Bakuda ; j'ai tué beaucoup de monde, j'ai pris un riche butin, j'ai imposé les hommes de Bakudu, j'ai réuni au pays d'Assur la ville de Lakhiru qui est située dans la ville de Limmu, la ville Pillutu qui est près du pays d'Elam dans son ensemble, je l'ai livrée dans les mains de mon lieutenant le préfet de la ville d'Arrapkha. J'ai transporté les habitants du pays de Kaldudu tout entier, au milieu du pays d'Assur, j'ai réduit le pays de Kaldu, dans son ensemble, dépendant de Nabu-usapsi, fils de Selani; j'ai fait un grand carnage autour des murs de la ville de Sarrappani, et j'ai fait mettre des corps en croix entre les Grandes-Portes de la ville, j'ai pris le pays de Gilu et la ville de Sarrappani, j'ai pris 5,300 des leurs, leurs biens, leurs dépouilles, leurs trésors, leurs richesses, leurs femmes, leurs fils, leurs filles et leurs Dieux. J'ai ravagé leurs villes et celles de son

voisinage, je les ai livrées aux flammes, j'en ai fait un monceau de ruines et un champ de vignes.

(L. 18.) — « J'ai pris la ville de Kharbaru, la ville de Yapaldu; j'ai pris 30,000 hommes, leurs richesses, leurs trésors, leurs Dieux et les villes environnantes, j'en ai fait un monceau de ruines, j'ai réduit à l'esclavage le fils de Sallini, j'ai pris ses Grands-Dieux, ses grands dignitaires, ses places fortes, *an buk addi suniete va.* Je suis venu vers le pays d'Assur, j'ai soumis les hommes du pays de Bit-Salli. J'ai pris leurs biens, leurs forteresses et j'ai réduit en servitude 50,000 hommes des leurs, j'ai pris leurs richesses, leurs dépouilles, leurs biens, leurs trésors, leurs femmes, leurs fils, leurs filles et leurs Dieux.

(L. 22.) — « J'ai pris la ville d'Amlilatu; j'ai pillé les habitants; j'ai pris leurs biens, leurs dépouilles, leurs trésors, j'ai changé le pays de Bet-Salli dans son entier en un monceau de ruines et j'ai réuni les plaines de ces pays aux districts du pays d'Assur.

(L. 23.) — « J'ai pris Dagab, fils d'Amukhani, dans la ville de Sapie, sa capitale, j'ai élevé un monceau de cadavres devant les grandes portes de sa (ville), j'ai coupé les plantations de lentisque de son palais, j'ai tué le Chef des Eunuques de . . . . de son pays et j'ai. . . . . j'ai rempli. . . . . j'ai ravagé ses villes, je les ai détruites, je les ai livrées aux flammes, j'ai couvert de ruines le pays de Bit-Silani, le pays d'Amukhani et le pays de Bit-Silani dans leur ensemble, j'en ai fait un champ de vignes.

(L. 26.) — « J'ai reçu les tributs de Balazu, fils de Dakkuri, d'Adini, . . . de l'argent, de l'or, des. . . des pierres. Les sujets de Marduk-bal-iddin, fils de Yakini sous les rois mes pères n'avaient jamais été soumis, ils n'avaient pas embrassé leurs genoux. La crainte immense d'Assur, mon Seigneur, les effraya et ils vinrent au-devant de moi, dans la ville de Sapiya, ils embrassèrent mes genoux, je leur ai imposé de l'argent, de l'or, des produits de leur pays, de . . . des pierres *sik*, des pierres, produits de la mer, des poutres de. . . ., des étoffes de laine, des bœufs, des moutons.

(L. 29.) — « J'ai soumis le pays de Namri, le pays de Sangibuti, de Bit-Khamgim, de Sukharru, de Barrua, de Bit-Sualzas, de Bit-Batti, la ville de Nikura, le pays d'Umliyas, le pays de Silanzai, de Parsua, de Bit-Zalti, de Bit-Abdani, de Bit-Kapsi, de Bit-Sangi, de Bit-Urzikki, de Bit-Istar, la ville de Zikrati (la Sagartie), le pays de Gizinikuni, le pays de Nissa la ville de Sibur, la ville d'Urimzan, le pays de Rusan. . . . . . . le pays de Bustus, le pays de Ariarmi (l'Arie), le pays de. . . . *si in mis hu*, le pays de. . . . le pays d'Arakattu (l'Arachosie), le pays de Karzipra, le pays de Gukinassa, le pays de Bit-Sakbal, le pays de Silhazi, que les hommes de Bab-ilu appellent le pays de Rua et le pays de Bit-dur, le pays d'Uskakana, le pays de Sikraki, qui produit de l'or, les villes du pays de Madaï et les habitants des frontières. J'ai tué beaucoup des leurs, j'ai pris 6,500 hommes, leurs richesses, des chevaux, des *nirnunna*, des vaches, des bœufs, des moutons sans nombre, j'ai ravagé leurs villes, je les ai détruites, je les ai livrées aux flammes, j'en ai fait un monceau de ruines et un champ de vignes.

(L. 34.) — « J'ai occupé de nouveau le pays de Namri, le pays de Bit-Sangibuti, de Bit-Khamukin, de Surzu, de Bit-Rua, de Zulzas, de Bit-matti, la ville de Khulkusu du pays d'Umlias, le pays de Bit-Silanzi, le pays de Parsua, le pays de Bit-zati, le pays d'Abdadani, le pays de Bit-Katzi, le pays de Bit-Sangi, le pays de Bit-Urziki, la ville de Bit-Istar, les villes qui dépendent du pays de Madaï. J'ai livré leurs villes aux hommes des provinces du pays d'Assur, je les ai faites de nouveau, j'ai invoqué Assur, mon Seigneur, au milieu de leurs habitants et je les ai traités comme des vaincus (ces hommes la prise de mes mains.) J'ai imposé sur eux, mon lieutenant pour gouverneur.

(L. 37.) — « J'ai fait faire l'image de ma royauté dans le pays situé . . . . je l'ai élevée dans le pays de Tikrukki, j'ai occupé la ville de Bit-Istar, la ville de Sibur, le pays d'Ariarmi (l'Arie), le pays de . . . . . , la ville de. . . . . . . une des places fortes que les hommes de Bab-Ilu appellent la ville de Pal-il-khazi, le . . . . . .

. . . .

le pays de Salipa et j'ai été maître des villes du pays tout entier jusqu'au pays de Bikni, j'ai imposé des chevaux, des *nirnunna*, des vaches, des moutons, *asi di tu uslisu*. Assur, mon Seigneur, que dans tous les pays. . . . . . Assur, mon Seigneur, *is ha bu su va* vers la ville de Dur-Tuklat-pal-Asar, la ville. . . . . ; ils vinrent vers moi, ils embrassèrent mes. . . . . . , des *nirnunna*, des bœufs, des moutons. . . . .

(L. 42.) — « Moi, Assur-nasir-habal, je me suis avancé vers le pays de Madaï, j'ai occupé le pays de Kirkhi dans son entier, j'ai ajouté des provinces aux provinces du pays d'Assur. . . . .

(L. 57.) — « Tributs du pays de Kustaspi, du pays de Kummuk, — d'Urik, du pays de Kui, — de Sibiti-Bel, du pays de Gubal. . . . , — d'Eniel, du pays de Khammut, — de Panammu, de la ville de Samli, — de Tarkhularu, du pays de Gambul, — de Sulummut, du pays de Milid, d'Uassami, du pays de Tabal, — d'Uskhitti, de la ville de Tani, — d'Urbal, de la ville de Tukhanus, — de Takhamina, de la ville de Islundi, — de Tambi-el, de la ville d'Armadu, — de Sanibu, de la ville de Bit-Ammani, — de Salamana, du pays de Ma'ab (Moab). . . —de Mitinti, du pays d'Askaluna (Askalon), — d'Yaukhazi (d'Achaz), du pays de Yauda (la Judée), de Kaumalik, du pays de Udumu (l'Idumée),—de Muri . . . —de Khanun (Hanon), du pays de Khazatti (Gaza), de l'or, de l'argent, du fer, des *asar*, des vêtements de laine et du fil, des vêtements de leur pays. . . . .
produits de la mer, des *sarruti*, des chevaux, des *nir nun na*.

(L. 64.) — « Uassurmi, du pays de Tabal, s'était soustrait à l'œuvre du pays d'Assur. Il ne s'était pas rendu auprès de moi. J'ai mis sur le trône de sa royauté mon lieutenant. . . . . . . , fils de Lamamana et je lui ai imposé 4 talents d'or, 1,000 talents d'argent, 2,000 chevaux.

(L. 66.) — « J'ai envoyé mon lieutenant, un de mes dignitaires, vers la ville de Surri (Tyr), j'ai... Mieb-Bel, de la ville de Tyr, 150 talents d'or.

(L. 68.) — J'ai construit un Bit-Hilan, semblable aux palais du pays de Khatti (la Syrie) pour mon repos, dans la ville de Kalakh . . . . . J'ai élevé au milieu du palais de mes pères, sur les bords du fleuve Diglat, un palais. . . . .

(*W.A.I.* II, pl. 67.)

Suivent les détails très-mutilés de la construction de ce palais qui a été si ravagé et par le temps et par les successeurs de Tiglat-Pileser. La mention la plus importante que nous ayons à retenir dans ce fragment est celle du nom d'Achaz, roi de Juda, qui figure parmi les tributaires du prince assyrien.

On peut encore recueillir sur différentes inscriptions qui se complètent les unes par les autres, quelques détails d'un grand intérêt. Les fragments consignés dans les planches de M. Layard sous les n°s 50, 51, 52, 65, 67, 68 et 69, se trouvent reliés par le récit consigné dans les planches 9 et 10 du dernier recueil du Musée Britannique. Ces détails appartiennent évidemment à la VIIe campagne.

Nous rencontrons d'abord dans un fragment qui se rapporte au commencement de cette campagne, un nom qui mérite une observation particulière; il se trouve au milieu des princes tributaires de l'Assyrie sous cette forme : *As-ri-ya-u*, « Asria, du pays de Yauda (la Judée). »

M. Smith, qui a eu l'avantage de mettre en lumière le passage qui nous occupe, avait cru pouvoir assimiler ce prince juif à Azaria, plus connu sous le nom d'Ozia-le-lépreux. Les principes les plus élémentaires de lecture assyrienne se refusent à cette assimilation. Le nom d'Azaria aurait été transcrit par les lapicides assyriens sous la forme *A-za-ri-a-u*, et non *As-ri-a-u*. Toute les transcriptions des noms juifs que nous trouvons dans les textes assyriens sont conformes aux règles générales de lectures auxquelles il nous suffit de faire ici allusion. Asria n'est donc pas Azaria et nous n'avons pas besoin, dès lors, de nous lancer dans l'examen des difficultés chronologiques que cette assimilation pourrait soulever. Mais quel est donc ce personnage qui a eu la faveur d'être distingué par le roi assyrien? Jusqu'à ce que son rôle ou sa filiation soient bien indiqués dans un texte, il est certain qu'on ne peut faire à son égard que des conjectures; nous inclinons vers celle-ci qui a été proposée par M. Oppert. On sait que Rasin et Pékah, dont nous allons retrouver les noms dans les textes assyriens, avaient eu la pensée ainsi que nous l'apprend Isaïe de mettre à la place d'Achaz, roi de Juda, un prince que le prophète se contente de désigner par le nom de son père et qu'il nomme le fils de Tabeël, de même que le texte prophétique nomme Pekah le fils de Rémalia. Ce fils de Tabeël dont les textes bibliques n'ont pas conservé le nom ne serait-il pas cet Asria que les textes assyriens rangent parmi les tributaires de Tiglat-Pileser? Cette hypothèse restera sans doute longtemps encore peut-être, sans justification, mais elle ne manque pas d'une certaine apparence de réalité.

L'inscription continue par les détails de la guerre que Tiglat-Pileser poursuivait alors contre les états qui bordaient la Méditerranée. C'est au milieu de la longue énumération des princes tributaires de l'Assyrie, que nous voyons figurer les noms de Rasin (רצין) et Ménahem (מנחם). Le texte s'exprime ainsi :

(L. 50). — « J'ai reçu les tributs de Kustaspi de la ville de Khummuk; de Rasun, de la ville de Dimaska; de Minimmi, de la ville de Samirina; de Irumma, de la ville de Suri; de Sibitti-bil, de la ville de Gubal; d'Urikki, du pays de Kui; de Pisiris, de la ville de Gargamis ; d'Eniel, de la ville de Khamat; de Panammu, de la ville de Samlu; de Tarkhuluru, du pays de Gamgum; de Salumul, du pays de Nibud; de Dadilu, de la ville de Kaska; d'Uassurmi, du pays de Tabal; de Ushitti, du pays de Tunai, d'Urpattu, du pays de Tukhana; de Tukhammi, de la ville d'Isianda ; d'Urimmi, de la ville de Urnaï; de Zabibie, reine du pays d'Aribi; de l'or, de l'argent, de l'étain, du fer, des *zuamsi* des vêtements de laine et de fil, des vêtements bleus (pourpre bleue), des vêtements de pourpre (rouge), du cèdre, du pin, *nir ak ru ni sir ti* du royaume, des moutons, *pal kuti sa mir sunu*, de la pourpre, *sa par* de l'oiseau du Ciel, dans son vol *su a gab pi sa nu ana takilti sar bu*, des chevaux, des *nirnunna*, des bœufs, des brebis, des chameaux, des chameaux femelles et des bêtes de somme.

(L. 57). — « Dans ma IXe campagne, Assur, mon Seigneur, m'a protégé. Je suis allé au pays de Bit-Kapdi, au pays de Bit-Sangi, au pays de Bit-Ursaki, au pays de Madaï, au pays de Bit-Salzas, au pays de Bit-Issat, au pays d'Umlias.

L. 59. — « J'ai pris la ville de Bit-Istar, la ville de Tul. . . . . , la ville de Kindiasu, la ville de Kingialkasis, la ville de . . . . . , la ville d'Urbasu, la ville d'Isibanu, la ville de Girgiru. . . . .? *Ki di buz khali* et les villes de leurs frontières. Je les ai prises, je les ai détruites, je les ai livrées aux flammes.

L. 62. — « Dans ce temps-là, j'ai fait. . . . . , j'ai tracé dessus la gloire d'Assur, mon Seigneur, et je l'ai placée dans la ville de Bit-Istar. »

(Layard, pl. 68.)

Les autres inscriptions de Tiglat-Pileser sont dans un état de mutilation tel, qu'il est impossible de les traduire dans leur ensemble et que nous devons nous borner à en citer des fragments.

Nous y voyons que Rasin, du pays de Damas, s'était enfui dans les montagnes élevées où il a été poursuivi par Tiglat-Pileser, qui l'a pris, et qui s'est emparé de 800 hommes et de leurs richesses. Quant à la ville de Damas, il en a fait un monceau de ruines.

C'est ainsi que la Syrie tomba au pouvoir des Assyriens et que Tiglat-Pileser étendit de plus en plus une puissance dont les prophètes d'Israël annonçaient déjà les prodigieux développements.

Nous ne tardons pas, en effet, à voir apparaître, parmi les tributaires du roi d'Assyrie, de nouveaux noms qui ont été signalés pour la première fois par M. Smith; ce sont les noms de Pakakha, Pekah (פקח), et de Yausi, Osée (הושע). Enfin, nous lisons également à côté de ces noms celui d'une nouvelle reine, Samsie, du pays d'Aribi.

On doit comprendre le grand intérêt qui s'attache aux fragments qui nous sont parvenus sur le règne de Tiglat-Pileser. Avant de connaître les inscriptions, il était facile de voir que l'empire d'Assyrie avait pris une extension prodigieuse. Babylone et la Chaldée ne sont plus des puissances qui peuvent lutter contre les princes assyriens; la Syrie est envahie, la Palestine est menacée et les peuples de l'Asie tournent avec empressement leurs regards vers l'Afrique pour lui demander un secours inattendu, le seul qu'il est possible d'entrevoir et sur lequel les prophètes annoncent déjà qu'il ne faut pas trop compter.

Il serait difficile de déterminer les limites de l'empire à cette époque, les lacunes des textes, le défaut de précision que l'on peut rencontrer dans les formules consacrées, ne permet pas de distinguer les pays conquis de ceux qui, entraînés par la terreur que leur inspirait Assur, payaient une redevance plus ou moins volontaire au prince assyrien pour acheter son appui. Au Nord, les frontières n'ont pas changé; une expédition vers le pays de Namri et un massacre en Arménie n'ont pas réduit ces provinces montagneuses que nous verrons par la suite lutter encore contre l'Assyrie. A l'Orient, Tiglat-Pileser ne paraît pas avoir pénétré très-loin du côté de la Médie, mais il entreprit une grande expédition vers les pays ariens. Nous avons vu figurer parmi les nouvelles provinces envahies des noms sur l'identification desquels il n'est pas possible de se tromper, la Parsoua, la Perse, la Parthienne ou le pays de Zikruti, la Sagartie, les Σαγάρτιοι de Hérodote, le pays de Nissa, le Nisœa des anciens, l'Ariarma, l'Arie l'Αρία des Grecs, l'Arukhuttu, l'Arachonie, l'Αραχώσιοι des Grecs, mais c'est surtout sur les bords de la Méditerranée qu'il établit sa puissance; quelques îles sont déjà occupées et le royaume d'Israël est sérieusement menacé, le moment approche où les deux puissances qui se partageaient le monde d'alors allaient se mesurer, l'Asie et l'Afrique représentées par l'Assyrie et l'Egypte.

Tiglat-Pileser a régné 18 ans depuis le 13 yar (13 avril) 744 jusqu'à l'année 726 a. J.-C. La table chronologique des Limmu nous donne dès indications précises pour chacune de ces années.

744. [Nabu-Bel-usur, préfet de] Arbakha, le jour 13e du mois aïru, Tuklat-pal-Asar s'est assis sur le trône; — il marcha vers les rives du fleuve.
743. [Bel-edel-el de] Kalakh, vers le pays de Namri.
742. [Tuklat-pal-Asar] roi du pays d'Assur, vers la ville d'Arpadda. — Massacre en Arménie. — Dénombrement.
741. [Nabu-dannin-anni] tartan, vers la ville d'Arpadda.
740. [Salman-bel-usur] préfet du palais, vers la même ville. — Pendant trois ans siége.
739. [Nabu-adir-anni] chef des eunuques, vers la ville d'Arpadda.
738. [Sin-Takkit] ministre, vers le pays d'Ulluba. — Prise de la ville de Birtu.
737. [Bin-bel-ukin] gouverneur du pays, prise de la ville de Gullani.
736. [Bel-tur-anni] de Rasappa, vers le pays de la Mer.
735. [Adar-malik] de Nasibin, vers le pied du mont Naal.
734. [Assur-salim-anni] du pays d'Arbakha, vers le pays d'Urarthu.
733. [Bel-dan-il] de la ville de Kalakh, vers le pays de Palasta (la Palestine.)
732. [Assur-dannin-anni] de la ville de Mazamuya, vers le pays de Dimaska.
731. [Nabu-bel-usur] de la ville de Simu, vers le pays de Dimaska.
730. [Nirgal-uballit] de la ville d'Anizukina, vers la ville de Sapiya.
729. [Bel-ludari] de la ville de Tili, au Pays.
728. [Naphar-el] du pays de Kirur. — Le roi prend les mains de Bel.
727. [Dur-assur] de......

(*W.A.I.* II, pl. 52, obv.)

Tel est l'ensemble de ce règne, un des plus intéressants que les découvertes modernes aient mis en lumière.

SALMAN-ASAR.

(726 a. J.-C.)

Documents. — *Canon des rois Assyriens, W.A.I.* III, pl. 1.

Salman-Asar, le ve du nom, le successeur de Tiglat-Pileser est le Salmanasar de la Bible (שלמנאסר) ; il ne nous est guère connu que par les saintes écritures. Voici, d'après ces données, quel était alors l'état du peuple d'Israël par rapport à l'Assyrie. Le royaume de Samarie voyait approcher sa dernière heure, Osée, l'assassin de Pékah, était parvenu à monter sur le trône, mais il était vassal de l'Assyrie et il devait continuer à payer à Salmanasar le tribut que lui avait imposé Tiglat-Pileser. Cependant il y avait dans le peuple un parti considérable qui murmurait contre cette redevance imposée par la force et dont chacun désirait s'affranchir. Aussi tous les adversaires de l'Assyrie rêvaient une alliance avec l'Egypte, la seule puissance capable d'opposer alors une limite à ses éternelles conquêtes. Malgré les avertissements des prophètes, Osée crut pouvoir y trouver son salut. A cette époque, une dynastie Ethiopienne, la vingt-cinquième de Manéton, avait envahi la Haute-Egypte, tandis que la Basse-Egypte était divisée entre deux dynasties, l'une Tanite (la vingt-troisième), l'autre Saïte (la vingt-sixième). La dynastie Ethiopienne était la plus puissante; elle pouvait faire parvenir des troupes en Palestine par le Désert et l'Idumée, Osée envoya des ambassadeurs au prince Ethiopien qui régnait alors, probablement le deuxième de cette dynastie, So ou Sevé (סוא), Sébéchus, le Σαβάκως des Grecs, pour négocier une alliance dont on ignore le résultat; mais il est certain qu'Osée comptait tellement sur ses forces qu'il refusa de payer le tribut au roi d'Assyrie. Salmanasar marcha contre lui, envahit ses états, s'empara de sa personne et vint mettre le siége devant Samarie.

Il serait très-intéressant de compléter ces renseignements par des récits assyriens, mais ils nous font complétement défaut jusqu'ici. La table chronologique s'arrête à la dernière année de Tiglat-Pileser et nous ne pouvons constater que la durée du règne de Salman-asar par les noms des Limmu qui nous sont donnés dans le canon des rois et qui nous indiquent qu'il a régné 5 ans.

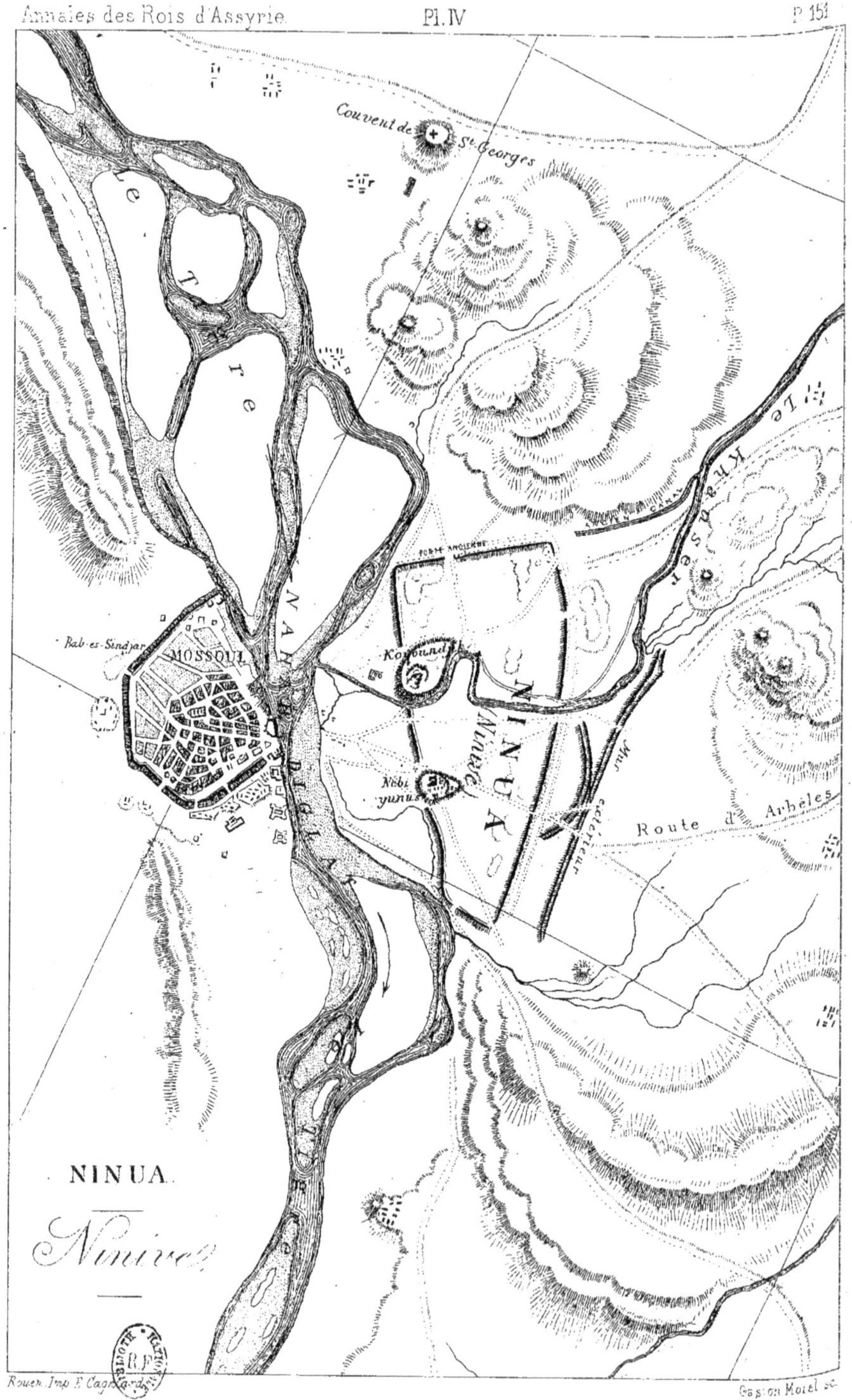

Rouen. Imp. E. Cagniard.

Gaston Morel sc.

CINQUIÈME PÉRIODE.

NINIVE.

Il n'est peut-être pas sans intérêt de jeter un coup d'œil rapide sur l'état du monde, tel que nous pouvons l'apprécier du moins, au moment où nous ouvrons cette nouvelle période pendant laquelle nous allons voir la puissance assyrienne grandir encore, et pendant plus d'un siècle grandir toujours. Nous ne sommes pas aussi étrangers qu'on pourrait le supposer aux choses qui se passent loin de nous dans l'espace et le temps.

Quelles que soient les influences diverses qui aient poussé la civilisation du côté de l'Occident, il est certain que le principe auquel notre Société actuelle se rattache le plus directement, a pris naissance dans la Haute-Asie. La vie religieuse de l'Occident, je pourrais dire du monde moderne tout entier, se rattache aux destinées d'un petit peuple chez lequel l'idée monothéiste s'est pour ainsi dire incarnée dès la plus haute antiquité et dont les développements ont fait toute la vitalité.

Au VIIe siècle avant notre ère, ce petit peuple, divisé en deux fractions, déchiré par des guerres fratricides, comptait à peine parmi les populations des bords de la Méditerranée. Nous ignorons ce qui se passait alors au nord de l'Asie. A l'extrême Orient, l'Inde et la Chine vivaient d'une vie qui leur était propre. Le Boudhisme s'élevait sur les ruines de la religion de Brahma et s'agitait dans des limites que la nature des choses semble avoir rendues infranchissables.

Parmi les populations qui occupaient le sud de la mer Caspienne, les Ariens, représentants de l'antique religion de Zoroastre, luttaient contre les Touraniens, leurs éternels ennemis. La Perse avait-elle alors une vie distincte ? On l'ignore. A peine si nous pouvons soupçonner son nom dans la longue énumération des conquêtes des rois assyriens. Ils la rangeaient parmi ces peuplades mal définies qui, au Sud de la Mer du soleil couchant, adoraient d'autres Dieux. L'Europe sortait à peine de la barbarie ; Rome était au berceau ; la Grèce n'avait pas encore salué ses Sages ; les colonies phéniciennes de Tyr, de Sidon se répandaient sur les bords de la Méditerranée ; la civilisation du monde était réprésentée par l'Egypte et l'Assyrie. L'Egypte, qui jadis avait envahi la Haute-Asie, était menacée à son tour, et l'Assyrie poursuivait le cours de ses envahissements.

Nous avons vu que cet esprit de domination ne s'est pas ralenti sous le règne de Tiglat-Pileser; comment expliquer que le prédécesseur de ce prince fût ce roi efféminé qui aurait laissé envahir ses Etats et qui aurait péri au milieu d'une catastrophe immense à la suite de laquelle la capitale du monde, Ninive, n'aurait plus présenté qu'un monceau de ruines?

Et pourtant, si nous ne pouvons encore expliquer ce grand événement, les faits sont là et semblent devoir le confirmer d'une manière éclatante. Si cette grande ville n'était pas nommée dans la Bible, si son nom ne se trouvait pas dans les annales des rois que nous avons cités jusqu'ici, rien ne viendrait témoigner de son existence antérieure à la dynastie dont nous allons lire bientôt l'histoire.

Lorsque l'attention fut appelée sur les ruines de l'Assyrie, les premières investigations furent dirigées du côté de Ninive. C'était la ville célèbre dans l'histoire des prophètes qu'il s'agissait de retrouver. Cependant, les premières tentatives de M. Botta, sur l'emplacement même de Ninive, ne donnèrent aucun résultat. Mais, en remontant un affluent du Tigre, à 16 kilomètres au nord de Mossoul, il se trouva bientôt en présence des ruines d'un palais assyrien. Ce n'était pourtant pas encore Ninive.

Le village de Khorsabad, où cette première découverte a eu lieu, couvrait, en effet, les débris d'une cité antique construite par Sargon; Ninive à cette époque n'existait plus; c'était, suivant les inscriptions mêmes une ville en ruine. Sargon, faisait sa résidence à Calach lorsqu'il songea à élever au nord de Ninive, au pied des montagnes, une autre capitale pour remplacer la ville détruite. Les inscriptions qu'on rencontre sur ce point appartiennent exclusivement à ce règne. Nous examinerons bientôt cette importante découverte.

Cependant Ninive avait marqué sa place, les premiers travaux de M. Botta, repris par M. Layard amenèrent enfin la découverte de la fameuse cité.

En face de Mossoul, après avoir traversé le pont de bateaux qui conduit dans la plaine, on se trouve en présence de deux monticules artificiels qui rompent la monotonie des terrains, ces deux monticules sont situés à deux kilomètres l'un de l'autre, sur une ligne droite qui forme le côté occidental de l'enceinte de la ville royale. Le Tigre coule suivant la partie la plus longue de cette enceinte et la touche aux deux extrémités en formant une courbe qui s'en éloigne vers le centre.

Koyundjik (le petit agneau) est le nom du village bâti sur la colline la plus septentrionale; cette colline a environ 20 mètres de hauteur au-dessus du niveau du Tigre et s'étend sur une espace de 800 mètres de long sur 400 mètres de large. C'est à la pointe méridionale que M. Botta avait entrepris les premières recherches en 1844, c'est là que les fouilles ont été reprises plus tard par M. Layard. Le nord du tumulus est occupé par le village et n'a pas encore été l'objet des recherches.

Le palais qui a été découvert par M. Layard dans la partie sud de la colline de Koyundjik a été construit par Sennachérib; il s'élevait sur les bords du fleuve et les eaux avant de se retirer en ont même détruit une partie. La façade était située du côté du Nord, elle a été déblayée dans toute son étendue et elle est ornée d'une abondante décoration de sculptures et d'inscriptions.

La partie centrale du monticule de Koyundjik a été fouillée par MM. Loftus et Rassam. Le résultat de leurs travaux a fait connaître un nouveau palais assyrien qui n'a pas été entièrement mis au jour, il a été construit par Assarhaddon, fils et successeur de Sennachérib. Ce prince est le dernier de ceux dont nous voyons le nom dans la Bible. Cependant les fouilles modernes nous ont appris que les palais de Sennachérib et d'Assarhaddon avaient été terminés et embellis par un prince nommé Assur-bani-pal, celui qui nous a laissé les plus longs et les plus nombreux monuments de l'épigraphie assyrienne. Dans une des salles du palais de Sennachérib, les explorateurs ont trouvé les débris d'une véritable Bibliothèque assyrienne. A la hauteur de plus de trente centimètres sur une superficie de plus de dix mètres carrés, le sol était couvert de fragments de briques chargées d'inscriptions. Ces fragments se montent à près de dix mille. Outre les documents relatifs à l'histoire d'Assur-bani-pal, cette nombreuse Bibliothèque réunie et mise en ordre par ce roi nous a donné de nombreux renseignements sur les différentes branches de la vie scientifique et privée des Assyriens. Quelques-unes de ces inscriptions ont été déjà publiées et il est facile de comprendre, au milieu du désordre dans lequel ces débris ont été trouvés, les difficultés matérielles qui s'élèvent seulement pour les classer. Quoiqu'il en soit, on peut déjà apprécier la nature et l'importance de leur contenu: la religion, les lois et les coutumes y tiennent une grande place, les observations astronomiques, l'astrologie et même la magie y sont également représentées, on y trouve de nombreux traités relatifs à l'écriture même dont les Assyriens se servaient, des Grammaires, des Dictionnaires, qui nous initient non-seulement aux difficultés de la langue et de l'écriture assyrienne, mais encore aux mystères d'une langue antérieure à l'assyrien et qui peut être regardée comme une langue morte au moment où l'assyrien, que nous étudions aujourd'hui, était parlé par les sujets d'Assur-bani-pal. Il y a là tout un avenir réservé aux investigations de la science et qui permet d'espérer que cette grande civilisation dont nous esquissons ici le cadre sera comprise jusque dans ses moindres détails.

Assur-bani-pal n'est pas le dernier prince assyrien dont les textes sont arrivés jusqu'à nous, car nous trouvons encore des renseignements sur son successeur qui avait construit un palais à Koyoundjik.

Le second tumulus qui s'élève dans l'enceinte de la cité royale de Ninive était protégé par une mosquée. Cet endroit porte le nom de Nebi-yunus. Il est vénéré depuis des siècles comme le théâtre des prédications du prophète Jonas. Autour de la mosquée s'étend un lieu de sépulture; il est interdit de troubler ce champ de repos. Les recherches étaient donc plus difficiles sur ce point; cependant les turcs eux-mêmes ont ordonné des fouilles et elles ont eu un résultat facile à prévoir; ils se sont bientôt trouvés en présence d'un palais assyrien bâti par Sennachérib et dans lequel on a trouvé une nouvelle série des inscriptions de ce roi.

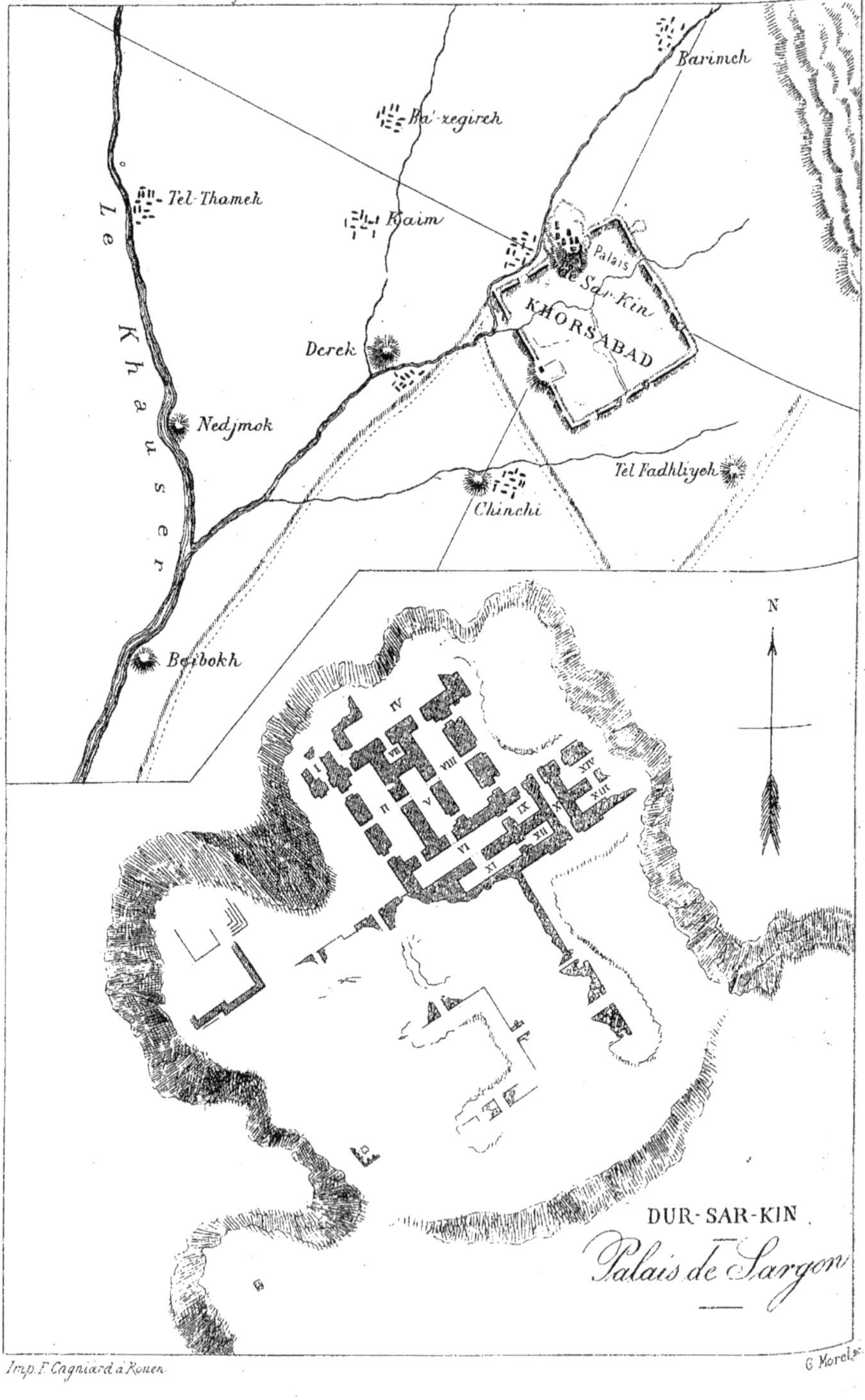

Barimeh
Ba'zegireh
Tel-Thameh
Kaim
Palais de Sar-Kin
KHORSABAD
Le Khauser
Derek
Nedjmok
Tel Fadhliyeh
Chinchi
Beibokh
N
IV
VII
VIII
I
II
V
IX
X
XIV
XIII
XII
VI
XI

DUR-SAR-KIN

Palais de Sargon

Imp. F. Cagniard à Rouen
G. Morel sc.

En dehors de ces deux tumulus, la plaine de Ninive ne présente plus de ruines importantes.

SAR-KIN.

(721 a. J.-C.)

Documents. — Botta. *Le monument de Ninive*, IIIe vol. *Inscriptions*. — V. Place. *Ninive et l'Assyrie*. — *Inscription du Baril de Khorsabad*. (*W.A.I.* I, pl. 36.) — *Inscription du palais de Calach*. (Layard, pl. 33, 34.) — *Stèle de Larnaka*. (*W.A.I.* III, pl. 11.) — *Canon des rois Assyriens*. (*W.A.I.* I. pl. 1.)

La ville dont les ruines sont ensevelies sous le village de Khorsabad était l'œuvre de Sargon, le (סרגון) de la Bible. Il y avait élevé des palais auxquels aucun roi postérieur n'a touché. C'est l'œuvre d'un règne dont il est désormais facile de saisir l'ensemble et d'étudier les détails malgré les lacunes que nous aurons occasion de signaler. C'est surtout dans le palais de Sargon que nous pouvons suivre la disposition traditionnelle qui était adoptée pour les inscriptions des rois Assyriens. Le palais était un livre ouvert pour y inscrire le récit des exploits des rois, c'était un monument de leur gloire, où les inscriptions, les sculptures et les ornements avaient une disposition intentionnelle. Chaque salle avait sa destination spéciale; les bas-reliefs parlaient pour les yeux, les inscriptions parlaient pour l'intelligence. En se reportant au plan de M. Botta, on peut suivre à la fois la distribution du palais et la distribution des inscriptions, un coup d'œil sur le plan de M. Place, qui a achevé les fouilles de M. Botta, fera connaître l'ensemble.

On distingue très-nettement dans le palais de Sargon deux grands textes, dans l'un, les événements sont racontés suivant l'ordre chronologique, en se conformant à l'ordre des événements indiqués par les années ou les campagnes. Ce grand texte, aujourd'hui mutilé, se répétait dans les salles qui portent sur le plan de M. Botta les numéros II. V. XIII et XIV. Les inscriptions figurent sur les planches 70-92-105-120-155-162 du Recueil. Malgré le secours qu'on pouvait attendre pour le compléter, de la répétition du même texte dans plusieurs salles, il renferme encore des lacunes regrettables. Ce texte peut être regardé comme celui des *Annales*.

Dans une seconde série d'inscriptions, le rédacteur semble avoir eu particulièrement en vue de mettre en saillie les principaux événements de son règne, sans s'attacher rigoureusement à leur ordre chronologique. Ces inscriptions décorent les salles qui portent les n°s IV, VIII, VIIII et X. La salle X, planche 144-154 qui formait une sorte de galerie transversale, conduisant de l'extérieur à l'une des cours intérieures du palais, était dans un état de conservation assez satisfaisant et les lacunes du texte ont pu être comblées en grande quantité par les fragments des salles IV, VII et VIII et figurent dans les planches 93-104-121-143.

La disposition générale du texte est la même dans toutes les salles. Dans la salle II, par exemple, qui renferme le texte des *Annales*, l'inscription se compose de quarante colonnes d'une inégale largeur qui se succèdent et forment une frise de treize lignes de hauteur. Le visiteur, en entrant, se tournait vers la gauche et il avait ainsi la première page de l'inscription devant lui. En continuant dans le même sens, il pouvait parcourir, en faisant le tour de la salle et en suivant les enfoncements et les embrassures des portes, le récit jusqu'à ce qu'il revienne, après avoir fait le tour de la salle, au point d'où il était parti. Les Montants des portes font partie des salles auxquelles elles appartiennent et ne renferment pas un texte séparé. La salle X qui renferme l'inscription que nous avons nommée l'*Inscription des Fastes* présente la même disposition. Ces deux grands textes sont résumés dans des inscriptions moins étendues. Çà et là, sur les bas-reliefs, on voit figurer le nom des principales villes que la sculpture a voulu représenter.

Sur les Taureaux gigantesques qui décorent l'entrée principale du palais, on trouve un texte réparti sur quatre colonnes dont les deux premières sont gravées sur le taureau placé à gauche du lecteur en entrant dans la salle. Le commencement est en haut, près de la porte, les troisième et quatrième colonnes sont écrites entre les jambes des taureaux. Ces documents diffèrent notablement des inscriptions des salles. Ces inscriptions sont comprises dans les planches 26 à 61 et répètent neuf fois le même texte.

On trouve sur les Pavés des portes des textes d'un développement très-différent, suivant l'étendue de la place qui était abandonnée au graveur. Ils se rapprochent beaucoup de l'inscription des salles et finissent comme l'inscription des Taureaux (planche 1-21).

On avait gravé sur les Revers des plaques de marbre, dont la partie intérieure était sculptée, des textes assez succincts qui reproduisent des fragments empruntés aux autres inscriptions (pl. 164-182).

Enfin, dans les fondations du monument, on a découvert des plaques en or, en argent, en cuivre, en plomb, chargées d'inscriptions commémoratives destinées à perpétuer le souvenir de la construction du palais.

A côté de ces textes, nous devons signaler surtout l'inscription des Barils ; M. Place en avait rencontré quatorze exemplaires à peu près identiques. On n'en connaît aujourd'hui que quatre ; celui du Louvre renferme un passage qui ne figure pas sur les trois autres.

Dans les parties éloignées du centre du palais, M. Place a mis au jour quelques rares inscriptions qui paraissent avoir eu une destination toute spéciale suivant les salles dans lesquelles elles ont été rencontrées, ce sont des invocations adressées à différentes divinités.

En dehors du palais de Khorsabad, il existe une inscription de Sargon dans une des salles du palais d'Assur-nasir-habal à Calah et une stèle élevée dans l'île de Chypre, sur laquelle on lit une inscription en caractères archaïques, dont malheureusement la partie la plus importante a été détruite à une époque qu'il n'est pas possible d'indiquer.

Toutes ces inscriptions, par leur étendue, par le nombre des exemplaires de chacune d'elles, qui permettait un utile contrôle de l'écriture assyrienne, ont été l'objet des premiers travaux des explorateurs des textes. M. de Saulcy en avait fait dès l'origine une soigneuse collation qu'il a communiquée avec empressement à M. Oppert et à moi, lorsque nous avons voulu nous occuper de ces études. Nous avions, en effet, entrepris dans un travail commun, une monographie du règne de Sargon. Des difficultés matérielles ont empêché la publication de ce grand travail; l'inscription que nous avons appelée l'*Inscription des Fastes* a seule été publiée dans le journal asiatique en 1863 avec un commentaire à l'appui. Depuis, M. Oppert a enrichi la publication de M. Place de la traduction des autres inscriptions.

Les documents assyriens ne nous font pas connaître les ancêtres de Sargon, rien ne nous apprend comment il succéda à Salmanasar; nous savons seulement par la liste des Limmu qu'il est son successeur direct. Les briques de son palais ne portent que ces mots qui commencent à peu près toutes ses inscriptions :

« Palais de Sar-kin, descendant de Bel, Patis d'Assur, roi puissant, roi des légions, roi du pays d'Assur. »

La généalogie de ses successeurs ne remonte qu'à lui, rien ne vient donc rattacher sa dynastie aux rois antérieurs qui marchaient avant lui.

Entrons maintenant dans une des salles de ce palais et voyons d'abord le récit des annales de Sargon.

INSCRIPTION DES ANNALES.

Commencez salle XIV, n° 3, pl. 159. Suivez salle II, pl. 70 à 92. Comparez salle I, pl. 69. S. IV, pl. 93 à 104. S. V, pl. 105 à 120. Salle XIII, pl. 154. S. XIV, pl. 158 à 162. — La plupart des cotes sont relevées de droite à gauche, tandis que le texte va en ordre inverse.—Les Montants des portes H et O, 63-68, font partie des Salles.

(XIV, 3.) — « Palais de Sar-kin, roi grand, roi puissant, roi des légions, roi du pays d'Assur, représentant des Dieux à Bab-ilu, roi des Sumirs et des Akkads, roi des Quatre-Régions, favori des Grands-Dieux.

« Les Dieux Assur, Nabu, Marduck, les Dieux mes protecteurs m'ont confié la royauté sans égal, ils ont propagé la gloire de mon nom jusqu'aux confins de la terre. J'ai restauré les temples de Sippar, de Nipur, de Bab-ilu, de Barzip. J'ai fait respecter mes lois et j'ai puni ceux qui résistaient. J'ai rendu aux villes de Kalu, de Ur, d'Erech, de Rata, du Kullab, de Kisik, de Nivit-Laguda, les dieux qui y avaient habité; j'ai. . . . . leurs habitants. Les lois du pays d'Assur et de la ville de Harran étaient tombées en désuétude depuis de longues années, j'en ai rétabli les dispositions altérées.

« J'ai marché dans l'obéissance des Grands-Dieux, j'ai réduit sous ma domination les pays qui ne s'inclinaient pas devant moi, j'ai parcouru des forêts où on n'avait jamais pénétré.

« J'ai brisé Khumbanigas, roi du pays d'Elam, j'ai asservi les pays de Karallu, de Surda, les villes de Kissisim, de Kharkhar et le pays de Madaï, jusqu'aux confins du pays de Bikni. J'ai réduit sous la domination du pays d'Assur, le pays d'Illipi; j'ai fait la guerre au pays d'Urarthu, j'ai détruit la ville de Muzasir, j'ai soumis le pays d'Andia, j'ai transporté les hommes du pays de Vân, je les ai placés dans un lieu fertile, je les ai dirigés dans les demeures du pays de Khatti, dans les villes du Karkamis et de Kummukh.

« J'ai enlevé Gunzinanu, roi du pays de Khammanu, de la ville de Miliddu, sa capitale. J'y ai établi mes lieutenants pour gouverneurs, j'ai détruit l'empire de Tarkhular, de la ville de Markas. J'ai transporté au pays d'Assur les tribus du vaste pays de Gamgum.

« Iaman, gouverneur d'Asdudu (Asdod) avait méconnu ma puissance, il abandonna sa femme, ses fils, ses filles et s'enfuit à travers le pays du Soleil levant jusqu'aux confins du pays de Miluhhi (Méroé, la Lybie).

« Je me suis assis sur le trône avec puissance, j'ai institué sur l'ensemble de mes vastes Etats, des satrapes, mes lieutenants, pour les gouverner, j'ai étendu les limites du pays d'Assur. (XIV, 5.) Le roi de Miluhhi fut entraîné par la crainte d'Assur, mon Dieu; il lui (à Iaman) lia les mains et les pieds avec des chaînes de fer; il m'envoya des ambassadeurs, devant moi, au pays d'Assur. J'ai pillé tout le territoire dépendant de Samirina et le pays de Bit-Khumri. J'ai pénétré à Iamna, qui est situé au milieu de la Mer du Soleil couchant, en nageant comme un poisson. J'ai enlevé les trésors des pays de Kasku, de Tabal, de Khilakku. J'ai renversé Mitatti, roi du pays de Muski. J'ai mis en déroute l'armée du pays de Musuri (l'Egypte) dans la ville de Rapikh. J'ai réduit à l'esclavage Khanon, roi de la ville de Khaziti (Gaza). J'ai imposé des tributs aux sept rois du pays de Yanagi, du pays de Yatnana (Chypre), qui ont établi leurs demeures au milieu de la Mer du Soleil couchant à sept jours de navigation. Et Marduk-bal-adan, roi du pays de Khaldi, qui habitait sur les bords de la mer, avait exercé le pouvoir à Bab-ilu, contrairement à la volonté des Dieux, tomba dans mes mains. J'ai pris comme gage la totalité de ses vastes états et je les ai remis, sous la protection d'Assur, aux mains de mes lieutenants, le gouverneur de Bab-ilu et le gouverneur de Gambulu. Upire, roi du pays de Dilmun, dont la demeure est établie au milieu de la mer, comme un poisson, m'a envoyé des présents pour se soumettre à ma volonté.

« Avec l'assistance des Grands-Dieux Assur, Nabu. Marduk, j'ai été vainqueur par les armes, j'ai obtenu la destruction de mes ennemis. J'ai régné depuis le pays de Yatnana (Chypre), qui est situé au milieu de la Mer du Soleil couchant jusqu'aux frontières du pays de Musuri (l'Egypte) et du pays de Muski. Depuis le vaste pays d'Akhari (la Phénicie) le pays de Khatti (la Syrie) dans son ensemble, le pays de Gutie, les lointaines contrées du pays de Madaï (la Médie) qui sont proches du pays de Bikni jusqu'aux pays d'Illipi, de Ras, sur les frontières du pays d'Elam, aux rives du fleuve Diglat, jusqu'aux tribus de Itu, de Iabu, de Kharil, de Labdud, du Havranu, de Hubul, de Ruha, de Litaï, qui habitent sur les rives du fleuve Surappi et du fleuve Ukni, les Suti du désert au pays de Yatbur jusqu'aux villes de Samhuna, de Bab-dur, de Dur-Tilit, de Bilat, de Dunni-Samas, de Bubi, de Tul-Khumba, dépendant du pays d'Elam et de Kar-Dunyas, la haute et la basse (Chaldée), les pays de Bit-Amukan, de Bit-Dakkur, de Bit-Silan, de Bit-Sahalla, qui forment la totalité du pays de Kaldi; le pays de Bit-Yakin, qui est situé sur les rives de la Mer, auprès du pays de Dilmun. J'ai perçu les tributs de tous ces peuples, j'ai institué au-dessus d'eux mes lieutenants comme gouverneurs et je les ai réduits sous ma dépendance.

« Voici ce que j'ai accompli jusqu'à la XVe campagne de mon règne :

(II. 2.) « Je suis l'élu des rois qui acceptèrent ma protection favorable dans la ville de Haran et signèrent leur pacte en offrant des sacrifices aux dieux Anu et Dagan. Maître et puissant, j'ai fait marcher mes guerriers contre les rebelles. Dès le jour de mon avénement, roi sans égal, guerrier courageux, j'ai engagé des combats et des batailles. J'ai broyé tous les pays comme du khesbet, j'ai montré les symboles de ma puissance dans les Quatre-Régions. J'ai ouvert des forêts impénétrables, profondes et d'une vaste étendue et je les ai défrichées. J'ai traversé des pays arides où il régnait une chaleur mortelle ; et, sur mon passage, j'ai fait creuser des citernes.

« J'ai imposé des tributs à tous les pays situés à partir de Ras, dans le pays d'Elam, les tribus de Pukud, de Tamun, les villes de Dur-Kurigalzu, Rapik, le pays de Maskakabi, jusqu'au fleuve du pays de Musri (l'Egypte) et le pays d'Akhari (la Phénicie) et de Khatti (la Syrie).

« Ma main puissante s'étendit depuis la ville de Khasmar jusqu'à la ville de Simaspati au pays lointain de Madaï qui est situé au Soleil levant, sur les pays de Namri et d'Ellipi, de Bet-Khamban, de Parsua, de Van, d'Urarthu, de Kasku (la Colchide), de Tabal; j'ai institué sur eux mes lieutenants comme gouverneurs et je leur ai imposé des tributs comme aux gens du pays d'Assur.

(II, 3.) « Dans le commencement de mon règne. . . . . du pays de Samirina. . . (plusieurs lignes manquent). Avec l'aide du dieu Samas qui me donne la victoire sur mes ennemis, j'ai assiégé, j'ai occupé la ville de Samirina (Samarie), j'ai réduit en servitude 27,280 habitants, j'ai prélevé sur eux 50 chars, la part de ma royauté, je les ai transportés au pays d'Assur, j'ai fait demeurer au milieu de mes sujets les hommes que ma main avait conquis, j'ai institué pour les gouverner mes lieutenants et je leur ai imposé des tributs comme aux Assyriens.

« Dans ma première campagne, Khumbanigas se révolta contre les Grands-Dieux. Il s'avança vers moi pour me livrer bataille, je l'ai vaincu, j'ai réduit le pays de Takhumu sous la domination d'Assur.

« Marduk-bal-adan s'était arrogé, contre la volonté des Dieux, la royauté de Bab-ilu. . . . J'ai emmené. . . . hommes, avec ce qu'ils possédaient. . . . . je les ai transportés au pays de Khatti (en Syrie).

(II, 4 et 5.) « Dans ma IIe campagne, Ilubid, du pays de Khamat (Hamat) . . . . s'établit dans la ville de Kharkhar, et souleva contre moi les villes de Dimaska, de Symira, d'Arpadu. . . . (il manque ici au moins 26 lignes où devait se trouver le récit des préparatifs d'une expédition contre l'Egypte). . . (II 6.)—Sab'ie (Sébéchus) avait eu confiance dans ses armées. Il s'avança à ma rencontre pour me livrer combat et bataille, je l'ai mis en fuite avec le secours d'Assur, mon Seigneur. Sab'ie s'enfuit tout seul avec un berger qui faisait paître ses moutons et il parvint à s'échapper. Je me suis emparé de Khanon et de tout ce qu'il possédait, je l'ai envoyé dans mes villes du pays d'Assur. J'ai détruit, j'ai démoli ses villes, je les ai livrées aux flammes et j'ai emmené en Assyrie 9,033 prisonniers avec leurs nombreuses dépouilles.

« Dans ma IIIe campagne, les places fortes de Suandakhul et de Durdukka cherchèrent à se soustraire à l'autorité d'Iranzu, gouverneur du pays de Van qui m'était soumis, elles avaient eu confiance dans l'appui de Mitati du pays de Zikartu. Il avait renforcé ses cavaliers et ses hommes de guerre, il s'en était fait des auxiliaires. J'ai compté les armées d'Assur, j'ai marché contre ces villes, je les ai assiégées. (XIV.I.) Avec mes *asibi danni* (des catapultes?) j'ai renversé leurs remparts, j'ai emmené les habitants avec leurs richesses, j'ai détruit, j'ai démoli ces villes, je les ai livrées aux flammes.

(II,7.) « Les habitants de la ville de Sukkia, de la ville de Bala, de la ville d'Abitikna avaient suivi des conseils perfides. Ils avaient transporté leurs *sursi*, et pour faire leurs soumissions à Ursa, du pays d'Urarthu (l'Arménie), ils lui avaient donné des gages de paix. Je les ai arrachés de leurs demeures et je les ai transportés dans les pays de Khatti et d'Akhari.

« Dans ma IVe campagne, Kiaku, de la ville de Sinukhta, s'éleva contre les Grands-Dieux, il endurcit son cœur, il refusa de payer le tribut. J'ai élevé ma main vers les Dieux, mes Seigneurs, je me suis abattu sur la ville de Sinukta, comme un nuage, je l'ai prise avec sa garnison. J'ai emmené captifs 7,350 habitants, sa femme (de Kiakku), ses fils, ses filles et les gens de son palais; j'ai pris un riche butin; j'ai donné la ville de Sinukhta, sa capitale, à Mattie, du pays d'Athuna et j'ai ajouté aux tributs qu'il payait déjà, des chevaux, des ânes, de l'or, de l'argent.

« Dans ma V^e^ campagne, Pisiri, de la ville de Karkamis, se révolta contre les Grands-Dieux. Il envoya vers Mita, du pays des Muski, des messages hostiles au pays d'Assur. Il prit des ôtages. J'ai élevé mes mains vers Assur, mon Seigneur, je l'ai fait sortir de la ville, j'ai mis la main sur son trésor (XIV.X.) Je l'ai fait jeter dans des chaînes de fer, je me suis emparé de l'argent, de l'or de son palais. J'ai transporté avec lui au pays d'Assur les habitants de Karkamis qui étaient rebelles, ainsi que leurs richesses. J'ai prélevé sur eux 50 chars, 200 cavaliers, 3,000 hommes, les *zu as* de mes pieds ; j'en ai fait la part de ma royauté. J'ai fait demeurer des gens du pays d'Assur dans la ville de Karkamis et je les ai placés sous la domination d'Assur, mon Seigneur.

« Les habitants de la ville de Papa (Paphos ?) et de la ville de Lallukna avaient détourné les gardiens de mon palais au pays de Kakmi, je les ai transportés de leurs demeures et je les ai fait habiter dans la ville de Dimaska, au pays d'Akhari.

« Dans ma VIe campagne, Ursa, roi du pays d'Urarthu, souleva Bagadati, du pays de Mildis et les grands du pays de Karalla, de Zikirtu et

Van. Ils fomentèrent la défection et la révolte, ils les fit douter de la puissance de Sar-kin(II,8.) ils s'emparèrent d'Aza, fils du prince légitime . . . ils le conduisirent dans les hautes montagnes, ils soulevèrent le pays de Van. Ils abandonnèrent le corps d'Aza, leur maître légitime, dans les hautes montagnes. Alors, j'ai élevé les mains vers le dieu Assur mon Seigneur ; je l'ai prié d'intervenir dans les guerres du pays de Van et d'épargner ces guerres au pays d'Assur. Je suis parvenu dans les hautes montagnes, dans un endroit inaccessible où ils avaient jeté le corps d'Aza. J'ai fait écorcher Bagadati, j'ai terrifié le pays de Van, j'ai placé sur le trône Ullussun, le frère d'Aza, je lui ai remis le pays tout entier.

« Cependant Ulussun eut confiance dans Ursa, du pays d'Urarthu, il excita contre moi Assur-likh, du pays de Karalla, Ittie, du pays d'Allabur, et il reconnut la suprématie d'Ursa, du pays d'Urarthu. Dans la colère de mon cœur, j'ai envahi ces pays comme une nuée de sauterelles, j'ai compté les armées d'Assur et je me suis dirigé vers les pays insurgés. Je me suis abattu comme la tempête sur la ville d'Izirti, la capitale du pays de Naïri. J'ai tué beaucoup de monde, j'ai livré aux flammes la ville d'Izirti et j'ai occupé les villes d'Izibia et d'Armit. Ulussun, du pays de Van et les gens de sa race qui habitaient le pays, s'avancèrent vers moi, ils baisèrent mes pieds. Je lui ai pardonné ses fautes et je l'ai remis sur le trône, j'ai ajouté un tribut aux tributs qu'il payait déjà. Quant à Ittie, du pays d'Allabur, je l'ai enlevé de sa demeure, j'ai transporté tous les hommes de Karullu, lui et les siens, et je les ai fait demeurer dans la ville de Khamat . . . . la ville de Gana, (II, 9.) le pays de Su . . . . Je me suis emparé du pays de Nirisar, gouverneur de la ville de Surgadia, j'ai réuni ces villes sous le commandement du satrape de Parsua. J'ai fait transporter au pays d'Assur, Bel-sur-usur, roi de la ville de Kisasi avec les richesses de son palais. J'ai mis sur son pays mes lieutenants pour gouverneurs, (V,17.) j'ai placé au milieu de la ville les Dieux qui marchent devant moi et j'ai donné à cette ville le nom de Kar-Adar. J'y ai élevé une image de ma royauté, j'ai occupé les pays de Bet-Sakbat, de Bet-Khirmani, de Bet-Umargi, et j'ai ajouté à son gouvernement les villes de Kharkhubarnua, de Kilambati, et d'Armangu.

« Les gens du pays de Kharkhar avaient soulevé Kibaba, le chef de leur ville et s'étaient tournés vers Dalta, du pays d'Illipi, pour faire leur soumission. J'ai occupé cette ville; j'ai pris des captifs et j'y ai installé des hommes des pays que j'avais conquis et j'ai institué au-dessus d'eux mes lieutenants comme gouverneurs. J'ai occupé les rives supérieures des fleuves qui forment le pays d'Aranzi et les rives inférieures où sont situées les pays de Bet-Ramatua, d'Urikatu, de Sikris, de Saparda, d'Uriakku, cinq provinces que j'ai occupées, je leur ai imposé le culte d'Assur, j'ai nommé leur ville Kar-Sar-kin. J'ai reçu dans cette ville les tributs considérables de vingt-huit gouverneurs des places fortes du pays de Madaï et j'ai placé l'image de ma royauté au milieu de leurs villes.

« Dans ma VIIe campagne, Ursa, du pays d'Uurarthu, se souleva contre Ullussun, du pays de Van et lui enleva 22 places fortes. De son côté, Ullussun conspira avec Dayaukku (un Déjocès ?), le gouverneur du pays de Van et lui prit son fils en ôtage. J'ai élevé les mains vers Assur, mon maître, j'ai occupé ces 22 places fortes et je les ai réunies aux provinces du pays d'Assur. J'ai emmené Dayaukku et les gens de sa famille et j'ai rétabli la tranquillité dans le pays de Van.

(II,10.) « J'ai imposé comme tribut à Yanzu, roi du pays de Naïri, dans la ville de Khubuskia, une de ses places fortes, dans la ville. . . . . des chevaux, des bœufs, des moutons. . . . . . . leurs bœufs et leurs moutons. J'ai attaqué les places fortes de Tilusina et d'Andia, j'ai transporté les habitants de ces deux villes et toutes leurs richesses. J'ai fait faire une image de ma royauté, j'y ai fait inscrire la gloire d'Assur et je l'ai élevée au milieu de la ville d'Izirti.

« Les pays des rives supérieures et des rives inférieures que j'avais soumises avec les habitants de la ville de Kharkhar, dans ma campagne antérieure, le pays de Bet-Iranzi, de Bet-Ramatua, de Urikatu, de Sikris, de Saparda, d'Upparia se révoltèrent, (II,10.) ils conspirèrent contre moi, je. . . . . . . je les ai soumis de nouveau à ma domination, j'ai réduit à l'esclavage tous leurs habitants, j'ai occupé les villes de Ka. . . . . de Risirzaribu, de Khalbuknu, de. . . . . . d'Anzaria, qui étaient situées sur les rives inférieures et supérieures. J'ai transporté leurs garnisons, 4,820 des leurs, je leur ai imposé des tributs, des munitions de guerre. J'ai occupé les villes de Tel-Akhitub, de Khindau, d'Anzaria, de Bit-Bagaya et j'ai transporté les habitants au pays d'Assur. J'ai rebâti ces villes de nouveau et je les ai nommées Kar-Nabu, Kar-Sin, Kar-Bin, Kar-Istar. J'ai élevé des forteresses pour maintenir le pays de Madaï autour de Kar-Sar-kin, j'ai fortifié les places fortes et j'ai reçu les tributs de 22 gouverneurs des places fortes du pays de Madaï.

« J'ai occupé les villes de. . . . . . du pays de Kimirra, le pays de Bet-Khamma. J'ai transporté 2,830 habitants avec tout ce qu'ils possédaient. . . . . ils avaient tué les hommes du pays de Kui. . . . (II. 11) je les ai poursuivis jusqu'à la mer. . . . je les ai soumis de nouveau à ma domination. J'ai occupé les villes de Kharrua, d'Usnani, du pays de Kui que Mita, roi du pays de Muski avait prises et je les ai ravagées, je les ai pillées.

« J'ai marché contre les tribus de Tasidi, de Ibadidi, de Marsimani, de Khayapaï, du pays d'Aribi, pays lointain, du pays de Bari, que les savants et les sages ne connaissaient pas et dont personne, parmi les rois mes pères, n'avait entendu prononcer le nom ; j'ai soumis ces pays à l'obéissance d'Assur et j'ai transporté une partie de leurs habitants dans la ville de Samirina.

« Pir'ih (Pharaon), roi (*sar*), du pays de Musuri (l'Egypte), Samsie, reine du pays d'Aribi, Et-Amar, du pays de Saba, sont des rois du pays de la Mer et du pays de . . . . J'ai reçu leurs tributs, de l'encens, des métaux, des. . . . . de la ville d'Am...ga, des chiens de toute espèce, de grands animaux voraces, des chevaux, des chameaux.

« J'ai assisté Mita, roi du pays de Muski, j'ai. . . . . dans les provinces de son royaume et je lui ai restitué les places fortes de Kharrua, d'Usnani, du pays de Kui qui lui avaient appartenu depuis les temps reculés.

« Dans ma VIIIe campagne, j'ai reçu les tributs du pays de Van et du pays de Madaï, que les hommes du pays de Van et du pays d'Illipi ne m'avaient pas payés.

« J'ai imposé un tribut considérable à Zizirazalu, le gouverneur des villes qui dépendent du pays de. . . . . dont les rois qui m'ont précédé n'avaient jamais obtenu de tributs. . . . J'ai tué beaucoup de monde à Mitatti, du pays de Zikirtu. (II, 12.) J'ai pris trois grandes villes avec 24 places fortes de leur dépendance, je me suis emparé de leurs richesses, j'ai livré aux flammes la ville de Parda, sa capitale. Il s'enfuit avec les hommes de son pays et on n'a jamais revu leur trace.

J'ai tué une grande quantité des gens d'Ursa, du pays d'Urarthu et 250 personnes de race royale, j'ai fait prisonniers tous ses cavaliers ; quant à lui, il s'enfuit sur une jument pour sauver sa vie ; il s'échappa dans les montagnes. Pendant cinq mois, il erra seul dans les montagnes en parcourant les hauteurs du pays de Zikhar et les vallées des montagnes. Je me suis emparé des provinces du pays de Van et je les ai données à Ullussun, du pays de Van.

« J'ai occupé les villes d'Uskaya et de Birtu qui dépendent du pays de Zaran. . . . dans le pays de Mallau et 115 villes du pays des montagnes de cyprès.

« J'ai livré aux flammes la ville d'Astania, qui dépend de Bet-Sangibut, la ville de. . . . . . , la ville de Salmaki, du pays de Sala, les places fortes qui entourent la ville d'Ulkhu, près du pays de Kispal et d'Ezu ainsi que 140 villes de leurs dépendances, situées dans les montagnes d'Arzabia. J'ai attaqué les grandes villes et les places fortes du pays d'Armari et d'Ubiarda. (II, 13.) La ville d'Abu, le séjour de Rusan. . . les villes situées dans les environs du pays d'Arah, les provinces qui sont situées de l'autre côté de la Mer, la ville d'Ar. . . ., la ville de Ka. . . ., les pays de . . . . . ., 5 villes des environs du pays d'Uaya, j'ai occupé 30 villes du pays d'Uaya. . .

« J'ai imposé à Ianzu, roi du pays de Naïri, dans la ville de Khakuskia sa capitale, un tribut de chevaux, de bœufs et de moutons.

« Ursana, du pays de Muzasir avait repoussé la protection d'Assur et de Marduk et s'était confié à Ursa, du pays d'Urarthu. Je me suis recommandé aux Dieux mes Maîtres, j'ai réuni mes chars et 1,000 cavaliers de ma suite, j'ai appelé mes serviteurs. . . . mes. . . . des combats. J'ai traversé les pays de Sikhak, de Aridi. . . . d'Ulayau, d'Alluria, des montagnes inaccessibles, impraticables aux chevaux. . . . Urzana apprit la marche de mon armée, il s'enfuit comme un oiseau et gagna les hautes montagnes. J'ai pris la ville de Muzasir où demeure le dieu Haldia. Je me suis emparé des trésors d'Ursana, j'ai pris ses femmes, ses fils, 8,160 prisonniers, 682 mulets, des moutons, 920. . . . 125 agneaux, (II, 14. V, 18.) j'ai imposé 30 talents, 18 mines d'or, 160 talents de. . . mines d'argent. . . des étoffes de laine et de fil avec des. . . . 3 mines d'or, 27 . . . je me suis emparé des dieux Haldia et Bagabarta.

« J'ai emporté toutes ces choses au pays d'Assur, je les ai remises à mon intendant le chef du domaine. Ursa apprit la prise de la ville de Muzasir, l'enlèvement de son dieu Haldia, les victoires d'Assur le jetèrent dans le désespoir et, de sa propre main, il se plongea le poignard dans les entrailles.... .

« Dans ma IXe campagne, je me suis dirigé vers le pays d'Illipi, de Bit-Dayaukku et de Karalli. Le peuple du pays de Karalli avait chassé mes lieutenants et il avait élevé à la royauté Amita, le frère d'Assurlikh. Je les fis venir au pays d'Assur et je leur ai imposé un tribut de 2,000 attelages de chevaux; j'ai poursuivi Amita, . . . j'ai. . . j'ai vengé Dalta et j'ai rétabli la tranquillité dans son pays...

(Lacune du n° 15 de la salle 11, le n° 14 de la salle V est très-fruste.)

. . . .

« Les pays de Bit-ili, les provinces du pays de Madaï qui dépendent du pays d'Elipi,. . . les pays de Parnusiti, de Utirna, la ville d'Iristanu et les pays de Uriakku, de Rimanuti, de Upuria, d'Uyadau, de Pustis, d'Agaze, d'Ambanda, de Dananu, les provinces lointaines du pays d'Aribi situées du côté du soleil levant et les principales provinces du pays de Madaï avaient secoué la domination d'Assur et avaient gagné les montagnes et les vallées. . . . j'ai pacifié les provinces, j'ai reçu les tributs de Ulussun du pays de Van, de Dalta, du pays d'Illipi, de Adarbal-adan, d'Allabur et de 45 gouverneurs des villes du pays de Madaï, 4,609 chevaux, des ânes et des moutons en quantité considérable.

(II, 17.) « Ambaridi du pays de Tabal. . . Khulli son père était sur le trône de sa royauté, on lui avait donné le pays de Bit-Barutas et on l'avait confié à sa main. Dans ce temps-là, Khuili avait... je lui avais donné ma fille avec la ville de Khillaku, j'avais étendu ses Etats. Mais lui, homme perfide, n'observa pas l'alliance, il eut confiance dans Ursa du pays d'Urarthu et dans Mita du pays de Muski, qui avaient envoyé des agents pour soulever mes provinces dans le pays de Tabal, j'ai compté les armées d'Assur et j'ai abattu comme du blé les. . . . du pays de Tabal. J'ai emmené au pays d'Assur Amburis, roi du pays de Bit-Buritis, les gens de la maison de son père, les grands du pays ainsi que 100 chars. Je me suis établi dans le pays de Bit-Buritis, le pays de Khilakku et les places fortes de ce pays, j'y ai placé les hommes que la main d'Assur avait soumis. J'ai placé mon lieutenant comme gouverneur au-dessus d'eux et je les ai soumis à mon empire comme des gens du pays d'Assur.

« Dans ma x^e^ campagne, Tarhunazi, du pays de Milid, s'était soustrait au culte des Grands-Dieux. Le vaste pays de Khamman n'avait pas accepté sa soumission au culte d'Assur, je l'ai chassé de ses Etats. Guzinam s'était assis sur le trône de sa royauté à sa place, il avait reçu les tributs, il avait écouté mes ennemis et il avait envoyé des messagers hostiles au pays d'Assur. Dans le courroux de mon cœur, j'ai marché sur le pays de Khamman, (II, 19.) j'ai répandu la terreur dans la ville de Milid. J'ai. . . . . la ville de Milid comme des. . . je me suis emparé de leurs hommes, de leurs troupeaux; mais lui, pour sauver sa vie, se retira vers la ville de Tul-Garimmi, j'ai pris cette ville. . . j'ai réduit en servitude ceux qui s'étaient soustraits à mon obéissance, j'ai fait lier Tarhunazi et ses officiers avec des chaînes de fer; j'ai transporté sa femme, ses fils, ses filles et 5,000 captifs dans ma capitale, j'ai rebâti la ville de Tul-Garimmi, je l'ai fait occuper par des archers du pays de Khamman que j'avais conquis et je les remis aux mains de mon lieutenant. J'ai établi au-dessus d'eux un vice-roi, comme au temps de Guinzinanu, le roi antérieur; j'ai fondé dix places fortes dans les environs et j'ai rétabli la paix dans le pays.

« J'ai fortifié les villes de Lukhru, d'Ursia, d'Anmuru, de Ku. . . . d'Andursalin, du côté du pays d'Urarthu. J'ai fondé les villes d'Usi. . . . de. . . qui sont près du pays des Muski. J'ai occupé des places fortes, les villes de Illiber, de Sindarara . . . . . Duir sa capitale. . . . les villes du pays de Khummuk.

« Dans ce temps-là, j'ai. . . . . . . des montagnes du pays de Khatti.

(II, 19.) « Dans cette même campagne, les. . . m'apportèrent le contenu du trésor du palais du pays de Laris, les produits du pays de Suruman, de l'airain du. . . du pays de Tusaniru, du pays d'Iliku des *seli*, des couronnes, des *nibbau* de fer du pays de Ammun, ... de la montagne. . . . des armes, le trésor de son royaume, du marbre blanc, du . . . . du pays Ba'il-zabuna, de la grande montagne de cuivre. . . . . . . J'ai amassé ces trésors sans nombre que mes pères n'avaient pas réunis, dans les chambres du palais de ma ville de Dur-Sar-kin et j'ai . . . . . de l'argent dans le pays d'Assur.

(II, 20. — XIII, 4.) « Dans ma XIe campagne, Tarkhulara, de Gamgum, avait été forcé de reconnaître la puissance de Mutallu, son fils, qui s'était emparé de son trône contre ma volonté et régnait sur le pays. Tarkhulara m'a demandé de soutenir sa cause. . . Dans la colère de mon cœur, je marchai en hâte sur la ville de Markasi avec mes chars et les cavaliers de ma suite, j'ai pris Mutallu, son fils et la famille de Bel-Pahalla, j'ai pris du butin, de l'or, de l'argent, les trésors de son palais dont le nombre est considérable, (II, 21.) j'ai soumis de nouveau les gens de Gamgum, j'ai réglé leurs tributs, j'ai établi sur eux un de mes lieutenants et je les ai soumis à mon obéissance comme les gens du pays d'Assur.

« Azuri, roi de la ville d'Azdudu (Azdod), avait refusé de payer son tribut, il avait endurci son cœur et il avait envoyé aux rois des environs des messages hostiles à l'Assyrie. Je me suis préparé à la vengeance, j'ai anéanti son pouvoir sur les hommes de son pays et j'ai mis Akhimit, son frère, à sa place sur le trône. Le pays de Khatti ne voulut pas reconnaître sa domination, il mit à sa place Yaman qui n'était pas le maître légitime du trône et qui n'avait pas reconnu ma puissance. Dans la colère de mon cœur, j'ai marché contre la ville d'Azdudu, sa capitale, avec mes chars et les cavaliers de ma suite, j'ai assiégé la ville d'Azdadu, la ville de Gimtu-Azdudu, je les ai prises, je me suis emparé des Dieux, de leurs villes et des habitants de la contrée, j'ai pris l'or et l'argent de leurs palais, j'ai occupé leurs villes et j'y ai établi mon lieutenant pour gouverneur; (Suivez Montant H, I. — II, 21.) je les ai traités comme les hommes du pays d'Assur et ils ont obéi à mes lois.

« Dans ma XIIe campagne, Marduk-bal-adan, fils de Iakin, roi du pays de Kaldi, qui avait établi sa demeure au milieu de la Mer du soleil levant, s'était fié à la Mer et à la force de ses soldats. Il méconnut le culte des Grands-Dieux, il refusa le tribut. (V, 11. — Fin de XIII, 4.) Il avait formé une alliance avec Khumbanigas, roi d'Elam, et il avait soulevé contre moi tous les peuples (de la Mésopotamie). Il se prépara à la guerre et s'avança vers le pays des Sumirs et des Akkads. Il avait envoyé des ambassadeurs pendant douze ans contre la volonté des Dieux de Bab-ilu, la ville de Bel, qui juge les Dieux. Mais Marduk, le Grand Dieu, n'accorda pas sa protection aux actions blâmables du pays de Kaldu; il les avait vues, et, avec son secours, il ordonna la perte du sceptre et du trône de sa royauté.

« C'est pourquoi, Moi, Sar-kin, le roi pieux, j'ai été choisi parmi tous les rois. Il a élevé ma tête dans le pays des Sumirs et des Akkads et il a augmenté mon courage et mes forces pour soumettre les hommes du pays de Kaldi, qui sont impies et rebelles.

« Avec l'aide de Marduk, mon Seigneur, qui soutenait mon courage, j'ai rangé mon armée en bataille, j'ai résolu une campagne contre ces ennemis rebelles. (V,10.) Et lui, Marduk-bal-adan apprit l'approche de mon armée, il fortifia ses places fortes, il rassembla les régiments de son armée et les troupes du pays de Gambul dans la ville de Dur-Alkhar; et, à l'approche de mon expédition, (Montant H, 2. — II, 21.) il augmenta ses garnisons ; 600 cavaliers et 4,000 hommes de troupes formaient l'avant-garde, il releva leur courage. Ils ajoutèrent des ouvrages nouveaux à leurs places fortes. Ils creusèrent un canal à partir du fleuve Surappi . . . . J'ai marché contre lui jusqu'à l'heure du soleil couchant, j'ai fait 18,430 prisonniers avec tout ce qu'ils possédaient, chevaux, ânes, mulets, chameaux, bœufs et moutons, le reste s'enfuit devant mon armée, ils se dirigèrent vers le fleuve Ukna, inabordable. . . . . . Ils apprirent que j'allais attaquer la ville, ils perdirent courage et s'envolèrent comme des oiseaux; les miens emportèrent du fleuve Ukni des tributs considérables, des bœufs, des moutons. J'ai rebâti cette ville et je l'ai nommée Dur-Nabu, j'ai mis à la tête de la ville mon lieutenant pour gouverneur et j'ai imposé un tribut annuel de 1 talent, 30 mines d'argent, 2,000 mesures de blé. . . . . 20 bœufs, 1 bœuf. . . 10, 1 mouton. J'ai laissé à ces hommes. . . . . . .

(II, 22.) — « La ville de Kar-nanni, la ville de Nabu-usalla. . . les villes . . . de Dur. . . la ville de Makhiru, six villes du pays de Khubuya. . . . la ville de Kan-Rakhmïel, la ville de Yakhdi, deux grandes villes. La ville. . . . la ville de Parasa, la ville de Ya . . . 3 villes du pays de Nahar-Iri, le territoire de la ville de Higaya, la ville de. . . . la ville de Asiël, la forteresse de Vannuyasana, la ville de Rahi. . . . . la ville de. . . . 6 villes dépendant du pays de Khilti, la ville de Haza. . . . la ville de Sapari, la ville de Hamadani, la ville de. . . . la ville de Yahyanu, 6 villes sous la domination de Sahlani, la ville de. . . . . la ville de Nami, la ville de Zaruti, la ville de Saadani, la ville de. . . . . la ville de. . . . 7 villes dépendant du territoire de Nagie. La ville de. . . . . la ville d'Astamir dont les . . . . sont innombrables, les *zik ri* de la ville d'Aisamu, la ville de Paka, une ville de la domination de Dinaya, (Montant O, I.—V.9.) la ville de Samibaya, la ville de Babilie, la ville de. . . la ville d'Andan, la ville de Sikhraï, la ville de Patiyael, la ville de Khula, la ville de. . . la ville de. . . (lacune dans laquelle on lisait la prise de Gambul) et j'ai imposé des tributs, 30 mines d'argent, 10 bœufs. . . . un bœuf, j'ai réglé les contributions de chaque année, j'ai offert les bœufs et les moutons aux Grands-Dieux. . . . . . . j'ai occupé la ville de Dur-Atharu, je l'ai rebâtie, j'ai effacé son nom et je l'ai appelée la ville de Kar-Nabu, le pays de Khukanu, de Silburiti, de Tibarsur, de Pasur, de Mahirut, de Khilmu, 6 places fortes dépendant du territoire de Gambuli et les pays dépendant de ces places fortes et tout ce qu'elles renfermaient, j'ai tout pris et je l'ai ajouté à la couronne du pays d'Assur. (Suivez Montant O, I. — V. 9. — II, 23 et 24 manquent.)

«Les hommes de Rua, de Kindar, de Iatbur, de Pukud apprirent la prise de Gambul, ils s'enfuirent à la faveur de la nuit et se dirigèrent vers les rives inabordables du fleuve Ukni. J'ai franchi le fleuve Umlias, le fleuve qui les protégeait par des plantations, j'ai élevé deux forts sur l'autre côté du fleuve. Ils emportèrent leurs effets et quittèrent les rives du fleuve Ukni. Ils prirent mes genoux, Yanaku, lieutenant de la ville de Zami, dépendant de Nabu-usallu, gouverneur de la ville d'Aburié, Pasun, Khaukan, préfet de Nakhan, Sahlu, préfet de la ville d'Huliya, les hommes *nasikat* (XIII, 7.) de Pukudu, Aphatu, préfet de Ruha, Humina, Samih, Sapkharu, Rapih, les hommes *nasikat* (II, 25) de Khindar et les guerriers vinrent dans la ville du Dur-Askhari ; ils embrassèrent mes genoux, je leur pris des ôtages et je leur imposai un tribut comme aux habitants du pays d'Assur, je les mis sous la dépendance de mon gouverneur de Gambul, j'ai consacré les bœufs et les moutons au dieu Nabu.

« Le reste des habitants du pays d'Arami (les Araméens), gens perfides et les habitants des places fortes s'étaient tournés vers Marduk-bal-adan et Sutruk-Nakhunti, les hommes d'Arimi s'étaient dirigés vers le fleuve Ukni. J'ai ravagé leurs demeures, j'en ai fait des ruines, j'ai abattu les arbres et les bois, j'ai détruit leurs plantations et les produits de leur pays, j'ai livré leurs villages à mon armée, j'ai dirigé mes soldats sur les bords du fleuve Ukni, où ils devaient se réunir, ils (II, 26, 27 manquent) les mirent en fuite. Ils firent des prisonniers, ils s'emparèrent de leurs biens et se répandirent dans les villes de Rami, d'Abure, de Japtir, de Makis, d'Illipan, de Kaldan, de Pattian, de Khayaman, de Gadiya, d'Amat, de Mukhan, d'Ama, de Khiur, de Sala, 14 places fortes qui, avec les villes de la vallée du fleuve Ukni s'étaient soustraits à mon obéissance. Ces populations vinrent des bords du fleuve Ukhi et s'humilièrent devant moi. Elles embrassèrent mes genoux. J'ai ravagé ces pays comme je les avais ravagés autrefois et je les ai mis sous la dépendance de mon préfet de Gambul. J'ai annexé au pays de Latbur les villes de Samunu et de Bab-Dur, les places fortes de Sutru-Nakhunti, roi du pays d'Elam. J'ai réduit en captivité Ninu et Singamsibu, les gouverneurs de ces places fortes, 75,020 hommes du pays d'Elam, qu'ils avaient sous leurs ordres, 12,060 hommes de. . . . . J'ai pris des *issumbi*, des chevaux, des ânes, des moutons, des chameaux et des richesses innombrables. J'ai rebâti la ville de Samunu, j'ai effacé son nom et je l'ai nommée la ville de Bet-Bagar.

(Montants O, 2.—V, 9.) «Musezib, Natnu, Aïlun, Daizan préfet de Lahir, Airimmu gouverneur de la ville de Sula. . . et. . . . les 7 *nasikat* du pays de Iatbur, amenèrent dans mon camp, des chevaux, des ânes, des bœufs et des moutons, et ils embrassèrent mes genoux en signe de soumission. J'ai ajouté au territoire du pays d'Assur la ville de Lakhir, du pays de Iatbir, les villes de Sulan, de. . . . . . , de Samunu, de Bab-Dur, les forteresses de Yatbur, les villes d'Akhilimmu, de Pellut, dépendant du pays d'Elam, et les villes de la vallée du fleuve Nadit.

«Les villes de Tul-Khumba, ... de Bubie, de Khaman, les garnisons des places fortes du pays de Ras s'étaient retirées devant la force de mes armes et s'étaient réfugiées dans la ville de Bet-Imbi. Quant à Sutruk-Nakhunti, leur roi, il se retira avec eux dans les montagnes éloignées pour sauver sa vie.

« Sous la protection d'Assur, de Nabu et de Marduk, j'ai traversé le fleuve Purat avec mes armées et je me suis dirigé vers la ville de Dur-Ladin, au pays de Bet-Dakuri. J'ai rebâti la ville de Dur-Ladin et j'y ai réuni mes soldats, les héros de mes batailles.

« La gloire d'Assur, de Nabu, de Marduk que j'avais répandue dans ces contrées, retentit dans Bab-ilu ; Marduk-bal-adan l'entendit au milieu de son palais, (II.28.) il eut peur, il sortit de nuit avec ses auxiliaires et ses troupes, il se dirigea vers le pays de Yatbur au pays d'Elam. Il offrit en présent à Sutruk-Nakhunti, roi du pays d'Elam, son *passur* en argent, son trône en argent, son parasol en argent, son . . . . . . en argent, son *nirmaktu* en argent, les insignes de sa royauté d'un prix considérable; il voulait qu'on soutienne son parti. Il prit les troupeaux des hommes d'Elam et évita ma rencontre en poursuivant sa marche, sans faire connaître son chemin. Il apprit la défection du chef des siens. . . . . il réunit ceux qui lui restaient et se prépara au combat. Lui et ses auxiliaires quittèrent le pays de Yatbur et se retirèrent dans la ville de d'Ikbibel, où ils se crurent en sûreté.

« Les habitants de Bab-ilu et de Barsipa, les Grands du palais, les chefs de l'armée, les savants (?) et ceux qui marchent devant les *mahirat* du pays qui leur était confié, apportèrent devant moi les *sihut* de Bel, de Zarpanit, de Nabu et de Tasmit dans la ville de Dur-Ladin. Les habitants de Bab-ilu m'appelèrent. J'ai répandu l'allégresse dans la ville de Bel et de Marduk, qui juge les Dieux. Alors je suis entré dans la ville et j'ai immolé des victimes pures aux Grands-Dieux. (V, 9.)

« J'ai établi ma puissance au milieu du palais de Marduk-bal-adan, et j'ai reçu les tributs des pays d'Arimi, d'Amukani et de Dakkuri. (II, 29.)

« Les rois qui m'ont précédé avaient creusé autrefois un canal à Barzip. J'en ai fait un nouveau à la gloire de Nabu, de Marduk jusqu'à la ville de *Su-an-na-ki* (Babylone).

« Les habitants de Hamarana s'étaient soustraits à mes armes puissantes, ils s'étaient retirés dans la ville de Sippara, ils avaient résisté à l'attaque des gens de Bab-ilu. Dans ma sagesse, je leur ai envoyé mes Prêtres pour gouverneurs, ils s'approchèrent avec confiance et ils ne résistèrent plus.

« Pendant mes loisirs, pendant le temps du repos, le mois sibat (janvier) arriva. C'est le mois où se lève le Maître des Dieux. J'ai pris les mains de Bel, de Marduk, de Nabu, le roi qui régit les légions du Ciel et de la Terre et j'ai parcouru le chemin du Temple des Trésors. J'ai érigé devant (les divinités) deux Taureaux sculptés, égaux, avec des ailes d'oiseaux, avec leur *katri*. . . . . . , j'ai accompli des sacrifices. . . . . aux Dieux, des Sumiri et des Akkads. (II, 30 manque.) . . .

« Dans ma XIIIe campagne, dans le moi aïru (avril), je suis parti de la ville de *Su-an-na-ki* (Babylone), j'ai disposé mes forces. . . , je suis allé vers les villes de. . . . , Bidaya, Ikbi-bel, Khi. . . . Mardukbad-adan avait levé des contributions sur les villes d'Ur, Larsa, Kisik, Nivit-Laguda. (V, 8.) Il rassembla son armée à Dur-Yakin, il fortifia ses retranchements, il fit mesurer un *asla* autour de ses remparts, (II,31.) il creusa un fossé de 200 grandes mesures (deux plèthres) de largeur et d'un *barsa* de profondeur, jusqu'à ce qu'il arrivât au niveau des eaux, puis il pratiqua une tranchée à partir du fleuve Purat et divisa en plusieurs conduits le cours supérieur du fleuve. Il entoura la ville d'une digue, le centre de la rébellion, il remplit d'eau ces fossés et coupa les digues. Lui et ses compagnons donnèrent l'ordre aux soldats d'élever en l'air les insignes de sa royauté, il disposa son armée. Par la grâce d'Assur, de Samas, de Marduk, mes guerriers s'avancèrent vers les cours d'eau comme des. . . . . J'ai marché avec résolution contre lui et ses gardes royales, je les ai dispersées devant lui comme des *arli*, j'ai porté le désordre parmi ses soldats et ses cavaliers à mesure qu'ils avançaient, j'ai percé moi-même les. . . . . . dans les *zibit mulmulli* et le roi comme un *zikhu* gagna avec peine la Grande Porte de la ville.

« J'ai moissonné comme des *asli* le peuple de Pukudu et les gens de Marsana qui les accompagnaient. J'ai semé la terreur de la mort parmi les autres soldats. (V, 7.) J'ai pris les insignes de sa royauté, le trône de sa royauté, le sceptre d'or, le *pasur* en or, le parasol en or, des *uduni* en or et en argent, des armes, des boucliers, des engins de guerre. J'ai fait prisonniers tous les hommes qui habitent le pays et qui s'étaient soustraits à mes armes dans Dur-Yakin. J'ai pris le *pasir*, les troupeaux de bœufs, les chameaux, les moutons et les chèvres. Les armées puissantes d'Assur pillèrent cette ville pendant trois jours et trois nuits et enlevèrent un riche butin. . . (II,32,33 manquent). J'ai pris 80,570 prisonniers, 2,070 chevaux, 700 ânes. 6,054 chameaux. . . . . j'ai reçu. . . . . et tout ce que mon armée avait enlevé. J'ai ordonné de ne rien laisser sortir ni entrer en ville et j'ai tout renfermé dans la ville. . . . J'ai détruit les plantations, j'ai abattu les arbres, ... j'ai délimité la superficie de la ville . . . . j'ai . . . . . j'ai amoncelé . . . . . une grande quantité de. . . . . que j'ai mis dans la forteresse.

« Et Marduk-bal-adan, reconnaissant sa faute, fut frappé de terreur. La peur immense de mon armée le brisa, il abandonna son sceptre et son trône et il baisa la terre en présence de mon ambassadeur. Il abandonna ses forteresses, il s'enfuit et on ne revit plus sa trace. J'ai appelé son

. . . . il s'inclina devant moi, je lui ai accordé sa grâce. J'ai pris l'or, l'argent, les pierreries, les métaux, le *zu am ki* . . . . . . les *ninnati,* les pierres *ka*, les pierres . . . . . , les . . . . . , le cuivre, les métaux qui avaient été accumulés depuis de longues années par les princes, ses prédécesseurs et ses ancêtres, 1,000 chevaux, 800 ânes. . . . 30,000 *giziati* en or, (V,6.) les instruments, ... les trônes en or, les . . . . . en or . . . . . les . . . . . produits des fleuves.

« J'ai livré aux flammes la ville de Dur-Yakin, je l'ai ravagée, j'ai livré aux flammes son antique forteresse, j'en ai arraché la pierre de fondation, j'en ai fait un monceau de ruines.

« J'ai permis aux habitants de Sippara, de Nipur, de Bab-ilu, de Barsippa, de continuer à vivre dans leurs villes sous ma surveillance. Ils se livrèrent à la culture des champs qui appartenaient depuis un temps reculé aux *Suti*, ils se les approprièrent et j'ai mis sous ma dépendance les *Suti* du désert, j'ai rétabli leurs anciennes frontières.

« J'ai rétabli à Ur, à Ereck, à Rata, à Larsa, à Kullab, à Kisik à Nivit-Laguda, les Dieux de leurs sanctuaires, je leur ai rendu les Dieux qui leur avaient été enlevés et j'ai rétabli leur culte qui était tombé en dessuétude.

« J'ai établi une contribution régulière sur le pays de Bet-Yakin, inférieur et supérieur, jusqu'aux villes de Samuna, de Bab-Dur, de Dur-Telit, de Babu, de Tul-Khumba, qui dépendent du territoire d'Elam. J'y ai fait demeurer les hommes de la ville de Khummuk au pays de Khatti, que mon bras avait vaincus par la protection des Grands-Dieux, mes maîtres. J'ai établi le siége du gouvernement d'Elam dans la ville de Sakbat. J'ai chargé Nabu-pakid-ilan de percevoir les tributs (V,5.) d'Elam. J'ai pris pour gage la forteresse de ce pays et je l'ai confiée à mon lieutenant, le gouverneur de Bab-ilu, et à mon lieutenant, le gouverneur de Gambul.

(II,34.) « Upiri, roi de Dilmun, dont la demeure cachée est établie à 20 *kasbu* au milieu de la mer comme celle des poissons, entendit la gloire de ma puissance et m'apporta son tribut.

« Pendant que j'infligeais un châtiment aux gens du pays de Kaldi et d'Arimi qui habitent la mer du Soleil levant, et que je faisais sentir ma puissance aux gens du pays d'Elam, mon lieutenant du pays de Kui, que j'avais institué dans le pays de . . . . . . sur les provinces du Soleil couchant et à qui j'avais confié la direction de mes sujets, attaqua Mita, du pays de Muski; il s'avança dans des chemins impraticables avec ses chars et. . . . Il prit 2,000 hommes. . . . parmi les soldats de son armée et n'en laissa pas un. Il occupa deux places fortes, la défense de ces contrées, dont la position dans les montagnes est inaccessible. Il tua les hommes de guerre qui lui résistaient, il laissa la vie aux autres, il emmena en captivité 2,400 soldats, il pilla ces deux places fortes et les villes environnantes, il les ravagea, il les détruisit, il les livra aux flammes. Son envoyé qui était . . . m'apporta 1,000 . . . . . dans la ville d'Irmaï, au pays d'Elam . . . . et Mita, du pays de Muski, lui qui n'avait pas rendu hommage aux rois mes prédécesseurs et qui ne leur avait pas envoyé des gages de paix et d'amitié, apprit le récit de mes exploits et les victoires de ma main, qu'Assur, le Grand Seigneur, m'avait accordées, il lut ce que j'avais fait dans la mer du Soleil levant, il sut la ruine du pays et la captivité des habitants, il apprit la défaite d'Upiri, roi de Dilmun, qui demeure au milieu de la Mer, et lui Mita envoya devant moi son ambassadeur pour faire sa soumission et pour m'apporter ses tributs des bords de la Mer du Soleil levant, il me présenta ses présents et reconnut la puissance d'Assur. (II, 35.)

« Et les sept rois du pays de Yanagi, qui dépend du pays de Yatnana (Chypre), dont la demeure se trouve au milieu de la Mer et qui depuis les jours les plus reculés jusqu'à. . . . . étaient inconnus des rois mes pères et avaient refusé leurs tributs, apprirent la défaite des hommes du pays de Kaldi. . . . ils vinrent devant moi à Bab-ilu, ils m'apportèrent de l'or, de l'argent, des meubles, de l'ébène, du santal, les produits de leur pays et baisèrent mes pieds. (V, 4. — II, 36 et suiv. manquent.)

« Dans la XIVe campagne, Mutallu, du pays de Kummuk. . . . . (Lannu). . . . . . avait refusé son tribut, mais il envoya devant moi son ambassadeur au pays de Bet-Iakin pour me demander la paix. Il avait appris mes expéditions au pays d'Assur et les victoires que j'avais remportées sur les gens du pays de Kaldi et d'Elam. Il s'enfuit pour sauver sa vie. . . . dans les montagnes inaccessibles avec les siens. J'ai donné l'ordre à mes lieutenants de s'emparer de ses vastes possessions au nom de ma royauté. J'ai marché pendant six *salam gagar* à sa poursuite, il abandonna son palais, il partit seul et on n'a plus revu sa trace, mes lieutenants assiégèrent la ville, ils prirent sa femme, ses fils, les gens de son pays, les chevaux, les ânes, les mulets, les chameaux, les bœufs et les moutons ; ils s'emparèrent de l'or, de l'argent, des étoffes de laine et de fil, des vêtements bleus, des vêtements de pourpre, des *amsi* des *ka* de *amsi*, de l'ébène, du santal, le trésor de son palais et ils l'apportèrent devant moi dans ma ville de Kalakh. J'ai reconstruit leur ville, j'y ai mis des hommes de Bet-Yakin et j'y ai institué un lieutenant pour gouverneur, je l'ai appelé Bit-Kat et j'ai ajouté un tribut à son ancien tribut, je l'ai remis sur son trône, j'ai fixé sa redevance à 150 chars, 1,400 cavaliers, 20,000 archers, 10,000 porteurs de boucliers, et. . . . des lanceurs de javelots, je lui ai confié alors l'administration de son pays et je l'ai regardé comme un de mes lieutenants.

« Dans la xve campagne. . . . . le pays d'Illipi que j'avais soumis dans une de mes expéditions antérieures me fut fidèle tant que vécut Dalta, roi d'Illipi, mais les maladies de la vieillesse lui amenèrent son dernier jour, il suivit le chemin de la mort. Nibie et Ispabura, les fils de ses épouses, se disputèrent le trône, ils revendiquèrent le pays et les tributs et se préparèrent au combat. (V, 3.) Nibie se tourna vers Sutruk-Nakhunta, roi d'Elam pour soutenir son parti ; il lui donna la promesse de sa soumission et il obtint son secours. Ispabara me supplia de soutenir son droit et de fortifier son parti ; il me demanda une alliance ; alors, j'ai envoyé sept de mes lieutenants pour faire triompher sa cause. Nibie et l'armée de . . . . . . se retira, il s'enfuit avec 1,500 archers du pays d'Elam pour sauver sa vie jusque dans la ville de Marabusti. Il s'enferma dans la ville de Marabusti, un fort situé sur le sommet d'une montagne ; mes guerriers s'emparèrent de la forteresse inaccessible. Ils emmenèrent devant moi Nibie chargé de liens et de chaînes. J'ai bâti de nouveau la ville de Marabusti et j'ai fait . . . . . les partisans de Nibie, j'ai rétabli le gouvernement d'Ispabara dans ses Etats. . . . . je lui ai donné le commandement des hommes du pays d'Illipi, j'ai rétabli la paix dans ses Etats et ils ont suivi ses lois.

« Dans ce temps-là, les hommes que mon bras avait conquis et que les dieux Assur, Nabu, Marduk avaient réuni sous ma domination suivaient mes lois avec piété. Alors, d'après la volonté divine et le vœu de mon cœur, j'ai construit au pied du pays de Musri pour remplacer Ninua une ville que j'ai appelée Dur-Sar-kin. Salman, Sin, Samas, Nabu, Bin,

Adar et leurs Grandes Epouses qui règnent de toute éternité, sur le temple du pays de *matra* et dans les *aralli* ont béni les œuvres splendides que j'avais élevées et les rues superbes de Dur-Sar-kin, j'ai rétabli les lois conformes à leurs volontés. Les prêtres, les hommes *ramki*, les *sarmaki* établirent dans des discussions savantes la sainteté des sacrifices.

« J'ai bâti dans la ville des palais, en *ka amsi*, en santal, en tamarisque en cèdre, en cyprès, en pistachier, d'une incomparable beauté, j'ai disposé les. . . . . sur des tables en or, en argent, en cuivre, en pierres *mitpi*, en pierres *paru*, en pierres. . . . . . j'ai sculpté 8 lions doubles entre les portes pesant 6. . . . . . des rosaces, à la gloire de la Grande Déesse. . . . . j'ai. . . . . placé 64 *kubur*, de matériaux provenant du mont Amanus au milieu des Nirgali, j'ai consolidé les portes avec des *timmi*, j'ai fait au dehors des animaux, des champs, des animaux ailés, je les ai sculptés dans la pierre des montagnes. (V, 2.)

« J'ai disposé les linteaux et les montants des portes vers les quatre régions du soleil, je les ai construites avec de grandes pierres de marbre provenant des pays que mon bras a conquis. J'ai sculpté leurs surfaces pour l'admiration des hommes, j'y ai fait représenter les images des pays que j'avais occupés avec l'aide d'Assur mon maître ; j'ai confié la construction de ce palais à des hommes habiles, j'ai construit une chambre pour le trésor. (Suivez montant D, pl. 67.)

« Dans le mois de la prière, au jour propice, j'ai invoqué au milieu de ma cour, Assur le père et le souverain des Dieux, ainsi que les déesses qui habitent le pays d'Assur, je leur ai présenté des vases en verre (?) des œuvres ciselées en argent pur, des bijoux de poids en grand nombre et j'ai porté la joie dans leur cœur. J'ai disposé des taureaux sculptés deux par deux, ailés, des. . . . . des . . . . . ailés, des animaux, des serpents, des poissons, des oiseaux, des. . . . . . d'une grande production, des *midit* expiatoires. . . . j'ai représenté les montagnes et les forts que ma main avait conquises pour la gloire de ma royauté. Assur a agréé mes dons, il m'a été favorable. J'ai immolé, en présence des Dieux des victimes pures, des sacrifices suprêmes, des victimes expiatoires pour obtenir leur faveur, j'ai demandé une existence heureuse, une longue vie, une race illustre, la constance dans la victoire et je me suis confié au grand seigneur Bel-Dagan, le maître des terres qui habite le pays de *Mat ra* (la Mesopotamie) et aux Déesses qui habitent le pays d'Assur.

« Alors je me suis assis dans mon palais avec les chefs des provinces, les satrapes, les sages, les savants, les grands dignitaires, les lieutenants et les gouverneurs du pays d'Assur et j'y ai exercé le pouvoir.

« Ce palais renferme de l'or, de l'argent, des vases en or et en argent. des pierres précieuses, des pierres travaillées, du fer, le produit des mines, des étoffés bleues, des étoffes de pourpre, des étoffes de laine et de fil, du *zu* de *amsi*, du *ka* de *amsi*, des perles (?) du bois de santal, de l'ébène, des chevaux du pays de Musuri (d'Egypte), des attelages de bœufs, des ânes, des mulets, des chameaux, des bœufs, tributs que j'ai exigés pour la satisfaction des Dieux.

« Qu'Assur veuille bien bénir cette ville et ce palais, qu'il donne à ces images un éclat éternel, qu'il fasse qu'ils soient habités jusqu'aux jours les plus reculés. Que le Taureau sculpté, le Taureau protecteur, le génie qui veille, soit toujours présent devant sa face, qu'il veille jour et nuit sur ces œuvres jusqu'à ce que ses pieds se meuve de ces portes.

« Qu'avec la protection d'Assur, le roi qui a fondé ces palais se réjouisse de sa famille, qu'il féconde sa race, que ses murs durent jusqu'aux jours les plus reculés.

« Que Moi, Sar-kin, Moi qui habite ce palais, que je sois conservé pendant de longues années, que j'obtienne une longue vie pour le bonheur de mon corps et pour la satisfaction de mon cœur, que je puisse toujours atteindre mon but.

« Que j'accumule dans ce palais des trésors considérables, les dépouilles de tous les pays, les produits des montagnes et des vallées.

« Qui que tu sois, toi qui dans la suite des jours, règneras après moi, parmi les rois mes fils, restaure ce palais si il menace ruine, lis mes inscriptions, élève un autel, fais des sacrifices, remets tout à sa place et alors Assur exaucera tes prières : mais celui qui altèrera mes écritures et mon nom, Assur, le Grand-Dieu brisera son glaive, il exterminera dans ce pays et son nom et sa race et il ne lui remettra jamais son péché. »

Telle est la grande inscription des annales du règne de Sargon. Si nous pénétrons maintenant dans le palais par la façade N.O. en entrant dans la grande galerie marquée X sur le plan de M. Botta, nous pourrons lire l'inscription que nous avons nommée l'*Inscription des Fastes* et qui présente les faits les plus brillants du règne de Sargon avec des détails que l'inscription des Annales ne fait pas toujours connaître. Malgré les répétitions inévitables dans lesquelles nous allons tomber, il n'est peut-être pas sans intérêt de mettre les deux récits en présence pour se donner une idée de l'ensemble et de la distribution des textes dans un palais assyrien. La première table est écrite à gauche en entrant par la porte principale, le récit se développe autour de la galerie, les lacunes se complètent par les fragments des autres salles.

L'inscription est ainsi conçue:

INSCRIPTION DES FASTES.

(Suivez Botta, Salle x, pl. 144-154. Comparez salles iv, vii, viii et xix.)

(I. — pl. 144, l. 1). — « Palais de Sar-kin, roi grand, roi puissant, roi des légions, roi du pays d'Assur, représentant des Dieux à Bab-ilu, roi des Sumirs et des Akkads, adorateur des Grands-Dieux.

(I. — 144, 4). — « Les dieux Assur, Nabu, Marduk m'ont donné la royauté sur les nations, ils ont porté la gloire de mon nom jusqu'aux confins de la terre. J'ai restauré les temples de Sippara, de Nipur, de Bab-ilu, de Barsip, j'ai puni les hommes qui transgressaient les lois.

(I. — 144, 8). — « J'ai réuni les couronnes de Kalu, de Chalanné, d'Erech, de Rata, de Larsam, de Kullab, de Kisik, de Nivit-Laguda; j'ai gouverné leurs habitants. J'ai restauré dans la ville de Kharran les lois du pays d'Assur (*Pal-bi-ki*) qui étaient tombées en désuétude et j'ai remis en vainqueur leurs coutumes altérées.

(I. — 144, 12). — « Les Grands-Dieux m'ont rendu heureux par la constance de leur affection; ils m'ont accordé la souveraineté sur tous les rois; ils les ont réduits à l'obéissance. A partir du jour de mon avènement les princes, mes rivaux, n'ont pas eu d'égal; je n'ai point redouté les combats ni les batailles; j'ai rempli de terreur les rebelles et j'ai exigé les symboles de la soumission dans les Quatre-Régions. J'ai ouvert des forêts innombrables, profondes et d'une grande étendue, je les ai fait défricher, j'ai traversé des vallées tortueuses et arides où régnaient des chaleurs mortelles. J'ai fait creuser des citernes.

(I. — 144, 8). — « Par la grâce et par la puissance des Grands-Dieux, mes maîtres, j'ai ramené mes serviteurs à l'obéissance; par mes prières, j'ai obtenu la défaite de mes ennemis.

(I. — 145, 5). — « J'ai régné depuis le pays de Yatnana (Chypre) qui est au milieu de la Mer du Soleil couchant jusqu'aux frontières du pays de Musuri (l'Egypte) et du pays de Muski, sur le vaste pays d'Akhari, le pays de Khatti et toutes les tribus de Guti-Muski qui habitent le pays lointain de Madaï, près du pays de Bikni, jusqu'au pays d'Illipi. A partir du pays de Ras aux frontières d'Elam, sur les rives du fleuve Diglat, jusqu'aux tribus d'Itu, du Rubu, du Kharil, de Kaldud, de Khavranu (le Hauran), de Ubal, de Ruha, de Litaï, qui habitent sur les rives du fleuve Surapi et du fleuve Ukni, les tribus de Gambul, de Kindar, de Pukud. J'ai régné sur les Suti du désert qui habitent tout le pays de Yatbur jusqu'aux villes de Samuna, de Bab-Dur, de Dur-Tilit, de Khilikhi, de Pillatu, de Dunni-Samas, de Bubi, de Tul-Khumba, qui dépendent du pays d'Elam et du pays de Tirat-Duniyas (le Térédon), la Haute et la Basse (Chaldée), les pays de Bit-Amukan, de Bit-Dakkur, de Bit-Silan, de Bit-Salla, qui, dans leur ensemble, forment le pays de Kaldi tout entier; le pays de Bit-Iakin qui est sur le bord de la Mer jusqu'aux confins de Dilmun. J'ai perçu leurs tributs, j'ai institué au-dessus d'eux mes lieutenants pour les gouverner et je les ai réduits à ma souveraineté.

(I. — 145, 2). — « Voici ce que j'ai fait depuis le commencement de mon règne jusqu'à ma XVe campagne.

(II. — 145, 10). — « J'ai défait dans les plaines de Kalu, Khumbunigas, roi du pays d'Elam.

(II. — 145, 1). — « J'ai assiégé, j'ai occupé la ville de Samirina (Samarie) et j'ai réduit en captivité 27,280 habitants; j'ai prélevé sur eux 50 chars, et j'ai changé leurs demeures; j'ai institué au-dessus d'eux mes lieutenants pour les gouverner et j'ai ajouté des tributs aux redevances qui leur avaient été imposées par les rois mes prédécesseurs.

(II. — 145, 1). — Khanon, roi du pays de Khaziti (Gaza) et Shab'ie (Sévech) sultan (*siltan*) du pays de Musuri (d'Egypte) se réunirent dans la ville de Rapikh pour me livrer combat et bataille; ils vinrent à ma rencontre; je les ai mis en fuite. Shab'ie céda devant les cohortes de mes soldats, il s'enfuit et on n'a jamais revu sa trace. Khanon, roi de la ville de Khaziti (Gaza) tomba en mes mains.

(II. — 145, 3). « J'ai imposé des tributs au Pirao (Pharaon), roi du pays de Musuri (d'Egypte) ; à Samsie, reine du pays d'Aribi, à It-Himar, du pays de Saba, de l'or, des parfums, des chevaux, des chameaux.

(II. — 145, 4). — « Kiakku, du pays de Sinukta, avait méprisé Assur, il avait refusé sa soumission. Je l'ai fait prisonnier et j'ai pris 30 chars et 7,350 combattants. J'ai donné la ville de Sinukta, sa capitale, à Matti, du pays de Tuna ; j'ai ajouté au tribut qu'il payait déjà des chevaux et des ânes ; j'ai institué Matti comme gouverneur.

(II. — 145, 5). — « Amris, du pays de Tubal, avait été mis sur le trône de Khulli, son père ; je lui ai donné le pays de Khilakku (la Cilicie) qui n'avait pas été soumise à mes ancêtres. Mais il n'observa pas l'alliance, il envoya des ambassadeurs à Ursa, roi du pays d'Urarthu et à Mita, roi du pays de Muski qui m'avaient enlevé des provinces. J'ai transporté au pays d'Assur, Amris avec sa suite, les gens de sa maison, les Grands du pays, ainsi que 100 chars. J'ai mis à leur place des hommes du pays d'Assur qui m'étaient dévoués ; j'ai établi sur eux mon lieutenant pour gouverneur et je leur ai imposé le paiement des tributs.

(II. 145, 9). — « Iaubid, du pays de Khamat, qui était auparavant... n'était pas le maître légitime du trône ; homme infidèle et impie, il avait usurpé la royauté du pays de Amat. Il excita contre moi les villes de Arpadda, Simyra, Dimaska et Samirina ; il fit un traité avec elle et se prépara à la guerre. J'ai compté toutes les troupes d'Assur, j'ai assiégé dans la ville de Kharkhar qui s'était déclarée en faveur du rebelle, lui et ses guerriers. J'ai occupé Kharkhar et je l'ai livrée aux flammes. Je me suis emparé de sa personne et je lui ai arraché la peau. J'ai tué, dans ces villes, les chefs de la révolte, j'en ai fait un monceau de ruines. J'ai pris 200 chars et 300 cavaliers parmi les habitants du pays de Amat et je les ai ajoutés à la part de ma souveraineté.

(II. — 145, 12). — « Tant que Ianzu du pays de Van était en vie, il m'était soumis et dévoué à mon empire. Mais la mort l'enleva. Ses sujets placèrent son fils Aza sur le trône. Ursa, du pays d'Urarthu, se ligua avec les habitants du pays de Mildis, de Zikartu, de Misiandi et les Grands du pays de Van ; il les entraîna à la défection, ils abandonnèrent le corps de Aza, leur maître, sur les montagnes. Ulussun, du pays de Van, son frère, qu'ils avaient mis sur le trône de son père, inclina vers Ursa, il lui livra 22 places fortes avec leurs garnisons. Dans la colère de mon cœur, j'ai compté toutes les armées d'Assur, je me suis mis en garde et je me suis avancé pour attaquer ce pays. Ulussun, du pays de Van, aperçut l'approche de mon armée, il sortit avec ses troupes et se fortifia dans les défilés des montagnes. Je me suis emparé de 250 personnes de la famille royale qui tombèrent dans mes mains; j'ai occupé 55 places fortes, 8 villes et 11 forteresses; je les ai livrées aux flammes. J'ai annexé au pays d'Assur les 22 places fortes que Ursa avait prises, j'ai occupé 8 places fortes du pays de Tuya et les villes de Tilusina et d'Andia. J'ai emmené en esclavage 4,200 hommes avec leurs propriétés.

(III. — 146, 10). — « Tandis que Mitatti, du pays de Zikartu, s'était soustrait à ma domination, lui et les hommes de son pays s'enfuirent dans les forêts et on ne revit plus leur trace. J'ai livré aux flammes Parda, sa capitale. J'ai occupé 22 grandes villes des environs et je les ai pillées. Les villes de Suandakhul et de Zurzuku, au pays de Van, s'étaient ralliées à Mitatti, je les ai occupées, je les ai pillées. Ensuite, je me suis emparé de Bagadatti du mont Mildis. Je lui ai fait arracher la peau et j'ai transporté Dayaukku et sa suite au pays de Amat; je les y ai fait demeurer.

(IV. — 146, 2). — « Alors Ulussun entendit dans les hautes montagnes la gloire de mes exploits, il s'enfuit comme un oiseau puis il revint vers moi en suppliant; je lui ai pardonné ses fautes et je lui ai fait grâce. Je lui ai restitué ses domaines et je l'ai remis sur le trône de sa royauté; je lui ai donné les 2 forteresses et les 92 grandes villes que j'avais enlevées à Ursa et à Mitatti, et j'ai pacifié la contrée. Puis j'ai fait l'image de ma majesté, j'y ai écrit la gloire d'Assur, mon Maître, et je l'ai élevée dans la ville d'Izirti, sa capitale.

(IV. — 146, 6). — « J'ai imposé à Iianzu, roi du pays de Naïri, dans la ville de Khubuskia, une de ses places fortes, des chevaux, des bœufs et des moutons.

(IV. — 146, 7). — « Assurlikh, du pays de Kar-Alla et Itti, du pays d'Allabur, avaient péché contre Assur et méprisé sa puissance; j'ai fait arracher la peau à Assurlikh; j'ai transporté tous les hommes du pays de Kar-Alla, ainsi que Itti et sa suite, je les ai établis dans la ville de Amat.

(IV. — 146, 9). — « J'ai transporté les habitants des villes de Sukkia, de Balu, d'Abitikna, de Pappa, de Lallukni, et je les ai fait demeurer dans la ville de Dimaska, au pays de Khatti.

(IV. — 146, 10). — « J'ai occupé les 6 villes du pays de Niksammu. Nirisar, gouverneur de la ville de Sugardia, tomba dans mes mains, j'ai ajouté ces villes à la satrapie du pays de Parsua.

(IV. — 146, 12). — « Bel-sar-usur était roi de la ville de Kisisim, je l'ai fait transporter au pays d'Assur avec ce qu'il possédait, son trésor et le contenu de son palais. J'ai placé mon lieutenant comme gouverneur sur la ville (de Kisisim) et je l'ai nommée Kar-Marduk. J'ai fait faire une image de ma Majesté, je l'ai érigée au milieu de la ville. J'ai occupé 6 villes des environs et je les ai ajoutées à mon empire.

(VI. 147, 1). « J'ai assiégé et j'ai vaincu Kibaba, gouverneur de la ville de Kharkhar ; j'ai réduit en captivité lui et les habitants de son pays. J'ai rebâti de nouveau cette ville, j'y ai fait demeurer les habitants des provinces que mon bras avait conquises et j'ai placé au-dessus d'eux mon lieutenant pour gouverneur. J'ai nommé la ville Kar-Sar-kin, j'y ai établi le culte d'Assur, mon Seigneur, et j'y ai élevé l'image de ma royauté. J'ai occupé 6 villages de ses environs et je les ai réunis à mon empire.

(VI. — 147, 5). — « J'ai assiégé et j'ai pris la ville de Tul-akhi-tub, de Kindan, de Bagaï, d'Anzaria, j'en ai transporté les habitants au pays d'Assur. J'ai rebâti les villes et je leur ai donné les noms de Kar-Nabu, Kar-Sin, Kar-Bin et Kar-Istar.

(VI. — 147, 6). — « Pour me maintenir dans le pays de Madaï, j'ai élevé des fortifications dans le voisinage de Kar-Sar-kin. J'ai occupé 34 forteresses du pays de Madaï, je les ai annexées au pays d'Assur et j'ai établi sur eux des tributs de chevaux.

(VI. — 147, 8). — « J'ai assiégé et j'ai pris la ville d'Eristana et les villes environnantes du pays de Baït-ili. J'ai pris leurs dépouilles.

(VI. — 147, 8. — « Les pays d'Agag et d'Ambanda, au pays de Madaï, sur la frontière du pays d'Aribi, au Soleil levant, avaient refusé leurs tributs ; je les ai détruits, je les ai ravagés, je les ai livrés aux flammes.

(VI. — 147, 10). « Rita, roi du pays d'Illipi, m'était dévoué, il était soumis à Assur, mais 5 places fortes de sa dépendance firent défection et ne reconnurent plus sa souveraineté ; je suis venu à son secours. J'ai assiégé et j'ai occupé les places fortes. J'ai emmené au pays d'Assur leurs habitants et leurs propriétés avec des chevaux sans nombre.

(VI. — 147, 12). — « Ursana, roi de la ville de Muzazir avait eu confiance dans Ursa, du pays d'Urarthu, il m'avait refusé sa soumission, je me suis emparé. . . . de la ville de Muzazir ; mais lui, pour sauver sa vie, s'enfuit et gagna les montagnes Je suis entré en vainqueur dans Muzasir, j'ai pris comme butin la femme d'Ursana, ses fils et ses filles, ses richesses, son trésor, tout le contenu de son palais, 2,100 hommes et tout ce qu'ils possédaient, les dieux Haldia et Bagabarta, ses Dieux, ainsi que leurs vases sacrés en grand nombre.

(VII. — 148, 5). « Ursa, roi [du pays d'Urarthu, apprit la prise de Muzasir et l'enlèvement du dieu Haldia, son Dieu ; il se tua au milieu de sa cour, par un coup de poignard. J'ai. . . . partout le pays d'Urarthu, jusqu'aux frontières de ses tribus. J'ai constitué les hommes de ce pays *sibittu* et *sirha*.

(VII. — 148, 7). « Tarhunazi, roi de la ville de Milid. . . . se tourna contre les Grands-Dieux, il refusa sa soumission. Dans le courroux de mon cœur, j'ai frappé de terreur la ville de Milid, sa capitale, et les villes qui en dépendaient. J'ai fait sortir de Tul-Garimmi, une de ses places fortes, lui, sa femme, ses fils et ses filles, tous les esclaves de son palais et 5,000 guerriers ; je les ai traités comme des esclaves. J'ai rebâti la ville de Tul'Garimmi, j'ai fait occuper par des archers tout le pays de Kammana que ma main avait conquis et j'ai reculé les limites de mon pays. Je l'ai remis entre les mains de mon lieutenant et j'ai établi sur eux un vice-roi, comme cela était établi du temps de Gunzinam, le roi précédent.

(VII. — 148). — « Tarkhular, du pays de Gamgum, avait un fils, Mutallu. Le peuple l'avait reconnu roi, et institué contre ma volonté sur le trône (de son père) ils lui avaient confié leur pays. Dans la colère de mon cœur, j'ai marché contre la ville de Markasi avec mes chars et mes cavaliers. Je me suis emparé de Mutallu, de son fils ainsi que des principaux habitants du pays de Bet-Palla et j'ai pris son or, son argent, le trésor de son palais. J'ai réintégré dans leurs villes les hommes du pays de Gamgum et des tribus environnantes. J'ai mis au-dessus d'eux mon lieutenant comme gouverneur et je les ai traités comme des habitants du pays d'Assur.

(VIII. — 149, 5). « Azuri, roi du pays d'Asdudu (Asdod), s'obstina à refuser son tribut ; il envoya aux rois, ses voisins, des messages hostiles au pays d'Assur. J'ai médité ma vengeance, je l'ai remplacé dans la domination de son pays. J'ai mis à sa place Akhimit, son frère. Mais le peuple de Khatti, avide de révolte, se lassa du gouvernement d'Akhimit, et éleva sur le trône, Iaman, qui n'était pas le maître légitime. Dans la colère de mon cœur, j'ai compté mon armée et mes bagages, j'ai marché contre la ville d'Asdudi avec mes guerriers qui ne s'éloignent pas de mes pas. Iaman apprit l'approche de mon armée; il s'enfuit au-delà du pays de Musuri (l'Egypte), du côté du pays de Milukhi (Méroé) et on n'a jamais revu sa trace. J'ai assiégé et j'ai pris la ville d'Asdudi et Gimti-Asdudim. J'ai pris comme captifs les Dieux de Iaman, sa femme, ses fils, ses filles, son trésor, le contenu de son palais avec les habitants de son pays. J'ai rebâti ces villes et j'y ai replacé les hommes que mon bras avait conquis sur les pays du Soleil levant. J'ai mis au-dessus d'eux mon lieutenant pour les gouverner et je les ai traités comme les hommes du pays d'Assur. . . . .

(X. — 151, 2). — « Le roi du pays de Milukhi (Méroé), demeure dans . . . . . . un lieu désert, le soutien de. . . . Depuis les jours les plus reculés jusqu'à. . . . . ses pères n'avaient pas envoyé des ambassadeurs aux rois mes ancêtres, pour demander paix et amitié et pour reconnaître la puissance de Marduk. Mais la terreur immense de ma majesté le toucha, et la crainte tourna autrement ses intentions. Dans des *sissi*, il reconnut la grandeur d'Adar, il dirigea ses pas vers le pays d'Assur et se prosterna devant moi.

(X. — 151, 3). — « Mutallu, du pays de Khummukh, homme perfide et ennemi, n'honorait pas la mémoire des Dieux; il trama une conspiration, il médita la défection. Il se tourna vers Argistis, roi du pays d'Urarthu; il s'arrogea la perception des tributs et la part du butin; il me refusa sa soumission. Dans la colère de mon cœur, j'ai pris le chemin de son pays avec les chars de ma puissance et les cavaliers de ma suite. Mutallu vit l'approche de mon expédition, il s'enfuit avec ses troupes et on n'a jamais revu sa trace. J'ai assiégé et j'ai occupé sa capitale et 62 grandes villes, j'ai pris comme butin sa femme, sa fille, son trésor, les choses précieuses de son palais, j'ai rebâti cette place forte, j'y ai placé les hommes du pays de Bet-Yakin que mon bras avait conquis, j'ai institué sur eux mon lieutenant pour gouverneur et j'ai établi ma domination sur eux. J'ai pris

150 chars, 1,500 cavaliers, 20,000 archers, 1,000 hommes armés de boucliers et de lances et j'ai confié le pays à mon Satrape.

(X. — 151, 9). — Tant que vécu Rita, roi du pays d'Illipi, il m'était soumis et dévoué à ma domination. Les infirmités de l'âge survinrent et le conduisirent au chemin de la mort. Nibi et Ispabara, les fils de ses épouses, se disputèrent l'occupation du trône; ils revendiquaient le pays et les impôts; ils se préparèrent au combat. Nibi s'adressa pour soutenir ses prétentions à Sutruk-Nakhunti, roi du pays d'Elam, il lui promit obéissance et s'avança pour commencer les hostilités. Ispabara, de son côté, m'adjura de soutenir sa cause, de lui venir en aide, il se prosterna devant moi et me demanda mon alliance. J'ai envoyé sept de mes généraux avec leurs troupes pour soutenir ses prétentions; ils mirent en fuite à la ville de Marubisti, Nibi et l'armée des Quatre-Fleuves qui l'avait assisté. J'ai rétabli Ispabara sur son trône, j'ai rétabli la paix dans son pays et je le lui ai confié.

(XI. — 151, 3). — « Marduk-bal-adan, fils de Yakin, roi du pays de Khaldu, n'honorait pas la mémoire des Dieux; il se fia à la mer et à la force de son armée. Il éluda les préceptes des Grands-Dieux et négligea leur culte. Il s'unit à Khumbanigas, roi d'Elam. Il avait excité contre moi toutes les tribus nomades, il se prépara à la guerre et se porta en avant. Pendant douze ans, contre la volonté des Dieux de Bab-ilu, la ville de Bel, qui juge les Dieux, il avait soulevé le pays des Sumirs et des Akkards et leur avait envoyé des émissaires. Confiant dans Assur, le père des Dieux, et dans la protection de Marduk le grand Maître; j'ai excité mon courage et j'ai disposé mon armée au combat. J'ai résolu de marcher contre les habitants du pays de Kaldi, gens pervers et impies. Marduk-bal-adan apprit l'approche de mon armée; redoutant la terreur de ses soldats, il s'enfuit devant moi comme un oiseau, il quitta Bab-ilu et se replia dans la ville d'Ikbi-bel. Il confia à ses généraux le commandement des villes qui possédaient les Oracles et les Dieux qui habitent ces villes. Il se porta lui-même vers Dur-Yakin et en fortifia les remparts. Il convoqua les tribus de Gambul, de Pukud, de Tamun, de Rua et de Kindar, il les mit dans cette place forte (Dur-Yakin) et se prépara au combat. Il explora l'étendue du terrain situé en avant de la place et construisit un fossé large de 200 mesures et profond d'un *barsa* (trois *kani*). Dans le fossé se jetaient les eaux du Purat dont il avait détourné le cours. Il avait entouré la ville, le lieu de sa révolte, d'une digue et il avait rempli d'eau le fossé et coupé les canaux. Marduk-bal-adan, avec ses auxiliaires et ses troupes, fit flotter, comme des oiseaux, les insignes de sa royauté sur les rives du fleuve, il disposa son armée en bataille. J'étendis mes guerriers le long du fleuve en les divisant par bataillons; ils vainquirent leurs ennemis. Les eaux des canaux charrièrent dans leurs ondes les cadavres des rebelles comme des troncs d'arbres. Les tribus nomades qui étaient présentes à ce désastre s'enfuirent. Je séparai complètement de lui ses alliés et les hommes de Marsan. J'ai rempli d'une terreur mortelle les rangs des insurgés. Il abandonna sa tente, les insignes de sa royauté, le. . . . . . en or, le trône en or, le parasol ? en or, le sceptre en or, le char en argent, les ornements en or, des meubles d'un poids considérable et il se sauva pendant la nuit. Il répara les brèches de ses remparts et les *iruba ami* de son armée. J'ai assiégé, j'ai occupé la ville de Dur-Yakin. J'ai pris comme esclaves, sa femme, ses fils, ses filles, avec l'or, l'argent, tout ce qu'elles possédaient, le contenu de son palais et un butin considérable dans la ville. Je rendis responsables les familles et les hommes qui s'étaient soustraits à ma domination. J'ai réduit en cendres la ville de Dur-Yakin, sa capitale, j'ai renversé ses antiques remparts, j'ai arraché son *timin*, j'en ai fait un monceau de ruines. J'ai rendu aux gens de Sippara, de Nipur, de Bab-ilu, de Barsip, qui habitaient la ville, la permission de continuer leur profession; ils reprirent la culture de leurs champs qui, depuis de longues années, avaient appartenu aux *suti*. J'ai remis sous ma domination les *suti* du désert et j'ai rétabli les anciennes frontières.

(XII. — 152, 5). — « J'ai rendu aux villes de Chalanné, d'Erech, de Rata, de Larsam, de Kullab, de Kisik, de Nivit-Laguda, les Dieux qui y habitaient; j'ai restitué à leurs sanctuaires les divinités qu'on avait ravis et j'ai remis en vigueur les lois altérées.

(XII, — 152, 6). — « J'ai imposé des tributs aux pays de Bet-Yakin, la Haute et la Basse (Chaldée), aux villes de Samuna, de Bab-Dur, de Dur-Tilit, de Bubie, de Tul-Khumba, qui dépendent du pays d'Elam. J'ai transporté au pays d'Elam des habitants de Khummuk qui dépend du pays de Khatti, que j'avais réduits par ma main à l'obéissance envers les Grands-Dieux, mes Maîtres et je les ai fait habiter au pays d'Elam, dans la ville de Sakbat. Nabupakid-Ilam fut chargé de percevoir les tributs du pays d'Elam et de le gouverner. J'ai pris comme gage, la ville de Birtu et j'ai remis toute la contrée dans la main de mon lieutenant à Bab-ilu et au pays de Gambul.

(XII. — 152, 7). — « Je me suis rendu à Bab-ilu, aux sanctuaires de Bel, le juge des Dieux. Dans l'exaltation de mon cœur et la joie sur le visage, j'ai pris les mains du Grand-Seigneur, de Marduk, le Dieu auguste, et j'ai parcouru le palais des redevances.

(XII. — 152, 8). — J'y ai entassé 154 talents, 26 mines, 10 drachmes d'or *himirsu,* 1,804 talents, 20 mines d'argent, de l'ivoire, des couleurs variées, du fer en quantité considérable, des pierres *ka*, du cuivre, des pierres *pi*, *muhhu-digili*, du *pi* laminé, du *siru*, des vêtements, des étoffes bleues, pourpres, en laine et en fil, des bois d'ébène, de cèdre, de cyprès coupés dans les belles forêts du mont Khammani en l'honneur de Bel, de Nabu, de Tasmit et des Dieux qui habitent les sanctuaires des Sumirs et des Akkads. Voilà tout ce que j'ai fait depuis mon avènement jusqu'à la troisième année de mon règne.

(XII. — 152, 12). - « Upir, roi de Dilmun, qui habite à 30 *kasbu* au milieu de la mer du Soleil levant et qui y est établi comme un poisson, apprit la faveur que m'avaient accordés les dieux Assur, Nabu et Marduk; il m'envoya ses présents.

(XIII. — 152, 1). — « Et les sept rois du pays d'Yanagi et du pays de Yatnana (Chypre) qui est à 7 jours de navigation, au milieu de la Mer du Soleil couchant où ils ont établi leurs demeures; et dont, depuis les temps les plus reculés jusqu'à. . . . . personne, parmi les rois mes pères, ni au pays d'Assur, ni au pays de Tirat-Dunias, n'avait entendu prononcer le nom, apprirent mes victoires au pays de Kaldi et de Khatti et ma gloire s'étendit au loin jusqu'au milieu de la mer. Ils fléchirent leur orgueil et s'humilièrent; ils se présentèrent ensemble devant moi à Bab-ilu, ils m'apportèrent de l'or, de l'argent, des vases, du bois d'ébène et les produits de leur pays, ils s'humilièrent devant moi.

(XIV —152). —« Pendant que je me préparais à exterminer le pays de Bet-Yakin et à réduire le pays d'Aram, et que j'affermissais ma puissance au pays de Yatbur, qui est situé au-delà du pays d'Elam, mon lieutenant, le gouverneur du pays de Kuï, attaqua Mita, du pays de Muski et 3,000 de ses places fortes. Il renversa 10 villes, il les détruisit, il les livra aux flammes et il emmena un grand nombre de captifs. Et ce Mita, du pays de Muski, qui ne s'était pas soumis aux rois qui m'ont précédé, qui avait persévéré, envoya vers moi son serviteur jusqu'aux bords de la Mer du Soleil levant pour faire sa soumission et m'apporter des tributs.

(XIII. — 153, 10). — « Alors, je dis ceci : Ces peuples et ces pays que ma main a conquis et que les dieux Assur, Nabu et Marduk ont réunis sous ma domination suivent la voie de ma soumission. Avec leur aide, j'ai construit aux pieds du pays de Musri, pour remplacer la ville de Ninua, d'après la volonté des Grands-Dieux et le désir de mon cœur, une ville que j'ai nommée Dur-Sar-kin, Nisruk, Sin, Samas, Nabu, Bin, Adar ainsi que leurs Grandes Epouses, qui règnent éternellement au pays de *Matra* et sur le pays d'*Aralli*, ont béni les merveilles splendides et les rues superbes de la ville de Dur-Sar-kin. J'ai rectifié les lois qui n'étaient pas conformes à leurs volontés. Les prêtres, les *nisi ramki*, les *sarmakhi supar* discutèrent, dans de savantes discussions, sur l'influence des divinités et sur l'efficacité des sacrifices.

(XIV. — 152, 3). « J'ai bâti dans la ville des palais couverts en peaux de *amsi*, construits en santal, en ébène, en lentisque, en cèdre, en cyprès, en pistachier d'une incomparable splendeur, pour le siége de ma royauté. J'ai disposé leur *dunnu* sur des plaques en or, en argent, en pierre *tikpi*, en pierres lisses, ornées de couleurs faites avec de l'étain, du fer, de l'antimoine, des *khibisti* mélangés. J'ai écrit dessus la gloire des Dieux, j'ai élevé dessus une charpente en cèdre, j'ai entouré avec des briques émaillées les poutres de pin et de lentisque, j'en ai calculé les intervalles, j'ai fait un monument semblable à celui du Grand Temple du pays de Khatti que l'on nomme dans la langue du pays d'Akhari un *bit-hilanni*, j'ai disposé entre les portes 8 lions doubles dont le poids est de 6. . . . . . 50 talents et des . . . . émaillées. Ils furent fabriqués en l'honneur de ma déesse Mylitta . . . . et leurs 4 kubur, en matériaux du mont Amanus. Je les ai placés sur des nirgali, j'ai sculpté avec art des pierres de la montagne.

(XIV. — 152, 8). — « Pour décorer les portes, j'ai fait des ornements dans les linteaux et sur les montants, j'ai placé dessus des traverses en pierre de marbre d'une grande dimension, j'ai élevé des murs et j'ai frappé d'admiration les Grands du pays.

(XIV. — 152, 10). — « Depuis le commencement jusqu'à la fin, j'ai toujours marché dans l'adoration d'Assur et dans la loi des hommes de bien. C'est pourquoi j'ai construit ces palais, j'ai amassé ces trésors.

(XIV. — 152, 1). — « Dans le mois propice, au jour heureux, j'ai invoqué au milieu de ces ouvrages Assur, le père des Dieux, le plus grand souverain des dieux et des déesses qui habitent le pays d'Assur. J'ai présenté des vases en verre, des objets en argent ciselé, en ivoire, des bijoux pesants, des cadeaux de prix en grande quantité et j'ai réjoui son cœur. J'ai exposé des idoles sculptées, doubles et ailées, des. . . . . ailés, des. . . . . ailés. . . . . des serpents, des poissons et des oiseaux incomparables, des oiseaux, des *miditu*, des. . . . . . dans les hautes montagnes, les terres que j'ai conquises par ma main pour la gloire de ma royauté.

(XV. — 154, 9). — . . . . . . Il m'a accordé dans sa puissance infinie une existence heureuse, une longue vie, la prospérité de ma race, la constance dans la victoire parce que je me suis confié à sa grâce.

(XV. — 154, 10). — J'ai siégé dans mon palais avec le grand Seigneur Bel-Dagan, le Maître des terres, qui habite le pays de *Mat-ra*, avec les Dieux et les Déesses qui habitent le pays d'Assur, avec leurs légions qui demeurent dans les *pargiti* et les *marlakni* avec les chefs des provinces, avec les satrapes, les sages, les docteurs, les grands, les lieutenants, les gouverneurs du pays d'Assur ; et j'ai rendu la justice.

(Le n° XVI du plan de Botta manque ; il se complète par les pl. des salles VII, VIII.)

(Pl. 132, l. 6). — « J'ai ordonné d'y déposer de l'or, de l'argent, des vases en or et en argent, des pierres précieuses, des couleurs, du fer, des produits considérables, des mines, des étoffes de laine et de fil, des étoffes bleues et pourpres, du *ka am si*, du *zu am si*, des perles, du santal, de l'ébène, des chevaux du pays de Musuri, des ânes, des mulets, des chameaux et des bœufs. J'ai porté la joie dans le cœur des Dieux avec tous ces produits.

(Pl. 32, l. 14). — « Puisse Assur, le Père des Dieux, bénir ces palais en donnant à ces images un éclat éternel ; qu'il veille sur eux jusqu'aux jours les plus reculés ; que devant sa face suprême, le Taureau sculpté, le Taureau protecteur et le Dieu qui procure le bonheur et la joie, restent dans cette maison jusqu'à ce que les pieds de ces Taureaux quittent le seuil des palais.

(Pl. 132, l. 17).—« Qu'avec l'aide d'Assur, le Roi qui a bâti ce palais se réjouisse de sa progéniture et qu'il multiplie sa race ; que ces murs durent jusqu'aux jours les plus reculés; que celui qui habite cette demeure en sorte entouré du plus grand éclat; qu'il se réjouisse dans l'exaltation de son cœur de pouvoir accomplir ses vœux, d'atteindre son but et de rendre sa splendeur sept fois plus illustre.

INSCRIPTION DES TAUREAUX.

(Suivez. Taureaux, g. pl. 40 à 43, comparez pl. 22 à 62).

(Pl. 40, l. 1). — « Palais de Sar-kin, roi grand, roi puissant, roi des légions, roi du pays d'Assur, représentant des Dieux à Bab-Ilu, roi des Sumirs et des Akkads, favori des Grands-Dieux, pasteur des peuples à qui Assur, Nabu et Marduk ont confié la royauté sans égale et qui en ont propagé le nom glorieux jusqu'aux extrémités de la terre.

(L. 6). — « Il a relevé les sanctuaires de Sippara, de Nipur et de Bab-Ilu.

(L. 7). — « Il a pris la couronne de Kalu, de Ur, de Rata, de Larsa, de Kullab, de Kisik, de Nivit-Laguda; il a changé les populations, il a sanctionné les lois du pays d'Assur (*Bal-bi-ki*). Quand les rois se mirent sous sa protection dans la ville de Harran et firent leur soumission en présence des sacrifices qu'ils ont offert à Anu et à Dagan.

(L. 12). — « Fort, puissant, ... il a employé ses armes pour soumettre les rebelles. Il a mis en fuite Khumbanigas, roi du pays d'Elam, il a subjugué les pays de Van, de Karalla, d'Andia, de Zikirtu, de Kisasi, de Kharkhar, et il a placé les pays de Madaï et d'Illipi sous la domination d'Assur. Il a déclaré la guerre au pays d'Urarthu; il a pris la ville de Musasir, et Ursa, roi du pays d'Urarthu, a mis fin à ses jours de sa propre main. Il réduisit à l'esclavage les Grands du pays de Karkamis, ceux de Khamat, de Khummuk, de la ville d'Azdudi et du pays de Khatti, qui n'adoraient pas la mémoire des Dieux et qui méditaient la défection. Il institua sur tous ces pays ses lieutenants pour les administrer et il imposa à ces peuples des tributs comme aux gens du pays d'Assur.

(L. 26). — Il renversa la ville de Samirina et toute la maison de Khumri et de Kaska. Il soumit le pays de Tabal et de Bet-Burutas. Il défit les armées du pays de Musuri, près de la ville de Rapikh. Il réduisit à l'esclavage Khanon, roi de Khazati (Gaza). Il renversa la ville de Sinukta. Il chassa Mita, roi du pays de Muski et changea en ruines les places fortes du pays de Kui. Il franchit la mer, comme un poisson, pour atteindre la ville d'Iamna. Il arracha de leur demeure Guzinan, roi du pays de Khammanu et Tarulàra, du pays de Gamgum; il confisqua leurs biens et il les réunit au pays d'Assur. Il soumit sept rois du pays de Yanagi dépendant du pays de Yatnana, qui ont établi leurs demeures à sept jours de navigation au milieu de la Mer du Soleil couchant. Il attaqua le pays de Ras; il soumit le pays de Pukud, le peuple de Tamun et la ville de Lakhir; il asservit le pays de Yatbur; il a vaincu Marduk-bal-adan, roi du pays de Kaldi, l'ennemi, le perfide qui, contre la volonté des Dieux, avait exercé le pouvoir à Bab-Ilu; il le renversa par la force de son bras; il arracha la pierre de fondation de la ville de Dur-Yakin, le siége de sa révolte et il entassa comme dans un aire à blé les cadavres de ses guerriers et les précipita dans la mer. Upir, roi de Dilmun, dont la demeure est établie au milieu de la mer, entendit le bruit de ses exploits et il apporta lui-même ses tributs.

(L. 50). — « Le roi, soucieux de son devoir et soigneux de sa gloire, songea à peupler ses vastes demeures; il ouvrit des portiques, il aligna des jalons. Alors au milieu de la vallée du pays de Musri, au pied des montagnes, j'ai élevé une ville pour remplacer Ninua, je l'ai nommée Dur-Sar-kin; j'y ai planté une forêt, semblable aux forêts du mont Khamani et des plantes du pays de Khatti qui croissent dans les montagnes et j'en ai limité la surface.

(L. 57). — « Trois cent cinquante rois, avant moi, avaient exercé autrefois le pouvoir sur le pays d'Assur et illustré le royaume de Bel, nul parmi eux n'avait songé à cet endroit, nul n'avait songé à le peupler, nul n'avait songé à y creuser des canaux, à aligner des rues. Dans le fond de mon cœur, j'ai songé depuis le matin jusqu'au soir à y créer une ville, à y bâtir des sanctuaires, les autels des Grands-Dieux, et des palais pour la demeure de ma royauté. J'en ai décidé la fondation.

(L. 64). — « Au jour propice, au mois heureux, au mois de sivan (mai) le jour *ab ab*. J'ai brûlé des feuilles d'aloès, j'ai moulé des briques. Au mois *abu* (juillet), le mois du dieu propice à la pose de la première pierre d'une ville et d'un temple, le peuple réuni célébra la fête des *salul*.

Il accomplit suivant les rites les différentes cérémonies sur l'or, l'argent, le cuivre, les métaux, les pierres, les arbres du mont Khamani. J'ai jeté les fondements de la ville et j'ai posé les briques. J'ai accompli sur des autels fumants les sacrifices de la fondation à Salman, Sin, Samas, Nabu, Bin et Adar. Avec leur aide, j'ai construit des palais avec des bois de santal, d'ébène, de tamarisque, de cèdre, de cyprès et de pistachier pour établir ma demeure royale. J'ai élevé des poutres de cèdre et de cyprès. J'ai garni les portes de cyprès et de tamarisque avec des bandes de bronze que j'ai disposées avec art dans les interstices. J'ai fait exécuter un *bit appati* pareil à celui des palais du pays de Khatti et qu'on nomme dans la langue du pays de Kharrari un *bit hilan*. J'ai sculpté, à la gloire de Mylitta, 8 lions doubles formant. . . . . . et des *maltakti* en bronze brillant pour remplir les *namir*, j'ai élevé des poutres de cèdre et 64 *kubur* provenant du mont Khamani, je les ai élevés au-dessus des lions sculptés. J'ai fait faire avec art dans les *tardi* des portes une guirlande d'animaux des champs et des images en pierre des montagnes *iski*. J'ai disposé des portiques vers les Quatre-Régions du Ciel; j'y ai placé des corniches(?) en pierres noires provenant des montagnes que mon bras a conquises; j'ai construit un mur solide et j'ai ouvert les portes de mon palais à l'admiration de mes sujets.

(L. 90). — « L'enceinte contient 4 mesures, 3. . . . . . . et un *us*, un *barsa* et 4 *u*. La première pierre repose sur le roc et aux extrémités des quatre angles de l'enceinte, j'ai ouvert huit portes.

(L. 93). — « Samas me fait réussir dans mes desseins, Bin m'apporte l'abondance. J'ai nommé les grandes portes de l'Orient, les Portiques de Samas et de Bin.

(L. 95). — « Bel pose la fondation de la ville, Mylitta triture les ennemis comme le *khesbet*. J'ai donné aux grandes portes du Midi les noms de Bel et de Mylitta.

(L. 98). — « Anu accélère les œuvres de ma main, Istar conduit les hommes aux combats. J'ai appelé les grandes portes de l'Occident les portiques d'Anu et d'Istar.

(L. 99). — « Nisruk dirige les mariages, Belit, la souveraine des Dieux, préside aux naissances. J'ai consacré les grandes portes du Nord à Nisruk-Salman et à Belit.

(L. 101). — « Qu'Assur perpétue les années des rois, qu'il protége les armées et l'enceinte de la ville, qu'Adar pose la première pierre, qu'il fortifie ses remparts jusqu'aux jours les plus reculés.

(L. 103). — « J'ai réuni dans cette ville les hommes des Quatre-Régions et des Langues étrangères, les hommes qui ne payaient pas de tribut et habitaient des montagnes, les habitants des plaines, tous ceux que le Soleil éclaire, le chef des dieux, le maître des sphères. Je les ai réunis dans l'adoration d'Assur, mon Dieu, dans l'observation de la justice, je les ai fait demeurer dans la ville, je les y ai installés. J'ai fait instruire les hommes du pays d'Assur dans toutes les sciences par les savants et les sages; ils ont appris l'art de la guerre et la crainte des Dieux et du Roi, je les ai séparés du *siber* de la ville et du palais.

(L. 109). — « Au mois Tisri (octobre), j'ai adoré les Grands-Dieux qui habitent le pays d'Assur et j'ai inauguré mon palais en présence des rois du Soleil levant et du Soleil couchant qui apportèrent devant moi de l'or, de l'argent, des esclaves pour augmenter mes trésors par leurs riches offrandes.

(L. 112). — « Que les Dieux qui habitent cette ville fassent pro spérer l'œuvre de mes mains, que, par leur présence, ils consacrent pour l'éternité l'habitant de ces palais et la durée de ses victoires. Mais que celui qui altère les œuvres de ma main, qui efface mes sculptures, qui enlève les vases contenant mes richesses, qui disperse mon trésor, qu'Assur, Bin et les Grands Dieux qui habitent cette ville exterminent dans le pays et son nom et sa race, qu'il le fasse traiter en ennemi par ceux-là mêmes qu'il aurait soulevés. »

INSCRIPTION DES PAVÉS.

(Suivez pl. 8, comparez pl. 1, 2, 3, 9 et 10).

(L. 1).—«Palais de Sar-kin, roi des légions, roi du pays d'Assur, représentant des dieux (*Sakkanuku*) de Bab-Ilu, roi des Sumirs et des Akkads, soumis aux dieux Assur, Nabu et Marduk.

(L. 8). — « Depuis le pays de Yatnana, qui est au milieu de la mer du côté du Soleil couchant, jusqu'aux frontières du pays de Musuri (l'Egypte) et du pays de Muski, le vaste pays d'Akhari (la Phénicie) et le pays de Khatti (la Syrie) et tous les peuples *Guti Muski*, le pays lointain de Madaï qui est sur les frontières du pays de Bikni, l'Illipi, le pays de Ras qui est au-delà du pays d'El-ani, les... les habitants du pays d'Aram, les habitants des rives du fleuve Diglat, du fleuve Surappi et du fleuve Ukni, jusqu'aux villes de Duni-Samas, de Bubi, de Tul-Humba qui sont situées au pays d'Elam, le pays de Tirat-Dunias, inférieur et supérieur, le pays de Kaldu dans son ensemble, le pays de Bit-Yakin qui est situé sur le bord de la mer jusqu'aux frontières du pays de Dilmun, j'ai imposé des tributs à tous ces pays, j'y ai établi mes administrateurs et mes préfets et je les ai soumis à ma puissance.

(L. 37). — « En ce temps-là, tous les pays rebelles que ma main avait conquis et que Assur, Nabu et Marduk avaient soumis à ma puissance suivaient avec piété mes lois, conformément à la volonté des Dieux ; c'est pourquoi, dans le voisinage du pays de Musri, non loin de Ninua, suivant le désir de mon cœur et la volonté des Dieux, j'ai construit une ville et je l'ai nommée Dur-Sarkin.

(L. 49). — « J'ai construit au milieu de cette ville, pour la demeure de ma royauté, un palais *Ka am si*, avec du santal, de l'ébène, du lentisque, du cèdre, du cyprès, du dapran-simli et du pistachier.

(L. 56). — « J'ai invoqué Assur, le Dieu suprême, et les Dieux qui habitent le pays d'Assur, j'ai immolé des victimes pures en l'honneur des rois des Quatre-Régions qui m'ont transmis la puissance..... avec les satrapes de ces contrées, les sages, les docteurs, les grands, les juges et les préfets, j'ai recueilli leurs conseils, je les ai fait habiter auprès de moi et j'ai exercé ma souveraineté. »

INSCRIPTION DES REVERS DE PLAQUE.

(Suivez pl. 167, comparez pl. 164 à 179).

(L. 1). — « Palais de Sargon, Patis d'Assur, roi puissant, roi des légions, roi du pays d'Assur, roi des Quatre-Régions, adorateur des grands dieux, réparateur des temples de Sippara, de Nipur, de Bab-Ilu.

(L. 4.) — « Je suis maître des Suti et j'ai réprimé leurs désordres.

(L. 5.) — « J'ai restauré les lois du pays d'Assur (*Bal-bi-ki*) qui étaient altérées, j'ai pris la couronne de Kalu, j'ai soumis les peuples *an ha ti*, j'ai soumis les rois qui, dans la ville de Kharran, se sont mis sous ma protection et avec la volonté de Anu, de Dagan, je leur ai dicté des lois.

(L. 10). — « Depuis le jour de mon avénement, je n'ai point été méprisé par les rois mes rivaux, je me suis conduit en homme brave dans les combats et dans les batailles, j'ai broyé comme du khesbet tous les peuples et j'ai fait voir les symboles de ma domination dans les Quatre éléments. J'ai établi sur tous ces peuples des tributs et des impôts, comme sur les habitants du pays d'Assur.

(L. 18). — « Nisruk et Militta ont fait entendre à mes oreilles les paroles favorables qu'ils avaient annoncées aux rois mes pères.

(L. 20). — Suivant ma volonté, dans le voisinage du pays des montagnes auprès de Ninua, j'ai fondé une ville et je l'ai nommée Dur-Sar-kin.

(L. 22). — « J'ai élevé pieusement au milieu de cette ville des autels ardents en l'honneur de Nisruk.

(L. 24). — « J'ai construit, pour la demeure de ma royauté, un palais *ka am si* avec du santal, de l'ébène, du tamaris, du cèdre, du cyprès, du simli, du pistachier.

(L. 28). J'ai ouvert dans ses portes un bit-hilan semblable aux palais du pays de Khatti et je l'ai couvert avec des poutres de cèdre et de pin.

(L. 30).—J'ai sculpté, au dehors du palais, dans les intervalles de l'architecture, sur des pierres *ul i* des figures semblables aux créatures des montagnes et de la mer ; j'ai disposé autour des colonnes en pin et en tamaris.

(L. 33). — « J'ai creusé des fondations profondes pour les portes de ce palais comme les *kisrat* des montagnes.

(L. 34). — « J'ai fait demeurer, dans l'enceinte de la ville, des hommes de toutes les régions que le Soleil éclaire et qui étaient la conquête de mes mains.

(L. 37). — « Puisse les Grands-Dieux qui habitent le Ciel et la Terre et les Dieux qui habitent cette ville accorder une durée éternelle aux fondations de cette ville et à ses monuments.

TABLES VOTIVES.

(Table d'or, suivez Oppert dans Place.)

« Palais de Sar-kin, descendant de Bel, Patis d'Assur, roi puissant, roi des légions, roi du pays d'Assur. Roi qui, depuis l'Orient jusqu'à l'Occident, a régné sur les Quatre Régions. Il a institué des lieutenants.

« Dans ce temps-là, suivant la volonté de son cœur, il a élevé une ville au pied des montagnes et il l'a nommée Dur-Sar-kin.

« Il a élevé au milieu de la ville des temples à Salman, à Sin, à Samas, à Bin, à Adar, il a orné les images de leurs grandes divinités. Salman qui surveille les palais lui fit faire les images et le peuple a élevé des autels.

« J'ai construit un palais en *ka am si*, avec du bois de santal, de l'ébène, du cèdre, du tamarisque, du cyprès, du *simli*, du pistachier.

« J'ai fait un *bit-ilan* dans l'intérieur des portes et j'ai disposé dans sa partie supérieure des poutres de pin et de cyprès.

« J'ai écrit la gloire de mon nom sur des tables en or, en argent, en bronze, en plomb, en étain, en marbre et en albâtre et je les ai déposées dans les fondations du palais.

« Celui qui altèrera les œuvres de ma main, celui qui dépouillera mon trésor, Assur le grand seigneur détruira dans ce pays et son nom et sa race. »

INSCRIPTION DU TEMPLE DE SIN ET DE SAMAS.

(A. de Longpérier, catalogue du Louvre, p. 43, n° 43).—Oppert, E. M. I. p. 330.)

« Sar-kin, roi des légions, roi du pays d'Assur, a construit le temple de Sin et de Samas, ses maîtres, au milieu de la ville de Dur-Sar-kin depuis les fondations jusqu'au faîte, il l'a consacré aux Dieux des légions qui protégent les armes, qui augmentent la victoire du roi d'Assur, qui protégent le pays d'Assur. »

INSCRIPTION DU HAREM DE KHORSABAD.

(Oppert. E. M. I. p. 333).

Les deux prières suivantes sont inscrites dans une des cours du palais de Khorsabad, déblayée par M. Place, le monument est dépourvu de sculptures dans cette partie ; elles ont été rapportées par M. Oppert et sont ainsi échappées au naufrage des antiquités que M. Place avait expédiées en France.

« Adar-Samdan, seigneur des hauts faits qui font sa joie, rehausse la majesté de Sarkin, roi du monde, roi du pays d'Assur, représentant des dieux à Bab-ilu, roi des Sumirs et des Akkads. Il a construit cet édifice pour y déposer ses armures, qui augmentent sept fois son éclat, au milieu du ciel fait briller son glaive, dirige sa lance, augmente sa force, accorde-lui l'obéissance des nations, la soumission des vaincus, fais que ses serviteurs le suive et qu'il maudisse ses ennemis. »

PRIÈRE A NISRUK.

(Oppert. E. M. I. p. 339).

« Nisruk le seigneur des mystères, qui protége les mariages, augmente la famille de Sarkin, roi du monde, roi du pays d'Assur, représentant des dieux à Bab-ilu, roi des Sumirs et des Akkads, qui a construit ce palais. » (Le reste est obscur.)

INSCRIPTION DU BARIL.

(*W.A.I.* I., pl. 36.)

(L. 1). — « Sar-kin, descendant de Bel, fidèle Patis d'Assur, l'œil d'Anu et de Dagan, le roi grand, le roi puissant, le roi des légions, le roi du pays d'Assur, le favori des Grands-Dieux, le Pasteur véritable à qui Assur et Marduk ont confié la royauté des peuples et dont ils ont propagé le nom glorieux jusqu'aux confins de la terre.

(L. 4). — « J'ai restauré les sanctuaires de Sippara, de Nipur, de Bab-ilu. J'ai soutenu les faibles parmi les hommes, j'ai puni les coupables, j'ai révisé les lois du pays d'Assur (*pal-bi-ki*) qui avaient été altérées. J'ai porté la couronne de Kalu, j'ai transporté des habitants, je suis l'arbitre suprême des rois qui se mirent sous ma protection favorable dans la ville de Kharran, et engagèrent leur soumission en offrant des sacrifices à Anu et à Dagan.

(L. 7). — « Puissant et fort, *halib namurrati*, j'ai pris les armes pour la destruction des rebelles. Je suis le roi qui, depuis le jour de son avénement, n'a pas eu de rivaux. Je n'ai pas reculé dans les combats et dans les batailles, j'ai broyé toutes les terres comme du khesbet et j'ai exigé des symboles de soumission dans les Quatre-Régions. J'ai ouvert des forêts innombrables, profondes et d'une grande étendue, j'ai fait défricher, j'ai traversé des plaines arides qui étaient le siége de chaleurs mortelles et j'ai fait creuser des citernes.

(L. 12). — « J'ai régné depuis le pays de Rasi qui dépend du pays d'Elam, sur le pays de Pukudu, de Tamun, les villes de Dur-Kurigalzu et de Rapikh, le pays d'Aram-saba jusqu'au grand fleuve du pays de Musuri, le vaste pays d'Akhari, le pays de Khatti tout entier. La puissance de ma main s'étendit depuis la ville de Khasmar jusqu'à la ville de Simaspati dépendant du pays lointain de Madaï au Soleil levant, le pays de Namri, d'Illipi, de Bit-Khamban, de Parsua, de Van, d'Urarthu, de Kasku (la Colchide), de Tubal jusqu'aux pays de Muski, j'ai institué sur ces pays des lieutenants pour gouverner et je leur ai imposé des tributs comme aux gens du pays d'Assur.

(L. 17). — « Juste et terrible, je me suis mesuré dans les plaines de Kalu avec Khumbanigas, roi du pays d'Elam, je l'ai mis en fuite, j'ai réduit les tribus de Tisaï *mapallitku guuni-su*, j'ai imposé des tributs au peuple de Tunuma, j'ai investi leurs *nasik* en présence du roi du pays de Kaldu, j'ai soumis le vaste pays de Bet-Khumri (Israël), j'ai vaincu dans la ville de Rapih le roi du pays de Musuri, j'ai transporté au pays d'Assur, Khanon, roi du pays de Khaziti (Gaza), je l'ai fait prisonnier, j'ai combattu les tribus de Tamud, d'Ibadidi, de Marumani, de Hayapa, qui s'étaient avancées dans le pays de Bet-Khumri.

(L. 21). — Arbitre des combats, j'ai traversé la mer de Iamna dans des vaisseaux, comme des poissons, j'ai transporté les habitants du pays de Kui et de la ville de Suri (Tyr). J'ai brisé les *armakh* de la ville de Sinukhta. J'ai arrosé ces contrées que leur roi avait embrasées comme des *giginis*. J'ai renversé le Bit-Burutas dont le roi ne voulait pas reconnaître la puissance de Sar-kin et s'était confié à Ursa, roi du pays d'Urartha, et à Mita, roi du pays de Muski....... J'ai chassé Mita, le roi du pays de Muski et j'ai restauré les places fortes du pays de Kui, j'y ai célébré des fêtes splendides.

(L. 25). — « Impitoyable, j'ai ravagé de fond en comble le pays de

Khamat, j'ai fait souffrir son roi Iaubid, je l'ai fait écorcher et j'ai fait teindre sa peau comme de la laine, j'ai renversé la ville de Karkamis et j'ai atteint son roi Pisiri qui avait tramé une conspiration contre moi. J'ai déclaré la guerre au pays d'Urarthu, j'ai ravagé la ville de Muzasir et alors Ursa, roi du pays d'Urartha, frappé de terreur, s'enleva la vie de sa propre main ; j'ai transporté les habitants des villes de Papa (Paphos), Lalukni, Sukkia, Bala, Abitikna qui avaient conspiré secrètement avec le pays de Kakmi. J'ai foudroyé le pays d'Andia et de Zikirtu et j'ai frappé de mort tous leurs habitants, j'ai inspiré aux rebelles la terreur de la mort. Courageux, j'ai fait valoir ma force et mes exploits, j'ai subjugué le pays de Madaï qui ne s'était pas encore rendu et j'ai soumis les habitants du pays de Kharkhar. J'ai agrandi le domaine du pays d'Assur, j'ai protégé le pays de Van. J'ai rétabli la tranquillité à Illipi, j'ai fortifié l'empire sur les pays *kilalan*, j'ai fait respecter ma volonté, j'ai mis sous mes pieds le pays de Kilkhi, j'ai gravi des contrées montagneuses, rebelles et impies que Altapar avait excitées à la guerre contre moi, j'ai subjugué Karalla, j'ai fait une couronne (sur les murs de la ville) avec la peau de leur roi Assurlikh ; j'ai imposé à Ada, du pays de Surda, le joug du pays d'Assur. »

Le passage suivant que nous avons mis entre crochets n'existe que sur l'exemplaire du Louvre.

(L. 34). — [« Le roi soucieux de son devoir et avide de gloire dirigea son esprit sur le repeuplement de ses vastes Etats, il a ouvert des rues, il a aligné des murs, il a porté son attention sur les roches escarpées où se trouvait depuis les temps antiques une pauvre végétation, il y choisit l'emplacement des fondations nouvelles sur une base solide....... il entreprit l'étude de la profondeur des étangs, il ouvrit des ravins, il dirigea des cours d'eau pour apporter en haut et en bas la fertilité.

« ...... — Moi le roi intelligent, l'élu de tous les rois, j'ai observé les traditions perpétuées par le destin mystérieux.... et par le sort qui inspire la terreur. Les régions du pays d'Assur étaient de vastes solitudes, des marais; les mauvaises plantes avaient envahi les habitations et au lieu d'être le centre de la richesse du royaume, ils étaient des causes de pauvreté...... le pays était nu, il ne pouvait pas nourrir les troupeaux, la terre n'était pas cultivée, le blé n'y croissait pas...... alors, j'ai requis des corvées d'hommes pour arracher l'ivraie de mon pays qui ne rendait pas sa valeur et pour enlever les mauvaises herbes à l'aide du dieu Sirakh. J'ai fait un examen approfondi de ces trésors, la gloire du Dieu et du roi des êtres animés qu'on pouvait employer et de la totalité de la dépense nécessaire pour faire revivre cette solitude. Matin et soir, j'ai pensé à la construction de cette ville avec l'appui de Samas, le grand Maître des Grands-Dieux qui me permit de réaliser mes desseins, j'ai résolu d'élever une ville en cet endroit.]

(L. 34). — « La ville de Magganubbu (où devait s'élever Dur-Sar-kin) se trouve sur le penchant des montagnes au-dessus de la vallée et dans le voisinage de Ninua. Je l'ai faite pour qu'elle ressemble à Ninua. Trois cents cinquante rois environ avaient exercé avant moi l'empire sur le pays d'Assur et avaient illustré la domination de Bel, mais jamais personne parmi eux n'avait examiné cet endroit, n'avait songé à le rendre habitable, n'avait tenté de creuser un canal, j'ai pris cette décision pendant les fêtes de mon mariage. Que Salman, le Dieu de l'abondance, le Dieu des mystères, veuille bien m'accorder la prospérité et l'accomplissement de mes vœux, qu'ils fassent entendre à mes oreilles les paroles que Mylitta, la mère des Dieux, et Salman avaient déjà fait pressentir aux rois mes pères.

(L. 39). — « J'ai pensé jour et nuit à rendre habitable cette ville, à inaugurer ses temples, les autels des Grands-Dieux et les palais où siége ma majesté, j'en ai ordonné la fondation, car les grands dieux m'ont nommé ainsi (Sar-kin) parce que j'ai observé les traités et la foi jurée, parce que j'ai gouverné sans injustice et sans opprimer les faibles. J'ai restitué aux maîtres des champs le prix de leurs terrains, en argent ou en bronze, d'après les tables qui en fournissent la valeur, je leur ai donné des instruments pour les terrains à défricher, les terrains à vendre, les terrains contigus. J'ai fait célébrer des offices...... pour la joie des architectes, au-dessous de *uksal* en l'honneur du dieu de la puissance, du dieu qui juge les humains.

(L. 43). — Pendant le jour, j'ai travaillé au milieu de la ville pour le bonheur et la satisfaction de mon cœur, le soir je levais les mains dans des *sukli rub elan* vers le dieu Ilu qui fixe les destinées de Ninua.

(L.45.) «Lorsque les prières constantes de ma bouche arrivèrent aux sublimes interprètes divins, mes maîtres, elles y trouvèrent grâce entière, ils m'enjoignirent de construire la ville, de creuser les canaux, j'eus confiance dans leurs recommandations auxquelles on ne saurait se soustraire, j'ai compté mes légions, je me suis fait apporter ma couronne. Dans le IIIe mois, le mois sivan (juin) consacré au dieu Sin interprète des 30 maisons diurnes qui....... qui éclaire les Cieux et la Terre, le régulateur des Dieux, dans ce mois auquel d'après l'instruction de Anu, de Bel, de Salman, de Nisruk les Grands-Dieux ont donné le nom de « mois de la Bricque » parce que l'on y moule la brique pour la construction des villes et des temples, dans le jour....... qui est consacré au fils du Maître des unions fécondes, Nabu le lieutenant de l'univers, l'inspecteur de tous les dieux, dans ce temps-là, j'ai moulé des briques.

(L. 50). — « J'ai fait un sacrifice en l'honneur du Dieu des Briques, le Maître des fondations en briques, Nirgal, fils de Bel-Dagan, j'ai fait des libations, j'ai élevé la main, j'ai.....

(L. 51). — « Dans le mois abu (juillet) le mois où descend le dieu du Feu qui chasse les nuées humides et qui pose les fondations des villes et des maisons, j'ai établi les fondations, j'ai disposé les briques, j'ai élevé des autels pour conjurer les mauvaises influences en l'honneur de Salman, de Sin, de Mylitta, de Bin, de Samas, de Adar. J'ai construit un palais couvert en peau de *amsi* en santal, en ébène, en tamarisque, en cèdre, en cyprès et en pistachier. Avec leur assistance suprême, pour la demeure de ma royauté, j'y ai fait un monument semblable au palais du pays de Khatti; à l'intérieur des portes, j'ai mis des poutres de cèdre et de cyprès; j'ai réglé les dimensions du mur, 4...... 3....... 1 ... 2 ... 2..... qui contiennent la mention de mon nom et j'ai enfoui profondément le *timin* au-dessous des pierres des montagnes.

(L. 56). — « J'ai dirigé la hauteur et la largeur de l'enceinte vers les huit directions et j'y ai percé huit Grandes Portes.

(L. 57). — « Samas me permet d'atteindre mes désirs, Bin m'apporte l'abondance, j'ai nommé les Grandes Portes de l'Orient, les Portiques de Samas et de Bin.

(L. 58). — « Bel pose les fondations de la ville, Mylitta se pare du khesbet, j'ai donné aux Grandes Portes du midi les noms de Portes de Bel et de Mylitta.

(L. 59). — « Anu active les œuvres de ma main, Istar conduit les hommes aux combats, j'ai appelé les Grandes Portes de l'occident les Portes d'Anu et d'Istar.

(L. 60). — « Nisruk-Salman dirige les mariages, Mylitta préside aux naissances, j'ai consacré les Grandes Portes du Nord à Mylitta et à Salman.

(L. 61). — « Assur perpétue la victoire des rois qu'il a institués, il protége les armées de l'enceinte des villes. Adar veille sur le *timin* et protége les remparts jusqu'aux jours les plus reculés.

(L. 62). — « Les habitants des Quatre-Régions, ceux qui parlent des langues étrangères, les hommes qui avaient été exempts de tributs, les habitants des montagnes et des vallées que le soleil éclaire, les chefs des Dieux, les Maîtres des sphères, je les ai réunis dans le souvenir d'Assur, mon Dieu, dans l'exercice de la justice et je les ai fait demeurer dans cette ville où je les ai installés.

(L. 65). — Que les Dieux qui habitent cette ville m'accordent pour un temps perpétuel la......... de cette ville et la durée de ce qu'elle renferme.

(L. 66). — « Qu'Assur, Samas, Bin et les Dieux qui habitent cette ville exterminent celui qui attaque les œuvres de ma main, qui efface mes sculptures, qui enlève mes vases et mes richesses, qui dépouille mon trésor, qu'ils exterminent son nom et sa race dans le pays et qu'ils le fassent traiter en rebelle par ses ennemis. »

INSCRIPTION DE SARGON A NIMRUD.

(Layard, pl. XXXIII).

Avant la construction du palais de Khorsabad, Sargon habitait Calach, dans le palais bâti par Salman-Asar, le premier du nom, et restauré par Assur-nasir-habal.

Dans une des salles de ce palais la salle *u* du plan de M. Layard, on a découvert une inscription de Sargon, dont la rédaction est antérieure à la construction de Dur-Sar-kin et à la prise de Babylone, car il n'en est pas fait mention ; c'est la seule inscription de Sargon dans laquelle se trouve le nom de la Judée ; elle est ainsi conçue :

« Palais de Sar-kin, descendant de Bel, Patis d'Assur, lumière d'Anu et de Dagan, roi puissant, roi des régions, roi du pays d'Assur, roi des Quatre-Régions, favori des Grands-Dieux, le Pasteur véritable auquel Assur et Marduk ont donné le pouvoir, soucieux de son nom, il a fait la guerre à l'iniquité, serviteur des Dieux, puissant et juste, il a puni les rebelles, il a fait obéir ses serviteurs ; juste et terrible, depuis le jour de sa puissance il s'est fait craindre par les rois ses rivaux.

« Il a réuni sous sa domination toutes les terres, depuis le lever du soleil jusqu'à son coucher et il a fait briller de la splendeur de la guerre la domination de Bel.

« Terrible et redouté, il a fait exécuter les décrets suprêmes des Dieux *nukimut* qui ont chargé sa main d'un pouvoir sans égal.

« Grand et fort, il s'est mesuré avec Khumbanigas, roi d'Elam, il l'a mis en fuite dans les plaines de Kalu, il a soumis le pays lointain de Iauda (la Judée), il a transporté les gens de Khamat, il a vaincu par la puissance de sa main leur roi Yaubid. Il s'avança dans l'intérieur du pays de Kakmi qui s'était soulevé, il pacifia le pays de Van, il rendit le pays à son empire et il recula les limites de la puissance d'Assur.

« Roi vigilant, il a combattu les impies, il a pris dans ses mains Pisir, roi du pays de Khatti et il a imposé son satrape à la ville de Karkhamis. Il a chassé Sinukta, il a transporté Kiakki, roi du pays de Tabal dans les villes du pays d'Assur, il a imposé des tributs aux habitants du pays de Muski. Il a soumis le pays de Van, le pays de Kar-Alla, le pays de Padir, il a apaisé les différents dans ses Etats, il a été glorifié depuis le pays lointain de Madaï jusqu'au pays du Soleil levant.

« Dans ce temps-là, le palais de Dapran (cyprès), qui est dans la ville de Kalakh et que Assur-nasir-habal, le roi qui régnait avant moi, avait fait construire n'était plus solide à cause des mouvements de terre qui ébranlaient ses fondations sans profondeur, l'édifice avait été frappé par le tonnerre du ciel, son ancienne splendeur avait disparu, le mur était lézardé, la terre était éboulée, les poutres étaient rompues. J'ai visité la place, je me suis approché des fondations, j'ai rétabli sur ses *timmin* de grandes pierres, solides comme les montagnes, je l'ai restauré depuis les fondations jusqu'au sommet, je l'ai fini. J'ai ouvert la porte *ziki* pour ma satisfaction et ma joie. J'ai fait représenter l'attaque des villes que j'avais soumises, les peuples dont j'avais fait des esclaves et dont j'avais châtié la rébellion, j'en ai orné les salles, j'ai rempli le palais des images des Grands-Dieux, j'ai invoqué Nirgal le grand protecteur, Bin et les Dieux qui habitent la ville de Kalakh, j'ai consacré en leur présence des Taureaux ailés, des *salgi* ailés, des *ustur* ailés, des oiseaux du ciel aux ailes déployées, j'ai distribué la justice et j'ai rendu la paix aux habitants du pays d'Assur.

« Dans ce temps-là, j'ai déposé dans la Maison des trésors, 2 talents, 30 mines d'or, 2,100 talents et 24 mines d'argent, suivant la grandeur du butin de Pisiri, roi de la ville de Karkamis au pays de Khatti dont la capitale est située sur les bords du fleuve Purat et dont je m'étais emparé. »

STÈLE DE LARNAKA.

(*W.A.I.* III, pl. 11.)

En 1846, M. Mas-Latrie, alors en mission scientifique dans l'île de Chypre, signala au ministre de l'Instruction publique que des ouvriers en creusant à Larnaka sur l'emplacement de Citium un terrain situé entre la marine et la haute ville avaient mis au jour une grande pierre de basalte de sept pieds de haut sur deux et demi de large et un pied d'épaisseur.

La prétention exagérée des propriétaires de ce monument en retarda l'acquisition; il fut perdu pour la France. Lorsqu'on se décida à l'acheter, elle appartenait à M. Mattei, consul de Prusse en Chypre; elle se trouve aujourd'hui au musée de Berlin M. A. de Longpérier obtint plus tard un moulage qui figure au musée du Louvre et l'inscription a été publiée dans le dernier recueil des inscriptions du Musée Britannique. Cette stèle consacre le souvenir d'une des campagnes de Sargon au pays de Yatnana. Elle est écrite en caractères archaïques, malheureusement la partie postérieure de la stèle a été sciée et il ne reste plus que le commencement des lignes du côté droit et la fin des lignes du côté gauche. Quoiqu'il en soit, le sens de l'inscription se dégage assez facilement.

Ce monument date de la XIe campagne de Sargon, par conséquent de l'an 711 a. J.-C.

(COTÉ DROIT.)

(L. 1). — « Sar-kin, roi puissant, roi des légions, roi du pays d'Assur, représentant des dieux (sakkanaku) à Bab-ilu, roi des Sumirs et des Akkads, roi des Quatre-Régions, adorateur des Grands-Dieux, à qui Assur,

Nabu et Marduk ont confié un empire sans limites et dont ils ont propagé le nom glorieux jusqu'aux confins de la terre.

(L. 10). — « Il a restauré les sanctuaires de Sippar, de Nipur, de Bab-ilu, il a redressé les transgressions aux lois des hommes. Il a ceint les couronnes de Kalu, d'Ur, d'Ereck, de Rata, de Larsa, de Kullab, de Kisik, de Nivit-Laguda, il a transporté des populations.

(L. 18). — « Il a remis en vigueur les lois des hommes du pays d'Assur qui, depuis des jours nombreux, étaient tombés en désuétude et il rétablit dans leur entier les décrets altérés.

(L. 22). — « Il a marché dans l'adoration des Grands-Dieux, il n'a fait qu'un peuple des hommes du bord de la Mer-Supérieure et des hommes du bord de la Mer-Inférieure. Il a régné depuis le pays de Musri jusqu'au pays de..... il a vaincu Khumbanigas, roi du pays d'Elam, il a soumis le pays de Karallu, de Surda, de Kisisim, de Karkar, le pays de Madaï, le pays de....... il a transporté les hommes du pays de Khatti et il les a fait habiter au milieu de...... et il a placé au-dessus d'eux son lieutenant comme gouverneur.

(L. 27). — « Il a soumis le pays de Van, il a annexé les pays de Tuya, d'Andia et de Zikirtu. Il s'est emparé, comme d'un riche butin, d'Ursana, roi de Muzasir, de ses trésors, des dieux Khaldia et Bagabarta. Il a marché sur le pays d'Urartha et il a soumis tous ses habitants dans leur ensemble *si bit tu au sir ha.*

(L. 46). — « Ursa, roi du pays d'Urartha s'était enfui pour sauver sa vie dans ses hautes montagnes, il se donna la mort de sa propre main avec son glaive.

(L. 51). — « Il a couvert de ruines le pays de Khamat tout entier. Iaubid du pays de Khamat s'était soulevé, j'ai combattu contre lui, j'ai envoyé ses dépouilles au pays d'Assur et je l'ai réduit en esclavage. J'ai prélevé parmi ses soldats 200 chars, 600 cavaliers, des porteurs de lances et de boucliers et je les ai ajoutés à mon empire. J'ai fait habiter 63,000 hommes du pays d'Assur au milieu du pays de Khamat et j'ai imposé sur eux mon satrape pour gouverneur, je leur ai fait payer un tribut.

COTÉ GAUCHE.

(L. 1). — « J'ai relevé à Bab-ilu les temples du Maître des dieux, je me suis avancé seul dans la joie de mon cœur et j'ai pris la route du palais des tributs, j'y ai réuni 154 talents, 26 mines, 6...... d'or..... 1804 talents, 20 mines d'argent, de l'ivoire, des talents de métal, du fer, en grande quantité dont le nombre est sans égal, des pierres *ka*, des pierres *pi*, des pierres *siru*...... dont le nombre est sans égal, des étoffes bleues, des étoffes de pourpre, des vêtements de laine et de fil, des bois de cèdre, de cyprès, produits du mont Khamanu dont les forêts sont bonnes, je les ai consacrées à Bel, à Zarpanit, à Nabu, à Tasmit, aux Dieux qui habitent les sanctuaires des Sumirs et des Akkads. J'ai réuni tout cela depuis le commencement de mon règne jusqu'à la XIe campagne.

(L. 33). — Upiri, roi de Dilmun, qui habite comme un poisson à 30 *kasbu* au milieu de la Mer du Soleil levant, entendit l'effet de la puissance d'Assur, de Nabu, de Marduk, il fit sa soumission. Et les 7 rois du pays de Yanagi qui dépend du pays de Yatnana, situé au milieu de la Mer du Soleil couchant, jamais depuis les jours les plus reculés, les rois mes pères n'en avaient entendu parler, jamais on n'avait connu leur terre; ils apprirent au milieu de la Mer ce que j'avais fait au loin dans le pays de Kaldi et de Khatti, ils humilièrent leur orgueil, ils m'apportèrent leurs présents, de l'or, de l'argent, des instruments, du santal, de l'ébène, des ouvrages de leur pays et me les présentèrent au milieu de Bab-ilu, ils embrassèrent mes genoux.

(L. 43). — Alors, j'ai fait ériger une stèle,..... les grands dieux mes maîtres, j'ai élevé devant eux l'image de ma majesté...... depuis le Soleil levant jusqu'au Soleil couchant, j'ai réuni par ma puissance dans l'adoration d'Assur, de Nabu, de Marduk, les dieux objets de mon culte... ..... j'ai élevé dans le pays de Yatnana, j'ai marché sans égal......

(L. 57). — « Que celui qui parmi les rois mes fils me succèdera dans la suite des jours, lise ces inscriptions, qu'il regarde ces images......... qu'il nettoye les bas-reliefs, qu'il immole des victimes pures, car celui qui altèrera mon écriture et mon nom et tout ce qui est écrit sur cette table, Nabu et les dieux qui habitent au milieu de la vaste Mer le maudiront, ils l'extermineront, lui, son nom et sa race sur cette terre, ils le poursuivront jusqu'à ce qu'il ait reçu son châtiment..... et le dieu *Mit-ra*.... livreront son pays à ses ennemis..... »

Tels sont les matériaux que nous avons cru devoir présenter ici sur le règne de Sargon, malgré les répétitions auxquelles nous nous sommes trouvés entraînés, en donnant dans leur entier les différentes inscriptions dans lesquelles il a consigné ses exploits, on comprendra mieux par cet ensemble les préoccupations des rois d'Assyrie lorsqu'ils confiaient au marbre ou à la brique le soin de perpétuer leurs récits. Si nous n'avions pas circonscrit notre travail à un simple exposé, il eut été intéressant sans doute de comparer le texte aux monuments et de suivre, sur les bas-reliefs qui décorent les salles, l'histoire qui les accompagne. On voit, en effet, (Botta, pl. 180, 181), de courtes inscriptions indiquant les noms des principales villes qui ont été prises par Sargon et qui sont représentées sur les murs du palais, ce sont les villes « de Kharkhar, » « de Muzasir, » « de Bit-Bagaya, » « de Kindar, » « de Kisisim, » et d'autres dont les noms ont été effacés. Quelques-unes de ces inscriptions sont plus explicites. Une d'elles, écrite dans la salle VIII, au n° 25 du plan, nous fait connaître le nom d'un supplicié auquel on arrache la peau: c'est l'usurpateur Yaubid du pays de Amat. Nous avons vu (supra. p. 182) qu'il a été écorché vif par les ordres de Sargon.

Une inscription d'une autre nature (salle XIV n° 10) nous donne la signification du mot *usman*, c'est « le camp retranché. » Le bas-relief nous montre en effet, au-dessous de l'inscription, les occupations auxquelles se livrent des soldats au bivouac. Mais il faut savoir s'arrêter et négliger encore d'autres documents qui se rattachent plus ou moins directement au règne de Sargon. Ils appartiennent à une discussion pour laquelle les matériaux, si nombreux qu'ils soient, sont peut-être encore insuffisants.

Sargon a régné 18 ans, ainsi qu'on peut le voir par la liste des Limmu, de l'an 721 à l'an 703; un fragment de la tablette chronologique nous donne de plus les indications suivantes :

708. Mannu-ki-Assur-likh, préfet de Tilli.

707. Samas-upakhar.

706. Sa-Assur-dubbu, préfet de Tuskhan.—Le 22 tisri (22 septembre) consécration aux Dieux de Dur-Sar-kin.

705. Mutakkil-Assur, préfet de Guzana. — Le 6 abu (6 juillet), inauguration de Dur-Sar-kin.

704. Pakhar-Bel, préfet d'Amid........ — Assassinat de Sar-kin. — Le 12 abu (12 juillet), avènement de Sin-akhi-erib.

(*W.A.I.* II, pl. 69.)

SIN-AKHI-ERIB.

(704 a. J.-C.)

Documents. — Inscription du palais de Koyoundjik (Layard, pl. 38, 40, 69, 62. *W. A. I.* I, pl. 27-4. — *W. A. I.* III, pl. 4, 11, 13, 15, 16.) — Inscript de Nebi-yunus (*W. A. I*, 1, pl. 16-43.— Inscript. de Sherif-Khan et d'Arbelles (*W. A. I. I*, pl. 7). Inscript. du prisme de Taylor (*W. A. I.* 1, pl. 37-42). Inscript. du prisme de Bellino (Grotefend, *Bemerkungen zur Inscift eines Thongefasses. — Gottingen 1850.* — Layard, pl. 63-64). Inscription de Bavian. (*W. A. I.* III, pl. 14.) Canon des rois d'Assyrie (*W. A. I.* III, pl. 1.)

Sennachérib est le premier prince assyrien dont nous trouvons des monuments sur l'emplacement même de Ninive. Son palais était situé à l'extrémité Sud du tumulus de Koyoundjik. La partie la plus voisine du fleuve est entièrement détruite. La façade principale était tournée vers le Nord-Ouest. M. Layard a déblayé cette façade dans toute sa longueur. La porte d'entrée était décorée de taureaux à face humaine, analogues à ceux de Khorsabad et sur lesquels on lit également une inscription. Cette porte conduisait dans une série de salles, de couloirs, de différentes grandeurs, qui couvrent une superficie de plus de deux hectares.

Les inscriptions de Sennachérib sont moins abondantes que celles des autres rois ; les grands textes sont ordinairement placés entre les jambes des lions ou des taureaux ailés. Çà et là, on aperçoit, sur des bas-reliefs, quelques lignes pour expliquer les scènes qu'ils reproduisent. Malheureusement la plupart de ces légendes, qui étaient précisément situées dans la partie supérieure des bas-reliefs, ont disparu avec le mur lorsqu'il est tombé en ruine. On ne voit point, dans ce palais, de frise entièrement formée d'inscriptions, comme celle que nous avons indiquée et suivie dans le palais de Sargon à Khorsabad ; mais heureusement nous possédons d'autres documents.

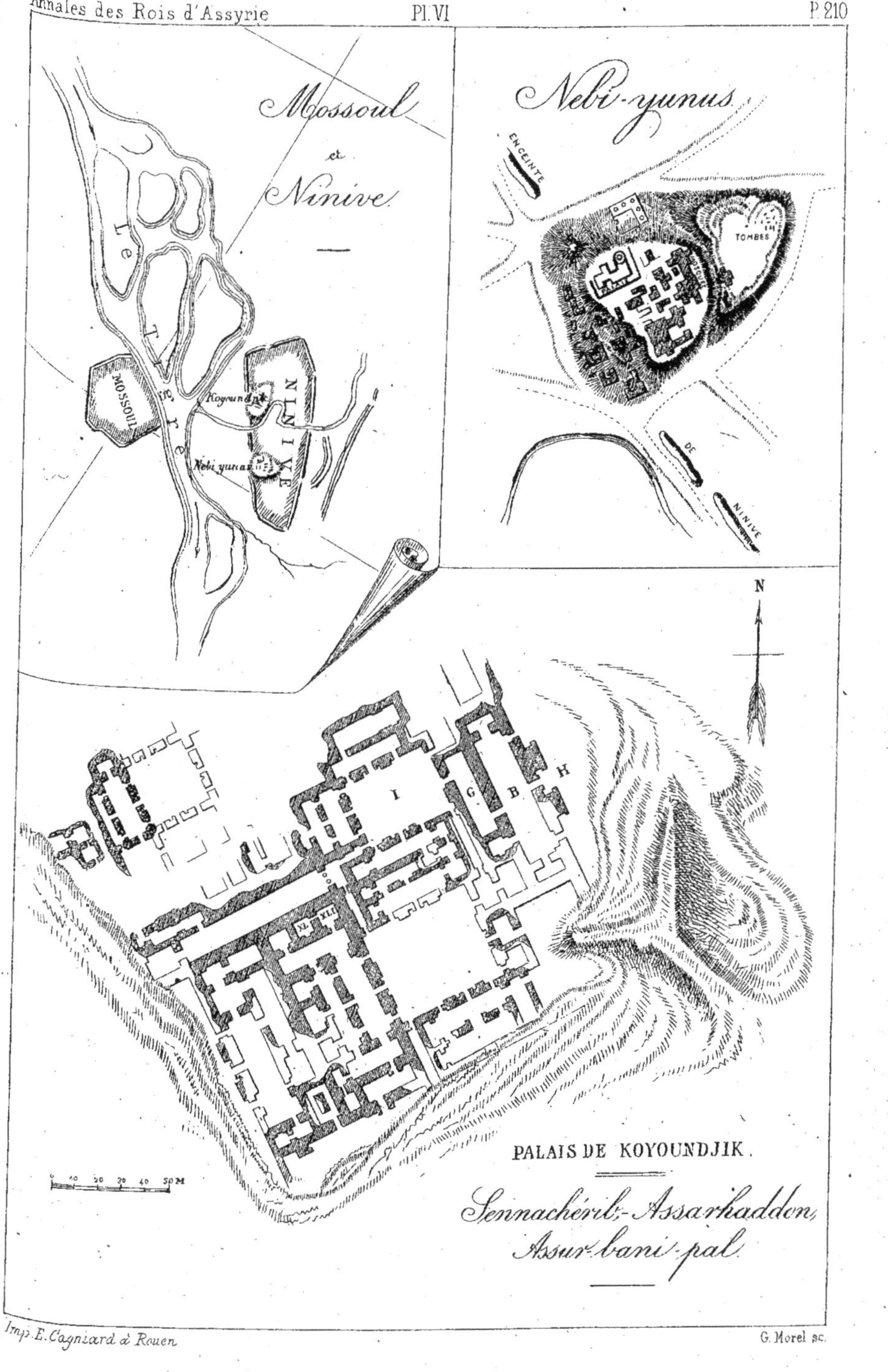

Imp. E. Cagniard à Rouen G. Morel sc.

Il est assez difficile d'apprécier dans quel état se trouvait Ninive sous le règne de Sargon. Il est certain qu'il y avait restauré les temples de Nebo et de Marduk. Nous lisons, en effet, sur des briques de la partie Est du monticule de Koyoundjik :

« Sar-kin. . . . . Patis d'Assur *Sakkanaku* de Nabu et de Marduk a construit le temple de Nabu et de Marduk, ses Seigneurs, depuis les fondements jusqu'au faîte pour assurer la durée de sa vie, la prospérité de sa race. . . . . . et le bonheur des hommes du pays d'Assur. »

(*W. A I.* I, pl. 6, *W. A. I.* III, pl. 3.)

Quoiqu'il en soit, c'est à Sennachérib qu'il appartient d'avoir rendu, à l'ancienne capitale de l'Assyrie, toute sa splendeur, lorsqu'il y transporta le siége de son empire.

Voici d'abord ce que nous trouvons dans une inscription gravée sur les briques de Nibi-Yunus, et trouvée sur l'emplacement du mur de l'enceinte Sud de Ninive :

« Sin-akhi-erib, roi des légions, roi du pays d'Assur a fondé et construit le rempart et l'enceinte de Ninua, et il en a gardé le souvenir dans ses inscriptions. »

(*W. A. I.* I. pl. 6, nº VIII B.)

Nous lisons maintenant sur un des marbres du palais de Koyundjik :

« Sin-akhi-erib, roi grand, roi puissant, roi des légions, roi du Pays d'Assur, roi des Quatre-Régions, favori des Grands-Dieux, à qui Assur et Istar ont confié la supériorité sur tous les peuples.

« Pour humilier les ennemis du Pays d'Assur, j'ai obligé mes adversaires à suivre son adoration sublime; à l'aide de mes armées, je me suis fait obéir depuis le Lever jusqu'au Coucher (du Soleil). J'ai soumis à mes lois tous les princes qui habitent les Quatre-Régions, et ils ont obéi à mes décrets.

« Je dis ceci : La ville de Ninua est la ville de ma puissance; j'en ai renouvelé les demeures, j'ai restauré les rues, j'ai réparé le. . . . royal, et je l'ai fait briller comme le soleil. J'ai refait entièrement le rempart et l'enceinte, et je l'ai dit dans mes écrits. J'ai augmenté les fossés de 100 grandes mesures. Les soldats de mon armée royale ont été longtemps employés à transporter le marbre des carrières. J'ai choisi l'emplacement, et j'ai compté 62 grandes mesures, à partir du camp royal jusqu'à la grande façade.

« Que les hommes qui habitent cette ville ne changent pas les anciennes maisons, qu'ils en construisent de nouvelles ; mais celui qui touchera aux fondations de ce palais, qu'il soit écrasé sous ses ruines. »

(*W.A.I.* I, pl. 7, f.)

Sur les Taureaux de l'entrée latérale au Nord-Est, dans le couloir marqué C sur le plan de M. Layard, on lit :

(L. 1.) « Palais de Sin-akhi-erib, roi grand, roi puissant, roi des Légions, roi du Pays d'Assur, roi des Quatre-Régions, favori des Grands-Dieux, le courageux, le sage, le prince vigilant, pasteur des hommes, gardien des peuples, Moi.

(L. 3.) « Bélit, la souveraine des Dieux, la reine des. . . . m'a formé dans le sein de celle qui m'a porté. Elle m'a enfanté comme une mère, elle m'a fait grandir. Marduk-Salman m'a créé pour la propagation de. . . . il m'a nommé le chef des. . . . il m'a donné une épouse. . . . Assur, le Père des Dieux, m'a soumis tous les chefs ; il a élevé ma tête pour gouverner le pays et les hommes ; il m'a donné le sceptre de la justice pour le bonheur du pays, comme à un souverain sans égal ; il a chargé mon bras de la destruction des rebelles.

(L. 6.) « Alors j'ai commandé aux ennemis vaincus par mes mains ; je me suis mis la couronne (sur la tête). Ils moulèrent des briques pour la construction du Grand Palais, situé au milieu de la ville de Ninua. Ils ont compté 360 mesures en longueur et 85 en largeur, comprenant, dans sa construction, toutes les demeures qui en dépendent. Les Rois mes pères qui m'ont précédé, l'avaient construit pour la gloire de leur royauté, mais ils n'en avaient pas achevé la magnificence. Ils avaient sculpté des animaux en marbre, provenant des carrières de la ville de Tastia, pour la décoration des portiques ; et pour construire la charpente ils avaient abattu des grands arbres de tous les pays.

(L. 10.) « Dans le mois aïru (avril), au jour propice, il y avait une fête ordonnée par les décrets suprêmes ; on la célébrait sur la hauteur, à l'endroit qui est au-delà du fossé. On y avait tracé de grandes inscriptions pour l'enseignement des habitants; pour rehausser leur puissance. Ils s'assemblèrent sur la hauteur, ils firent orner les portes.

(L. 11.) — « Le fleuve Tigulti (?), qui protége de ce côté la forteresse contre l'attaque des ennemis, avait miné les assises du Palais et l'eau avait attaqué le *timin*. J'ai détruit ce Palais de fond en comble; j'ai changé le cours du fleuve Tigulti, j'ai détourné son lit, j'ai élevé des digues, j'ai établi des fondations avec des briques, je les ai recouvertes de grandes pierres. J'ai compté 454 mesures. . . . . 279 mesures. . . . . . j'ai dirigé les eaux dans un autre lit, j'ai agrandi la terrasse et j'ai augmenté l'étendue du palais.

(L. 15.) « Je l'ai élevé de 180 *tibik*; mais pour qu'il dure toujours dans la mémoire des hommes, je n'ai pas touché à sa pierre angulaire (son *timin*). J'ai employé de grandes pierres pour le couvrir, je l'ai consolidé. J'ai porté la longueur à 954 *suklum* et la largeur à 440 *suklum*. J'ai augmenté la partie du Palais qui sert à l'habitation.

(L. 420.) « J'ai construit ce Palais en marbre. . . . . en albatre; je l'ai couvert en peaux de *amsi*; j'y ai employé de l'ébène, du santal, du lentisque, du cèdre, du cyprès, du *simli*, de l'*ilammaku*, pour en faire la demeure de ma Majesté. J'ai construit un *Bit-appati*, semblable à celui du grand temple du pays de Khatti. Dans l'intérieur des portes, j'ai élevé des poutres de cèdre et de cyprès, puissent-elles durer longtemps, qui proviennent des forêts élevées du mont Khamanu et du mont Sirara. . . . . ».

(Layard, pl. 38 et 55.)

Suit une description détaillée du Palais et difficile à comprendre à cause des termes techniques qu'elle renferme.

Le palais de Sennacherib n'offre point cette frise d'inscriptions qui décore les palais de son prédécesseur; cependant çà et là, on trouve quelques lignes qui ont trait aux sujets représentés dans les bas-reliefs. Parmi ces inscriptions détachées, nous devons citer particulièrement celle qui a trait au siége de Lakis (לכיש), car il n'est pas fait mention dans les textes historiques de cet épisode de la guerre de Sennachérib contre les juifs bien qu'il soit indiqué dans les textes bibliques (2 rois XVIII. 14.) L'inscription était écrite dans la chambre marquée XXXVI sur le plan de Layard, au-dessus d'un bas-relief représentant le Roi assis sur son trône et devant lui des captifs prosternés à ses pieds ; elle est ainsi conçue :

« Sin-Akhi-erib, roi des Légions, roi du pays d'Assur, assis sur le trône de la justice, reçoit les tributs des captifs de la ville de Lakisu.

(Layard. Discoveries, etc., p. 152. — *W. A. I.* I. pl. 7, *i.*)

Au-dessus de la tente du roi, on lit :

« *Kharatuv* de Sin-akhi-erib, roi du pays d'Assur. »

(*W. A. I.* I. pl. 7 j.)

Les inscriptions les plus importantes du règne de Sennachérib sont écrites sur des prismes d'argile que les rois assyriens faisaient enfouir dans les fondations de leurs palais. Voici d'abord le plus intéressant de ces documents.

INSCRIPTION DU PRISME DE TAYLOR.

(*W.A.I.* I, pl. 37-42.)

Ce monument ne provient pas des fouilles actuelles ; il a été trouvé à Mossoul, en 1830. C'est un prisme en argile à six faces, dont chacune est couverte de quatre-vingts lignes d'écriture. Il est divisé par des lignes horizontales en neuf paragraphes, qui correspondent aux campagnes. Il est généralement connu sous le nom de Prisme de Taylor, du nom de son premier possesseur. Pendant plusieurs années, on a cru qu'il était perdu. Sir H. Rawlinson en possédait, il est vrai, une empreinte qui avait été prise sur le monument par M. Lottin de Laval, mais cette empreinte était bien insuffisante pour l'étudier ; enfin l'original s'est retrouvé à Londres, et il a été acheté par le Musée britannique, qui en a publié une copie dans son recueil.

(C. 1, l. 1.) « Sennachérib, roi grand, roi puissant, roi des légions, roi du pays d'Assur, roi des Quatre-Régions, le pasteur vigilant, le favori des Grands-Dieux, l'observateur de la foi jurée, le gardien de la loi, celui qui agit selon l'équité et qui marche dans la route de la justice, le. . . . des actions glorieuses, le juste, le fort, le mâle, le terrible, le premier des rois (*malki*), le guerrier, celui qui anéantit les impies et qui écrase les coupables.

(C. I, l. 10.) « Assur, le maître souverain, m'a conféré la royauté sur tous les peuples, il a étendu ma domination sur tous les habitants de la terre, depuis la Mer-Supérieure, située au soleil couchant, jusqu'à la Mer-Inférieure, située au soleil levant. J'ai soumis à ma puissance tous les chefs des hommes. Les rois ennemis, pris de vertige, évitaient de se ranger en bataille devant moi; leurs alliés les abandonnaient, ils s'envolaient comme une nichée d'oiseaux pour se soustraire à ma rencontre et se cachaient dans les lieux déserts.

(C. I, l. 19.) « Dans ma première campagne, j'ai vaincu Marduk-bal-adan, roi de Kar-Dunias, et les armées du pays d'Elam, dans les environs de la ville de Kis. Pendant la mêlée, il (Marduk-bal-adan) s'enfuit en laissant ses bagages. Je lui ai fait expier sa rébellion. Ses chars, sa cavalerie, les machines de guerre qui étaient sur le champ de bataille, se tournèrent contre lui; il s'échappa tout seul et gagna son palais dans la ville de Bab-ilu. J'ai mis la main sur son trésor, j'ai pris son or, son argent, des vases d'or et d'argent, des pierres précieuses, son mobilier, ses vêtements, des objets de prix, sa femme, les hommes du palais, les dignitaires, les hommes. . . . les esclaves mâles et femelles, les domestiques, toute la garnison, je les ai fait sortir du palais et je les ai comptés comme des esclaves. Avec l'aide d'Assur, mon seigneur, j'ai assiégé 76 places fortes du pays de Kaldu et 420 forteresses de la frontière; je m'en suis emparé, je les ai occupées. J'ai fait sortir de leurs demeures les tribus d'Urbi, d'Aramu, de Kaldu, qui se trouvaient dans les villes d'Erech, de Nipur, de Kis, de Chalanné et de Cutha, ainsi que les habitants de la ville révoltée, et je les ai vendus comme des esclaves.

(C. I, l. 40.) « Au début (de cette campagne), j'ai attaqué les tribus de Tukhmunu, de Rikhikhu, de Yatakku, d'Ubudu, de Kiprie, de Malakhu, de Gurumu, de Ubulum, de Makhmunu, de Gambulu, de Khindaru, de Rua, de Pukudu, de Khamranu, de Khagaranu, de Nabatu (les Nabathéens), de Libtau, d'Aram, qui s'étaient révoltés, et je leur ai imposé des tributs. J'ai pris 2,800 hommes, les enfants et les femmes, des chevaux, des ânes, des chameaux, des bœufs et des moutons sans nombre, et je les ai transportés au Pays d'Assur.

(C. I, l. 52.) « Pendant le cours de cette campagne, j'ai pris, comme gage de la soumission de Nabu-bel-labari, gouverneur de Kharirti, de l'or, de l'argent, du bois de lentisque, des chevaux, des chameaux, des bœufs et des moutons. J'ai soumis à ma domination la ville de Khirimmi, j'ai fait passer par les armes les habitants qui s'étaient révoltés, et j'ai exposé leurs cadavres sur des pals. J'ai occupé la ville toute entière, et je l'ai rebâtie de nouveau. J'ai sacrifié un taureau, dix béliers, dix chèvres, vingt brebis, comme expiation aux Dieux du Pays d'Assur, mes seigneurs.

(C. I, l. 63.) « Dans ma IIe campagne, je me suis confié à Assur, mon Seigneur; j'ai marché contre les tribus de Bisi et de Yasu-Bigallai qui, depuis de longues années, n'avaient pas été soumises aux rois mes pères. J'ai parcouru, à cheval, les forêts antiques et les gorges des montagnes. J'étais suivi par mes chars de guerre, jusqu'au moment où les sentiers devenaient impraticables. J'ai assiégé, j'ai occupé les villes de Bit-Khilamzakh, de Khardispi, de Bit-Kubatti, et les grandes forteresses du pays. J'en ai fait sortir les habitants, les chevaux, les ânes, les mulets, les bœufs et les moutons, et je les ai emmenés comme du butin. J'ai détruit des villes dont le nombre est sans égal, je les ai démolies, j'en ai fait un monceau de ruines, et j'ai livré aux flammes leurs palais et leurs demeures. J'ai rétabli les *diritav*. J'ai emmené les habitants de la ville de Bit-Kilamzakh, et je les ai incorporés à la ville de Birtut. J'ai fortifié les murs comme ils avaient été fortifiés autrefois, et j'y ai fait demeurer les habitants des différents pays que j'avais conquis. Mais les hommes des pays de Bisi et de Yasu-Bigallaï, qui s'étaient soustraits à ma puissance, je les ai fait descendre des montagnes (C. I, l. 1), et je les fait demeurer dans les villes de Khardispi et de Bit-Kubit. Je les ai soumis à mon juge, le préfet de la ville d'Arrapha. J'ai fait faire un bas-relief, j'y ai fait graver le récit des conquêtes de mes mains et je l'ai érigé au milieu de la ville.

(C. II, l. 8.) « Je me suis tourné d'un autre côté, et j'ai dirigé ma marche contre le pays d'Illipi et contre son roi Ispabara. Il abandonna ses places fortes et les trésors de sa maison, et s'enfuit vers des contrées lointaines. J'ai répandu la terreur dans ses vastes possessions. J'ai assiégé les villes de Marsambisti et d'Akkudu, les villes de sa résidence, et 34 villes des environs. Je les ai prises, je les ai détruites, je les ai démolies, je les ai réduites en cendre. J'ai pris les habitants, les hommes, les femmes, des chevaux, des ânes, des mulets, des chameaux, des bœufs et des moutons sans nombre ; j'ai imposé des contributions considérables sur son pays ; je l'ai ruiné.

(C. II, l. 19.) « J'ai séparé du territoire de Bit-Barru les grandes villes de Sisirtu et de Kummakhi, et je l'ai réuni au Pays d'Assur. J'ai fait de la ville d'Ilkhinzas la capitale de cette province ; j'ai changé le nom qu'elle portait avant, et je l'ai nommé la ville de Kar-Sin-akhi-erib. J'y ai réuni les hommes des différents pays que mon bras avait conquis, je les ai mis sous les ordres de mon lieutenant, le préfet de la ville de Kharkhar, et j'ai rétabli la paix dans ce pays.

(C. II, l. 29.) « A mon retour, j'ai réduit sous ma domination les contrées lointaines du pays de Madaï, dont parmi les rois mes pères personne n'avait entendu prononcer le nom ; je leur ai imposé de nombreux tributs et je les ai soumis à ma puissance.

(C. II, l. 34.) « Dans ma IIIe (*salsi*) campagne, je me suis dirigé vers le pays de Khatti (la Syrie). Luli régnait alors dans la ville de Siduni (Sidon). La crainte immense de ma puissance le terrifia, il s'enfuit dans les îles (?), au milieu de la mer, et il abandonna son pays. Les villes de Siduni-la-Grande, de Siduni-la-Petite, de Bit-Zidti, de Sariptav, de Makhalhibu, d'Usu, d'Akzibi (Edippe), de Akku (Acre), les grandes villes, les places fortes, les lieux de dévotion, les temples, avaient été terrifiés par la gloire d'Assur, mon seigneur, ils firent leur soumission. J'ai mis Tubal sur le trône de la royauté, je lui ai imposé un tribut et j'ai réglé la part qui lui revenait dans les impôts.

(C. II, l. 48.) « Minkhimmu, roi de la ville de Usimurun, Tubal de Sidunu, Abdilit d'Aruadi (Arvad), Uruski de Gubal (Byblos), Mitenti d'Azdudi (Adod), Puduil de Bet-Amman, Kamusu-Nabi de Mahabba (Moab), Airammu de Udumu (Edom), les rois du pays d'Akhari tout entier apportèrent avec eux devant moi les gages de leur soumission et de nombreux tributs ; ils embrassèrent mes genoux.

(C. II, l. 58.) « Mais Sidka, roi de la ville d'Iskaluna, ne fit pas sa soumission. J'ai enlevé les dieux de la maison de son père, lui, sa femme, ses fils et ses filles, ses frères, les rejetons de sa race, et je les ai transportés au Pays d'Assur. J'ai établi, pour régner sur la ville d'Iskaluna,

Sartibakakri, fils de Rukibti, le précédent roi; je lui ai imposé un tribut pour gage de ma souveraineté et j'ai rétabli l'ordre dans ses Etats.

(C. II, l. 65.) « Dans le courant de cette campagne, j'ai assiégé, j'ai pris les villes de Bet-Dagan, de Iappa (Joppé), de Banaï-Barka, d'Azur, les villes qui dépendaient de Sidka, roi d'Iskaluna, et qui n'avaient pas reconnu ma puissance; j'ai réduit leurs habitants en captivité.

(C. II, l. 69.) « Les *sakkanaku*, les grands, les habitants d'Amgaruna (Migron ?) avaient trahi Padi, leur roi, lié d'amitié et de bon vouloir avec le Pays d'Assur, le protégé d'Adar, et ils avaient livré (leur roi) à Hazakiou, du pays de Yauda (Ezéchias le Juif), en se révoltant contre le droit établi.

(C. II, l. 74.) « Mais leur cœur craignait les rois du pays de Musuri (l'Egypte), car les archers, les chars, les chevaux du roi de Milhuhi (Méroé), se réunissaient en multitude innombrable pour marcher contre moi. Les généraux se disposèrent en bataille aux environs de la ville d'Altaku; ils inspectèrent leur armée. Dans ma soumission au dieu Assur, mon seigneur, j'ai combattu contre eux et je les ai mis en fuite. Les conducteurs des chars, les fils du roi de Musuri, ainsi que les conducteurs des chars du roi de Milhuhi, furent pris au milieu de la mêlée. J'ai assiégé, j'ai pris les villes d'Altaku et de Tamna, et j'ai réduit leurs habitants en esclavage.

(C. III, l. 1.) « Je revins vers la ville d'Amgaruna. J'ai mis à mort le *sakkanaku* et les dignitaires qui s'étaient révoltés, et j'ai mis en croix leurs cadavres sur les murs de la ville. J'ai vendu comme des esclaves les habitants qui avaient participé à l'insurrection; j'ai pardonné à ceux qui n'avaient pas trempé dans ces crimes. Je fis sortir Padi, leur roi, de la ville d'Ursalimmi (Jérusalem), et je le réintégrai sur le trône de sa royauté, en lui imposant un tribut pour assurer ma souveraineté.

(C. III, l. 2.) « Mais Khazakiau, du pays de Yaudaf (Ezéchias le Juif), ne fit pas sa soumission. J'ai attaqué 44 grandes villes, des places fortes, des forteresses dont le nombre est sans égal; j'ai affronté leur fureur, je les ai attaquées avec le feu, le massacre, les combats, mes engins de guerre; je les ai prises, je les ai occupées. J'ai emmené comme captifs 200,150 personnes de tout âge, des hommes, des femmes, des chevaux, des ânes, des mulets, des chameaux, des bœufs et des moutons sans nombre. Quant à lui (Ezéchias), je l'enfermai dans la ville d'Ursalimmi (Jérusalem), sa capitale, comme un oiseau dans une cage. J'ai investi, j'ai bloqué les forts qui dominaient la ville et j'ai arrêté tous ceux qui voulaient franchir la Grande-Porte de l'enceinte. J'ai séparé de son pays les villes que j'avais prises, je les ai données à Mitinti, roi de la ville d'Asdudu; à Padi, roi de la ville d'Amgaruna, et à Ismibel, roi de Khazati (Gaza); j'ai diminué son royaume, j'ai ajouté aux tributs qu'il payait déjà de nouveaux tributs, pour assurer ma souveraineté.

(C. III, l. 29.) « Alors la crainte immense de ma Majesté terrifia Khazakiau, roi du pays de Yauda. Il congédia les troupes qu'il avait réunies pour la défense de la ville d'Ursalimmi, sa capitale, et il envoya des ambassadeurs vers moi, dans la ville de Ninua, ma capitale, avec 30 talents d'or, 800 talents d'argent, des métaux, des pierreries, des perles, des. . . . . . des trônes garnis de *Amsi*, du *Ka-Amsi*, du bois de santal, de l'ébène, le contenu de son trésor, ses filles, les femmes de son palais, ses esclaves mâles et femelles, et il délégua vers moi son ambassadeur pour m'offrir des tributs et faire sa soumission.

(C. III, l. 42.) « Dans ma IVe campagne, j'ai prié Assur, mon Seigneur. J'ai assemblé mon armée et j'ai résolu de marcher contre le pays de Bet-Yakin. Pendant cette campagne, j'ai vaincu, dans la ville de Bittu, Suzub, gouverneur de Kalkak, sur les rives du fleuve Agammi. Mais lui, il évita de croiser le fer avec moi, son courage l'abandonna, il s'enfuit comme un. . . . . et on n'a jamais revu sa trace.

(C. III, l. 49.) « Alors je me suis dirigé vers le pays de Bet-Yakin. Ce Marduk-bal-adan, que j'avais vaincu dans ma première campagne et dont j'avais abattu l'orgueil, redoutait l'approche de mes forces immenses et l'issue des combats; il prit ses Dieux, comme signe d'une victoire, dans leurs sanctuaires; il les fit embarquer sur des navires, et il s'enfuit comme un oiseau vers la ville de Nagit-rakki, située au milieu de la mer. Je fis sortir de la ville de Bet-Yakin, sur les rives du fleuve Agammi, au milieu des marais, ses frères, ceux de sa race qui avaient abandonné les rives de la mer, ainsi que les grandes familles de ce pays. Je les ai emmenés et je les ai vendus comme des esclaves. J'ai démoli les villes, j'en ai fait un désert. J'ai répandu la terreur parmi les maîtres de ses *talimi* et parmi les hommes du pays d'Elam .. A mon retour, j'ai placé sur le trône de sa royauté Assur-Nadin, mon fils aîné, l'espoir de ma bénédiction, et j'ai mis sous son gouvernement la direction du vaste pays des Sumirs et des Akkads.

(C. III, l. 66.) « Dans ma v^{e} campagne, j'ai soumis les villes de Tukharri, de Sarum, d'Ezamu, de Kibzu, de Khalbuda, de Kuya, de Kana, dont les habitants avaient établi leurs demeures, comme des nids d'oiseaux, au sommet des montagnes du pays de Nipur. Ils ne s'étaient pas soumis à ma puissance; j'ai laissé mes bagages dans la plaine de Nipur, avec les hommes armés de fronde, les porteurs de lance et mes guerriers innombrables. J'ai fait . . . . disposer, sur le sommet de la montagne, un endroit pour y élever un trône. . . . . . Je me suis assis . . . . . J'ai bu l'eau de ces montagnes, l'eau auguste, l'eau pure qui étanche la soif. J'ai poursuivi les hommes dans les cavernes des forêts et des montagnes; je les ai rejoints, je les ai vaincus. J'ai attaqué leurs villes, j'en ai enlevé les habitants; je les ai détruites, je les ai ravagées, je les ai livrées aux flammes.

(C. IV, l. 2.) — « Ensuite j'ai dirigé mes pas contre Maniya, roi de la ville d'Ukku, située dans le pays de Dayi, qui ne m'était pas soumis. Les chemins n'étaient pas praticables; il fallait s'avancer au milieu de montagnes inaccessibles, où jamais personne, parmi mes ancêtres, n'avait pénétré; j'ai laissé mes chars dans les plaines du pays d'Anara et d'Uppi. Et Moi, assis sur le trône de ma justice, je suis monté avec mes braves guerriers dans les défilés et les ravins des montagnes. Ce Maniya, fils de Bukim, attendit l'approche de mon armée sur le sommet de ses pics inaccessibles. Il avait abandonné la ville d'Ukku, sa capitale. J'en ai transporté les habitants; j'ai pris ses biens, ses dépouilles, le trésor de son palais et je l'ai gardé comme du butin. J'ai occupé 33 villes de son territoire, j'ai transporté les habitants, avec les bêtes de somme, les bœufs et les moutons. J'ai détruit les villes, je les ai démolies, je les ai réduites en cendre.

(C. IV, l. 21.) « Dans ma VIe campagne, les tribus du pays de Bet-Yakin avaient méprisé ma domination puissante. Ils avaient. . . . comme des *burimi*. Ils avaient réuni leurs Dieux, emblème de leur victoire, dans les. . . . et ils avaient franchi la Mer du Soleil levant. Ils s'étaient établis dans la ville de Nagiti, au pays d'Elam. J'ai traversé la mer sur des vaisseaux du pays de Khatti (de Syrie). J'ai traversé les villes de Nagiti, de Nagiti-dibbin et le pays de Khilmu, la ville de Nilatan et le pays de Khupapan. J'ai attaqué le pays d'Elam, j'ai emmené en captivité les hommes du pays de Bet-Yakin, leurs dieux et les gens du roi du pays d'Elam. J'ai tout ravagé. Je les ai fait embarquer et je les ai transportés sur les rives opposées pour les diriger vers le Pays d'Assur. J'ai détruit les villes de ces contrées, je les ai démolies, je les ai réduites en cendre, j'en ai fait un désert et un monceau de ruines.

(C. IV, l. 35.) « A mon retour, Suzub, un enfant de Bab-ilu que le peuple rebelle avait porté au pouvoir dans le pays des Sumirs et des Akkads, s'avança pour me livrer bataille. Je l'ai vaincu. Il tomba vivant dans mes mains. Je lui ai laissé la vie en signe d'alliance avec le dieu Adar, et je l'ai fait conduire au pays d'Assur. Le roi du pays d'Elam. . . . . . vint à son secours. Je l'ai mis en fuite et j'ai chassé les habitants de son pays. J'ai brisé son orgueil.

(C. IV, l. 43.) « Dans ma VIIe campagne, je me suis recommandé à Assur, mon seigneur, et j'ai marché vers le pays d'Elam. Les villes de Bet-Khaïri et de Raza faisaient partie du pays d'Assur du temps de mon père. Les habitants du pays d'Elam s'en étaient emparés pour y dominer. Pendant le cours de mon expédition, je les ai attaqués. J'ai transporté les habitants pour y établir les guerriers que j'avais fait prisonniers. J'ai rétabli ces villes sous la domination du pays d'Assur, et je les ai mises sous la dépendance du préfet de Dur-ilu.

(C. IV, l. 51.) « (J'ai assiégé les villes) de Bubie, Dunni-Samas, Bit-Risiya, Bit-Akhlami, Dur, Kalte-sulaï, Sibibtie, Bit-Asusi, Karmubagar, Bit-Gissi, Bit-Kappalani, Bit-Imbia, Bit-Khaman, Bit-Arrabi, Burutu, Dintu-de-Sulaï, Dintu-de-Ulu-pal-Pilkarsa, Karriar, Kie, Rabaï, Ras, Akkabarina, Tul-Akhur, Hamran, Nadit, et les villes de la frontière de Bit-Bunaki, Tul-Khambu, Dintu d'Umill, Bit-Ubiya, Balti-Lisir, Nakidal, Masoul-Saplit, Sakhu-Diri, Kalum de Nasbit, Bit-Nakri-iddin, Ulai-Marba, 34 grandes villes et les places de leurs dépendances, dont le nombre est sans égal. Je les ai assiégées, je les ai prises, j'ai fait des prisonniers, je les ai démolies, je les ai réduites en cendre. J'ai fait monter vers les cieux la fumée des incendies comme celle d'un sacrifice.

(C. IV, l. 69.) « Kudur-Nakhunti, roi d'Elam, apprit la prise de ces villes. La terreur le frappa. Il réunit les habitants de ces pays pour résister. Il quitta la ville de Madakti, sa capitale, et il dirigea ses pas vers le pays de Khaïdala, situé dans un pays éloigné. J'ai résolu d'entreprendre une expédition contre Madakti ; j'ai consulté le mois, le jour, la prohibition ou la permission des astrologues. J'ai été arrêté par la pluie du ciel et la neige dans les montagnes. Je suis revenu sur mes pas et je suis rentré à Ninua.

(C. IV, l. 80.) « Suivant les décrets d'Assur, mon maître, après trois mois, le terme de la vie fixé pour Kudur-Nakhunti, roi d'Elam, arriva. Le jour même de sa mort, selon les coutumes du royaume, Umman-Minanu, son frère, *dub bu su*, s'assit sur le trône.

(C. V, l. 5.) « Dans ma VIIIe campagne, le règne de Zuzub prit fin. Les hommes de Bab-ilu, qui voulaient se révolter, fermèrent les grandes portes de la ville. Leur esprit s'endurcit, ils en vinrent aux hostilités. Suzub, l'homme *kalkak khum dun* et perfide, s'était soustrait à la domination du préfet de Lakhir. Un homme de la ville d'Aruzika, un transfuge coupable de sang versé, devint alors son complice. Il habitait sur les rives du fleuve Agammi ; il méconnaissait les lois. Je voulais l'atteindre pour avoir son sang et sa vie, mais il s'enfuit vers les rebelles du pays d'Elam. A l'aide de ruses et de perfidies, il revint du pays d'Elam et s'avança au milieu de Bab-ilu.

(C. V, l. 17.) « Les gens de Bab-ilu le mirent sur le trône, parce qu'il n'était pas soumis à Elam. Ils lui confièrent la royauté sur le pays des Sumirs et des Akkads. Il ouvrit le trésor du Bit-Saggatu ; il s'empara de l'or et de l'argent consacrés à Bel, il pilla les temples pour en donner le produit à Umman-Minanu, roi d'Elam, ce qui n'a pas d'égal. Il lui envoya des ordres ainsi : « Dispose ton armée, prépare tes forces, marche vers Bab-ilu et fortifie nos mains. . . . . ô toi, homme ! . . . . ». Cet homme d'Elam, dont j'avais, dans une expédition antérieure, attaqué et pris les villes, se soumit à ces projets. Il imposa les villes, il disposa ses armées et ses forces, il augmenta sa puissance avec des chars, des instruments de guerre, des chevaux et des bêtes de somme. Les tribus de Parsuas, de Anzan, de Pasir, d'Illipi, de Yas-il, de Lakapri, de Karzan, les villes de Dummuku, de Sulaï, de Samut, du fils de Marduk-bal-adan, les pays de Bit-Adin, de Bit-Amukan, de Bit-Sala. . . . la ville de Lakhir, les tribus de Pukud, de Gambul, de Khalat, de Rua, d'Ubul, de Malakh, de Rapik, de Kindar et de Damum, firent alliance avec lui et se portèrent vers le pays des Akkads.

(C. V, l. 40.) — « Ils arrivèrent à Bab-ilu, vers Suzub, l'homme *kalkak*. Ils le déclarèrent, dans leurs écrits, roi de Bab-ilu ; ils augmentèrent son orgueil. Ils s'avancèrent pour leurs desseins comme des sauterelles (?) qui arrivent en bandes pour le pillage. La poussière de leur marche s'éleva sur la terre et monta vers les cieux comme un nuage d'hiver. Ils s'établirent en ligne de bataille dans la ville de Khaluli, sur les bords du fleuve Diglat. Ils inspectèrent leurs soldats en ma présence. Pour moi, je me confiai à Assur, à Sin, à Samas, à Bel et Nabu, à Nirgal, à Istar de Ninua et à Istar d'Arbaïl, les Dieux mes protecteurs. J'ai demandé leur secours contre l'ennemi qui s'avançait vers moi. Les Dieux entendirent ma prière et ils m'accordèrent leur protection. Alors je me suis mis en garde. . . . . .

(C.V, l. 56.) — « Je suis monté sur mon char élevé pour balayer mes ennemis, j'ai pris dans ma main l'arc puissant qu'Assur m'a confié. J'ai réuni autour de moi les armes qui donnent la mort et je me suis précipité comme un feu terrible sur les armées rebelles. . . . Avec l'appui d'Assur, mon Seigneur, je me suis avancé pour les détruire, comme une tempête et j'ai répandu la terreur dans les rangs des ennemis. Avec l'appui d'Assur et le choc de la bataille j'ai attaqué leurs forces, j'ai ébranlé leurs bataillons. L'armée rebelle se replia devant mes coups terribles et leurs chefs, réduits au désespoir, délibérèrent entre eux. Khumba-Andasa, le *Nagir* du roi du pays d'Elam. . . . . , celui qui surveillait l'armée et commandait en chef, accepta des bracelets splendides en or et des anneaux en or, il accepta des monceaux d'or brillant pour le prix de sa trahison; il les livra sans défense. . . . je les ai vaincus. J'ai détruit leur plan de bataille et je les ai mis à mort; ils jonchaient la terre comme des. . . . . . , les harnais, les armes, les trophées de ma victoire nageaient dans le sang des ennemis comme dans une rivière. Mes chars de bataille qui écrasent les hommes et les animaux, avaient dans leur course broyé leurs corps. J'ai élevé, comme un trophée, des monceaux de cadavres dont j'ai coupé les extrémités des membres. (C. VI, l. 1). — J'ai mutilé ceux qui sont tombés vivants en mon pouvoir. Je leur ai coupé les mains, je me suis emparé de leurs bracelets, des monceaux d'or, des objets qu'ils possédaient. J'ai repris les cadeaux en or et en argent qu'ils s'étaient partagés.

(C. VI, l. 6.) — « Les Grands et Nabu-labar-iskun, fils de Marduk-bal-adan, qui avaient réuni leurs forces contre moi, tombèrent vivants dans mes mains. J'ai pris leurs chars, leurs chevaux, j'ai laissé ceux qui avaient été traînés dans la bataille. J'ai emmené comme prisonniers les chefs, et deux *kasbu* (deux jours) après, j'ai résolu leur mort. Umman-Minanu, roi d'Elam, le roi de Bab-ilu, le roi des *Nasikkan* du pays de Kaldi et ceux qui marchaient sous ses ordres, abandonnèrent leurs armes et leurs tentes, ils s'enfuirent du champ de bataille comme des. . . pour sauver leur vie, en passant dans leur fuite sur les cadavres de leurs soldats. Ils brûlèrent dans leurs chars les *sinal* et abandonnèrent leurs . . . . , j'ai accordé la vie à ceux qui se rendirent et acceptèrent ma domination.

(C. VI, l. 25.) — « Alors j'ai achevé ce Palais au milieu de Ninua, pour la demeure de ma royauté. J'ai élevé des tours (?) pour l'admiration des hommes. Ce Palais (*hekal kutalli*) avait été construit par les rois mes pères pour y déposer des richesses, pour y exercer les chevaux, pour y loger des troupes ; ses fondations n'étaient plus solides, sa façade était ruinée par le temps, son *timin* (la pierre augulaire) s'était affaissé, ses assises s'écroulaient et n'étaient plus d'aplomb. J'ai entièrement démoli cette antique demeure. J'ai élevé sur sa place une immense colline, j'ai élevé sa terrasse au-dessus de la ville, j'ai étendu son enceinte. Je n'ai pas suivi le plan ancien, j'ai prolongé la plate-forme jusqu'au bord du fleuve. Je l'ai élevée à la hauteur de 200 *tibik* à partir du niveau du fleuve.

(C. VI, l. 40). — « Dans le mois adar (février), au jour favorable, j'ai construit, selon le vœu de mon cœur, au-dessus de cette plate-forme, un palais de marbre et de cèdre, produit du pays de Khatti ; j'ai élevé ce Palais comme les palais du pays d'Assur, sur sa place antérieure, mais plus grand que le précédent, d'après les plans des architectes de mon empire, pour la demeure de ma royauté. J'ai placé au-dessus les poutres des grands cèdres provenant des montagnes de Khamanu. J'ai élevé des colones, j'ai dessiné des rosaces éblouissantes, je les ai disposées avec art. J'ai fait sculpter dans le marbre, provenant du pays de Baladu (le Béled), des lions énormes et des taureaux, pour orner les portiques. — J'ai agrandi la cour depuis la porte *nu mu gal* pour exercer les chefs des troupes dans l'art de lancer les javelots, pour surveiller les bêtes de charges, les veaux, les troupeaux, les chars, pour. . . . . pour le maniement des armes, pour la marche des chevaux et des bêtes de somme et tout ce que le gouvernement m'a confié. J'ai restauré, j'ai achevé ce palais depuis les fondations jusqu'au sommet et j'y ai gravé le souvenir de mon nom.

(C. VI, l. 63). — « Je dis ceci à celui qui, dans la suite des jours, sera appelé, parmi mes fils, à la garde du Pays par Assur et Istar : Ce palais vieillira et tombera en ruines, que celui qui me succède restaure les inscriptions qui renferment mon nom, qu'il rétablisse les sculptures, qu'il nettoie les bas-reliefs, qu'il les remette à leur place, car alors Assur et Istar écouteront sa prière. Mais celui qui altèrera mon écriture et mon nom, Assur, le grand Dieu, le père des Dieux, le traitera en rebelle, il lui enlèvera son sceptre et son trône et il brisera son glaive.

« Dans le mois adar, le 20e jour (20 février 690), pendant le Limmu de Bel-simi-ani, préfet de Kharkamis. »

INSCRIPTION DU CYLINDRE DE BELLINO.

(Layard, pl. 63-64.)

Ce monument, qui porte le nom de son premier propriétaire, a été découvert par Bellino, en 1820. Grotefend a publié en 1820 une copie très-soignée de l'inscription qui le recouvre et elle a été reproduite en 1851 dans le recueil de M. Layard, pl. 63, 64. Les renseignements que cette inscription nous fait connaître ne s'étendent pas au-delà de la deuxième campagne.

(L. 1.) — « 63 lignes (?) d'écriture. — Le VIIe mois du Limmu de Nabu-lih, préfet de la ville d'Arba-ilu (Arbèles, avril 701) . . . . . .

(L. 2.) — « Sen-akhi-rib, roi grand, roi puissant, roi du pays d'Assur, roi des Nations, Pasteur Suprême, adorateur des Grands-Dieux, fidèle à la foi jurée, observateur des traités, exécuteur de la justice, marchant dans le sentier du droit, vivant avec. . . . le juste, le vaillant, le fort, le terrible, le premier des princes, celui qui anéantit ses ennemis.

15

(L. 5). — « Assur, le grand Seigneur m'a conféré la royauté sur les nations, il a chargé mon bras de dominer sur toute la terre.

(L. 6). — « Au commencement de ma royauté, j'ai vaincu dans les environs de la ville de Kis, Marduk-bal-adan, roi du pays de Kar-Dunias et l'armée d'Elam; il abandonna, au milieu de la mêlée, sa tente, et s'enfuit vers le pays de Guzummani, sur les rives du fleuve Agammi; il gagna les marais pour sauver sa vie. Ses chars, ses chariots, ses chevaux, ses mulets, ses chameaux et les autres animaux qu'il avait laissés dans la mêlée, tombèrent dans mes mains.

(L. 11.) — « Je me suis alors dirigé vers son palais de Bab-ilu, j'ai pris son trésor, j'ai emporté comme butin l'or, l'argent, les vases en or et en argent, les pierres précieuses qu'il contenait, sa femme, les femmes de son palais, les hommes de garde, toute son armée et les hommes qui demeuraient dans le palais. J'ai tout pris, et j'ai envoyé mes soldats à sa poursuite dans le pays de Guzummani, sur les rives du fleuve Agammi et jusque dans les marais. Ils le poursuivirent pendant cinq jours, mais on ne revit plus sa trace.

(L. 12.) — « Dans l'adoration d'Assur, mon Seigneur, j'ai assiégé et j'ai pris 76 villes fortifiées du pays de Kaldi et 820 petites villes qui en dépendaient, j'ai réduit les habitants en captivité, j'ai transporté les hommes des tribus d'Ilbi, d'Aramu, de Kaldu qui habitaient Nipur, Kis, Chalanné, Cutha, où s'étaient réunis les chefs de la révolte; je les ai traités comme des esclaves. Bel-ban-uri, Tartan de . . . . . de Suannaki (Bab-ilu), qui . . . . . je l'ai porté à la royauté des Sumirs et des Akkads.

(L. 15.) — « Pendant le cours de cette campagne, j'ai attaqué les tribus de Tukhmun, de Rikhihu, de Yatakku, d'Umudu, de Kiprie, de Maikhu, du Gurumu-d'Ubulum, de Dammunu, de Gambulu, de Kindaru, de Rua, de Pukudu, de Khamranu, d'Agarunu, de Nabatu, de Litau et d'Amaranu; j'ai fait 208,000 prisonniers, hommes et femmes, j'ai pris 7,200 chevaux, des ânes, des mulets, 5,330 chameaux, 70,000 bœufs, 800,600 moutons et une quantité considérable de butin que j'ai apporté au pays d'Assur.

(L. 18.) — « Pendant la marche de mon armée, j'ai imposé à Nabu-bel-labari, le gouverneur de la ville de Karrarat, de l'or, de l'argent, des poutres de lentisque, des moutons, des chameaux, des bœufs et des agneaux en grande quantité.

(L. 19.) — « Les habitants de la ville de Kirrimmi, hommes rebelles et impies qui ne s'étaient pas soumis à mon autorité depuis des temps reculés, je les ai réduits sous ma domination, je n'en ai pas épargné. J'ai rétabli ce district dans son ancien état, j'ai offert en sacrifice un bœuf, dix moutons, vingt béliers, vingt chèvres, pour honorer les Dieux du pays d'Assur.

(L. 21.) — « Dans ma IIe campagne, je me suis confié à Assur, mon Seigneur et j'ai marché contre les tribus de Bisi et de Yasu-Bagallaï, gens impies, qui depuis longtemps n'avaient pas reconnu la puissance des rois mes pères. J'ai traversé à cheval des forêts antiques, des champs inaccessibles, j'ai fait suivre mon char après moi jusqu'au moment où j'ai gagné des chemins praticables. J'ai assiégé, j'ai pris la ville de Bit-Kilamzakh, les hommes grands et petits, les enfants et les femmes, les chevaux, les ânes, les mulets, les bœufs et les moutons en quantité considérable ; je les ai fait sortir et je les ai pris comme dépouilles. J'ai démoli des villes sans nombre, j'ai ravagé les maisons, je les ai réduites en cendres, j'ai rasé leur enceinte.

(L. 25.) — Quant à la ville de Bit-Kilamzakh, j'en ai fait une forteresse, je l'ai remise en état de défense et j'y ai placé les habitants des pays que mon bras avait conquis. J'ai enlevé de leur montagne les gens de Bisi et de Iasu-Baggallaï, qui s'étaient soustraits à ma domination, et je les ai transportés dans les villes de Kardipi et de Bit-Kubatti, je les ai remis aux mains de mon lieutenant, le préfet de la ville d'Arrapkha (Arrapachitis). J'ai fait faire une table et j'y ai fait écrire le récit des victoires de ma main, je l'ai érigée au milieu de la ville.

(L. 28.) — « Je me suis tourné d'un autre côté et j'ai dirigé mes pas vers le pays d'Illipi. Avant mon arrivée, Ispabara avait abandonné son palais et son trésor, il s'était enfui dans les îles. J'ai passé sur son vaste pays comme un vent formidable, j'ai détruit les villes de Marsambisti et d'Akkudu, ses places fortes et 34 grandes villes des environs, je les ai démolies, je les ai réduites en cendres, j'ai anéanti leur trace, j'ai laissé leurs champs sans culture, j'en ai fait un lieu aride. J'ai accumulé tous les maux sur le pays d'Illipi ; j'ai emmené en captivité les hommes grands et petits, les enfants et les femmes, les chevaux, les ânes, les mulets, les bœufs, les moutons et j'en ai réuni un nombre considérable.

(L. 31.) -- « J'ai arraché de leurs demeures les habitants des villes de

Sisirtu et de Kumbakhlu, les capitales et les villes des frontières du pays de Bit-Barru ; j'ai dépeuplé la contrée et j'ai emmené tous les habitants au pays d'Assur, j'ai pris la ville d'Ilinzas, la capitale de la royauté, le chef-lieu de ce pays, j'en ai changé le nom et je l'ai appelé Kar-Sin-akhi-erib.

(L.33.) — « A mon retour, j'ai reçu des contrées lointaines du pays de Madaï, dont personne parmi les rois mes pères n'avait entendu parler, des tributs en grand nombre et j'ai soumis ces pays à ma domination.

(L.35.) — « Alors (nous disons ceci): Ninua est le lieu suprême, la ville où l'on adore Istar, elle renferme tous les sanctuaires des Dieux et des Déesses et ils veillent sur son antique *Timin* pour des jours éloignés; mais depuis longtemps l'écriture (*barummi*) était effacée des pierres et on avait oublié les exploits qu'elle rappelait, elle n'était plus l'objet de l'art et de l'interprétation, elle ne racontait plus la magnificence et la prière, la force du gouvernement et sa protection, elle était détruite. C'est en vain que depuis longtemps les rois mes pères, qui m'avaient précédé et qui s'étaient chargés des splendeurs de Bel, avaient réuni dans cette ville beaucoup d'objets de prix et les tributs des rois des Quatre-Régions, personne parmi eux n'avait pensé à entourer d'une enceinte le siége de la royauté, à veiller sur ces demeures, à les faire construire, personne n'avait songé à veiller sur la ville, à diriger ses rues, à creuser un canal, à poser des jalons, à changer ce qui était mauvais.

(L.42.) — « C'est pourquoi Sen-akhi-erib, roi du pays d'Assur, a fait cette œuvre avec la permission des Dieux. J'en ai eu l'idée, j'y ai porté mon esprit. J'avais enlevé de leurs demeures les hommes du pays de Kaldi, les peuples d'Aram, de Van, de Kui, de Kilakhu, qui ne m'étaient pas soumis, je leur donnai l'ordre de. . . . . . ils moulèrent des briques. Je fis tailler des blocs énormes au pays de Kaldi et je fis transporter leurs. . . . je fis servir le travail des rebelles que mon bras avait vaincus pour construire ces demeures.

(L. 45.) — « Le Palais précédent avait 360 mesures : — du côté du Bit-Zigurrat, 80 mesures; — du côté du Bit-Namari, le temple d'Istar, 194 (?) mesures; — du côté de Bit-Namari, le *Bit-masmari*, 95 mesures. Les rois mes pères, qui m'avaient précédé, l'avaient élevé pour leur gloire, mais ils n'en avaient pas achevé la magnificence. Le fleuve Tigulti qui protège le château contre l'ennemi et qui, dans son élévation, couvre le milieu de la ville. . . . avait depuis longtemps miné le palais, pendant sa crue les eaux avaient pratiqué une brèche dans les fondations et avaient endommagé le *Timin.*

(L. 49.) — « J'ai démoli ce Palais tout entier, j'ai changé le cours du fleuve Tigulti, j'ai bouché la brèche et j'ai dirigé son cours, j'ai recouvert la partie supérieure des digues avec des briques sur lesquelles j'ai mis de grandes pierres; j'ai changé le cours du fleuve et je l'ai fait couler comme dans. . . . pendant 700 grands *Suklum* de longueur, 162 *Suklum* de largeur vers le midi, 217 grands *Suklum* de largeur au milieu, 376 grands *Suklum* vers le nord du côté du Diglat, c'est ainsi que j'ai rempli le *Tambu,* et que j'ai pris les mesures.

(L. 53.) — « Pour que ce Palais puisse durer longtemps pour la gloire du monde, je n'ai pas touché aux *Timin.* Quant aux. . . . . j'ai employé de grandes pierres, j'ai muré les parois, et j'ai fortifié le *Subuk.*

(L. 54.) — « J'ai écrit dedans des inscriptions avec la mention de mon nom, je les ai déposés à 160 *Tibik* des *Tambi,* en plusieurs exemplaires, dans les soubassements. J'ai ménagé de ce côté une rigole dans les *Tambi.* . . . j'ai ajouté 20 *Tibik* à ceux qui s'y trouvaient et j'ai ajouté en plus 180 *Tibik.* J'ai agrandi la terrasse du palais bien au-delà de ce qu'elle était autrefois, j'ai augmenté l'étendue du palais bien au-delà de ce qu'il était autrefois et j'ai garanti les demeures extérieures.

(L. 57.) — J'ai fait bâtir dans cette enceinte un palais avec des *Kaamsi,* en santal, en ébène, en lentisque, en cèdre, en cyprès en pistachier, un palais de *Zakdi,* qui n'a pas d'égal, pour la demeure de ma royauté. J'ai coupé des *sarmakku* du mont Khamanu, j'ai élevé des pilliers en bois des montagnes du pays de Kaldi pour qu'on puisse. . . . après avoir élevé des pilliers, j'ai percé la circonférence par des ouvertures (?) j'ai nommé des inspecteurs pour surveiller les habitants des rues de Ninua et je les ai mis sous leur direction.

(L. 58.) — « Pour alimenter les citernes, j'ai fait parvenir l'eau des puits dans des *akkulat* à partir du territoire de la ville de Kisiri jusqu'au voisinage de Ninua. J'ai dirigé le cours du canal de l'enceinte à un *Kasbu-gagor* du fleuve Khusur (le Khauser), là, j'ai établi un réservoir perpétuel et je l'ai fait couler à travers la ville.

(L. 59.) — « C'est ainsi que j'ai renouvelé Ninua, la ville de ma souveraineté, j'ai aligné ses rues, j'ai multiplié les fontaines et les canaux et je l'ai faite brillante comme le soleil.

(L. 60.) — « A celui qui parmi les rois mes fils sera appelé de son nom dans la suite des jours, par Assur, pour régner sur le pays et les hommes. Je dis ceci : Ce palais vieillira et tombera en ruines ; qu'il relève ces ruines, qu'il restaure ces inscriptions et l'écriture de mon nom, qu'il nettoie les bas-reliefs, qu'il fasse un sacrifice et qu'il remette tout à sa place, et Assur exaucera sa prière. »

INSCRIPTION DE NABI-YUNUS.

(W. A. I. pl. 43.)

Sennachérib avait élévé un autre palais à un kilomètre environ de Koyoundjik. D'après le tumulus qui en couvre la place, ce palais devait être moins étendu que le premier. Depuis longtemps, cet endroit est considéré par les Turcs, comme le théâtre des prédications de Jonas. Les Musulmans l'appellent *Tel él Toubeh*, « la Colline du pardon. » On y a d'abord établi une Mosquée, puis quelques maisons se sont élevées autour de la Mosquée, et aujourd'hui, les ruines du palais de Sennachérib sont protégées par un cimetière, une Mosquée et de nombreuses habitations. Les explorations étaient à peu près impossibles sur ce point. Toutefois, M. Layard commença quelques excavations sans succès. Plus tard, MM. Place et H. Rassam, entreprirent de nouvelles fouilles qui furent interrompues par les autorités turques. Mais les travaux furent bientôt repris sous leur influence et c'est ainsi qu'on a recueilli quelques données sur ces ruines.

Les fouilles ont été commencées près de la Mosquée de Jonas sur une étendue d'un hectare environ. On découvrit plusieurs taureaux, des lions ailés et une inscription qui indique la destination du palais dont on explorait les ruines. Ce palais se nommait le *Bit-Kutalli*, « la Maison des Tributs. » C'était une dépendance de celui de Koyundjik. Il fut, comme lui, fondé par Sennachérib, et continué par ses successeurs. L'inscription est aujourd'hui déposée au musée de Constantinople; elle a été publiée par sir H. Rawlinson, dans le recueil du Musée Britannique. Voici ce quelle nous fait connaître :

(L. 1.) — « Palais de Sin-akhi-erib, roi grand, roi puissant, roi du monde, roi du pays d'Assur, roi des Quatre-Régions, favori des Grands-Dieux, vaillant, brave, diligent, pasteur des peuples, directeur des hommes. Moi !

(L. 3.) — « Assur, le père des Dieux m'a créé lui-même ; il a augmenté ma puissance sur tous les habitants de la Terre ; il m'a donné le sceptre de la justice pour gouverner le pays ; il a chargé mon bras du glaive pour détruire, pour anéantir les rebelles.

(L. 6.) — « J'ai vaincu dans une bataille rangée Marduk-bal-adan, roi du pays de Tirat-Dunias et les peuples de Kaldu et d'Aram, ainsi que l'armée d'Elam qui était venue à leur secours. Lui (Marduk-bal-adan), s'enfuit en se cachant, vers la Mer. J'ai enlevé les images de ses Dieux, protecteurs de son pays, avec les trésors amassés par ses pères ; j'ai embarqué les habitants sur des navires et je les ai dirigés vers la ville de Nagit, sur les bords du fleuve Purat, où j'ai établi leur demeure. J'ai occupé son pays tout entier ; j'ai fait des prisonniers, j'ai détruit des villes, je les ai démolies, je les ai réduites en cendres. J'ai pris le pays d'Illipi et j'ai réduit les principaux habitants en servitude.

(L. 13.) — « J'ai renversé du trône Luli, roi de la ville de Siduni (Sidon) et j'ai mis Tubal à sa place. Je lui ai imposé une redevance en faveur de ma souveraineté. J'ai subjugué le pays de Jauda (la Judée), et Khazakiau (Ezéchias), son roi. J'ai soumis à ma puissance les peuples du pays de Tukharu, qui habitent des montagnes inaccessibles. J'ai changé en ruines la ville de Ukun et j'ai mis à mort ses principaux habitants. J'ai subjugué les hommes du pays de Khilaku (la Cilicie), qui habitent les forêts. J'ai détruit leurs villes, je les ai démolies, je les ai livrées aux flammes. J'ai occupé la ville de Tul-Garimmi, qui est dans le pays de Tabal, et j'ai changé en désert les villes de Nagit, de Nagit-Bihbina, le pays de Kilmu, de Billat, de Khupapanu, les provinces d'Elam, qui sont situées sur le bord de la Mer où les hommes ont établi leur demeure.

(L. 21.) — « Les habitants du pays de Bet-Yakin s'étaient soustraits à ma domination, ils avaient pris les Dieux de leur pays et ils les avaient emportés avec eux à travers la Mer. J'ai traversé la Mer sur des navires du pays de Khatti que j'avais fait construire à Ninua et à Tul-

Barsip. J'ai attaqué les villes situées dans ces contrées et je les ai livrées aux flammes. J'ai pris les habitants de Bet-Yakin avec leurs Dieux et les sujets du roi d'Elam, je les ai transportés au pays d'Assur. Après cela, les principaux habitants de Bab-ilu, qui étaient auprès de Marduk-bal-àdan, s'enfuirent en se cachant; ils appelèrent au secours le roi d'Elam, qui mit sur le trône Suzub, fils de Gatul. J'ai augmenté les hommes de guerre, les chars, les chevaux, la force de ma royauté pour combattre le roi d'Elam. Mes soldats lui tuèrent beaucoup de monde, ils le laissèrent seul et ils revinrent à Ninua.

(L. 31.) — « Mes guerriers s'emparèrent (des images) de Samas d'Orchoé, de Mylitta de Rat-isi, de Militta d'Orchoë, de Nann, de la Déesse Usur-Alatsa, de la Déesse Istar, des Dieux Bidin et Bisit, de Nirgal, des Dieux qui habitent Orchoé, avec leurs trésors et leurs propriétés sans nombre.

(L. 34.) — « Suzub, roi de Bab-ilu, tomba après une grande bataille, vivant entre les mains (de mes guerriers), ils le mirent en prison et l'amenèrent en ma présence devant un des portiques de Ninua.

(L. 36) — « Le roi d'Elam avait été l'allié des gens de Bab-ilu. J'ai marché contre lui. J'ai assiégé, j'ai occupé ses places fortes, son palais et les villes qui en dépendaient ainsi que le territoire de Bet-Bunakki. J'ai fait des prisonniers, j'ai détruit les villes, je les ai livrées aux flammes. Le roi d'Elam apprit la prise de ses villes, il en fut effrayé. Il fit entrer ses hommes dans des places fortes, il abandonna Madaktu, sa capitale, et se dirigea vers la ville de Kaïdala, située dans les montagnes. J'ai résolu d'entreprendre une campagne contre Madaktu, sa capitale.

(L. 43.) — « Dans le mois de tibet (janvier), un grand orage éclata, je fus arrêté par la pluie et la neige qui tombaient en tourbillons dans les montagnes.

(L. 44.) — « Alors, j'ai dirigé mes pas vers le pays d'Assur. Puis, le roi d'Elam appela auprès de lui les pays de Parsua, d'Auzan, de Pasir, d'Illipi, tout le pays de Chaldu, toutes les tribus d'Aram, et il les réunit dans une grande alliance avec le roi de Bab-ilu. . . . . Ils s'avancèrent contre moi pour me liver bataille. Dans l'adoration d'Assur, mon maître, j'ai combattu avec eux dans la province de Khaluninu, je les ai mis en fuite. J'ai vaincu 150,000 soldats, je me suis emparé de leurs chars, de leurs *sumbat* et de leurs tentes. Les chefs (de l'armée) et Nabu-labar-iskun lui-même, fils de Marduk-bal-adan, qui surveillait l'armée, tombèrent vivants dans mes mains. J'ai pris les chars d'argent, dont les . . . . . . en or, les poignards dont les poignées sont en or et les fourreaux en or. Au milieu de la mêlée, le roi de Bab-ilu et le roi d'Elam, repoussés par le choc de mon armée, abandonnèrent leurs chars et leurs bagages, ils s'enfuirent en se cachant et s'échappèrent.

(L. 55.) — « Je dis ceci : le *Bit-Kutalli* avait été construit par mes prédécesseurs et mes pères au milieu de la ville de Ninua pour rassembler les bagages, pour soigner les chevaux et pour renfermer les approvisionnements. L'étendue de ce palais ne suffisait plus, ses salles ne pouvaient plus abriter les chevaux. La porte du *nakurallu* s'était avec le temps écroulée sur son *timin* et ses . . . . . J'ai rasé ce palais, je l'ai augmenté, j'ai refait la partie supérieure des *usalli*, j'en ai agrandi l'enceinte, j'ai rempli les *tamli* . . . . . . , j'ai élevé . . 3 . . . 20 *tibik* de la grande construction en brique dans la partie supérieure, j'en ai élevé le faîte au-dessus des *tamli* du palais sur le *timin*.

(L. 64.) — « J'ai construit un Grand Palais en pierre et en bois de cèdre semblable à celui du pays de Khatti. La partie supérieure du palais, qui est l'œuvre du pays d'Assur, est réservée pour les grandes fêtes, pour la demeure de ma royauté.

(L. 66.) — « Puis j'ai agrandi . . . . . . pour réunir et surveiller les nombreux prisonniers rebelles, dont Assur m'a confié la garde . . . .

(L. 68.) — « Suivant les décrets suprêmes des Dieux, mes Seigneurs, j'ai chargé de l'exécution de mes décrets tous les rois du pays d'Akhari, qui étaient soumis à mes lois. Ils ont coupé de grandes poutres de cèdre dans le mont Khamanu, ils les ont transportées à Ninua. J'ai fait une construction au-dessus, en charpente de cyprès, j'ai orné ces poutres de rosaces et je les ai distribuées symétriquement dans les interstices. . . . Les pierres . . . . des pierres qui proviennent des montagnes du pays de Nipur. J'ai fait sculpter des lions et des taureaux dans des pierres de taille et dans des marbres de la ville de Baladai, j'ai fait construire les montants des portes, j'ai sculpté des sphinx (?) dans des pierres et dans du cèdre.

(L. 76.) — « J'ai élevé ce palais d'après les ordres que Nisruk, le Dieu de l'intelligence, a confiés à mes oreilles attentives. J'y ai déposé du fer pour le service de mes palais à Ninua et, par la volonté du Dieu, j'ai construit cette demeure pour y conserver des métaux. Je l'ai embellie de mes mains, j'y ai fait sculpter des taureaux d'airain et d'albâtre ; puis j'ai élevé des figures sur ces taureaux, je les ai élevées très-haut, je les ai solidement établis sur une plate-forme et j'ai construit un palais superbe pour la gloire de ma royauté en pierres d'albâtre, en pierres *kabinu*, en pierres *irabu* . . . .

(L. 85.) — « J'ai agrandi le *Bit-masarti* où j'ai reçu les tributs du pays lointain de Madaï. Personne parmi les rois mes pères n'avait reçu ces tributs, des *sumbut*, des chars, des . . . . des ornements du roi de Bab-ilu et du pays de Kaldi tombèrent entre mes mains et je les ai accumulés dans cet endroit.

(L. 90.) — « J'ai réuni dans ce palais toutes ces dépouilles, avec l'aide d'Assur, le père des Dieux et de Belit, la reine des Dieux

(L. 91.) — « J'ai habité ce palais pour la satisfaction de mon cœur, la joie de mon esprit, et la splendeur de mon visage. Puisse ma postérité naître dans cette demeure ! Puisse mon existence s'y prolonger jusqu'aux jours les plus reculés ! Que le Taureau protecteur, le Gardien de ma vie, perpétue, dans cette enceinte, la fortune et le bonheur jusqu'à ce que ces portes s'écroulent. »

Sennachérib, comme ses prédécesseurs, a dû élever de nombreuses stèles sur le sol de l'Assyrie pour y consacrer le souvenir de ses exploits, il a aussi taillé des bas-reliefs dans le roc. A l'embouchure du Nahr-el-Kelb, près de Beyrout, on voit son image sculptée à côté de celles des princes égyptiens qui ont comme lui poussé jusque-là leurs conquêtes. Malheureusement, l'inscription qui recouvre les bas-reliefs n'est plus lisible, le nom seul du prince a pu être déchiffré.

INSCRIPTION DE BAVIAN.

Il existe encore des monuments de Sennachérib à Bavian, petit village kurde, situé sur la rive gauche du Ghazir. Parmi les sculptures antiques qui décorent ce lieu sauvage, on distingue la figure du roi et trois tablettes d'inscriptions plus ou moins endommagées, qui ont été copiées par M. Layard ; comme elles reproduisent les mêmes textes, elles se complètent à peu près les unes par les autres. En tenant compte des lacunes et des difficultés que la traduction de certains passages techniques soulève, voici ce qu'elles nous font connaître :

(L. 1.) — « Assur, Anu, Bel, Nisruk, Samas, Bin, Marduk, Nabu, . . . Istar, le Dieu VII ; voilà les Grands-Dieux que. . . . .

(L. 2.) — « Je suis Sen-akhi-erib, roi grand, roi puissant, roi des Légions, roi du pays d'Assur, roi des Quatre-Régions, celui qui. . . . . J'ai conquis les nations depuis la Mer-Supérieure jusqu'à la Mer-Inférieure, j'ai soumis les rois des nations et ils ont suivi mes lois.

(L. 5.) — « Alors j'ai agrandi Ninua, j'ai fondé, j'ai établi et j'ai nommé ses remparts qui n'existaient pas autrefois, mais les forêts et les plaines étaient desséchées par le manque d'eau, tout était détruit. Les hommes n'avaient pas d'eau à boire, et, pour étancher leur soif, ils tournaient les yeux vers le ciel ; je les ai arrosés.

(L. 8.) — « A partir des villes Musiti, Kimbakulnu, Saparisu, Kar-Samas, Kar-Nuri, Rimusu, Koaluya, Dalayan, Riseni, Tullu, Dur-ilu, Sebaniba, Isparrira, Gingilisar, Nampagate, Tul, Alum-sasi-aisair, Hadubuti, j'ai creusé 18 canaux, j'ai dirigé leurs cours vers le fleuve Khusur (le Khauser), j'ai établi le canal Khiriti depuis la ville de Kisiri jusqu'à Ninua, j'ai fait couler les eaux à travers la ville et j'ai nommé ce canal Patti-Sin-akhi-erib.

(L. 13.) — « J'ai . . . . . . la force des eaux. En sortant du pays de Tas, une montagne élevée, située devant moi sur les frontières du pays d'Akkad, j'ai . . . . . le fleuve. . . . . . . Moi, dans l'adoration d'Assur, le Grand-Dieu, mon Seigneur, j'ai recueilli . . . . les eaux des montagnes du côté droit et du côté gauche de la ville de Mi. . . . . , de la ville de Kuk. . . . . . , de la ville de Bit-uru qui sont dans le voisinage et je les ai dirigées à travers les rochers, dans le lit du fleuve, que j'ai nommé le fleuve de Sin-akhi-erib. J'ai. . . . . dirigé ces eaux et les eaux antérieures dans le fleuve Khusur (le Kauser) à l'endroit où j'ai élevé la demeure de ma royauté. . . . .

(L. 18.) — « Moi, Sen-akhi-erib, roi du pays d'Assur, premier né des rois (*malki*) qui règne (sur les pays situés) depuis le lever jusqu'au coucher du Soleil; j'ai creusé . . . . . . pour les eaux à Ninua, j'ai élevé des plantations sur ses bords. . . . . . .

(Les lignes suivantes offrent de grandes difficultés d'interprétation).

(L. 34.) — « Dans cette année où j'ai ouvert ce canal. . . . . . J'ai . . . . . . avec Umman-Minanu, roi du pays d'Elam, et le roi de Bab-ilu, et les nombreux rois de la Terre et de la Mer en présence de la ville de Khalalie. Dans ma soumission envers Assur, le Grand-Dieu, mon maître, et. . . . . . . au milieu d'eux. . . . . . j'ai découvert leurs places, je les ai détruits. J'ai détruit la famille royale et les grands du pays d'Elam. Nabu-labar-iskun, fils de Marduk-baladan, roi du pays de Kar-Dunyas est tombé vivant dans mes mains au milieu de la mêlée. Le roi d'Elam et le roi de Bab-ilu ont. . . . . ma bataille puissante, ils les abandonnèrent au milieu de leurs chars, et, pour sauver leur vie, ils s'enfuirent dans les montagnes élevées.

(L. 40.) — « Sen-akhi-erib, roi du pays d'Assur, j'ai. . . le pays d'Elam, j'ai frappé de terreur le pays tout entier, et, pour sauver leur vie, les soldats abandonnèrent leurs provinces, ils s'enfuirent vers les montagnes escarpées; je me suis dirigé vers ces oiseaux qui fuyaient; ils n'ont pu traverser les marais, ils n'ont pu livrer bataille. Pour la seconde fois, je me suis avancé vers Bab-ilu. Je suis parti en toute hâte, j'ai passé comme un ouragan dévastateur, j'ai soufflé comme un vent brûlant, j'ai pris la ville, je l'ai livrée aux flammes . . . . . , je n'ai pas épargné les hommes, les enfants, les esclaves. J'ai rempli de leurs cadavres les environs de la ville. J'ai transporté dans mon Pays Suzub, roi de Bab-ilu, lui et sa famille, tout ce qui était tombé vivant dans mes mains. J'ai pillé le trésor de la ville, j'ai livré aux mains de mes soldats l'or, les pierres précieuses, les richesses de son trésor, et je l'ai enlevé à son armée. J'ai pris . . . . Les Dieux de son cœur sont tombés dans les mains de mes soldats. . . . .

(L. 48.) — « Bin, Sala, les Dieux de la ville d'Ekali, que Marduk-nadin-usur, roi du pays d'Akkad, avait enlevés à Tuklat-pal-Asar, roi du pays d'Assur, et avait transportés à Bab-ilu depuis 418 années environ, je les ai enlevés de Bab-ilu et je les ai remis à leur place dans la ville d'Ekali.

(L. 50.) — « J'ai détruit la ville et ses palais, depuis les fondations jusqu'au faîte, je les ai livrés aux flammes, j'ai ravagé les remparts, les autels, les temples, les *zigurrat* et tout les ouvrages de brique. . . . .

(L. 55.) — « J'ai . . . . tablettes . . . . . . j'ai fait faire l'image des Grands-Dieux, mes Seigneurs, j'ai fait graver l'image de ma royauté et je l'ai élevée au milieu de la ville, j'ai fait sculpter au-dessus l'image de la Déesse, qui habite au milieu de Ninua.

(L. 57.) — « Que le Prince qui règnera après moi, parmi les rois mes fils honore les œuvres que j'ai faites . . . . dans le voisinage de Ninua. Mais, si . . . . que les Grands-Dieux, qui figurent sur cette table et dont les noms que je prononce sont sortis de ma bouche . . . . . le maudissent pendant la durée de sa vie.

(*W. A. I.* III, pl. 14).

On trouve encore çà et là de nombreux fragments qui appartiennent au règne de Sennachérib.

A Shérif-Khan, sur la frontière nord de l'Assyrie, on a découvert des briques qui servent à fixer la position de l'antique Tarbisi. On lit sur ces briques :

« Sin-akhi-erib, roi du pays d'Assur, a construit et élevé le temple *Lam-sit* au dieu Nirgal, son Seigneur, dans la ville de Tarbisi, depuis les fondations jusqu'au sommet, il a accompli cette œuvre pour sa gloire, la défaite de ses ennemis et. . . . . du pays d'Assur. »

(*W. A. I.* I. pl. 7, *c.*)

Sur une autre brique de la même provenance, on lit encore :

« Sin-akhi-erib, roi puissant, roi des Légions, roi du pays d'Assur, a fait construire le temple *Lam-sit*, le temple de Nirgal, et l'a fait briller comme le soleil. »

(*W. A. I.* I. pl. 7. D).

Au sud-ouest d'Arbèles, on a mis au jour des briques qui ont permis de déterminer la position de la ville de Kakzi, mentionnée dans les textes. On a, en effet, recueilli dans cette localité, des briques qui portent la mention suivante :

« Sin-akhi-erib, roi des Légions, roi du pays d'Assur, a construit l'enceinte et le rempart de la ville de Kakzi. »

(*W. A. I.* I. pl. 7 *h*).

D'après la liste des Limmu, Sennachérib a régné 23 ans; un fragment d'une tablette renfermant un contrat d'intérêt privé, est ainsi daté :

« Le 30e jour du mois tebit (30 février 682) du Limmu de Mannuki-Bin), la 22e année de Sin-akhi-erib, roi du pays d'Assur. »

(*W. A. I.* I. pl. 7 B).

Sennachérib poursuivit avec une infatigable persévérance les conquêtes de son père, et la hardiesse de ses entreprises lui valut la célébrité qui s'est attachée à ses œuvres et qui a été propagée par les auteurs sacrés et profanes.

La Chaldée, qui avait déjà reçu de rudes atteintes sous Sargon, fut l'objet de ses premières attaques; il établit après sa première victoire, un prince vassal de l'Assyrie, Belibus, qui avait été élevé dans son palais pour gouverner cette province, c'est ce prince (Βελιβος) qui figure dans le canon de Ptolémée parmi les rois de Babylone.

Sennacherib se tourna ensuite contre les princes du bord de la Méditerranée, où il rencontra bientôt le royaume de Juda qui formait alors le centre d'une résistance que les princes assyriens n'ont pu détruire. Le récit des luttes de Sennachérib contre Ezéchias, présente le plus grand intérêt et confirme d'une manière précise les données historiques fournies par la Bible. De grandes obscurités historiques enveloppent sans doute le désastre de l'armée assyrienne devant Jérusalem; mais nous devons surtout nous garder de nous livrer à des conjectures et de nous appuyer sur des faits négatifs, lorsqu'une découverte pourrait bientôt changé les hypothèses que nous aurions formulées.

Après deux victoires successives, la Chaldée n'est pas encore soumise, et nous voyons bientôt Sennachérib entreprendre de ce côté une nouvelle campagne dont il ne put sortir victorieux qu'au prix des plus grands efforts. Il eût, sans doute détruit la ville ennemie si il n'eut préféré donner à l'empire de Chaldée un roi dépendant de Ninive, et il appela son quatrième fils, Assur-akhi-idin, au trône de Babylone. C'est ce prince que nous voyons également figurer dans le canon de Ptolémée sous le nom d'Assarhaddon (Ασαριδινος) et qui occupera bientôt le trône de Ninive.

Hérodote nous fait connaître, de son côté, les guerres de Sennachérib contre l'Egypte, diversion puissante, qui permit aux petits états des bords de la Méditerranée de jouir d'un moment de repos tandis que les princes assyriens allaient se trouver aux prises avec les princes égyptiens et lutter avec un égal acharnement pour le sceptre du monde.

On doit rapporter aux dernières années du règne de Sennachérib les guerres entreprises par les Grecs, suivant le récit de Bérose, pour établir des colonies sur les côtes de l'Asie-Mineure, la victoire resta sans doute aux Assyriens, mais déjà on voit poindre, avec ces nouveaux ennemis, un élément nouveau qui devra plus tard envahir, à son tour, et l'Afrique et l'Asie.

ASSUR-AKHI-IDIN.

(680 a. J.-C.)

Documents. — *Inscription des cylindres* de Koyoundjick. (Layard, pl. 20-29-54. *W. A. I.*, I, pl. 47-48. — *W. A. I.*, III, pl. 15-16.) — *Inscription de la* pierre d'Aberdeen. (*W. A. I.*, I, pl. 49.) — *Inscriptions diverses.* (*W. A. I.*, I, pl. 48.) — *Canon des rois assyriens.* (*W. A. I.*, III, pl. 1.)

Nous connaissons par la Bible la fin tragique de Sennachérib. Nous savons qu'il fut assassiné par ses propres fils (II, Rois, XIX, 37 — Isaïe, XXXVII, 38) Adramelech et Sarasar. Nous avons vu, par les inscriptions que son fils aîné, Assur-Nadin, avait été nommé vice-roi de Babylone. Ce fut le quatrième fils de Sennachérib, Assur-akhi-idin, qui monta sur le trône d'Assyrie. Assur-akhi-idin est le prince dont les exploits nous ont été attestés, sous le nom d'Assarhaddon, par la Bible et par les auteurs profanes ; les détails des guerres qu'il a entreprises nous sont données par les inscriptions que nous allons faire connaître.

Sur les murs du palais caché sous le village de Nebi-yunus, on lit d'abord ainsi sa généalogie :

« Palais de Assur-akhi-iddin, roi puissant, roi des légions, roi du pays d'Assur, fils de Sin-akhi-erib, roi du pays d'Assur, fils de Sar-kin, roi du pays d'Assur.

(*W. A. I.*, I, pl. 48, n° 2.)

Assarhaddon avait habité Calach. Il y avait construit un palais, le plus grand après celui qui fut élevé par Assur-nasir-habal. C'est là que M. Layard commença ses fouilles. Ce palais se composait d'un escalier monumental qui conduisait à la façade tournée vers le midi. On y entrait par un double porthique orné d'une triple rangée de lions entre lesquels on voyait une paire de sphinx assyriens. C'est dans ce palais seulement que ces sphinx ont été observés, jusqu'ici du moins. Après avoir traversé les deux premières salles, on se trouvait dans une vaste pièce qui s'ouvrait sur la terrasse. A côté de cette pièce on pouvait s'engager dans des couloirs et des chambres qui paraissent n'avoir eu aucune communication avec la partie principale du palais. Dans les deux portiques on voit, à droite et à gauche, huit piédestaux sur lesquels reposaient sans doute les images des Dieux; sur les revers des plaques sculptées qui déorent l'entrée du portique, on lit :

« Palais de Assur-akhi-idin, roi grand, roi puissant, roi du monde, roi du pays d'Assur, représentant des dieux à Bab-ilu, restaurateur des images des Grands Dieux, roi du pays de Musuri (Egypte), de la ville de Paturusi (?) du pays de Miluhi (Méroé) et de Kus (Ethiopie), roi des Quatre-Régions, fils de Sin-akhi-erib, roi du monde, roi du pays d'Assur, fils de Sar-kin, roi du monde, roi du pays d'Assur. »

(Layard, pl. 19.)

Le vestibule de ce palais a été détruit avant que l'édifice n'ait été complètement fini. Ça et là des plaques de marbre lisse, attendent à côté des plaques sculptées les sujets qui n'y ont jamais été gravés. Souvent des sculptures, provenant de la démolition d'un autre palais, sont tournées vers l'intérieur du mur comme de simples moellons. En général, les marbres de ce palais, calcinés par le feu, tombaient en poussière à mesure qu'on les exhumait des ruines et n'ont pu être transportés.

La grande salle n'avait pas subi les atteintes du feu. C'est elle qui nous a fourni les inscriptions de Tiglat-pal-asar le IIe du nom dont le palais avait été démoli pour servir à la construction de celui d'Assur-akhi-idin.

Dans ces circonstances, il est difficile de déterminer l'origine de cet édifice qui peut avoir été fondé par Assarhaddon lui-même et continué par ses successeurs.

A défaut des grandes inscriptions murales dont nous ne trouvons plus que des débris, nous possédons deux prismes dont les inscriptions nous font connaître les dix premières années de son règne, par conséquent jusqu'en 672, date de leur rédaction. L'un d'eux est dans un état de conservation très-satisfaisant; l'autre est très-mutilé, mais il renferme çà et là des détails d'un grand intérêt. Nous les avons intercalés dans un même texte, en les renfermant toutefois entre crochets et en indiquant les planches des recueils auxquels on pourrait avoir recours.

L'inscription est ainsi conçue :

(C. 1, l. 1. — « Assur-akhi-idin, roi grand, roi puissant, roi des légions, roi du pays d'Assur, représentant des Dieux à Bab-ilu, roi des Sumirs et des Akkads, roi de Musuri, de Miluhi et de Kus, fils de Sin-akhi-erib, roi grand, roi puissant, roi du pays d'Assur, petit-fils de Sar-kin, roi grand, roi puissant, roi du pays d'Assur, le juste, le fort. Il a marché dans l'adoration des dieux Assur, Sin, Samas, Nabu, Marduk, Istar de Ninua, Istar d'Arba-ilu, les Grands-Dieux ses Maîtres. Il a étendu son empire depuis le lever du soleil jusqu'au coucher du soleil, il a imposé des tributs sans pareil aux nations.

(C. 1, l. 9.) — « J'ai attaqué la ville de Siduna (Sidon), située au milieu de la mer, j'ai mis à mort tous ses habitants, j'ai détruit ses murs, ses maisons, je les ai renversées dans la mer, j'ai renversé ses temples. Abdimilkut, roi de la ville (de Siduna) s'était soustrait à ma puissance, il s'était enfui au milieu de la mer, j'ai traversé la mer et j'ai brisé son orgueil. Je me suis emparé de ses trésors, de l'or, de l'argent, des pierres précieuses, de l'ambre, des peaux de *amsi*, du santal, de l'ébène, des étoffes de laine et de fil, le contenu de son palais. J'ai transporté au pays d'Assur, des hommes, des femmes en nombre considérable, des bœufs, des moutons, des bêtes de charge. J'ai distribué les habitants du pays de Khatti, qui habitent le bord de la mer, dans les pays étangers. J'ai bâti au pays de Khatti une ville que j'ai nommée Dur-Assur-akhi-idin. J'y ai placé les hommes que mon bras avait vaincus dans le pays des montagnes près du pays de la mer du soleil levant et j'ai placé au-dessus d'eux mon lieutenant pour gouverneur.

(C. 1, l. 35.) — « Sandu-arri, roi du pays de Kundun et de Sizu, homme impie et rebelle, ne reconnut pas ma souveraineté, il abandonna ses Dieux et se fortifia dans ses montagnes inaccessibles. Il fit une alliance avec Abdimilkut, roi de la ville de Siduni. Il invoqua ses Dieux dans les traités et eut confiance dans leur protection. Pour moi, je me suis confié à Assur le Grand-Dieu, je me suis dirigé comme un oiseau, vers les grandes montagnes et j'ai abaissé son orgueil. Par la puissance d'Assur le Grand-Dieu, j'ai vaincu tous les hommes, je les ai pris, j'ai suspendu les têtes de Sandu-arri et d'Abdimilktu, en présence des chefs (de l'armée) et je suis revenu vers Ninua avec des esclaves mâles et femelles.

(C. 1, l. 54.) — « J'ai ravagé la ville d'Aza. . . . . . et je . . . . vers le pays de Musuri. (C. 2, l. 1.) — J'ai. . . . un riche butin et je l'ai transporté au pays d'Assur. J'ai. . . . . les captifs devant la porte orientale de Ninua. . . . . .

(C. II, l. 6.) — « Alors Tiuspa, du pays de Gimirra, l'homme *nisda* dont la demeure est très-éloignée du côté du pays de Khubusna, s'avança vers moi avec toute son armée pour me faire sa soumission. J'ai foulé aux pieds les habitants du pays de Khilakki et de Duha, qui demeurent dans les forêts du pays de Tabal. Ils avaient compté sur l'étendue de leurs Etats, ils n'avaient pas voulu reconnaître notre puissance depuis les temps les plus reculés, j'ai assiégé vingt-et-une places fortes et de petites bourgades des alentours, je les ai prises, j'ai transporté leurs habitants, je les ai détruites, je les ai ravagées, je les ai livrées aux flammes. J'ai mis le. . . . . sur les familles insurgées et je me suis emparé d'un butin sans égal.

(C. II, l. 22.) — « J'ai ravagé le pays de Masnaki, pays rebelle et impie; j'ai opprimé les habitants du pays de Tel-Assuri et des villes que l'on appelle les villes de Mikhranu et de Pitanu.

(C. II, l. 27.) — « J'ai expulsé de leurs demeures les hommes du pays de Van. . . . . qui s'étaient soumis aux armées de Ispakai, du pays d'Asguza et qui croyaient y trouver leur salut.

(C. II, l. 32.) — « J'ai renversé Nabu-zir-simat, fils de Marduk-baladan qui avait eu confiance dans Elam, mais il ne parvint pas à sauver ses jours. Naid-Marduk, son frère, reconnut ma souveraineté pendant qu'il s'était réfugié en Elam, mais lui, il vint à Ninua, ma capitale, il s'inclina devant moi et je lui ai confié la souveraineté sur les pays situés au bord de la mer qui avaient été sous la dépendance de son frère.

(C. II, l. 42.) — « J'ai rétabli la paix dans le pays de Bit-Dakkuri, situé au pays de Kaldi, près de Bab-ilu où s'était établi Samas-dur-ukin, le roi impie qui n'adorait pas le Seigneur des seigneurs, il avait enlevé les tablettes des hommes de Bab-ilu et de Barsippa; mais moi, soumis au Maître souverain et à Nabu, j'ai restitué ces tables et je les ai rendues aux hommes de Bab-ilu et de Barsippa, j'ai placé sur le trône Nabu-sallim, fils de Balazu que j'ai chargé de faire observer mes lois.

(C. II, l. 55.) — « La ville d'Audumu, la capitale du pays d'Aribi qui avait été prise par Sin-akhi-erib, roi du pays d'Assur, le père qui m'a engendré (s'était révolté), je l'ai assiégée, je l'ai prise et j'ai transporté ses habitants au pays d'Assur.

(C. III, l. 1.) — « Un envoyé de la reine, du pays d'Aribi vint à Ninua, avec des présents nombreux, il s'inclina devant moi, il me supplia de lui rendre ses Dieux, j'ai accueilli sa demande, j'ai restauré les images de ses Dieux qui s'étaient détériorées, j'ai fait écrire sur ces images la louange d'Assur et la gloire de mon nom, je les ai apportées devant moi et je les ai rendues. J'ai nommé au trône du pays d'Aribi, Tabuya, une femme de mon palais. A cause des Dieux que j'ai restitués à ce pays, j'ai augmenté le tribut qu'on avait payé à mon père et je leur ai imposé 65 chameaux en plus de ce qu'ils payaient déjà.

(C. III, l. 20.) — Les jours de Khaza-ilu avaient atteint leur terme, j'ai mis Ialu, son fils sur le trône et j'ai augmenté le tribut qu'il payait à mon père de 10 mines d'or, 1,000 pierres précieuses, 50 chameaux, 1,000 *kunzi* et un grand nombre de. . . . .

(C. III, l. 23.) — « Le pays de Bazi est situé très-loin aux confins de la terre, au-delà du désert. A 150 *kasbu gagar*, au pays de Bazi, on trouve des mines et des pierres *kasalin*; à 20 *kasbu gagar*, plus loin, on trouve une terre fertile qui produit beaucoup; à 20 *karab*, on trouve le pays de Khazu et des montagnes de marbre. J'ai quitté mon pays et j'ai pénétré où personne, depuis les jours les plus reculés, n'avait pénétré. Par la grâce d'Assur, mon Seigneur, j'y suis parvenu en vainqueur. J'ai tué huit rois dans cette contrée, j'ai transporté au pays d'Assur leurs Dieux, leurs dépouilles et leurs habitants.

L'inscription du second prisme nous donne ici les noms des huit rois arabes :

(C. IV, l. 19.) — [« Kisu, roi de la ville de Khaldili; Akbaru, roi de la ville de Dubiati; Mausaku, roi de Magalani; Yapah, reine de la ville de Ditani; Habisu, roi de la ville de Kadasi; Niaru, roi de la ville de

Gaipani; Bai-lu, reine de la ville de Khilu; Habanamru, roi de la ville de Buda; voici les huit rois que j'ai tués dans leurs provinces. »]

(*W. A. I.*, III, pl. 15, c. IV, l. 19-23.)

Le premier prisme continue ainsi :

(C. III, l. 40.) — « Layali, roi du pays de Yadih, s'était soustrait à ma domination, il apprit l'enlèvement de ses Dieux, il vint auprès de moi à Ninua ma capitale, il s'inclina devant moi, je lui accordai la grâce avec bienveillance, j'écrivis sur les images de ses dieux les éloges d'Assur mon seigneur, je les fis venir en ma présence et je les lui restituai. Je lui confiai l'administration du pays de Bazi à condition de payer un tribut à ma souveraineté.

(C. III, l. 53.) — « Bel-Bagar, fils de Bunani, roi du pays de Gambul, dont les habitants demeurent comme des poissons au milieu des eaux et des marais à 12 *kasbu gagar* se refusa à honorer Assur. D'après les ordres de mon maître, je l'ai forcé à m'apporter des tributs, des redevances, des taureaux sculptés *pat lut u na*. (C. IV, l. 1.) — Il s'inclina devant moi, je lui ai accordé son pardon, j'ai fortifié Sapibil, sa capitale, j'y ai logé, lui et ses archers et je l'ai élevé en Elam comme une colonne.

(C. IV, l. 8.) — « Le pays de Patus-arra est situé dans les environs de Bit. . . . . sur les frontières éloignées du pays de Madaï, du côté du pays de Bitini, où on trouve des mines de cuivre. Personne parmi les rois mes pères n'avait soumis cette terre. Silisparnu et Iparnu étaient les gouverneurs de ce pays, je les ai transportés au pays d'Assur avec leurs sujets, leurs chevaux, leurs chars, des bœufs, des moutons, des bêtes de somme, des *uduri* et de nombreuses dépouilles.

(C. IV, l. 19.) — « Arpis, gouverneur de la ville de Partakka, Zanasana, gouverneur de la ville de Partukka, Kamatiya, gouverneur de la ville d'Urakazabarna, habitent aux extrémités du pays de Madaï. Jusqu'ici, ils ne s'étaient pas ligués contre les rois mes pères, ils attaquèrent le pays d'Assur, mais la crainte immense d'Assur, mon Seigneur, les terrifia, ils m'apportèrent à Ninua, ma capitale, leurs grands animaux, du cuivre, provenant de leurs mines, ils s'inclinèrent devant moi. Les gouverneurs de ces villes les mains jointes implorèrent ma souveraineté, ils me demandèrent grâce. J'ai mis au-dessus d'eux mes gouverneurs pour administrer leur pays, ils réunirent à mon royaume les habitants de ces contrées, je leur imposai des redevances et un tribut considérable.

(C. IV, l. 38.) — « Alors Assur, Samas, Bel, Nabu, Istar de Ninua et Istar d'Arbailu me firent vaincre mes ennemis. Avec le butin qui était tombé entre mes mains, je fis construire 36 grands temples au pays d'Assur et au pays des Akkads, je les ai recouverts avec de l'or et de l'argent et je les ai fait resplendir comme le jour.

(C. IV, l. 49.) — Alors je dis ceci : Il y a dans Ninua un *Bit-kutalli* que les rois mes pères ont fait construire pour renfermer le matériel (des troupes), pour dresser les bêtes de course, les chameaux, les chars, les *mihli*, les armes de guerre et les dépouilles des ennemis, tout ce qui appartient à Assur le roi des dieux et dont il m'a permis l'usage. . . . . .

(C. V, l. 1.) — « Ils moulèrent des briques en quantité considérable, je fis démolir ce petit palais, je fis un grand nombre de. . . selon les règles et d'après les tables, j'ai augmenté l'étendue du palais et j'ai construit la plate-forme avec des blocs de marbre provenant des grandes montagnes.

(C. V, l. 2.) — J'ai compté parmi les tributaires de ma souveraineté, douze rois du pays de Khatti sur le bord de la mer.

Les lignes qui suivent ne se trouvent que sur l'exemplaire le plus endommagé. Ce sont les noms des rois tributaires :

[Ba'lu, roi de la ville de Suri, Minasi (Manassé), roi de Yauda (Juda), Kadumukhu, roi de la ville d'Udumi, Musuri, roi de la ville Maan, Bel, roi Khaziti (Gaza), Mitinti, roi d'Iskaluna (Askalon), Itau, roi de Amgaruna (Migron), Isdiasaba, roi de Gubalu (Byblos), Kulubaal, roi d'Aruadi (Aradus), Abibaal, roi d'Usmurum, Pudiel, roi de Bit-Amban, Numilku, roi d'Asdudi (Asdod), 12 rois du bord de la mer, puis Ikistusi (Egisthe), roi d'Idial (Idalion), Pitagora (Pitagore), roi de Kitti (Citium), Ki. . . roi de Silummi (Salamis), Itu-Dagan, roi de Pappa (Paphos), Irielli, roi de Sillu (Solis), Damasu, roi de Kurri (Curium), Rumizu, roi de Tamisi (Tamasus), Damusi, roi de Amti-adasti (Amathonte), Unagusu, roi de Limini (Limunium), Buli, roi d'Upri. . . 10 rois du pays de Yatnana (Chypre), qui est situé au milieu de la mer, en tout 22 rois du pays de Khatti sur le bord de la mer et au milieu de la mer.]

(*W. A. I.*, III, pl. 16, c. v, l. 12-26.)

Le premier prisme continue :

« Je leur ai remis mon pouvoir et ils m'envoyèrent à Ninua pour édifier mon palais, pour le rendre élevé, de grandes poutres du bois de *timri*, de l'ébène, du cèdre, du cyprès, provenant des montagnes du pays de Sirar et de Linbana, des statues, des lions de pierre, des *agamri* de plomb, d'étain, ... des produits de leurs montagnes.

(C. V, l. 27.) — « Dans le mois propice, au jour heureux, j'ai élevé sur ces soubassements un palais splendide pour la demeure de ma royauté. Ce palais compte 85 grandes mesures en longueur et 30 grandes mesures en largeur. Personne, parmi les rois mes pères, ne l'avait bâti, je l'ai achevé, j'ai élevé des poutres sculptées en cèdre, j'ai entouré les colonnes de cyprès avec des anneaux d'argent et de fer pour en assurer la solidité, j'ai orné les intervalles, j'ai disposé des lions et des taureaux en pierre opposés face à face. L'un veille sur la victoire, l'autre veille sur le roi qui les a élevés. J'ai orné les montants des portes, j'ai construit un palais en albâtre et en cèdre. . . . pour le repos de ma majesté, j'ai fabriqué des lions avec des briques vernissées et des taureaux accouplés dans les *attaru kilalan*.

(C. VI, l. 1.) — « J'ai fait construire les *kulul* de ses grandes portes avec des poutres de bois de cèdre et de bois *abimi*, j'ai élevé au-dessus du palais un toit couvert avec des *Ka* en cuivre et j'ai orné le faîte avec des . . . . . . j'ai élevé les portes comme des *an tir an ma*. J'ai orné les portes avec des plaques d'argent, d'ivoire et de fer, j'ai écrit sur les plaques la gloire d'Assur, et ses victoires sur les pays révoltés, j'ai élevé au-dessus des tours des . . . . nombreux. . . . en bois. . . . j'ai élevé des *kisak* tout autour. J'ai agrandi le. . . . . pour l'entrée des chevaux, j'ai construit une galerie dont. . . . j'ai rétabli ce palais depuis ses fondations jusqu'au faîte et j'ai recouvert les. . . . au dehors. . . . J'ai nommé ce palais *Hekal pahid kalamu* (le palais qui administre toute chose).

(C. VI, l. 28.) — « J'ai invoqué dans ce palais Assur, Istar de Ninua et tous les dieux du pays d'Assur, j'ai accompli des sacrifices d'expiation pour apaiser leur colère, j'ai augmenté les offrandes, et les dieux, dans leur volonté, ont fait prospérer mon empire. J'ai placé au milieu de ce palais les grands et les chefs des pays dont la soumission m'est acquise, ... j'ai porté la joie dans leur cœur. . . . .

(C. VI, l. 41.) — « Par la puissance d'Assur, le souverain des Dieux du pays d'Assur, que le roi se fasse obéir dans ce palais, qu'il obtienne la satisfaction de son esprit, la joie de son cœur, une progéniture étendue et le maintien de sa gloire.

(C. VI, l. 45.) — « Qu'il régne sans cesse, qu'il surveille dans ce palais, pour fortifier sa puissance, les bêtes de course, les ânes, les bœufs, les chameaux, les *bihli*, les armes de guerre, toute son armée, les dépouilles de ses ennemis et tous les biens qu'il a conquis.

(C. VII, l. 52.) — « Que dans ce palais le taureau suprême, le lion suprême, les gardiens de ma royauté qui protègent mon honneur, brillent d'un éclat éternel jusqu'à ce que leurs pieds se séparent de ces portiques.

(C. VI, l. 58.) — « Je dis ceci aux rois mes fils, à ceux que dans la suite des jours, Assur et Istar appelleront à régner sur la terre et sur les hommes : ce palais vieillira, il tombera en ruine, relevez ces ruines et comme j'ai mis mon nom à côté de celui du père qui m'a engendré, fais ainsi, toi qui règneras après moi, conserve la mémoire de mon nom, restaure mes inscriptions, relève les autels, écris mon nom à côté du tien, et alors Assur et Istar entendront ta prière.

« Dans le mois abu, pendant le Limmu de Atar-el (juillet 672) préfet de la ville de Lakhir. »

Cependant Assarhaddon, en montant sur le trône d'Assyrie, n'avait pas renoncé au gouvernement de Babylone, il s'en faisait un titre dans ses inscriptions.

Sur un fragment d'un vase d'albâtre trouvé à Koyoundjik et déposé aujourd'hui au Musée Britannique on lit :

« Palais d'Assur-akhi-iddin, roi des légions. roi du pays d'Assur, roi des Sumirs et des Akkads, roi du pays de Kardunias. »

(*W. A. I. I*, pl. 48, n° 7.)

Assarhaddon habitait souvent Babylone, il s'était même beaucoup occupé de ses monuments. Sur les briques que l'on extrait aujourd'hui du tumulus qui porte le nom de Tel-Amran, on lit la légende suivante :

« Au Dieu Marduk, son Seigneur, Assur-akhi-iddin, roi du pays d'Assur, roi de Bab-ilu a commencé et a construit les autels (*asiri*) du *Bit-Saggatu*, le temple des bases de la terre. »

(*W. A. I. I*, pl. 48, n° 9.)

L'inscription qui recouvre le monument connu sous le nom de « Pierre d'Aberdeen » rend compte des constructions que ce roi a élevées à Babylone. Cette inscription est très-endommagée dans plusieurs passages, elle est écrite en caractères archaïques et les termes architectoniques qu'elle renferme en rendent la lecture fort difficile. Après avoir énoncé ses titres et les exploits qui lui ont valu le trône de la Chaldée, Assarhaddon s'exprime ainsi :

(C. III, l. 9.) — « Au commencement de mon règne, dans ma première campagne, je me suis assis fortement sur le trône de ma royauté, j'ai. . . . . . . Marduk le grand Juge des Dieux, mon Seigneur, est venu et j'ai dit ces choses. . . . . .

(C. III, l. 22.) — « Quant aux constructions de Bab-ilu, j'ai fixé pour la construction du Bit-Saggatu, par un décret l'année et le jour, en présence du Dieu. . . . je me suis prosterné, j'ai réuni toutes mes troupes et toutes les tribus des habitants de Tirat-Dunias, j'ai allumé du bois d'aloès (?) J'ai rendu la liberté aux captifs que j'avais pris par mes mains. . . . . . j'ai disposé les matériaux que j'avais fait apporter des hautes montagnes, puis je me suis mis la couronne sur la tête et j'ai ordonné aux grands de se prosterner devant moi. Je me suis réservé une place dans le palais couvert de *kaamsi*, construit avec du bois d'ébène, de santal et de lentisque ; j'ai fait mouler des briques pour le Bit-Saggatu, le temple des Grands-Dieux et pour ses merveilles.

(C. IV, l. 18.) — « Babylone est la ville des lois, Imgur-Bel est son rempart, Nivit-Bel est son enceinte ; j'ai élevé ces constructions depuis les fondations jusqu'au sommet, je les ai fait construire, je les ai fait fortifier, j'ai fait faire l'image des Dieux, je les ai fait honorer, j'ai restauré leurs demeures (?) éternelles qui étaient endommagées. . . . . j'ai. . . suivant leurs désirs, j'ai orné le. . . . et j'ai soumis les hommes de Bab-ilu aux lois que j'ai fondées et que j'ai faites. »

(*W. A. I. I*, pl 50.)

Assarhaddon est le premier des princes assyriens qui ait pénétré en Egypte, aussi il ajoute encore à ses titres celui de roi d'Egypte et d'Ethiopie. Nous lisons d'abord sur un lion de bronze découvert à Nebi-yunus et déposé actuellement au Musée de Constantinople.

« Assur-akhi-iddin, roi des légions, roi du pays d'Assur, roi du pays de Musuri (l'Egypte) et du pays de Kus (l'Ethiopie).

(*W. A. I. I*, pl. 48, n° 4.)

C'est sans doute en revenant de ces conquêtes qu'il fit graver son image à l'embouchure du Nahr-el-kelb, près Beyrout, à côté de celle de son père. L'inscription qui recouvre la stèle est à peine lisible, un estampage qui se trouve au Musée Britannique annonce un état de destruction qui ne permet pas de rétablir le texte dans son ensemble, on saisit toutefois un passage dans lequel il est question de la victoire qu'Assarhaddon a remportée sur Tarku. Il y est fait mention également de la prise de Memphis et de ses conquêtes sur la terre des Pharaons.

Assarhaddon avait fait construire, dans la ville de Tarbisi (Cherif-khan), un palais dont les briques portent la mention suivante :

« Assar-akhi-aidin, roi du monde, roi du pays d'Assur, j'ai fondé, j'ai construit le palais qui est dans la ville de Tarbiri depuis ses fondations jusqu'au sommet. »

(*W. A. I.*, I, pl. 48, n° 7.)

Assarhaddon avait également fait élever à Tarbisi un palais pour son fils, sur un des marbres de ce palais, on lit en effet :

« Moi, Assur-akhi-idin, roi grand, roi puissant, roi du monde, roi du pays d'Assur, représentant des Dieux à Bab-ilu, roi des Sumirs et des Akkads, roi des rois, roi du pays de Musuri (l'Egypte), de Paturusi Παθυριτης (?), de Kus (l'Ethiopie), j'ai fondé, j'ai construit ce palais dans la ville de Tarbisi pour la demeure de Assur-bani-pal, mon fils, roi grand, le rejeton de mon cœur. »

(*W. A. I.*, I, pl. 48, n° 5.)

Comme sous tous les princes dont nous avons enregistré les annales, les tentatives d'un roi deviennent des faits accomplis sous son successeur. Assarhaddon avait appris à connaître la Chaldée en la gouvernant sous le patronage de son père. Devenu roi d'Assyrie, à son tour, il resta cependant roi de Babylone. Tandis qu'il gratifiait Ninive des plus beaux monuments, qu'il donnait rendez-vous aux rois vaincus dans Ninive sa capitale pour recevoir leur soumission, il restait roi de Babylone et dominait par son titre les insurrectionsde la Chaldée, dont il s'assurait la soumission.

C'est ainsi qu'il put porter au loin ses armes et qu'il donna à l'empire de nouveaux développements. Manassé, vaincu, ne dut plus son trône qu'à la clémence du vainqueur assyrien. Assarhaddon étendit ses victoires sur les bords de la mer Noire et sur les bords du Golfe persique, il pénètra plus avant que ses prédécesseurs dans la péninsule arabique et s'établit définitivement dans les îles de la Méditerranée.

Mais ses principaux efforts paraissent s'être dirigés contre l'Egypte, il reprit les projets de Sennachérib et à la faveur des dissentiments survenus entre les princes qui régnaient dans les principales villes du Delta, il s'avança contre l'Ethiopien Tahraka, il le vainquit et s'empara de l'Egypte.

Cependant Assarhaddhon atteint d'une maladie qui devait le conduire au tombeau sentit un jour qu'il n'était plus en état de supporter le poids de ses conquêtes. Il abdiqua, le 12 aïru du Limmu de Mar-la-arme (12 avril 664), en faveur de son fils aîné, et se réserva le commandement de la Babylonie, où il continua de régner jusqu'au moment de sa mort, qui eut lieu dans le courant de l'année suivante.

ASSUR-BANI-PAL.

(669 a. J.-C.)

Documents. — *Inscriptions des Prismes de Koyoundjik.* (*W.A.I.* III, pl. 17-38.) — *Inscriptions diverses.* (Layard, pl. 85-86.) — *Smith. History of Assur-Bani-pal.*

Assur-bani-pal monta sur le trône d'Assyrie du vivant de son père. Nous avons vu qu'Assarhaddon lui donna le titre de roi dans l'inscription gravée sur les briques du monument de Tarbisi dont il avait doté son fils après avoir abdiqué en sa faveur.

Nous trouvons dans un document dont il convient de donner immédiatement connaissance, les détails de la cérémonie du couronnement d'Assur-bani-pal.

« Dans le mois aïru (avril), le mois consacré à Nisruk, le Seigneur de l'humanité. Je. . . . . . et je suis entré dans *Bit-riduti*, le Palais des décrets et des conseils. D'après la volonté d'Assur, le père des Dieux, et de Marduk, le Seigneur des Seigneurs, le roi du Ciel et de la Terre, et, en présence des fils du roi, ils (les Dieux) ont appelé mon nom à l'empire. Le palais apprit mon avènement, tout le camp. . . . . . et les princes et les généraux écoutèrent les paroles de mes lèvres. En présence du Roi le père qui ma engendré, j'ai. . . . . . Les Grands-Dieux, mes puissants soutiens m'ont établi sur le trône, et, fort de leur appui, je me suis assis sur le trône du père qui m'a engendré. »

Il n'existe aucun signe de séparation dans la liste des Limmu pour indiquer la fin du règne d'Assur-akhi-iddin et le commencement de celui de Assur-bani-pal, mais un monument d'intérêt privé va nous donner l'année. Nous lisons, en effet, la date du contrat portée sur cette tablette :

« Dans le mois abu (avril), le 27e jour du Limmu de Mar-la-armi, Tartan de la ville de Ku. . . . . . , au commencement du règne d'Assur-bani-pal, roi du pays d'Assur. »

Assur-bani-pal est donc monté sur le trône pendant le Limmu de Mar-la-armi. Nous saurons bientôt que cet avénement a eu lieu le 12e jour du mois aïru, c'est-à-dire le 12 avril 667.

Assur-bani-pal est quelquefois nommé Sin-innadin-pal. C'est un nom qu'il paraît avoir porté, surtout comme roi de Babylone, et alors il est permis de supposer que les Grecs en altérèrent cette forme et en ont fait Κινιλαδάνος, le Kiniladan du canon de Ptolémée.

Dans tous les cas, voici le texte de ce document, coté au Musée Britannique K. 195.

« Sin-inadin-pal, fils d'Assur-akhi-iddin, roi du pays d'Assur, dont le nom est écrit sur cette tablette, a été proclamé et a été établi au gouvernement de la terre en présence de la grande divinité Samas, le Seigneur puissant.

Assur-bani-pal habitait Ninive, dans le palais construit par Sennachérib, son grand-père. C'est lui qui a donné la dernière main à ce vaste monument, dans lequel l'art assyrien nous apparaît dans toute sa splendeur.

Si cette construction ne présente pas, comme celle de Khorsabad, une grande unité d'ensemble, nous y trouvons en revanche des qualités d'une autre nature et qui n'en sont pas moins dignes d'intérêt. La sculpture semble avoir atteint, dans ce palais, l'apogée du principe dont les constructions de Nimroud nous donnent un des éléments. Pour nous en tenir aux données épigraphiques qui nous sont fournies sur ce règne, il nous suffit de dire que l'art nous paraît plus indépendant de l'écriture.

Les grandes scènes de la vie militaire paraissent suffisamment comprises par leur représentation sans avoir recours à ces grandes frises d'inscriptions qui recouvraient à Nimroud les bas-reliefs eux-mêmes du temps de Assur-nasir-habal ou de Salman-Asar.

Nous pouvons pressentir, à Khorsabad, la séparation de l'écriture et de la sculpture, la frise d'inscription respecte les bas-reliefs ; en général, peu de figures sont altérées par l'écriture. Sous Assur-bani-pal, la rupture est complète, et de courtes inscriptions seulement indiquent çà et là les sujets qui sont représentés sur les bas-reliefs sans les recouvrir.

L'histoire a ses pages distinctes du monument et l'histoire a son palais spécial ; les salles indiquées sous les numéros XL et XLI du plan de M. Layard renferment les archives dans lesquelles on peut désormais puiser les plus nombreux renseignements sur l'histoire d'Assyrie.

A défaut des grandes inscriptions murales, le Musée Britannique a recueilli les débris des quatre prismes décagones en argile, sur lesquels se trouvent l'histoire d'Assur-bani-pal. Ces débris ont été mis en ordre, d'abord par M. Coxe, un jeune employé du Musée Britannique, qui s'était voué aux études assyriennes et que la mort a frappé d'une manière prématurée. Ces premières recherches entreprises sous la direction de sir H. Rawlinson ont permis de reconnaître l'importance et l'étendue de ces textes, et le savant général en a donné un aperçu dans l'ouvrage de M. George Rawlinson, sur les cinq empires de l'Asie.

Plus tard, M. Oppert, qui avait copié ces monuments dans l'état où ils se trouvaient à l'origine, a pu traduire la partie qui regarde les guerres d'Assur-bani-pal en Egypte, dans son mémoire sur les rapports de l'Egypte et de l'Assyrie dans l'antiquité.

M. George Smith continua les travaux de M. Coxe sous la savante direction de sir H. Rawlinson, et il a restitué dans son entier le texte de ces précieux fragments et le Musée Britannique les a publiés dans le 3e volume de ses inscriptions de l'Asie occidentale.

Enfin, M. G. Smith, sous le titre de *History of Assur-bani-pal*, en a publié une traduction anglaise interlinéaire en ajoutant à l'appui des différents épisodes de cette histoire, de nombreux documents provenant de la collection des tablettes du Musée Britannique.

Nous suivrons principalement le texte du cylindre le plus complet en nous référant, soit aux planches du recueil du Musée Britannique, soit à l'ouvrage de M. G. Smith.

INSCRIPTION DES CYLINDRES DE KOYOUNDJIK.

(*W. A. I.*, III, pl. 17-22.)

(C. I. L. 1.) — « Moi, je suis Assur-bani-Pal, la créature d'Assur et de Beltis, le fils du grand Roi des *Bit-riduti*, celui que Assur et Sin, le Dieu des couronnes, ont appelé à la royauté depuis les jours les plus éloignés, celui qu'ils ont formé dans le sein de sa mère pour régner sur le pays d'Assur. Samas-Bin et Istar m'ont donné, dans leur suprême puissance, le pouvoir. Assur-akhi-idin, roi du pays d'Assur, le père qui m'a engendré, a accompli la volonté d'Assur et de Beltis, les dieux ses protecteurs, qui l'ont exalté et qui lui ont commandé de me confier le royaume.

(C. I, l. 11.) — « Dans le mois airu, le mois consacré à Nisruk, le Seigneur des hommes, le 12e jour (12 avril 667), le jour de la fête de Bel, suivant la volonté d'Assur, de Bel, de Sin, de Samas, de Bin, de Bel, de Nabu, d'Istar de Ninua, la Reine divine des *Kit-muri*, d'Istar d'Arbaï-lu, d'Adar, de Nirgal, de Nusku, il a rassemblé les hommes du pays d'Assur, les petits et les grands, ceux de la Mer supérieure, ceux de la Mer inférieure, pour procéder à l'inauguration du royaume, et ensuite il m'a confié le royaume du pays d'Assur. J'ai. . . . .

(C. I, l. 24.) — . . . . « Je suis entré avec joie dans le palais royal (*paranak ti*), le palais de Sin-akhi-erib, le père du père qui m'a engendré, le fils du grand roi, qui a établi ce royaume, le palais de Assur-akhi-idin, le père qui m'a engendré. . . .

(C. I, l. 31.) — « Moi, Assur-bani-pal, j'ai réuni dans ce palais les oracles de Nabu et toutes les tablettes du royaume. J'ai résolu leurs mystères et leurs difficultés, j'ai. . . . *al gis ab sal li*. . . . les javelots puissants, les chevaux, les chariots avec leurs harnais. J'ai. . . .

(C. I, l. 35.) — « Suivant la volonté des Grands-Dieux, j'ai, *sip-kuru-bit-sun*. J'ai proclamé leurs lois. Ils m'ont commandé d'étendre mon royaume, d'entretenir leurs temples ; ils m'ont confié un dépôt. Ils ont exalté ma domination, ils ont terrassé mes ennemis. Je suis le guerrier puissant, l'adorateur d'Assur et d'Istar, leur royal descendant. Moi.

(C. II, l. 42.) — « Depuis que Assur, Sin, Samas, Bin, Bel, Nabu, Istar de Ninua, la reine divine des *Kit-muri*, Istar d'Arba-ilu, Adar, Nirgal, Nusku, m'ont placé avec bonheur sur le trône du père qui m'a engendré, Bin déverse ses pluies, Nisruk rend joyeux son peuple. Il a renfermé 1/4 de mesure de semence dans la grange ; ils ont amassé 2/3 des épis de blé de la bonne moisson pour la satisfaction de la bouche ; il a fait croître les fruits, ... le bétail, ... il a amené la bonne fortune, l'abondance. . . .

PREMIÈRE GUERRE CONTRE L'ÉGYPTE.

(C. I, l. 51.) — « Dans ma première campagne, je me suis avancé contre le pays de Musuri et de Miluhi. Tarku était roi du pays de Musuri et de Kus ; Assur-akhi-idin, roi du pays d'Assur, le père qui m'a engendré, en avait accompli la défaite et avait conquis le royaume. Tarku méprisa la puissance d'Assur et d'Istar, les Grands-Dieux, mes Seigneurs. Il se fia à ses propres forces et s'avança contre les rois qui avaient régné avant lui sur le pays de Musuri, et que le roi mon père, qui m'a engendré, avait désignés à sa place. Il voulut les soumettre pour s'emparer de nouveau du pays de Musuri. Il s'avança et s'établit dans Mimpi (Mimphis), la ville que mon père, qui m'a engendré, avait prise et avait ajoutée aux provinces du pays d'Assur. J'étais occupé dans la ville de Ninua quand on vint m'apprendre cette nouvelle. Mon cœur en fut surpris et affligé. Alors, pour obéir à Assur et à Istar l'Assurit, j'ai réuni les forces puissantes que Assur et Istar ont placées dans ma main. J'ai résolu de marcher contre le pays de Musur et de Kus. Pendant le cours de cette expédition, 22 rois des bords de la mer et du milieu de la mer, tous mes tributaires, vinrent devant moi et embrassèrent mes genoux. Ces rois. . . . pour rétablir les rois et les gouverneurs qui me devaient des tributs dans le pays de Musuri. Je me suis avancé promptement vers la ville de Karbanit, Tarku, roi du pays de Musuri et de Kus, apprit, dans la ville de Mimphi, la marche de mon expédition, et, pour me combattre et me livrer bataille, il rassembla devant moi les hommes de son armée. Avec le secours d'Assur et d'Istar, les Grands-Dieux, mes Maîtres, j'ai livré une grande bataille et je l'ai mis en fuite. Tarku apprit, dans la ville de Mimphi, la défaite de son armée. La crainte d'Assur et d'Istar le renversa. Il recula devant l'approche de ma grande Majesté. On apporta ses Dieux devant moi ; il abandonna Mimphi, et, pour sauver ses jours, il s'enfuit dans la ville de Ni'a (Thèbes). Je me suis emparé de cette ville. Mon armée y entra et l'occupa.

(C. I, l. 92.) — « Niku, roi de la ville de Mimpi (Memphis) et de Saï (Saïs) ; Surladari, roi de la ville de Sihinu (Péluse) ; Pisanhuru, roi de la ville de Nathu ; Pakiuru, roi de la ville de Pisaptu ; Pukunannihapi, roi de la ville de Khathribi (Athribis) ; Naki, roi de Khinsi ; Budubisti, roi de la ville de Zahanu (Tanis) ; Unamunu, roi de la ville de Nathu ; Harsieru, roi de la ville de Zabnuti (Sebenyte) ; Busivu, roi de la ville de Bindidi (Mendès) ; Susinku, roi de la ville de Busiru (Busiris) ; Tapnahti, roi de la ville de Bunubu (. . . .) ; Pukunannihapi, roi de la ville de Akhni ; Iptikhardisu, roi de la ville de Pisatti-hurunpiku ; Nakhtihuransini, roi de la ville de Pisabdinut (Pi-sebtek) ; Bukur-Adar, roi de Paknuti (Pach-namunis) ; Zikha, roi de la ville de Siyantu ; Lamintu, roi de la ville de Khimuni (Ekhmin) ; Ispimatu, roi de la ville de Tayani (Abydos) ; Mantianhi, roi de la ville de Ni'ha (Thèbes) ; tous ces rois, préfets et gouverneurs, que mon père, qui m'a engendré, avait établis sur le pays de Musuri et qui, devant l'arrivée de Tarku, avaient abandonné leurs commandements et s'étaient enfuis dans le désert, je les ai rétablis dans leurs départements et dans leur autorité. J'ai conquis de nouveau le pays de Musuri et de Kus, que mon père, qui m'a engendré, avait conquis. J'ai établi des impôts plus lourds qu'aux premiers jours, et j'ai. . . . Je suis revenu en paix à Ninuâ, avec des dépouilles nombreuses et un riche butin. Ensuite tous ces rois que j'avais rétablis s'unirent contre moi ; ils ne. . . . . des Grands-Dieux.

(C. II. L. 1.) — « Ils méprisèrent le bien que j'avais fait, ils abandonnèrent leur cœur à la trahison, ils semèrent des paroles séditieuses et ils tinrent entre eux de mauvais conseils, ainsi : « Tarku est chassé du pays de Musuri, et à nous notre . . . . reste. » Alors ils envoyèrent des ambassadeurs à Tarku, roi de Kus, pour faire un traité et une alliance avec lui : « Faisons un traité et une alliance entre nous, et nous nous soutiendrons les uns les autres ; nous rétablirons de cette manière. . . . . dans le pays et nous n'aurons plus d'autre maître. » Ils tramèrent un complot perfide contre les armées du pays d'Assur et les troupes de ma puissance qui avaient été. . . . à leur secours. Mes généraux apprirent ce complot. Ils arrêtèrent les messagers, ils saisirent les dépêches et apprirent leurs manœuvres séditieuses. Ils s'emparèrent de ces rois et ils chargèrent leurs mains et leurs pieds avec des chaînes de fer et des entraves de fer. Le pacte d'Assur, le père des Dieux, pesa sur ceux qui s'étaient élevés contre les Grands-Dieux, qui avaient cherché le bien par leurs mains et qui leur avaient donné ses faveurs, et les hommes des villes de Saï, de Bindi, de Zuan et d'autres villes qui. . . . . . . dans ce complot perfide, grandes et petites, ont été réduites par les armes. Mes soldats n'ont rien laissé debout ; ils ont traîné les cadavres au milieu des ruines ; ils ont renversé les remparts des villes. Ils ont amené vivant devant moi, à Ninua, ces rois qui avaient organisé le mal contre les armées du pays d'Assur. Je les reçus favorablement ; j'imposai à Niku. . . . . . un traité plus dur que celui qui existait auparavant, mais je l'ai renvoyé chez lui. Je l'ai revêtu de vêtements superbes, de laine et de fil avec des ornements d'or. Je fis faire l'image de sa royauté. J'ai orné ses pieds avec des anneaux d'or ; je lui ai donné une épée d'acier avec un fourreau d'or. J'y ai écrit la gloire de mon nom et je lui en ai fait présent. Je lui ai donné des chariots, des chevaux et des bêtes de somme, et je l'ai envoyé en Egypte avec mon préfet pour gouverneur. Je lui ai rendu la place que mon père, qui m'a engendré, lui avait assignée dans la ville de Saï. Je l'ai rétabli dans sa province, ainsi que son fils, Kabu-sezib-anni, dans la ville de Khaturibi. J'ai ajouté des faveurs aux faveurs que mon père avait accordées, et je les ai rétablis. . . . .

(C. II, l. 50.) — « Cependant Tarku s'était enfui vers le pays de Kus, le... de nos soldats. . . . après lui, et son âme s'envola dans la nuit. Après cela Urdamanu, le fils de son épouse, s'assit sur le trône de sa royauté. Il fortifia les villes de Ni'-ha (Thèbes), sa capitale, et il réunit ses forces pour combattre contre mon armée les enfants du pays d'Assur. Ceux qui s'étaient réunis dans la ville de Mimpi. . . .

DEUXIÈME GUERRE CONTRE L'ÉGYPTE.

(C. II, l. 61.) — « Dans ma IIe campagne, j'ai dirigé mes armes contre le pays de Musuri et de Kus. Urdamanu apprit l'approche de mon armée et sut que j'avais franchi les frontières du pays de Musuri. Il abandonna la ville de Mimpi, et, pour sauver ses jours, il s'enfuit dans la ville de Ni'-ha (Thèbes). Les rois, les préfets et les gouverneurs que j'avais envoyés au pays de Musuri, vinrent au-devant de moi et embrassèrent mes pieds. Ensuite j'ai poursuivi Urdamanu. Je me suis dirigé vers la ville de Ni'-ha (Thèbes), où il s'était fortifié. Il apprit l'approche de mes armées redoutables et il abandonna la ville de Ni'-ha (Thèbes), il s'enfuit dans la ville de Kipkipi. J'ai pris cette ville (Thèbes) et je l'ai soumise au culte d'Assur et d'Istar. Je me suis emparé de son argent, de son or, des pierres précieuses, du trésor de son palais, des étoffes de laine et de coton, des grands chevaux, des esclaves mâles et femelles, de deux obélisques (?) couverts de magnifiques sculptures, de. . . . pesant 100 talents. J'ai fait apporter tout cela devant la grande porte du temple et je l'ai transporté au pays d'Assur avec des dépouilles sans nombre. De Ni'-ha (Thèbes) je me suis avancé vers le pays de Kus avec mon armée et j'y ai acquis une grande renommée. Ensuite, je suis rentré à Ninua, ma capitale, avec un butin considérable.

SIÉGE DE TYR. — GUERRE DE LYDIE.

(C. II, l. 84.) — « Dans ma IIIe campagne, j'ai marché contre Bahali, roi du pays de Surri (Tyr). Il avait méprisé les décrets de ma royauté et n'avait pas écouté les paroles de mes lèvres. J'ai investi ses places fortes, j'ai. . . . . . son peuple sur terre et sur mer. J'ai coupé les communications (j'ai empêché, j'ai reserré le blocus et il fut contraint de boire l'eau de la mer pour étancher sa soif.) J'ai humilié son esprit et j'ai fait

17

fléchir son courage. Je l'ai réduit sous mon joug, j'ai fait amener devant moi, pour en faire mes esclaves, les filles de son cœur et les sœurs de son frère. Yamelki, son fils, me fit sa soumission et me donna un présent sans égal, il me livra sa fille, et les filles de ses frères avec un tribut considérable. Je lui fis grâce et je le rétablis dans ses Etats avec les fils de son cœur.

(C. II, l. 101.) — « Yakinlu, roi du pays d'Aruadda (Aradus) qui demeure au milieu de la Mer et qui ne s'était pas soumis aux rois mes pères accepta ma domination, il m'envoya sa fille avec des présents nombreux pour en faire une femme de mon palais à Ninua, et il embrassa mes genoux.

(C. II, l. 107.) — « Mugali, roi du pays de Tabal, qui avait commis des déprédations contre les rois mes pères, m'envoya à Ninua sa fille, le rejeton de son cœur et des présents nombreux, pour entrer dans les femmes de mon palais et il embrassa mes genoux. J'ai imposé à Mugali, comme tribut, des grands chevaux de son pays.

(C. II, l. 113.) — Sanda sarmi, du pays de Khilakku, qui n'avait pas été soumis aux rois mes pères et qui n'avait pas accepté leurs lois, m'envoya à Ninua sa fille, le rejeton de son cœur avec des présents nombreux pour en faire une des femmes de mon palais, et il embrassa mes genoux.

(C. II, l. 119.) — « Je me suis emparé des Etats de Iakinlu, roi du pays d'Aruadda (Aradus).

(C. II, l. 120.) — « Azibaal, Abibaal, Adunibaal, Sapadibaal, Budibaal, Baalyasupu, Baalhanunu, Baalmaluk, Abimilki et Ahimilki, les fils de Yakinlu, qui demeurent au milieu de la Mer, accoururent de leurs pays situés au milieu de la Mer avec des présents nombreux et embrassèrent mes genoux. J'ai reçu Azibaal avec bonté et je l'ai établi au gouvernement du pays d'Aruadda. Abibaal, Adunibaal, Sapadibaal (C. III, l. 1.) — « Budibaal, Baalyasupu, Baalhanunu, Baalmaluka, Abimilki et Ahimilki. . . . . devant moi des étoffes de laine et de fil . . . . des bracelets. . . .

(C. III, l. 5.) — « Guggu (Gygès), roi du pays de Luddi (Lydie), un pays éloigné, situé de l'autre côté de la Mer, dont jamais les rois mes pères n'avaient entendu parler, apprit la grandeur de mon royaume, il en entendit la louange dans un songe qu'Assur, le Dieu qui m'a créé, lui envoya ainsi : « le joug. . . . » Le jour suivant, il m'adressa des messagers pour demander ma protection, il m'apprit le songe qu'il avait eu par son envoyé qui m'en fit le récit. Depuis le jour où il accepta le joug de mon empire, il soumit à la puissance d'Assur et d'Istar, les Dieux mes maîtres, le peuple de Gimiri (les Cimmeriens) qui avaient ravagé ses Etats et qui n'avaient pas redouté mes pères ni moi. Parmi les chefs des peuples de Gimiri qu'il avait pris, il chargea d'entraves de fer et de liens d'airain deux chefs de leurs villes et il les envoya devant moi. Les messagers qu'il avait envoyés avaient réclamé mon amitié, mais lui il retira sa parole et refusa d'accomplir la volonté d'Assur mon créateur ; il se confia dans ses propres forces et il endurcit son cœur. Il envoya ses troupes au secours du roi du pays de Musuri qui voulait secouer le joug de ma domination. Pour moi, j'adressai ainsi ma prière à Assur et à Istar : « Que son cadavre tombe devant ses ennemis et que ses serviteurs soient emmenés captifs. » Lorsque j'eus invoqué ainsi Assur, ma prière fut exaucée. Son cadavre fut renversé devant ses ennemis et ses serviteurs furent emmenés captifs. Les peuples de Gimiri (les Cimmeriens) qu'il avait renversés par la gloire de mon nom ravagèrent tout le pays. . . . . (Ardis), son fils, monta sur le trône. . . . .

(C. III, l. 39.) — « Les Dieux, mes protecteurs, avaient été renversés du temps de son père qui l'avait engendré, mais lui il me fit savoir par son messager qu'il acceptait le joug de ma puissance : « Le roi que Dieu a béni est toi ; mon père s'était éloigné de toi, un complot avait été ourdi de son temps ; pour moi, je suis ton dévoué serviteur et mon peuple se conformera à tes lois. »

GUERRE CONTRE MINNI.

(C. III, l. 43.) — « Dans ma IVe campagne, j'ai réuni mes armées et j'ai résolu de marcher contre Ahsiri, roi du pays de Minni. Suivant l'ordre d'Assur, de Sin, de Samas, de Bin, de Bel, de Nabu, d'Istar de Ninua, la reine des *Kitmuri*, d'Istar d'Arba-ilu, de Adar, de Nirgal, de Nusku, je suis entré dans le pays de Minni et j'ai poursuivi ma marche victorieuse. J'ai pris avec Sizirtu de grandes places fortes, de plus petites sans nombre, je les ai détruites, je les ai livrées aux flammes, j'ai enlevé de ces villes, des hommes, des chevaux, des mulets, des bœufs et des moutons et j'en ai fait un riche butin. Ahsiri apprit la marche de mon expédition et il abandonna la ville d'Izirtu sa capitale, il s'enfuit vers une de ses places fortes pour y chercher un refuge. J'ai pris ses provinces; en quinze jours de marche, j'ai envahi, j'ai conquis les plateaux élevés. Ahsiri ne craignait pas mon pouvoir. Par la volonté d'Istar, qui habite Arba-ilu, qui dès l'origine de l'expédition avait parlé ainsi : « Moi, je suis le vainqueur d'Ahsiri, roi de Minni. » Dès que j'ai commandé, mon ordre a été exécuté ; elle le remit dans les mains de ses serviteurs et le peuple de ses Etats organisa une révolte contre lui. Ses serviteurs le renversèrent en face de sa ville et mirent son cadavre en lambeaux, ils passèrent par les armes ses frères, ses parents et les rejetons de son père.

(C. III, l. 69.) — « Ensuite Samalli, son fils, s'assit sur le trône. Il apprit le pouvoir d'Assur, de Sin, de Samas, de Bin, de Bel, de Nabu, d'Istar de Ninua, la Reine des *kit-muri*, d'Istar d'Arba-ilu, de Adar, de Nirgal, de Nusku, les Grands-Dieux, mes Maîtres, et il se soumit à ma puissance. Pour sauver sa vie, il m'offrit son amitié et reconnut mon pouvoir, il envoya Erisinni, son fils aîné, à Ninua pour embrasser mes pieds. Je lui accordai son pardon et j'envoyai un messager vers lui. Il me donna sa propre fille pour entrer dans mon palais et il apporta devant moi les tributs précédents qu'il avait refusé de payer du temps des rois mes pères; j'ai ajouté 30 chevaux au tribut qu'il payait déjà.

GUERRE CONTRE ELAM. — CONQUÊTE DU GAMBUL.

(C. III, l. 83.) — « Dans ma v^{e} campagne, j'ai dirigé mes pas contre le pays d'Elam. D'après l'ordre d'Assur, de Sin, de Samas, de Bin, de Bel, de Nabu, d'Istar de Ninua, la Reine des *kit-muri*, d'Istar d'Arba-ilu, de Adar, de Nirgal, de Nusku, dans le mois de ululu (août), le jour. . . . . , le mois consacré au roi des Dieux, Assur, le père des Dieux, leur brillant Seigneur. Je me suis répandu sur Elam comme un ouragan et je l'ai envahi tout entier. J'ai coupé la tête à Teumman, leur roi perfide, qui méditait la trahison. J'ai tué beaucoup de ses soldats; ses guerriers tombèrent vivants dans mes mains; leurs femmes comme les pointes de flèches remplirent les environs de Susan (Suse), les cadavres encombrèrent le fleuve Ulaï et flottèrent comme des morceaux de bois (?) J'emmenai avec moi en Elam Umanigas, fils d'Urtaki, roi d'Elam, qui avait précédé Teumman et avait reconnu ma domination, et je le plaçai sur le trône de Teumman. Tamaritu, son troisième frère, s'était enfui avec lui, je le plaçai sur le trône d'Hidalu. Alors, dans l'obéissance d'Assur et d'Istar, je résolus de marcher sur Elam et j'ai étendu mon pouvoir et ma renommée.

(C III, l. 106.) — « En revenant, je me suis dirigé vers Dunanu, du pays de Gambul, qui s'était confié à Elam. J'ai pris la ville de Sapi-Bel, une des places fortes du pays de Gambul ; je suis entré dans cette ville, j'en ai enlevé tous les habitants, je me suis emparé de Dunanu et de Samgunu, les adversaires de mon royaume, et j'ai chargé leurs pieds et leurs mains avec des chaînes de fer et des entraves de fer. J'ai pris tous les fils de Belbasa, son . . . . . ., ses parents, sa famille tout entière, Nabu-naid, Bel-edir, les fils de Nabu-zikir-enis, ses *tik-enna* et les serviteurs du père qui l'a engendré avec les . . . ., les *tebie*, les hommes du pays de Gambul, des bœufs, des moutons, des ânes, des chevaux et des mules ; je les ai transportés du pays de Gambul au pays d'Assur. J'ai détruit la ville de Sapi-Bel, sa capitale, et je l'ai renversée dans les eaux.

RÉVOLTE DE SALUMMU-KIN.

(C. IV, l. 6.) — « Salummu-kin, mon plus jeune frère, auquel j'avais . . . . et que j'avais appelé au trône de Bab-ilu. Je lui avais donné . . . . . et des chariots, j'avais. . . . . . . des villes, des champs et des bois. J'avais établi des tributs et des impôts plus considérables que ceux que mon père avait établis. Il refusa ces arrangements et trama des complots perfides. Il voulut s'affranchir du joug de ma domination. . . . . que j'avais établie pour le pays d'Assur. Il feignit de réclamer mon alliance, ... des ennemis sur des navires, et, pour obtenir mon appui, il les envoya devant moi à Ninua.

(C. IV, l. 20). — « Moi, Assur-bani-pal, roi du pays d'Assur, à qui les Grands-Dieux ont confié le pouvoir. . . . . J'ai. . . . . les enfants de Bab-ilu, je les ai placés sur des trônes, je leur ai donné des vêtements superbes, j'ai orné leurs pieds avec des anneaux d'or et les enfants de Bab-ilu furent reçus au pays d'Assur et honorés suivant mes ordres. Mais lui, Salummu-kin, mon jeune frère, ne tint pas compte de ma suprématie, il souleva le peuple des Akkads, de Kaldu et d'Aram et les peuples de la côte depuis la ville d'Akaba jusqu'à Bab-Salimeti, qui étaient sous ma dépendance et les souleva contre mon pouvoir. Et Umanigas, le fugitif, qui avait accepté l'appui de mon royaume et que j'avais élevé à la royauté d'Elam, et les rois du pays de Guti, du pays de Martu (la Syrie), du pays de Miluhi (l'Ethiopie) qui, par l'ordre d'Assur et de Beltis, s'étaient confiés à mes mains, se révoltèrent contre moi et firent cause commune avec lui. Les peuples de Sippara, de Bab-ilu, de Barsip, de Chuta, rompirent les rapports de confraternité et soulevèrent les garnisons qui occupaient leurs forteresses. Il me déclara la guerre. . . . . . . il se détourna de la face de Bel, fils de Bel, la lumière des Dieux, de Samas, du guerrier Adar, ... le don de mes mains. . . . . pour s'emparer des villes que j'avais prises, les demeures des Dieux dont j'avais restauré les temples que j'avais ornés avec de l'or et de l'argent et dont j'avais rétabli les images, il trama des complots perfides.

(C. IV, l. 48.) — « Dans ce temps-là, j'eus une apparition au milieu de la nuit; je fis ce rêve : « Voilà ce que prépare Sin à ceux qui complotent contre Assur-bani-pal, roi du pays d'Assur : un combat aura lieu, une mort honteuse les attend, Adar détruira leurs vies par l'épée, par le feu, par la famine. » J'ai entendu ces paroles et je me suis préparé à accomplir la volonté de Sin, mon Seigneur.

(C. IV, l. 59.) — « Dans ma VIe campagne, j'ai réuni mon armée et j'ai résolu de marcher contre Sallumu-kin. J'ai assiégé ses garnisons dans les villes de Sippara, de Bab-ilu, de Barsip, de Kutha, je les ai prises dans les villes et en rase campagne, je les ai mises en déroute; le surplus, d'après l'ordre de Adar, périt par la famine. Ummanigas, roi d'Elam, avait été choisi par mes mains, il avait reçu des subsides et il était venu à mon aide. Tamarritu se révolta contre lui, il le fit périr par l'épée, lui et une partie de sa famille. Ensuite Tamarritu s'assit sur le trône d'Elam après Ummanigas, et ne rechercha pas l'alliance de ma royauté. Pour aider Salummu-kin, mon frère rebelle, il s'avança pour combattre mon armée, il prépara ses armes. J'ai adressé ma prière à Assur et à Istar, ils accueillirent mes supplications et ils entendirent les paroles de mes lèvres. Indabigas, son serviteur, se tourna contre lui et il le mit en déroute sur le champ de bataille. Tammaritu, roi d'Elam, au sujet de la tête de Teumman adressa des paroles mensongères, il l'avait décapité en présence de toute mon armée, et il parla ainsi : « Je n'ai point tranché la tête du roi d'Elam. . . . . . en présence de son armée; » et il ajouta : « Ummanigas a embrassé la terre en présence des envoyés d'Assur-bani-pal, roi du pays d'Assur. » Pour ces faits, qu'il avait dénaturés, Assur et Istar s'éloignèrent de lui, et Tamarritu, ses frères, ses . . . . , les descendants de la maison de son père avec 85 princes qui l'avaient précédé avant Indabigas s'enfuirent, et avec les . . . . dans le cœur ils arrivèrent à Ninua. Tammaritu embrassa mon pied royal et se couvrit la tête de poussière devant l'escabeau (?) de mes pieds. Et lui, pour prévenir mon ordre, le fit de lui-même pour accomplir sa sentence et par ma volonté. D'après l'ordre de Assur et de Istar, il se soumit à ma volonté, il se tint devant moi et glorifia le pouvoir suprême des Dieux qui étaient venus à mon secours.

(C. IV, l. 94.) — « Moi, Assur-bani-pal, au cœur généreux, je l'ai relevé de sa trahison . . . . . . , j'ai pardonné à Tammaritu et je l'ai reçu, lui et les rejetons de la famille de son père dans mon palais.

(C. IV, l. 98.) — « Dans ce temps-là, le peuple des Akkads qui s'était lié avec Sallummu-kin et qui méditait la défection, fut accablé par la famine. Ils furent réduits à prendre, pour se nourrir, la chair de leurs fils et de leurs filles . . . . Assur, Sin, Samas, Bin, Bel, Nabu, Istar de Ninua, la Reine des *kit mu ri*, Istar d'Arba-Ilu, Adar, Nirgal et Nusku, qui marchent devant moi pour détruire les ennemis, jetèrent Salummu-kin, mon frère rebelle, qui avait combattu contre moi, dans un feu dévorant et détruisirent sa vie.

(C. IV, l. 110.) — « Et le peuple qui avait suivi Salummu-kin, mon frère rebelle, devait le suivre parce qu'il avait accompli les choses mauvaises, il avait mérité la mort, il ne trouva pas sa grâce. Ce qui ne fut pas brûlé avec Salummu-kin, son maître, s'enfuit devant le tranchant du fer, l'horreur de la famine, et les flammes dévorantes pour trouver un refuge. La colère des Grands-Dieux, mes Seigneurs, qui n'était pas éloignée, s'appesantit sur eux, pas un ne s'échappa, pas un ne fut épargné, ils tombèrent tous dans mes mains. Leurs chariots de guerre, leurs harnais, leurs femmes.

(C. V, l. 1.) — « Les trésors de leurs palais furent apportés devant moi. Ces hommes, dont la bouche avait tramé des complots perfides contre moi et contre Assur, mon Seigneur, j'ai arraché leur langue et j'ai accompli leur perte. Le reste du peuple fut exposé vivant devant les grands Taureaux de pierre que Sin-akhi-erib, le père de mon père avait élevés, et moi je les ai jetés dans le fossé; j'ai coupé leurs membres, je les ai fait manger par des chiens; des bêtes fauves, des oiseaux de proie, des animaux du ciel et de la mer. En accomplissant ces choses, j'ai réjouit le cœur des Grands-Dieux, mes Seigneurs.

(C. IV, l. 14.) — « Les cadavres des hommes que Adar avaient détruits et qui avaient péri par la famine furent jetés aux chiens et aux animaux sauvages.

(C. IV, l. 18.) — « J'ai réduit à l'esclavage leurs lieutenants à Bab-ilu, à Kutha, à Sippara; j'ai. . . . . . . les splendeurs de leurs sanctuaires, j'ai relevé leurs tours glorieuses. J'ai rétabli dans la pourpre et dans le . . . . . . leurs Dieux déshonorés et leurs Déesses outragées, j'ai rétabli les institutions qu'ils avaient perdues comme aux jours de paix. Le reste des enfants de Bab-ilu, de Kutha, de Sippara, qui avait résisté aux souffrances et aux privations, reçut son pardon; j'ai ordonné d'épargner leur vie et je les ai fait rester à Bab-ilu.

(C. IV, l. 32.) — « Les peuples d'Akkad, ceux de Kaldu, d'Aramu et des bords de la mer qui s'étaient réunis à Sallummu-kin, ... retournèrent dans leurs provinces. Ils se révoltèrent contre moi. D'après l'ordre d'Assur et de Beltis, les Grands-Dieux, mes protecteurs, j'ai marché contre eux et les ai soumis à la domination d'Assur. Je leur ai imposé les lois d'Assur et de Beltis, les Dieux du pays d'Assur et les tributs et les redevances des provinces soumises à ma domination.

PREMIÈRE GUERRE CONTRE UMMANALDAS, ROI D'ELAM.

(C. V, l. 44.) — « Dans ma VIIe campagne, dans le mois de sivan (juin), le mois de Sin, le Seigneur élevé, l'aîné et le premier des fils de Bel, j'ai réuni mon armée et j'ai résolu de marcher contre Ummanaldas, roi d'Elam. J'ai emmené avec moi Tammaritu, roi d'Elam qui, en présence d'Indabigas, son serviteur, s'était enfui et avait fait sa soumission. Les habitants des villes de Khilmi, de Billati, de Dumuk, de Sulaï, de Lakhiru, de Dibirina apprirent la force de mon armée et ma marche vers Elam. La crainte immense d'Assur et d'Istar, mes Seigneurs, et la crainte de ma royauté les terrifia. Ces villes. . . . les hommes, leurs bœufs et leurs moutons, ils firent leur soumission au pays d'Assur. . . . . . et acceptèrent le joug de ma royauté.

(C.V, l. 55.) — « Bit-Imbi, l'ancienne, est la capitale des places fortes d'Elam, elle divise comme une muraille les frontières d'Elam. Sin-akhi-erib, roi du pays d'Assur, le père du père qui m'a engendré, l'avait prise; les Elamites avaient construit devant Bit-imbi, l'ancienne, une autre ville, ils l'avaient fortifiée, ils avaient élevé ses remparts et ils l'avaient nommée Bit-imbi. Je l'ai prise pendant le cours de mon expédition. J'ai détruit les habitants qui ne sont pas venus solliciter l'alliance de ma royauté, je leur ai coupé la tête, je leur ai arraché les lèvres; et, pour les faire voir aux habitants de mon pays, je les ai envoyés au pays d'Assur. J'ai pris Imbappi, le commandant des archers de la ville de Bit-imbi, un parent de Ummanaldas, roi du pays d'Elam, je l'ai fait sortir vivant de la ville, j'ai chargé ses mains et ses pieds avec des chaînes de fer et je l'ai envoyé au pays d'Assur. J'ai pris comme du butin les femmes de son palais, les fils de Teumman, roi du pays d'Elam, dont j'avais coupé la tête, par l'ordre d'Assur, dans ma précédente campagne, avec le reste des habitants de la ville de Bit-Imbi.

(C. 5, l. 75.) « Ummanaldas, roi du pays d'Elam, apprit la marche de mon armée et son entrée sur le territoire d'Elam; il abandonna la ville de Madaktu, sa capitale, et s'enfuit dans les montagnes. Ambagun, qui avait fomenté la révolte d'Elam et s'était réfugié à Bab-ilu et qui avait remis Ummanaldas sur le trône d'Elam, apprit comme lui mon expédition; il abandonna Bab-ilu, sa capitale et se cacha comme les poissons dans les profondeurs des eaux. J'avais fait entrer Tamarritu, qui s'était réfugié auprès de moi et qui avait accepté ma souveraineté dans la ville de Susan (Suse), je l'avais élevé sur le trône. Il rejeta les bienfaits et l'assistance que je lui avais prêtés, il trama des complots perfides pour s'emparer de mon armée; il parla ainsi dans son cœur : « Le peuple d'Elam a été livré comme un butin au pays d'Assur; ils ont. . . . . ils ont emporté le butin du vainqueur d'Elam. » Assur et Istar qui marchent devant moi et qui fortifient mon courage contre mes ennemis, entendirent les vœux de Tamarritu et arrachèrent de sa main le trône de son empire, ils le renversèrent et pour une seconde fois ils le soumirent à ma puissance. Mon cœur fut affligé de ces choses et de la dernière offense de Tamarritu. Dans la gloire et la puissance des Grands-Dieux, mes Seigneurs, je m'avançai victorieusement à travers tout le pays d'Elam.

(C. V, l. 100.) — « En revenant, j'ai soumis au joug de ma puissance et j'ai rendu au pays d'Assur les villes de Gatudu, de Gatuduma, de Daeba, de Nadih, de Dur-Amnani, de Dur-Amnanima, de Taraku, de Khaiusi, de Bit-taggilbitsu, de Bit-arrabi, de Bit-imbi, de Madaktu, de Susan, de Bube, de Te-Marduk-sarranni, de Urdalika, d'Algariga, de Tubu, de Tul-Tubu, de Dunsar, de Dur-Undasi, de Bubilu, de Samunu, de Bunaki, de Kabrina, de Kabrinama, de Kharaha; j'ai pris les villes, je les ai ravagées, je les ai détruites, je les ai livrées aux flammes, je me suis emparé de leurs Dieux, de leurs habitants, de leurs bœufs, de leurs moutons, de leurs trésors, de leurs richesses, de leurs chariots, de leurs chevaux, de leurs mulets, de leurs armes, de leurs engins de guerre et je les ai envoyés au pays d'Assur.

DEUXIÈME GUERRE CONTRE UMMANALDAS.

(C.V, l. 118.) — « Dans ma VIIIe campagne, soumis à Assur et à Istar, j'ai réuni mon armée et j'ai dirigé mes pas vers Ummanaldas, roi du pays d'Elam. J'ai repris la ville de Bit-Imbi que j'avais déjà occupée dans ma précédente expédition ainsi que les villes qui dépendent des pays de Ras et de Hamanu. Et lui, Ummanaldas, roi du pays d'Elam, apprit l'occupation des pays de Ras et de Hamanu, la crainte d'Assur et d'Istar qui marchent devant moi le terrifia. Il abandonna la ville de Madaktu, sa capitale, et s'enfuit vers la ville de Dur-Undasi. Il traversa le fleuve Itite et il s'appuya sur cette rivière pour me livrer bataille; je me suis emparé de la ville de Naditu, une de ses places fortes et de tout son territoire, ainsi que les cités royales de Dit-Bunaki. Hardappanu. Tubu, sur le bord du fleuve, Madaktu, Haltemas, Susan, Dinsar, Sumuntunas, Pidilunu, Bubilu, Kabinak.

(C. VI, l. 16.) — « Dans ma soumission envers Assur et Istar, je poursuivis Ummanaldas, qui ne voulait pas se soumettre à ma puissance. Pendant le cours de mon expédition, je me suis emparé de la ville de Dur-Undusi. Mon armée vit l'inondation du cours supérieur du fleuve Itti et elle eut peur de le traverser. Istar d'Arba-ilu envoya pendant la nuit un songe à mon armée et lui parla ainsi :

(C. VI, l. 20.) — « Je marche devant Assur-bani-pal, le roi que j'ai formé de mes mains. » Cette vision rassura mon armée et les soldats traversèrent le fleuve Itti. J'ai pris 14 cités royales et de plus petites dont le nombre est considérable, 12 provinces dépendant d'Elam. Je les ai prises, je les ai ravagées, je les ai détruites, je les ai livrées aux flammes et j'en ai fait un monceau de ruines. J'ai tué des combattants sans nombre et j'ai réduit par les armes tous ses guerriers. Ummanaldas s'enfuit avec douleur et gagna les montagnes. J'ai pris la ville de Banunu et le territoire qui dépend de la ville de Tasara ; en tout 20 villes des provinces de la ville d'Hunnir et de Hidulu. J'ai ravagé, j'ai détruit la ville de Balimmu et les places qui en dépendent. J'ai ravagé les habitants, j'ai renversé les Dieux. Je me suis emparé de la grande Déesse du Seigneur des Seigneurs, j'ai pris ses Dieux, ses Déesses, ses biens, ses trésors, ses habitants, grands et petits, et je les ai envoyés au pays d'Assur.

(C. VI, l. 43.) — « J'ai continué ma marche victorieuse à travers le pays d'Elam, suivant la volonté d'Assur et d'Istar qui m'y avaient conduit pendant 60 *kasbu-gagar*. En revenant, Assur et Istar m'ont élevé au-dessus de mes ennemis, j'ai pris la grande ville de Susan (Suse), le siége de leurs grandes divinités, le sanctuaire des oracles. Par la volonté d'Assur et d'Istar, je suis entré dans ses palais et je m'y suis reposé avec orgueil. J'ai ouvert leurs trésors, j'ai pris l'argent, l'or, leur trésor, leurs richesses, tous ces biens que le premier roi d'Elam et les rois qui l'avaient suivi avaient réunis et sur lesquels aucun ennemi n'avait encore mis la main, je m'en suis emparé comme d'un butin. Lingots d'argent et d'or, trésors et richesses du pays des Sumirs et des Akkads et du pays de Kardunias, tout ce que le premier roi du pays d'Elam et ceux qui l'ont suivi, avaient réuni et rapporté dans le pays d'Elam . . . ., de bronze . . . . , pierres brillantes, splendides et précieuses, trésors de la royauté, que les premiers rois d'Akkad et Salummukin lui-même, avaient . . . . dans le pays d'Elam, riches vêtements du trésor royal, armes de guerre pour servir dans les combats et appropriées à ses mains, ameublement de son palais, tout ce qu'il renfermait avec ce qui. . . . pour manger et pour boire, le lit sur lequel il reposait, pesants chariots de guerre enrichis d'ornements de bronze et de peinture, chevaux, bêtes de charges dont les . . . . étaient d'or et d'argent, j'ai tout emporté dans le pays d'Assur. J'ai détruit la tour de la ville de Susan dont la base était en marbre, j'ai renversé son faîte qui était revêtu d'airain brillant.

(C. VI, l. 75.) — « J'ai enlevé Susinak, le Dieu qui habite dans les forêts et dont personne n'avait vu la divine image, et les dieux Sumudu, Lagamaru, Partikira, Amman-Kasibar, Uduran, Sapak, dont les rois du pays d'Elam adoraient la divinité. Ragiba, Sungumsura, Karsa, Kirsamas, Sudunu, Aipaksina, Bilulu, Panintimri, Silagara, Napsa, Nabirtu et Kindakurbu, j'ai enlevé tous ces Dieux et toutes ses Déesses avec leurs richesses, leurs trésors, leurs pompeux appareils, leurs prêtres et leurs adorateurs, j'ai tout transporté au pays d'Assur. 32 statues des rois en argent, en or, en bronze et en marbre, provenant des villes de Susan, de Madaktu, de Huradi, la statue d'Ummanigas, le fils d'Umbadara, la statue d'Istar-Nahunti, la statue d'Hallusi, la statue de Tamarritu, le dernier roi qui d'après l'ordre d'Assur et d'Istar m'avait fait sa soumission, j'ai tout emporté au pays d'Assur. J'ai brisé les lions ailés et les taureaux qui veillent à la garde des temples. J'ai renversé les taureaux ailés fixés aux portes des palais du pays d'Elam et qui, jusque-là, n'avaient pas été touchés, je les ai retournés. J'ai envoyé en captivité ces Dieux et ces Déesses. Leurs forêts. . . . . dans lesquelles personne n'avait encore pénétré, dont les frontières n'avaient pas été franchies, mes guerriers les envahirent admirant leurs retraites et les livrèrent aux flammes. Les hauts lieux de leurs rois, les anciens et les nouveaux, qui n'avaient pas craint Assur et Istar, mes Seigneurs, et qui étaient opposés aux rois mes pères, je les ai renversés, je les ai détruits, je les ai brûlés au soleil; j'ai emmené leurs serviteurs au pays d'Assur, j'ai laissé leurs croyants sans refuge, j'ai desséché les citernes. Pendant une marche de un mois et vingt-cinq jours j'ai ravagé les provinces du pays d'Elam, j'ai répandu sur elles la destruction, la servitude et la famine. Les filles des rois, les épouses des rois, les familles des premiers et des derniers rois d'Elam, les préfets des provinces et les gouverneurs des villes, je les ai tous fait prisonniers. Les chefs des archers, les commandants, les directeurs de . . . . , des chars à 3 chevaux, les conducteurs de chars, les archers, les officiers, les maîtres de camp, toute l'armée, les hommes, les femmes, les grands et les petits, les chevaux, les mulets, les ânes, les bœufs, les moutons, j'ai tout emmené au pays d'Assur.

(C. VII, l. 1.) — « La poussière de la ville de Susan, de la ville de Madaktu, de la ville de Haltemas et le reste de leurs villes, j'ai tout emporté au pays d'Assur. Pendant un mois et un jour, j'ai balayé le pays d'Elam dans toute son étendue. La marche des hommes, le passage des bœufs et des moutons ont détruit le bourgeonnement des arbres et l'herbe de ses campagnes (?). J'ai laissé venir les animaux sauvages, les serpents, les bêtes du désert et les gazelles.

(C. VII, l. 8.) — « La statue de Nanna, depuis 1635 ans, avait été enlevée et forcée de demeurer au pays d'Elam, dans un temple qui ne lui était pas consacré; cette Déesse qui, avec les Dieux ses Pères, avait appelé mon nom au gouvernement du monde, me commanda ainsi de rétablir sa divine image : « Assur-bani-pal, enlève-moi du pays d'Elam et ramène-moi au milieu du Bit-anna. » — L'ordre de la divinité, qui avait été annoncé depuis les jours les plus éloignés, fut répété de nouveau aux derniers hommes. J'ai pris les mains de sa grande divinité, son départ a réjoui son cœur, elle s'avança vers Bit-anna. Dans le mois de kislev (décembre), le premier jour, je l'ai fait entrer dans la ville d'Erech, dans le *Bit-hilian* qu'elle avait aimé et je lui ai élevé un sanctuaire éternel. J'ai consacré à mes Dieux la première partie des dépouilles d'Elam que j'avais enlevées par l'ordre d'Assur, de Sin, de Samas, de Bin, de Bel, de Nabu, d'Istar et de Ninua, la reine des *kit-muri*, d'Istar, d'Arba-ilu, de Adar, de Nirgal, de Nusku. J'ai répandu sur mon royaume les hommes d'armes, les archers, les guerriers que j'avais enlevés du pays d'Elam. J'ai envoyé le reste comme des troupeaux de moutons dans les villes où siégent mes Dieux, mes préfets, mes commandants et mes gouverneurs militaires.

(C. VII, l. 37). — « Ummanaldas, roi du pays d'Elam, qui avait vu tourner ses armes sous la conduite d'Assur et d'Istar, quitta les hautes montagnes qui lui servaient de refuge et rentra dans la ville de Madaktu, la ville que, d'après l'ordre d'Assur et d'Istar, j'avais renversée, j'avais détruite, j'avais pillée; il s'affligea de trouver sa ville en ruines.

(C. VII, l. 43). — « Nabu-bel-zikri, le petit-fils de Marduk-bal-adan, qui s'était révolté contre mon pouvoir, qui avait rejeté le joug de ma puissance, qui s'était réuni au roi d'Elam pour se fortifier, s'était fié à Ummanigas, à Tammaritu, à Indabigas, à Ummanaldas, les rois qui avaient occupé le trône d'Elam. J'ai envoyé un messager à Ummanaldas avec des pouvoirs pour traiter de la reddition de Nabu-bel-zikri. Nabu-bel-zikri, petit-fils de Marduk-bal-adan, apprit l'arrivée de mon messager dans Elam et son cœur en fut affligé. Il se livra au désespoir, il ne voulut pas livrer sa vie devant lui, il désira la mort; il parla ainsi à son écuyer :

« Frappe-moi avec mon épée. » Et son écuyer le transperça avec son épée d'acier, puis il se transperça lui-même. Ummanaldas eut peur, et il remit à mon messager le corps de Nabu-bel-zikri, qui avait refusé ses bienfaits. . . . . . . avec la tête de son écuyer qui s'était détruit par le fer et il l'envoya en ma présence . . . . je lui coupai la tête. J'ai pendu Nabuyunti-zabut, le mumukir de Salummu-kin, mon frère rebelle qui s'était enfui avec lui pour passer en Elam.

(C. VII, l. 69.) — « Pakhé, qui avait exercé la domination sur Elam contre Ummanaldas, eut peur de mes armes puissantes. Il avait foulé aux pieds Elam, la première, la seconde, la troisième fois. Assur et Istar le couvrit, il se confia à la déesse de mon cœur, il accourut du centre d'Elam et il accepta le joug de ma domination.

(C. VII, l. 76.) — « Les peuples révoltés des villes de Bit-imbi, de Kusurtin de Dur-sar, de Mazutu, de Bubie, de Bit-Unzaï, de Bit-Arrabi, d'Iprat, de Zagar, de Tapapa, d'Akbarinu, de Gurukirra, de Dunnu-Samas, de Khamanu, de Kanizu, d'Aranzisi, de Nakidati, de Timinut-Simani, de Bit-Katatti, de Sakisaï, de Zubakhi, de Tul-Humba qui, dans ma première expédition, s'étaient enfuis devant mes armes puissantes dirigées par Assur et Istar et s'étaient réfugiés dans la ville de Saladri, sur une montagne escarpée. La terreur d'Assur et d'Istar renversa ces hommes qui s'étaient réfugiés dans la ville de Saduri, ils s'enfuirent du haut de leur montagne et ils acceptèrent mon joug. . . . .

GUERRE D'ARABIE.

(C. VII, l. 97.) — « Dans ma IXe campagne j'ai réuni mon armée, j'ai dirigé ma marche contre Samaïti, roi du pays d'Aribi, qui s'était révolté contre ma puissance, il ne voulait pas payer ses redevances et secouait le joug de ma domination ; il cherchait à s'affranchir des charges que lui avait imposées Assur pour m'être agréable et gagner mon alliance. Lorsque le pays d'Elam complota avec le pays d'Akkad, il entendit l'appel de ce qui pouvait me nuire. C'est pourquoi Assur-bani-pal, le roi puissant, le prince élevé, la créature des mains d'Assur, fut abandonné. Il avait envoyé ses forces vers Abiyateh et Aimu, fils de Tikhari, pour soutenir celles de Salummu-kin, mon frère rebelle. Il souleva avec lui les hommes d'Aribi et il oublia la victoire que Assur et Istar, les Grands-Dieux, m'avaient donnée sur ces peuples, la royauté que j'avais établie et qu'ils avaient mise dans mes mains. D'après la volonté d'Assur et d'Istar (j'ai fait entrer) mon armée dans les provinces du pays d'Azaran, de Hiratakaza, de Udumu, dans les environs de la ville de Yabrudu, dans la ville de Bit-Amman, dans les provinces du pays de Haurinu (le Hauran), dans le pays de Muhaba (Moab), de Saharri et de Kharge et de Subiti. J'ai combattu ses troupes innombrables et je les ai mises en déroute. (C. VIII, l. 1). J'ai détruit par les armes les hommes du pays d'Aribi qui étaient venus avec lui, et lui-même s'enfuit devant les armes invincibles d'Assur et gagna les pays lointains. J'ai livré aux flammes ses tentes, ses demeures, ses habitations. Shamaïti, atteint par les revers, s'enfuit vers le pays de Nabaïti (les Nabathéens). Shamaïti, fils de Haza-ilu, frère du père de Samaïti, fils de Bir-bin, s'étant mis de lui-même à la tête du royaume d'Aribi, Assur le puissant, le terrible, le roi des Dieux, lui donna un ordre et il vint en ma présence. Pour satisfaire aux décrets d'Assur et des Grands-Dieux, mes Seigneurs, il subit un jugement sévère. Je l'ai chargé de chaînes, je l'ai lié avec des *asi* et des chiens et je l'ai fait conduire devant les grands portiques de Ninua.

(C. VIII, l. 18.) — « Nirib-barnakti-adnati et Ammuladi, roi d'Aribi, s'avancèrent pour combattre les rois du pays de Khatti que Assur et Istar les Grands-Dieux m'avaient confié. D'après l'ordre d'Assur, de Sin, de Samas, de Bin, de Bel, de Nabu, de Istar de Ninua, la Reine divine des *kitmuri*, Istar d'Arba-ilu, Adar, Nirgal, Nusku, j'ai accompli sa défaite, ils me le livrèrent en vie, lui-même, et Adiya la femme de Samaïti, roi du pays d'Aribi et ils les amenèrent en ma présence. Par l'ordre des Grands-Dieux mes seigneurs, je l'ai placé au milieu des chiens et je l'ai fait charger de chaînes. Par l'ordre d'Assur, d'Istar et des Grands-Dieux, mes seigneurs, Abiate et Aimu, les fils de Tehari qui étaient venus au secours de Salumu-Kin, mon frère rebelle et étaient entrés dans Bab-ilu, j'ai tué leurs. . . . et j'en ai accompli la déroute. Ceux qui étaient entrés dans Bab-ilu en furent réduits par la famine à se manger les uns les autres, pour sauver leur vie, ils quittèrent Bab-ilu et mes forces réunies à celles de Salummu-kin en accomplirent une seconde fois la déroute, il s'enfuit tout seul et pour sauver ses jours, il accepta mon autorité, je l'ai reçu avec bienveillance et d'après l'agrément des Grands-Dieux, j'ai reçu son serment et je l'ai remis à la place de (Uyahatek) Samaïteh sur le trône du pays d'Aribi; mais il se tourna avec les gens du pays de Nabaïtu; il ne craignit pas la puissance des Grands-Dieux et j'ai défait les dévastateurs des provinces de mon pays.

(C. VIII, l. 48.) — « D'après mon obéissance envers Assur, Sin, Samas, Bin, Bel, Nabu, Istar de Ninua, la reine divine des *Kit-muri*, Istar d'Arbailu, Adar, Nirgal et Nusku, Natnu, roi du pays de Nabaïtu dont le site est lointain et auprès duquel s'était réfugié Samaïti, apprit également le pouvoir dont Assur me protégeait, lui qui du temps des rois mes pères n'avait pas envoyé vers eux de messagers et qui n'avait pas fait d'alliance avec mon royaume, la crainte des armes d'Assur. . . . . il sollicita une alliance avec mon royaume.

(C. VIII, l. 58.) — Abiyate, fils de Teheri n'avait pas. . . . . il avait méprisé le service des Grands-Dieux, il prononça des paroles séditieuses contre moi et se tourna vers Natni, roi du pays de Nabaïti, ils réunirent leurs forces pour s'élever contre mon frère. D'après l'ordre d'Assur, de Sin, de Samas, de Bin, de Bel, de Nabu, d'Istar de Ninua, la reine divine des *Kitmuri*, d'Istar d'Arba-ilu, d'Adar, de Nirgal, de Nusku, j'ai rassemblé mes armées et j'ai résolu de marcher contre Abiyate, elles traversèrent les grandes eaux, les fleuves Tiglat et Purat elles arrivèrent saines et sauves, elles s'avancèrent, elles suivirent un long chemin, elles traversèrent un pays fertile, des forêts ombragées plantées d'arbres grands et forts. . . . Elles atteignirent les rebelles du pays de Mas, un lieu aride et difficile, dans des endroits où l'oiseau du ciel. . . . . où on ne trouve pas d'animaux sauvages, ils atteignirent à 100 kasbu-gagar, de Ninua, la ville aimée d'Istar, l'épouse de Bel, Samaïti, roi du pays d'Aribi et Abiyate avec les forces des gens du pays de Nabaïti. Ils marchèrent pendant le mois Sivan (juin) le mois de Sin, l'aîné et le premier des fils de Bel, le 25e jour, le jour de la fête de la déesse de Bab-ilu, la déesse suprême des Grands-Dieux, je me suis éloigné de la ville de Hadatta et j'ai campé dans la ville de Laribda, une forteresse de pierre au milieu des Lacs. Mon armée avait besoin d'eau pour boire, elle avait marché dans des pays arides à travers des chemins difficiles pour arriver à la ville de Hurarina auprès de la ville de Yarki et la ville de Aiallu dans le pays de Mas, un pays lointain où l'on ne trouve même plus les animaux du désert et où l'oiseau du ciel ne peut construire son nid. J'ai mis en déroute Isammih, le serviteur d'Atarsamaïn et l'armée du pays de

Nabataï. J'ai pris des hommes, des bêtes de charge, des chameaux et un butin considérable. Mon armée s'avança victorieusement pendant 8 *kasbu gagar* et elle revint sans être inquiétée dans la ville de Aialli trouver des eaux abondantes.

(C. VIII, l. 102.) — « J'ai quitté Aialli pour me diriger vers Kuraziti à 6 *kasbu-gagar*, un lieu aride et difficile, j'ai assiégé le lieutenant d'Adarsamaïn et le *kidrai* de Samaïti, fils de Bir-Bin, roi du pays d'Aribi. Je me suis emparé de ses Dieux, de sa mère, de ses femmes, de son épouse, de ses enfants, des gens de son pays, des bêtes de somme, chameaux et moutons, je les ai consacrés au service d'Assur et d'Istar, mes Seigneurs, et je lui ai fait prendre la route de Dimaska. Dans le mois abu (août) le mois de l'étoile de l'arc, la fille de Sin, le mois des archers, le troisième jour, le jour de la fête de Marduk, le roi des Dieux, j'ai quitté la ville de Dimaska (Damas), je me suis avancé de 6 *kasbu-gagar* au milieu du pays vers la ville de Khulkhuliti, j'ai pris Kukkuruna au milieu des montagnes élevées et le lieutenant d'Abiyate, le fils de Tehari du pays de Kidra. J'en ai accompli la déroute, j'ai emporté ses dépouilles, j'ai pris moi-même au milieu de la bataille par l'ordre d'Assur et d'Istar, mes Seigneurs, Abiyate et Aïmu, les fils de Tehari et j'ai chargé de chaînes leurs pieds et leurs mains (C. IX, l. 1.) — « Je les ai envoyés au pays d'Assur avec les dépouilles de ce pays. Les combattants qui avaient fui devant mes armes gagnèrent les montagnes inaccessibles du pays de Khukkuruna, il . . . dans la ville de Lanhabbi . . . (lacune de 20 lignes). . . je me suis emparé de bœufs, de moutons, de bêtes de somme, de chameaux et de captifs sans nombre. J'ai balayé le pays dans toute son étendue et j'ai réuni tout ce qu'elle produisait, j'ai fait distribuer les chameaux comme des troupeaux de moutons à tous les hommes du pays d'Assur qui habitaient la contrée. . . . .

. . . .

(C. IX, l. 37.) — « Samaïeli et les hommes du pays d'Aribi . . . s'étaient débandés devant les armes d'Assur, mon seigneur, et s'étaient enfuis. Adar le guerrier destructeur les réduisit par la famine et pour leur nourriture, ils mangèrent la chair de leurs enfants. . . . dans le temple d'Assur, le père des dieux. . . . Assur, Sin, Samas, Bin, Bel, Nabu, Istar de Ninua, la Reine divine des *kit muri*, Istar d'Arba-ilu, Adar, Nirgal, Nusku. Les sacrificateurs immolèrent dans sept sacrifices, des chameaux, des bœufs et des moutons et se nourrirent de leurs dépouilles. Les hommes du pays d'Aribi s'adressèrent les uns aux autres ces paroles : « Tous les malheurs arrivent au pays d'Aribi, parce que nous n'avons pas reçu l'agrément d'Assur et que nous nous sommes élevés contre Assur-bani-pal, le roi aimé de Bel. » Beltis, l'épouse de Bel, la gardienne de la divinité qui, avec Anu et Bel ont établi mon règne, ont transpercé mes ennemis avec des cornes d'airain. Istar qui demeure dans la ville d'Arba-ilu, qui s'habille de feu. . . . . d'Aribi les a fait tomber sur le pays. Le Dieu. . . . le guerrier, a renversé et détruit mes ennemis. Adar, le. . . . . grand dans la guerre, le fils de Bel, a détruit la vie de mes ennemis avec ses javelots terribles. Nusku le glorieux messager l'appui de ma puissance. . . . . en présence de mon armée a renversé mes ennemis. Assur, Istar et les Grands-Dieux, mes Seigneurs, sont venus pendant la guerre au secours de mon armée. Samaïti entendit ces choses et il en fut effrayé, je l'ai enlevé du pays de Nabataï et par l'ordre d'Assur, de Sin, de Samas, de Bin, de Bel, de Nabu, d'Istar de Ninua, la Reine divine des Kitmuri, Istar d'Arba-ilu, Adar, Nirgal et Nusku, je l'ai. . . . . et je l'ai envoyé au pays d'Assur. . . . . . . D'après l'ordre d'Assur et de Beltis avec un. . . . j'ai crevé les yeux de son fils, je ne l'ai point livré aux chiens, je l'ai enfermé dans le portique du soleil levant à Ninua qui porte le nom de Nirib-parnakti-adnati et je l'ai chargé de chaînes, pour me conformer à la volonté d'Assur, d'Istar et des Grands-Dieux mes seigneurs, je lui ai pardonné ses fautes et je lui ai accordé la vie.

(C. IX, l. 96.) — « En revenant, j'ai pris la ville de Usu qui est située sur le bord de la Mer ; j'ai tué les habitants de la ville de Usu qui n'obéissaient pas à leur gouverneur et qui ne payaient pas leur tribut, la redevance de leur contrée. J'ai infligé un châtiment sévère à ce peuple insoumis. J'ai emporté leurs Dieux et le reste des habitants au pays d'Assur. J'ai détruit les habitants de la ville, j'ai traîné leurs cadavres dans la poussière, j'ai ravagé toute la ville, j'ai emmené le reste des habitants au pays d'Assur, je les ai distribués au milieu de mon armée nombreuse dont Assur fait la force.

(C. IX, l. 109.) — « Aimu, fils de Tehari, s'était élevé avec Abiyati, son frère, et avait voulu combattre mon armée. Il tomba vivant dans mes mains, je l'ai fait écorcher dans la ville de Ninua, ma capitale.

SOUMISSION D'ELAM.

(C. IX, l. 113.) — « Ummanaldas était roi d'Elam; Assur et Istar m'avaient ordonné de le soumettre. Alors d'après l'ordre de ces Grandes-Divinités qui sont immuables, son pays s'insurgea tout entier; et, en présence de la révolte de ses serviteurs qui s'élevaient contre lui, il s'enfuit tout seul au milieu des montagnes. Je l'ai poursuivi dans ses montagnes, le lieu de son refuge; je l'ai saisi comme un oiseau de proie (C. X, l. 1) et je l'ai envoyé vivant au pays d'Assur. Tammaritu, Pakhe et Ummanaldas avaient l'un après l'autre exercé la souveraineté sur le pays d'Elam, je les ai soumis à mon joug par la puissance d'Assur et d'Istar mes Seigneurs. Samaïti, roi du pays d'Arabi que j'avais mis en déroute d'après l'ordre d'Assur et d'Istar, fut enlevé de son pays et emmené au pays d'Assur. J'ai offert des sacrifices dans la ville de Bit-masmas, le centre de son pouvoir, à Beltis, la mère des Grands-Dieux, l'épouse aimée d'Assur et aux dieux de Bit-idkid, je les ai fait atteler à mon char de guerre et je les ai fait traîner à la porte du temple. J'ai fait, debout, une invocation; j'ai glorifié leur divinité, j'ai invoqué en présence de mon armée le pouvoir d'Assur, de Sin, de Samas, de Bin, de Bel, de Nabu, de Istar de Ninua, la Reine divine des *kitmuri*, de Istar d'Arba-ilu, de Adar, de Nirgal, de Nusku, qui ont soumis à mon joug les peuples révoltés et qui ont établi avec gloire ma puissance sur mes ennemis.

(C. X, l. 22.) — Saduri, roi du pays d'Urarthi, dont le père avait lié des relations d'amitié avec mes pères, Saduri apprit les choses glorieuses pour lesquelles les Grands-Dieux m'avaient destiné et comme un fils à son père, il reconnut mon autorité et il me parla ainsi: « Paix au roi mon maître, » et il m'envoya de nombreux présents qu'il déposa devant moi.

CONSTRUCTIONS DE ASSUR-BANI-PAL.

(C. X, l. 31.) — « Le Bit-riduti est le palais de Ninua, la grande ville aimée d'Istar que Sin-akhi-erib le père du père qui m'a engendré avait construit pour sa demeure. Ce Bit-riduti devint vieux et ses chambres s'écroulèrent. Moi, Assur-bani-pal, le roi grand, le roi puissant, le roi des nations, le roi du pays d'Assur, le roi des Quatre-Régions, j'ai rebâti le Bit-riduti. Assur, Sin, Samas, Bin, Bel, Nabu, Istar de Ninua, la reine divine des Kit-muri, Istar d'Arba-ilu, Adar, Nirgal et Nusku. . . . . m'ont établi sur le trône du père qui m'a engendré. . . . . . . J'ai . . . . . un concours de peuple. . . . . Pendant toutes les nuits. . . . . j'ai entendu l'ordre des Grands-Dieux. . . . . je l'ai renversé de fond en comble. . . . 50 *tipki*. . . . J'ai complété les sculptures. . . . les terrassements. J'ai célébré un sacrifice devant les temples des Grands-Dieux mes seigneurs. . . . . je n'ai pas renversé les sculptures.

(C. X, l. 60.) — « Au mois propice, au jour heureux, j'ai jeté les fondations de cet édifice, j'ai moulé des briques. J'ai . . . . j'ai. . . . les charriots. . . les hommes de mon pays ont moulé des briques pour élever le Bit-riduti.

(C. X, l. 68.) — « J'ai forcé les rois du pays d'Aribi qui s'étaient élevés contre moi et que j'avais pris vivants au milieu de la bataille, de travailler au Bit-riduti et de . . . . cet ouvrage en briques . . . . j'ai posé ses fondations au milieu de la musique (?), du plaisir, des jeux. . . . . Je l'ai agrandi plus qu'auparavant. . . . . je l'ai recouvert avec des poutres des grands cèdres du pays de Siruru et de Labnana, j'ai construit ses portes avec le bon bois des forêts, je les ai recouvertes avec des barres d'airain, j'ai élevé des colonnes de bronze au. . . . de ses portes.

(C. X, l. 84.) — « Ce Bit-riduti, ma demeure royale, je l'ai fini, je l'ai entièrement terminé. . . . . j'ai planté autour des arbres pour la gloire de ma souveraineté. . . . . J'ai répandu des libations et des sacrifices aux Grands-Dieux mes seigneurs. Je les ai accomplis sur les hauteurs et dans les vallées, et je suis entré dans leur. . . . .

(C. X, l. 92.) — « A celui qui dans la suite des jours, parmi les rois mes fils sera appelé par Assur et Istar au gouvernement du royaume, je dis ceci : « Quand ce Bit-riduti deviendra vieux et tombera en ruines, qu'il répare ces ruines, qu'il restaure les inscriptions qui portent mon nom, le nom de mon père et le nom du père de mon père ; qu'il face des sacrifices, qu'il offre, des offrandes et qu'il écrive son nom à côté des nôtres ; alors les Grands-Dieux qui sont nommés dans ces inscriptions établiront son pouvoir et sa gloire. Mais s'il détruit les inscriptions qui portent mon nom, celui de mon père, celui du père de mon père, et s'il ne remet pas leurs inscriptions à leur place, Assur, Sin, Samas, Bin, Bel, Nabu, Istar de

Ninua, la divine Reine des *kitmuri*, Istar d'Arba-ilu, Adar, Nirgal et Nusku lui donneront un châtiment égal à la renommée de mon nom.

Au mois nisan, le premier jour (1er avril) du Limmu de Samas-dain-anni, préfet des Akkads. »

Nous venons de lire l'inscription qui contient la plus longue histoire du règne d'Assur-bani-pal, mais nous ne voulons pas dire la plus complète. Nous sommes assez familiarisés maintenant avec les documents de cette nature pour comprendre qu'ils n'étaient pas rédigés avec l'esprit systématique que nous voudrions leur prêter ; aussi les nombreux documents qui nous sont parvenus sur le règne d'Assur-bani-pal peuvent nous faire entrevoir les lacunes qui doivent exister dans le récit des rois dont nous ne connaissons l'histoire que par les inscriptions que nous avons trouvées sur des cylindres ou sur les murs de leurs palais. Mais nous avons encore d'autres documents analogues que nous devons consulter. Nous avons dit, en effet, qu'on avait découvert les fragments de plusieurs cylindres qui se complètent les uns par les autres. Ces cylindres sont généralement désignés par les lettres A, B, C, D. Nous ne reprendrons ici, en suivant l'ordre qui nous est imposé par la succession des campagnes, que les passages qui renferment des données nouvelles ou des développements que le cylindre A, que nous avons pris pour type, ne nous a pas fait connaître.

Dans la première Campagne, le cylindre C contient après ces mots : « Pendant le cours de cette expédition, 22 rois des bords de la mer et du milieu de la mer, etc. (*supra,* p. 255) » comme dans l'histoire d'Assarhaddon, l'énumération de ces rois ; malheureusement, la plupart des noms des rois de la côte ont disparu. Voici, du reste, le passage :

« . . . . Dans le cours de cette campagne, Ba'al, roi du pays de Suri (Tyr). . . . . roi du pays de Yaudi (Juda). . . . roi du pays d'Udumi (Edom). . . . roi du pays de Ma'ab (Moab). . . . roi du pays de Khaziti (Gaza). . . . . , roi du pays d'Iskaluna (Ascalon). . . . . , roi du pays d'Amgarruna (Migron). . . . , roi du pays de Gubli (Byblos). . . . roi du pays d'Aruadi (Aradus). . . . (Six lignes manquent). . . . Ituandar, roi du pays de Pappa (Paphos). Erisu, roi du pays de Sillu, Damasu, roi du pays de Kurie. Rumisu, roi du pays de Tamisi, Damusi, roi du pays de Amtihadasti, Unasagusu, roi du pays de Lidini, Puzuzu, roi du pays d'Upridisa, en tout 22 rois des bords de la Mer et du milieu de la Mer, etc. etc. . . . . »

(*W. A. I.* III, pl. 27.)

Le siége de Tyr et la guerre de Lydie présentent dans la rédaction des cylindres B une différence suffisante pour les noter ici après ces mots : Je l'ai remis dans ses Etats, etc. (*supra*, p. 258). — C. II, l. 98, lisez cyl. B :

(Col. II, l. 54.) — « Je l'ai remis dans ses Etats, j'ai détruit les fortifications que j'avais élevées contre Bahali roi du pays de Suri. J'ai rendu libres les chemins que j'avais pris sur Mer et sur Terre. J'ai reçu ses nombreux tributs et je suis revenu à Ninua ma capitale. Les rois (*Malki*) du bord de la Mer et les rois (*Sarrani*) demeurant dans les montagnes apprirent mes exploits et craignirent ma puissance. Yakinlu, roi d'Aruadda, Mugullu, roi de Tabal, qui ne s'étaient pas soumis aux rois mes pères acceptèrent le joug de ma domination ; ils m'envoyèrent leurs filles à Ninua avec des présents considérables pour entrer dans mon palais et j'ai imposé à Mugallu des grands chevaux, pour le tribut de son pays. Je me suis emparé du pays de Yakinlu, roi d'Aruaddi. Azibaal, Abibaal, Adunibaal, les fils de Yakinlu qui habitent au milieu de la Mer, arrivèrent du milieu de la Mer avec des présents nombreux et embrassèrent mes genoux. J'ai reçu avec bonté Azibaal et je l'ai mis sur le trône d'Aruaddu, j'ai. . . à Abibaal et à Adunibaal. . . . des vêtements de laine. . . . . des bracelets. . . .

(C. II, l. 86.) — « Gugu (Gygès), roi de Luddi, un pays situé au-delà de la Mer dans un endroit éloigné, vint vers moi. . . les rois mes pères n'en avaient jamais entendu parler. La puissance de mon royaume lui fut révélée, dans un songe envoyé par Assur, le Dieu qui m'a créé, qui lui parla ainsi : . . . . . En souvenir de ce songe, il accepta le joug de mon empire. Le jour où il eut ce songe, il m'envoya un messager pour réclamer mon amitié. Les peuples de Gimir (les Cimmériens) rebelles n'avaient pas craint mes pères ni moi, ils ne voulurent pas accepter le joug de ma puissance (C. III. l. 1.) Par la protection d'Assur et de Marduk, mes seigneurs, il les prit et il (Gygès) les envoya devant moi, chargés de chaînes et d'entraves, avec de nombreux présents. »

Il n'est pas fait mention dans le cylindre A des détails de la conquête de la ville de Karbit située probablement sur la frontière d'Elam. C'est une des expéditions les moins importantes du règne d'Assur-bani-pal et qui doit trouver sa place après la conquête de l'Egypte; elle est mentionnée sur le cylindre B où on lit :

(C. III, l. 5.) — « Dans ma IVe campagne, j'ai marché contre la ville de Karbit au milieu du pays de Halahasta. Tandaï, son gouverneur, ne s'était pas soumis au joug de la puissance des rois mes pères et les habitants de la ville de Karbit avaient constamment repoussé les conquérants de mon pays. Par l'ordre d'Assur, de Bel, de Nabu, j'ai assiégé la ville de Karbit, je l'ai prise, je l'ai pillée, j'ai pris vivant dans mes mains Tandaï, son gouverneur et je l'ai envoyé au pays d'Assur ; j'ai transporté les habitants au pays de Musuri. »

La guerre de Minni (*supra*, p. 259), que le cylindre A mentionne dans la IVe campagne est racontée avec plus de détails dans le cylindre B, qui la place au contraire dans la Ve campagne.

(C. III, l. 16.) — « Dans ma V^e campagne, j'ai marché contre Ahseri, roi de Minni. . . . . j'ai. . . . Ahseri entendit les progrès de mon expédition. Il s'avança en silence au milieu de la nuit pour me livrer bataille et combattre mon armée. Mes guerriers combattirent contre lui et le mirent en déroute. Pendant l'espace de 3 *kasbu*, leurs morts remplirent les champs et le désert. D'après l'ordre d'Assur, de Sin, de Samas, les Grands-Dieux, mes Maîtres, qui me protégent, je suis entré et je me suis avancé victorieusement dans le pays de Minni. Pendant la marche de mon expédition, j'ai pris les villes de Aiulius, les forteresses de Pasa... de Busut, d'Ardias, d'Urkiamun, d'Uppis, de Sihuya, de Naziniri, 8 places fortes et un nombre considérable de places de moindre importance, qui dépendent de la ville d'Izirtu, je les ai ravagées, je les ai détruites, je les ai livrées aux flammes. J'ai pris les hommes, les chevaux, les bêtes de charge qui étaient renfermés dans ces villes et je les ai traités comme des dépouilles.

(C. III, l. 43.) — « Ahseri apprit les progrès de mon expédition et il abandonna Izirtu sa capitale ; il se réfugia dans Adrana, une de ses places fortes; je me suis emparé des villes d'Izirtu, d'Urmiati et d'Uzbia, ses places fortes ; j'ai assiégé les habitants de ces villes et j'ai fléchi leur courage.

Je me suis emparé de toute la contrée, je l'ai ravagée, je l'ai détruite, je l'ai livrée aux flammes; je l'ai dévastée pendant une marche de 15 jours et j'ai conquis les hautes terres.

(C. III, l. 52.) — « Pendant le cours de mon expédition, j'ai pris les villes situées sur la frontière du pays de Paddiri qui avaient été enlevées du temps des rois mes pères au pays de Minni et je les ai restituées à leur ancienne place, je les ai livrées aux flammes et j'ai emporté leurs dépouilles. J'ai rendu les villes au domaine du pays d'Assur.

(C. III, l. 57.) — « J'ai pris le territoire dépendant des villes d'Arsiani, les frontières de la ville d'Ayakani dépendant du pays de Kumurdani situé sur le territoire du pays de Minni, je les ai détruites, je les ai livrées aux flammes; j'ai tué Raïdisadi, le commandant de ces places fortes et je me suis emparé de ses dépouilles.

(C. III, l. 63.) — « J'ai pris les pays dépendant des villes de Eristeyana, j'ai ravagé ses villes, je les ai livrées aux flammes et j'ai pris leurs dépouilles. J'ai ravagé toute les tribus par le choc de mon armée et j'ai conquis le pays tout entier. Je suis rentré tranquillement au pays d'Assur avec un riche butin et de nombreux tributs.

(C. III, l. 71.) — « J'ai pris les villes de Birua, de Sarrikbi, de Guzuni, de Biruti, situées sur les frontières du pays d'Assur, qui, du temps des rois mes pères avaient été prises par les habitants du pays de Minni. J'ai enlevé du pays de Minni les chevaux et les instruments de guerre, je les ai envoyés au pays d'Assur. J'ai pris une seconde fois ces villes et je les ai rendues aux frontières du pays d'Assur.

(C. III, l. 82.) — « Ahseri ne craignant pas mon pouvoir fut livré d'après la volonté d'Istar, par la main de ses serviteurs. Le peuple de son pays souleva une révolte contre lui et ses serviteurs jetèrent son cadavre devant la ville. Après cela, Uyalli, son fils, monta sur le trône, il apprit la puissance d'Assur, de Sin, de Samas, de Bel, de Nabu, d'Istar de Ninua, d'Istar d'Arba-ilu, de Adar, de Nusku, de Nirgal, les Grands-Dieux mes seigneurs et il se soumit à mon joug. Pour sauver sa vie, il m'offrit sa main et se soumit à ma puissance. Il envoya Erisinni son fils aîné à Ninua et il embrassa mes pieds; je l'ai reçu favorablement et je lui ai envoyé un messager pour conclure l'alliance; il me donna sa fille pour en faire une de mes esclaves. Il apporta devant moi le tribut antérieur qui n'avait pas été payé du temps des rois mes pères et j'y ai ajouté 30 chevaux en plus de ce qu'ils payaient déjà.

(C. III, l. 102.) — « Dans ces jours, j'ai pris Birizkhadri, gouverneur des villes au pays de Madaï (c. IV, l. 1). Sariti et Pariza, fils de Gagi, gouverneur des villes du pays de Sakhi, et 75 places fortes, avaient rejeté le joug de ma puissance; j'ai pillé les villes, les gouverneurs sont tombés vivants dans mes mains et je les ai envoyés à Ninua ma capitale. Andaria, le préfet du pays de Lubda s'était avancé au milieu de la nuit pour s'emparer du pays d'Ubummi et de la ville de Kulliméri. Les habitants de Kulliméri, mes fidèles tributaires, égorgèrent son armée au milieu de la nuit et n'épargnèrent personne; ils tranchèrent la tête à Andiaru et me l'envoyèrent dans ma ville de Ninua. »

Sous le règne d'Essarhaddon, Umanaldas le 1er du nom, roi d'Elam mourut, et fut remplacé par Urtaki son frère qui resta dans des termes d'amitié avec Assarhaddhon. Quelques temps après l'avènement de Assur-bani-pal et de son frère, Salummu-kin, Assur-bani-pal vint au secours du roi Elamite pendant une famine; mais Urtaki méconnut ce bienfait, et son général Marduk-zikir-ibni lui persuada d'envahir la Chaldée dont il fut chassé par Assur-bani-pal. Cette guerre fut le commencement des différents qui occupèrent la plus grande partie du règne d'Assur-bani-pal. Les détails nous en sont donnés particulièrement sur le cylindre B.

(C. IV, l. 15.) — « Dans ma VIe campagne, j'ai marché contre Urtaki, roi du pays d'Elam qui n'avait pas reconnu les bienfaits de mon père qui m'a engendré et n'avait pas prévu la famine quand une sécheresse se répandit sur Elam et y répandit la désolation. Je lui ai envoyé pour sauver son peuple des bestiaux, je lui ai tendu la main. Son peuple s'enfuit devant la sécheresse et demeura au pays d'Assur jusqu'à ce que la pluie ait arrosé son pays et qu'il y poussât des récoltes. Je les ai envoyés, ces hommes qui avaient été nourris dans mon pays, et les gens d'Elam qui. . . . . cette rentrée avec plaisir. . . . . méconnurent ce bienfait. Bil-busu gouverneur des pays de Gambul, Nabu-zikir-usur le. . . . . des serviteurs qui m'étaient soumis, Marduk-zikis-ibni, général d'Urtaki, roi du pays d'Elam se joignirent à eux pour déclarer la guerre au pays d'Akkad . . . . . ils réunirent. . . . . pour livrer combat. . . . . J'ai ordonné à mon messager . . . à son retour il me confirma ainsi leur réponse ; « Les gens d'Elam, comme une nuée de sauterelles, ont couvert le pays d'Akkad, ils ont établi leur camp en face de Bab-ilu et ils y ont élevé des fortifications. » Pour obtenir l'assistance de Bel et de Nabu, mes Seigneurs, j'ai fait un sacrifice à leur divinité, j'ai réuni mes guerriers et je me suis mis en route. Il apprit la marche de mon expédition et la terreur le renversa, il retourna dans son pays. Je l'ai poursuivi et je l'ai mis en déroute, je l'ai refoulé jusqu'aux frontières de ses états. Urtaki, roi d'Elam, qui ne s'était pas prémuni contre la famine désira la mort dans ces jours de malheur. . . . il. . . . . . Dans cette année il termina ses jours. . . . . Bil-busu du pays de Gambul qui avait secoué le joug de ma domination termina ses jours dans la retraite. Nabuzikir-issis le *tik-inna* qui n'avait pas observé l'alliance fut renversé par ses généraux. Marduk-zikir-ibni, son général d'armée qui avait comploté pour attirer Urtaki encouru la colère de Marduk le roi des Grands-Dieux, pendant cette année. . . . . Le cœur d'Assur, plein de colère ne les épargna pas, Istar, la grande Déesse qui me protége, mit fin à son royaume et fit passer en d'autres mains le trône d'Elam. Après cela Teumman, comme un mauvais génie, s'assit sur le trône d'Urtaki. Il trama un complot perfide pour faire périr les enfants d'Urtaki et les enfants de Ummanaldas le frère d'Urtaki. Ummanigas, Ummanippa et Tamaritu, fils d'Urtaki, roi d'Elam, Kudurru, Paru, les fils de Ummanaldas, le prédécesseur d'Urtaki, 60 personnes de la famille royale, un nombre considérable d'archers et d'enfants nés au pays d'Elam, en présence du massacre de Teumman le frère de leur père, s'enfuirent et acceptèrent le joug de ma puissance. »

La suite du texte du cylindre A fait connaître d'une manière très-succincte le résultat de la guerre d'Elam contre Teumman. Le cylindre B est plus explicite. Le texte continue ainsi :

(C. IV, l. 84.) — « Dans ma VIIe campagne, j'ai marché contre Teumman, roi du pays d'Elam. Il avait envoyé ses forces contre Ummanigas, Ummanappa et Tamaritu, les fils d'Urtaki, roi d'Elam, Kudurru et Padu, fils d'Ummanaldas, frère d'Urtaki, roi d'Elam, pour faire rentrer sous sa puissance les hommes qui avaient accepté le joug de ma domination, je n'ai pas accueilli sa réclamation, il m'envoya un. . . . . par la main de. . . . . . . (C. V, l. 1.) — « Il se tint lui-même au milieu du pays d'Elam pour réunir son armée. Je me suis confié à Istar qui me protége, je n'ai point accueilli sa demande et je ne lui ai pas remis les fugitifs. Teumman trama le mal, Sin conjura contre lui les présages du mal. Dans le mois tamuz (juillet), il observa pendant trois jours l'obscurité du soleil levant et pendant ces trois jours il nous tint arrêtés, à la fin. . . . . « Le roy du pays d'Elam sera détruit, son pays. . . . » Tel fut l'oracle qui ne change pas. Pendant ces jours, avant de le prononcer ses lèvres s'émurent, ses yeux s'animèrent, la vengeance était fixée dans son cœur. Mais lui ignora ces choses que Assur et Istar avaient faites contre lui, il réunit son armée.

(C.V, l.16.) — « Dans le mois abu (août), le mois consacré à l'étoile de l'Arc [le sagittaire (?)], pendant la fête de la Reine sublime, la fille de Bel, j'ai fait un sacrifice en son honneur dans la ville d'Arba-ilu, la ville aimée de son cœur. Mais lui, pour repousser l'invasion du pays d'Elam, qui avait lieu contre les Dieux, il disait : « Teumman est aussi puissant que Istar. » Il répétait ainsi ces paroles : « Je ne m'arrêterai pas jusqu'à ce que je l'aie atteint pour faire la guerre. » D'après ces propos, qui avaient été tenus par Teumman, j'ai supplié la puissante déesse Istar, je me suis prosterné devant elle pour qu'elle vienne à mon secours (en la priant ainsi) :

(C.V, l.30.) — « Déesse d'Arba-ilu, Moi, je suis Assur-bani-pal, l'œuvre de vos mains. . . . le père qui m'a engendré. . . . pour rétablir les temples du pays d'Assur et embellir les villes du pays d'Akkad, Moi, je rétablis tes temples, je marche dans ton adoration. . . . et lui Teumman, roi du pays d'Elam, lui qui n'adore pas les Grands-Dieux . . . . et toi, Déesse des Déesses, redoutable dans les combats, Déesse de la guerre, Reine des Dieux . . . toi qui en présence d'Assur le père qui m'a engendré, m'as proclamé. . . . . . tu m'aimes. . . . . . . pour réjouir le cœur d'Assur, pour plaire à Marduk. . . . . . . mais lui Teumman, roi du pays d'Elam. . . . . contre Assur le Roi des Dieux, le père qui m'a engendré et contre Marduk, son frère aimé. . . . . Assur-bani-pal, qui réjouis le cœur d'Assur, qui rassemble son armée, et qui se prépare au combat, qui pousse ses soldats pour sortir du pays d'Assur, toi vainqueur des Dieux, toi qui pèse au milieu des combats, renverses-le, détruis-le. »

(C.V, l. 45.) — « Istar a entendu ma prière et m'a répondu : « Ne crains rien ». Et elle a réjoui mon cœur en disant : « Tes yeux seront satisfaits par le secours de ma main qui vient à ton aide, je te promets le succès. »

(C.V, l. 49.) — « Alors, au milieu de la nuit, pendant que j'invoquais (Istar), je m'endormis dans un sommeil profond et je fus visité par un songe. Pendant cette nuit, Istar a parlé et elle m'est apparue ainsi :

(C.V, l. 52.) « Istar qui habite Arba-ilu s'est avancée, elle était environnée de rayons à droite et à gauche, elle portait un arc dans la main, lançant de terribles javelots au milieu de la mêlée, sa démarche était assurée comme celle d'une mère qui donne le jour (à un enfant), Istar, la reine aimée des Dieux t'apporte cet ordre (dit-elle) : marche pour prendre des dépouilles, la place est prête devant toi, je viendrai à ton aide, moi, la place où tu iras, j'irai avec toi. La reine des Déesses te commande ainsi : tu resteras ici dans le temple de Nabu, mange de la nourriture, bois du vin, au bruit des instruments, glorifie ma divinité jusqu'à ce que j'arrive et ton désir sera accompli, je veux te faire toucher le désir de mon cœur, il ne se tiendra pas debout devant toi, il ne t'imposera pas son joug, ne fais pas attention à ta peau, au milieu du combat, Istar te réserve sa protection généreuse, elle veille sur toi, elle écartera tous les dangers. Devant elle brûle un feu terrible . . . . . pour renverser tes ennemis les uns contre les autres.

(C.V, l. 75.) — « Elle se déclara contre Teumman, roi du pays d'Elam. Je me suis mis en route et elle a dirigé la marche. . . . Teumman, roi du pays d'Elam, s'avança devant moi. . . . il avait placé son camp. Il apprit ma royale entrée au milieu de Dur-Ilu, la frayeur s'empara de lui, Teumman eut peur et se replia dans la ville de Susan. . . . . pour sauver sa vie. . . . . le peuple de ce pays. . . . . il revint sur ses pas et . . . . . . il envoya en ma présence. . . . . Il se fortifia sur le fleuve Ulaï . . . . en face . . . . . . Marduk et les Grands-Dieux. qui me protégent, m'envoyèrent un présage dans un songe. Je l'ai mis en déroute près de la ville de Tul-liz ; j'ai rempli le fleuve Ulaï des cadavres des siens. Leurs épouses s'enfuirent comme des flèches dans les environs de la ville de Suzan. J'ai tranché la tête de Teumman, roi d'Elam, d'après l'ordre d'Assur et de Marduk les Grands-Dieux mes Seigneurs, en présence de son armée assemblée. La crainte d'Assur et d'Istar les renversa et ils se soumirent à moi. Ummanigas, qui s'était enfui, accepta mon joug et je l'ai maintenu sur son trône. J'ai élevé Tamaritu, son troisième frère, à la royauté dans la ville de Khidalu. J'ai pris de mes mains, aux environs de la ville de Susan et sur les bords du fleuve Ulaï, des chars de guerre, des chevaux, des mulets, des harnais et des instruments de guerre et je les ai consacrés à Assur et à Istar les Grands-Dieux, mes Seigneurs.

(C. VI, l. 7.) — « D'après l'ordre d'Assur et des Grands-Dieux, mes Seigneurs, j'ai quitté seul le pays d'Elam et j'ai laissé le reste de mon armée pour prendre le butin. »

La guerre d'Elam est la plus grande que Assur-bani-pal ait eu à soutenir pendant son règne, la mort de Teumman mit fin et la révolte. Après cette dernière victoire, il ne reste plus qu'une expédition contre le pays de Gambul et sur laquelle le prisme B donne encore des détails que le prisme A ne nous avait pas fait connaître.

(C. VI, l. 10.) — Dans ma VIIIe campagne, j'ai marché contre Dumanu, fils de Bel-basa au pays de Gambul; il s'était confié au roi d'Elam et ne s'était pas soumis à ma domination. Par ma vigoureuse attaque, j'ai renversé le pays de Gambul et je l'ai couvert comme un ouragan. Je me suis emparé de la ville de Sapibel, une de ses places fortes, située au milieu de la mer. Dumanu et son frère furent pris vivants, j'ai pris sa femme, ses fils, ses filles, les femmes de son palais, ses esclaves mâles et femelles et je les ai pris comme du butin, j'ai pris l'argent, l'or, ses richesses et les meubles de son palais. . . . j'ai pris. . . . j'ai pris. . . . . . Masi le. . . (un officier) de Teumman, roi d'Elam, qui était avec Dumanu pour lui porter secours, tomba vivant dans mes mains avec les officiers de Dumanu. . . . . J'ai pris cette ville, je l'ai ravagée, je l'ai renversée dans la mer. J'ai saccagé ce pays jusqu'au dernier, j'ai coupé la retraite aux habitants. Par la grâce d'Assur, de Bel, de Nabu, les Grands-Dieux, j'ai détruit mes ennemis et je suis rentré en paix à Ninua. J'ai porté en triomphe la tête de Teumman et celle de Dumanu. Je suis rentré dans Ninua avec plaisir au milieu des esclaves qui jouaient de la musique, chargé des dépouilles du pays d'Elam et des dépouilles du pays de Gambul que mon bras avait conquis d'après l'ordre d'Assur.

(C. VI, l. 48.) — « Umbadaru et Nabudamik les généraux de Teumman, roi du Pays d'Elam auxquels Teumman avait confié un message pour traiter avec moi furent amenés devant moi chargés de chaînes jusqu'à ce qu'ils aient connu ma résolution, ils virent la tête sanglante de Teumman et ils comprirent ce qu'ils avaient à faire. Umbadaru coupa sa barbe,

Nabudamik se perça les entrailles avec le fer de son poignard, j'ai fait suspendre la tête de Teumman devant le grand portique de Ninua, je l'ai élevée très-haut. Par le pouvoir d'Assur et d'Istar le peuple contempla la tête sanglante de Teumman, roi d'Elam.

(C.VI,l.61.) « Palaï, fils de Nabu-sa-pan, petit-fils de Marduk-bal-adan, dont le père, du temps du père du père qui m'a engendré, s'était enfui au pays d'Elam. Ummanigas, que j'avais élevé au trône d'Élam, s'empara de Palaï, fils de Nabu-sa-pan et l'envoya devant moi.

(C.VI, l. 67.) — « Dunanu et Samgunu, les fils de Belbasa, du pays de Gambul, dont les pères s'étaient révoltés contre les rois, mes pères, et qui n'avaient pas souffert la puissance de ma royauté; je les ai envoyés au pays d'Assur et dans la ville d'Arba-ilu, pour y faire exécuter ma sentence. Mannuki-akhi. . . . . . Dunanu et Nabuzulli, les gouverneurs des villes du pays de Gambul qui s'étaient élevés contre mes Dieux furent conduits dans la ville d'Arba-ilu. Je leur ai fait arracher la langue et je les ai fait écorcher. Dunanu fut jeté à Ninive, dans une fournaise ardente où il expira. J'ai renversé les autres frères de Dunanu et Palia; je leur ai coupé les lèvres et je les ai envoyés pour servir d'exemple dans le pays.

(C.VI, l. 84.)—« Nabu-naid et Bel-edir, les fils du *Tik-enna*, Nabu-zikir-issis, dont le père qui les avait engendrés avait été envoyé par Urtaki pour combattre avec le pays d'Akkad, les serviteurs de Nabu-zikir-issis. Je les ai enlevés du pays de Gambul et je les ai transportés au pays d'Assur. J'ai fait mettre en croix leurs serviteurs devant le Grand-Portique, au milieu de Ninua et j'ai fait massacrer leurs fils. »

Tels sont les faits qui nous sont fournis par les longs documents inscrits sur les prismes du palais d'Assur-bani-pal. Il est facile de comprendre, par la diversité qui résulte des différentes rédactions, de l'importance que chaque document de ce genre acquiert. S'il n'existe aucune contradiction entre chacun de ces fragments, comme on devait s'y attendre sans doute, les faits se présentent sur chacun d'eux avec plus ou moins de détails et ils concourent, dès lors, à compléter l'histoire que nous nous proposons de reconstruire.

INSCRIPTIONS DES BAS-RELIEFS.

Les salles du palais d'Assur-bani-pal ne sont pas chargées de ces longues légendes dont le palais de Sargon était orné avec une si luxuriante prodigalité. Mais l'étude des bas-reliefs n'en est pas moins digne du plus haut intérêt. L'art assyrien avait acquis, à cette époque, une perfection remarquable. Les épisodes des différentes guerres se déroulent avec une grande netteté, et de nombreuses légendes épigraphiques achèvent de nous les faire comprendre. Le grand palais d'Assur-bani-pal n'a pas été fouillé dans toute son étendue; des recherches ultérieures mettront sans doute en lumière de nouveaux documents. Sans relever tous les épisodes que nous fait comprendre la sculpture, nous devons signaler ici quelques-unes des légendes qui nous sont parvenues avec les bas-reliefs qu'elles servent à expliquer.

Au-dessus des deux figures, dont l'une est blessée par une flèche tandis que l'autre bande un arc, on lit :

« Teumman, avec le ton du commandement, dit à son fils : Décoche ta flèche. »

Sur les deux autres figures, on lit :

« Teumman, roi du pays d'Elam, voit dans un combat terrible la défaite de son armée. Il s'enfuit pour sauver sa vie ; il s'échappe. J'ai pris ses soldats avec les troupes de mon armée (par l'ordre d'Assur et d'Istar. . .

« . . . . Teumman, roi du pays d'Elam, est battu par la violence de mon attaque. Tamritu, son fils aîné, prend ses mains, et pour sauver sa vie il s'enfuit à travers les bois. Par l'ordre d'Assur et d'Istar, je les ai renversés, je leur ai coupé la tête en leur présence. »

Au-dessus d'un personnage, monté sur un chariot, portant une tête d'homme :

« La tête de Teumman, roi du pays d'Elam, a été coupée au milieu d'une bataille en présence de mon armée ; je l'ai envoyée comme une bonne nouvelle au pays d'Assur. »

Au-dessus d'une figure blessée se traînant sur la terre :

« Urtaku, le beau-frère (*khatanu*) de Teumman, est blessé par une flèche ; il méprise la vie, et, pour trancher ses jours, il s'adresse ainsi aux fils du pays d'Assur : Je me rends à merci, coupez-moi la tête et envoyez-la devant le roi votre maître, qui la recevra comme un bon présage. »

Au-dessus de deux figures, dont l'une prend l'autre par les cheveux. Tandis que la première la menace d'un glaive qu'elle tient de la main droite, la seconde tient un glaive avec lequel elle coupe un arc :

« Ituni, général de Teumman, roi du pays d'Elam, qu'il a envoyé traîtreusement en ma présence. Il a appris la vigueur de son attaque, et, avec le glaive de sa ceinture, il sépara en deux de sa propre main son arc, l'arme de son bras. »

Au-dessus d'une figure à laquelle on présente des hommages :

« Ummanigas, le fugitif, mon serviteur, a accepté mon joug. En obéissant à mes ordres, mon Général le fait entrer dans la ville de Madaktu et dans la ville d'Iasan au milieu des fêtes, puis le place sur le trône de Teumman qui a été pris par mes mains. »

Au-dessus de la tête du Roi qui, sur son char, reçoit des ambassadeurs :

« Moi, Assur-bani-pal, roi du pays d'Assur. Par ma soumission à Assur et à Istar, mes Seigneurs, j'ai renversé mes ennemis, j'ai réjoui mon cœur. Rasu, roi du pays d'Urarthu, entendit la puissance d'Assur, mon Seigneur ; la crainte de ma royauté le terrifia, et, pour implorer mon amitié, il envoya ses généraux devant moi à Arba-ilu. J'ai fait jeter dans les fers en leur présence Nabu-damik et Umbadaru, des Grands du pays d'Elam. »

Au-dessus de la tête du roi qui, sur son char, reçoit des prisonniers et des dépouilles :

« Moi, Assur-bani-pal, roi des légions, roi du pays d'Assur, par la volonté des Grands-Dieux, et suivant le désir de leur cœur, j'ai fait venir en ma présence des vêtements superbes, le manteau royal de Salummu-kin, mon jeune frère, ses femmes, ses généraux, ses soldats, ses chariots, ses bagages précieux, ses chevaux attelés, les femmes de condition de son palais, les esclaves mâles et femelles, les grands et les petits, j'ai tout fait venir en ma présence. »

Au-dessus des guerriers détruisant une ville et enlevant des dépouilles :

« J'ai attaqué la ville de Khamanu, une des capitales du pays d'Elam; je l'ai assiégée, je l'ai prise, je l'ai détruite, je l'ai livrée aux flammes. »

Le roi recevant des prisonniers et des dépouilles :

« Moi, Assur-bani-pal, roi des Nations, roi du pays d'Assur, suivant la volonté d'Assur et de Beltis, j'ai accompli le désir de mon cœur, j'ai assiégé la ville de Dinsar, une ville du pays d'Elam, je l'ai prise, j'ai emporté comme dépouilles des chariots, des bêtes de charge. »

Les épigraphes de cette nature étaient fort nombreuses et ne formaient pas la partie la moins curieuse des documents que nous pourrions consulter sur le règne de Assur-bani-pal. Nous avons même d'autres sources d'informations de cette nature parmi les tablettes de Koyoundjik. Nous trouvons, en effet, des mentions d'épigraphes analogues relevées sur des monuments dont les débris ne sont pas parvenus à notre connaissance. Nous lisons, par exemple, sur la tablette cotée K 3,096, qui ne nous donne à ce sujet qu'un échantillon très-restreint :

« Moi, Assur-bani-pal, roi du pays d'Assur. D'après l'ordre des Grands-Dieux, mes Seigneurs, j'ai réjoui leur cœur. Avec Ammaladin . . . . dans la ville de Ninua, ma capitale. . . . . je suis. . . . . . . »

« Moi, Assur-bani-pal, roi du pays d'Assur. D'après l'ordre d'Assur et d'Istar, j'ai pris. . . . . . . Adiya, reine du pays d'Aribi avec un nombreux butin. »

« J'ai pris dans mes mains Adiya, reine du pays d'Aribi, j'ai tué un grand nombre de ses soldats, j'ai brûlé son étendard. »

Au pied de cette tablette on lit :

« Ceci était écrit sur les murs du palais de. . . . . »

INSCRIPTIONS DES CHASSES.

Les chasses jouent un grand rôle dans la décoration du palais d'Assur-bani-pal. Voici quelques inscriptions qu'on peut lire sur les bas-reliefs et qui suffiront pour nous indiquer la part que les rois d'Assyrie prenaient à cet exercice.

« Moi, Assur-bani-pal, roi des Légions, roi du pays d'Assur, dans une de mes chasses, j'ai rencontré un lion, je l'ai pris par les oreilles, en invoquant Assur et Istar, la souveraine des combats, j'ai traversé ses entrailles d'un coup de ma lance. Voilà l'œuvre de mes mains. »

Ailleurs, on lit :

« Moi, Assur-bani-pal, roi des Légions, roi du Pays d'Assur, dans une des chasses de ma Majesté, j'ai pris un lion par la queue et, avec l'aide d'Adar et de Nirgal, les Dieux mes Protecteurs, j'ai broyé sa cervelle d'un coup de massue. Voilà l'œuvre de mes mains.

Nous terminerons ces citations, que nous pourrions prolonger encore, par celle-ci :

« Moi, Assur-bani-pal, roi des Légions, roi du Pays d'Assur, a qui Assur et Istar ont confié un empire souverain, j'ai placé des massues (?) sur des lions que j'ai tués, j'ai fait sur eux une libation et j'ai offert un sacrifice (aux Dieux.) »

INSCRIPTIONS DES TABLETTES DE KOYOUNDJIK.

Le règne d'Assur-bani-pal est un des plus longs que l'histoire d'Assyrie nous ait fournis. C'est aussi un de ceux sur lesquels les renseignements sont les plus nombreux et les plus variés, mais il faudrait recourir encore aux tablettes de Koyoundjik pour le comprendre dans ses détails.

Voici quelques textes que nous pouvons déjà mettre sous les yeux du lecteur et qui donneront une idée de l'importance de ces tablettes.

(K. 362.)

« J'ai enlevé du pays d'Elam une statue de Tammaritu, le roi prudent, Suivant le désir d'Assur et d'Istar. Il avait fui le pays d'Elam et avait accepté mon joug et il m'avait rendu hommage, je l'ai enlevée (la statue) du pays d'Elam et je l'ai transportée au pays d'Assur. »

« Quant à la statue de Halludus, roi d'Elam, celui qui avait tramé des complots perfides contre le pays d'Assur et qui avait déclaré la guerre à Sin-akhi-erib, roi du pays d'Assur, le père du père qui m'a engendré, j'ai coupé sa bouche qui avait. . . . j'ai arraché ses lèvres qui avaient semé la haine, j'ai coupé ses mains qui avaient tenu l'arc pour combattre le pays d'Assur.

« Pour honorer la volonté d'Assur et d'Istar, les Dieux mes protecteurs, je l'ai. . . . . entre les portes, au milieu de Ninua. »

(K. 28.)

« Depuis le 22e jour de ce mois, le mois duzu (22 juillet 649), jusqu'au 22e jour du mois abu (22 août 649) de cette année, Sin-tabni-usur, fils de Ningal-iddina, avec Assur-bani-pal, roi du pays d'Assur, la créature de tes mains. . . . ont fait la guerre contre Salummu-kin. . . . *lu itti libbasu.* »

(K. 1360.)

« Depuis le 8e jour de ce mois, le mois abu (août), jusqu'au 7e jour du mois ululu (septembre), les hommes d'Elam se sont réunis en bon ordre et ont marché pour combattre et faire la guerre avec les hommes appartenant à Assur-bani-pal, roi d'Assur, *ul-tabù.*

« De la part de Danaï, fils de. . . . . . , le chef des serviteurs. Au mois ululu, le 7e jour pendant le Limmu Sagab. »

INVOCATION A BELTIS.

« A la déesse Beltis, la déesse des Nations, qui habite le temple (*bit-masmas*). Assur-bani-pal, roi du pays d'Assur, le Seigneur puissant qui t'adore, le vicaire de ta divinité, la créature de tes mains. Par ta puissance élevée au milieu des combats, j'ai tranché la tête à Teumman, roi du pays d'Elam.

« Ummanigas, Tammaritu, Pakhe et Ummahaldas ont occupé après Teumman le trône d'Elam. Sous sa protection suprême, je les ai pris dans mes mains et je les ai attelés à mon char, le char de ma royauté.

« D'après sa puissance élevée, j'ai marché glorieusement dans toutes les nations et je n'ai pas eu d'égal.

« Dans ces jours, j'ai fait sculpter dans le temple d'Istar, ma souveraine, un autel de marbre. Je l'ai élevé pour être agréable à ma Déesse. . . . . . . J'ai placé cet autel dans ses sanctuaires.

« C'est pourquoi, accorde à Assur-bani-pal, l'adorateur de ta Grande Divinité, la santé, des jours nombreux, la satisfaction du cœur et que mes pieds vieillissent dans ton temple (*bit-masmas*). »

PROCLAMATIONS DU ROI.

« Proclamation du roi aux habitants du bord de la mer, à leurs fils et à leurs serviteurs. Paix dans leur cœur et bonheur pour eux.

« J'ai veillé avec vigilance sur vous, j'ai ouvert sur vous mes propres yeux et j'ai. . . . . . . entièrement les fautes de Nabu-bel-rikri. Je vous ai séparés. Maintenant, je vous envoie Bel-ibni, mon serviteur, mon messager, pour veiller sur vous. Je commande, et, suivant ma volonté, ... C'est pourquoi, Moi, je vous envoie mes troupes. Je me suis mis avec vous pour garder sous ma vue vos biens et vos fortunes.

« Au mois airu, le cinquième jour (5 mai) du Limmu de Bel-haran-saduyu. »

« Proclamation du roi aux habitants du pays de Rasa, aux habitants des bords de la mer et de *Neruti*.

« Paix dans votre cœur et bonheur pour vous.

« Moi, je me suis réjoui de la prospérité d'Elam ; ils ont refusé mes bienfaits et ma puissance ; pour tout le bien que j'ai voulu leur faire, ils ont commis des iniquités. D'abord, aux jours de Urtaki, ils ont été chassés par la famine et sont partis pour le pays d'Assur. . . . . »

LETTRES DES OFFICIERS D'ASSUR-BANI-PAL A LEUR ROI.

« Au roi des Nations, mon maître, ton serviteur Bel-zikir-essis.

« Que Bel et Marduk accordent des jours nombreux, des années éternelles, un sceptre de justice et un trône durable au roi des Nations, mon maître.

« Au sujet de la mission dont le roi, mon maître, m'a chargé, je lui parlerai ainsi : Tu apprendras les nouvelles du pays d'Aribi ; je t'en envoie un récit.

« Au sujet des gens de Nabatu (les Nabathéens), voici les nouvelles : Ammihatah, du pays de Vashai, a marché contre eux, il les a tués, il les a pillés; une fois au milieu d'eux, il leur a fait grâce. Il est entré dans la ville du roi. Maintenant, je l'envoie au roi mon maître; le roi voudra bien entendre le récit de sa bouche. »

Nous pouvons mentionner encore celle-ci :

« Au maître des Rois, mon Seigneur, ton serviteur Bel-ibni. Que Assur, Samas et Marduk accordent des jours prolongés, le bonheur du cœur, le bonheur du corps au Seigneur des rois, mon Seigneur. J'ai envoyé ainsi Tanlietti, ses frères, ses parents, ses dignitaires au roi, mon Seigneur : Conduisez Tamaritti, ses frères, ses parents, ses dignitaires ensemble, en présence du roi, mon Seigneur.

LETTRE SUR LA MORT D'INDABIGAS.

« Au Seigneur des rois, mon Seigneur, ton serviteur Bel-ibni.

« Que Assur, Samas et Marduk accorde le bonheur du cœur, le bonheur du corps, des jours propres et une longue vie au Seigneur des Rois, le roi des nations, mon Maître.

Voici les nouvelles du pays d'Elam : Ummanaldas a détruit le roi précédent qui s'est enfui. Sa mère, sa femme, ses enfants, ses parents effrayés ont quitté la ville de Madaktu. Il (Ummanaldas) s'est assis sur le trône, il le remplace. Il a passé le fleuve Ulaï dans un. . . . de. . . . il est parti vers la ville de Talah. Ses serviteurs, Ummansibar, Undatu, les. . . . . . et les généraux de ses troupes sont allés au-devant d'eux à la ville de Kbarisundari. . . . . .

LETTRE DE UMMANALDAS A ASSUR-BANI-PAL.

« De la part de Ummanaldas, roi du pays d'Elam, à Assur-bani-pal, roi du pays d'Assur. Paix à mon frère.

« Depuis le commencement, les gens de Martinaï ont péché et combattu contre Nabu-bel-zikhri. Pour s'enfuir, ils se dirigèrent vers les rives. . . . . les frontières du pays d'Elam; envoie des subsides pour le combattre (Nabu-bel-zikhri). Je voudrais que Nabu-bel-zikhri se rendît à toi.

« Les hommes de Marteni qui, dès l'origine, avaient abandonné Nabu-bel-zikhri pour se retirer au pays d'Elam. . . . . . mes hommes étaient. . . . dans les eaux. . . . . ils entendirent de leurs oreilles. . . *sal id ri su*. . . et ils se dirigèrent vers la ville de Lakhiri.

« Alors j'ai envoyé mes serviteurs contre les hommes qui étaient dans les environs et qui. . . . contre moi. Quand ils furent dans mon pays et dans mes mains. . . . et. . . . ils passèrent le fleuve de. . . . J'ai. . . . au milieu d'eux. . . . les efforts de tes serviteurs contre. . .

« Au mois duzu (juillet), le 26e jour du Limmu de Nabu-sar-akhi-su. »

Il est assez difficile de déterminer aujourd'hui la durée exacte du règne d'Assur-bani-pal. Nous devons remarquer toutefois que les cylindres sont datés du Limmu de Samas-daïn-anni, préfet des Akkads ou préfet de Bab-ilu. D'après cet indice, Assur-bani-pal a dû occuper alors le trône de la Chaldée, puisque Babylone faisait partie du royaume d'Assyrie. Or, nous avons la preuve que son règne s'y est prolongé, dans la signature d'une tablette, datée de Ereck (Warka), le vingtième jour de nisan (avril), de la vingtième année d'Assur-bani-pal.

D'un autre côté, nous avons vu qu'Assur-bani-pal était également désigné, dans certains documents, sous le nom de Sin-innadin-pal. M. Smith, en rapprochant ce nom de celui de Saasdoucin, du canon de Ptolémée, prétend établir qu'Assur-bani-pal aurait régné 42 ans, c'est-à-dire jusqu'en 626 a. J.-C.

Malgré les nombreuses mentions des noms des Limmu figurant dans les tablettes et qui se rapportent au règne d'Assur-bani-pal, il est impossible, quant à présent, d'en établir la succession régulière. Il y a plus, le récit des prismes ne paraît pas avoir suivi, dans l'indication des campagnes, l'ordre rigoureusement chronologique. L'importance des guerres entreprises sur une aussi grande échelle et sur des points si éloignés les uns des autres, permet de supposer une certaine simultanéité dans les événements et en détruit ainsi la succession régulière.

Il est vrai, sans doute, que les Babyloniens dataient les événements de leur histoire d'après les années de règne de leurs rois ; mais si l'identité de Saasdoucin et de Assur-bani-pal n'est pas rigoureusement démontrée, on ne peut s'appuyer sur l'autorité du canon de Ptolémée pour fixer la durée du règne d'Assur-bani-pal.

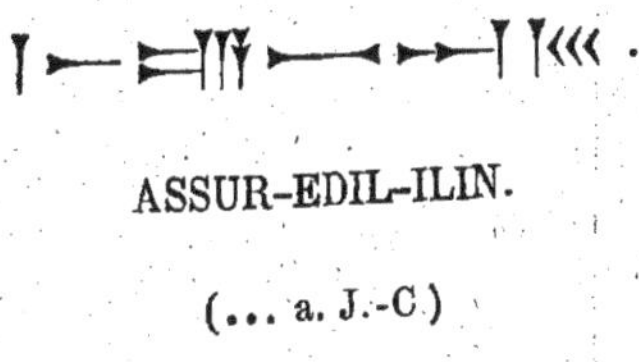

ASSUR-EDIL-ILIN.

(... a. J.-C)

Documents. — *Briques du palais S.-E. de Nimroud.* (*W.A.I.* I, pl. 8, n° 3.)

Au S.-E. du tumulus, qui couvre les ruines de la cité royale de Calach, on trouve les vestiges d'un monument qui est loin d'égaler les autres par son étendue et par le soin architectural qu'on y a apporté. Il a été élevé par le fils d'Assur-bani-pal.

C'était probablement un temple analogue aux monuments qui portent le même nom à Ninive et à Babylone. L'inscription qui recouvre les briques de ce monument est tout ce qui reste de ce prince ; elle est ainsi conçue :

. . . .

« Moi, Assur-idil-ilin, roi des Légions, roi du pays d'Assur, fils de Assur-bani-pal, roi des Légions, roi du pays d'Assur ; j'ai ordonné de mouler des briques pour la construction du Bit-Zida, situé dans la ville de Kalakh, dans le désir de prolonger mes jours.

(*W. A. I.* I, pl. 8, n° 3.)

. . . .

. . . .

Ici s'arrêtent les renseignements qui nous sont fournis sur l'empire d'Assyrie. Le dernier Prince qui a régné sur le pays d'Assur a reçu des mains de son père un empire qui représentait alors la civilisation du monde, il a grandi successivement sous chacun de ses rois et à l'heure où nous devons nous arrêter, il embrasse l'Egypte et l'Ethiopie, l'Asie-Mineure et les Iles de la Grèce, et il s'étend en Orient jusqu'aux frontières de l'Inde et de la Bactriane, et pourtant cette puissance, qui avait mis près de quinze siècles pour accomplir ses conquêtes, s'est écroulée en un jour. Rien dans les inscriptions ne nous a révélé jusqu'ici l'histoire des événements qui se sont accomplis dans la Haute-Asie au moment où Ninive a disparu de la scène du monde.

Il est certain que l'empire de Chaldée s'est élevé sur les ruines de l'empire d'Assyrie et a continué les destinées de l'influence des Sémites sur la Haute-Asie. Si nous ignorons encore comment ce grand changement a pu s'accomplir, nous ajouterons toutefois une remarque : les débris des monuments de Ninive ne sont pas antérieurs à la dynastie de Sargon, les restes de l'antique Babylone ne sont pas antérieurs à la dynastie de Nabu-pal-Asar, et pourtant, qui peut douter de l'existence de ces deux villes dans les périodes antérieures ? Pourquoi donc le sol de la Haute-Asie ne nous a-t-il pas encore révélé l'existence des monuments de ces deux villes d'une manière continue, puisque leur splendeur est attestée depuis la plus haute antiquité ?

Il y a là des lacunes qui interdisent l'hypothèse et qui forcent le traducteur à s'arrêter.

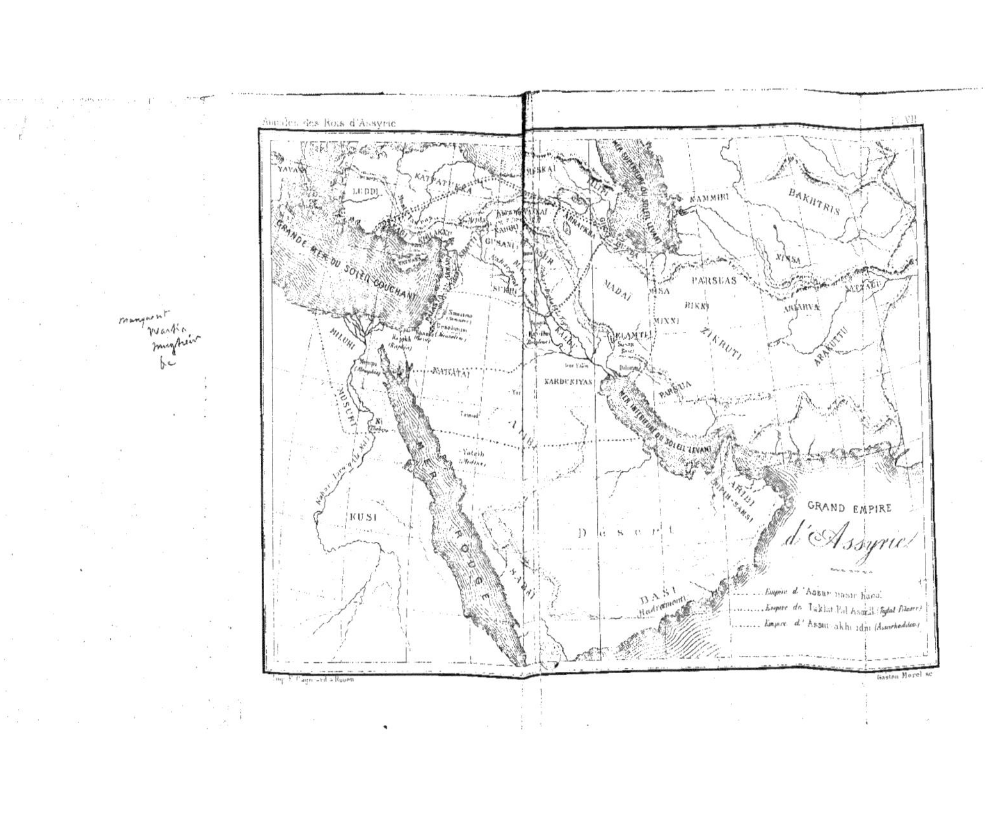
GRAND EMPIRE
d'Assyrie
......Empire d'Assur nasir haeal
......Empire de Tuklat Pal Asaril (Teglat Phalasar)
......Empire d'Assur akh idin (Assarhaddon)
GRANDE MER DU SOLEIL COUCHANT
MER SUPÉRIEURE DU SOLEIL LEVANT
MER INFÉRIEURE DU SOLEIL LEVANT
MER ROUGE
YAVAN
LUDDI
KATPATUKA
MESKAI
KAMMIRI
BAKHTRIS
NISSA
PARSUAS
MADAI
BIKNI
MINNI
ZIKRUTI
ARAKUTTU
ELAMTU
PARSUA
KARDUKIYAS
MILUHI
MUSURI
KUSI
NABATAI
GUSANI
SUKHI
KALDI
ARIBI
BASI
(Hadramout)
Désert
Urusalimmu
(Jérusalem)
Rapikh
(Raphia)
Tarmud
Yatrib
(Médine)
Ni
(Thèbes)
Suzan
(Suse)
Gaston Morel sc.

APPENDICES

I.

CALENDRIER ASSYRO-CHALDÉEN.

Les tablettes assyriennes nous donnent, ainsi, la succession des mois en les désignant par leur numéro d'ordre, l'idéogramme ou l'allophone qui les représentait originairement et le nom assyrien qu'ils nous ont transmis :

Ier	mois. . . .	le mois de l'Autel.	Nisannu.
IIe	—	— du Taureau	Aïru.
IIIe	—	— de la Brique . . .	Sivanu.
IVe	—	— de la Main	Duzu.
Ve	—	— du Feu.	Abu.
VIe	—	— de la Citadelle. . .	Ululu.
VIIe	—	— de la Forteresse . .	Tasritu.
VIIIe	—	— de la Fondation . .	Arah-samna.
IXe	—	— des Nuages	Kisilivu.
Xe	—	— de la Pluie	Thebitu.
XIe	—	— du Mesurage . . .	Sabathu.
XIIe	—	— de la Fin.	Addaru.
			Makru-sa-addaru.

Il a été facile d'établir, sur ces données, la concordance du calendrier assyro-chaldéen avec le calendrier juif et nos calendriers usuels :

I.	Nisannu.	Nisan. . . .	Mars-avril.
II.	Aïru.	Iyar	Avril-mai.
III.	Sivanu	Sivan. . . .	Mai-juin.
IV.	Duzu	Tammuz . . .	Juin-juillet.

V.	Abu.	Ab.	Juillet-août.
VI.	Ululu	Elul	Août-septembre.
VII.	Tasritu.	Tisri	Septembre-octobre.
VIII.	Arah-samna . . .	Marchesvan . .	Octobre-novembre.
IX.	Kisilivu.	Cislev. . . .	Novembre-décembre.
X.	Thebitu.	Thebet	Décembre-janvier.
XI.	Sabathu	Sebath . . .	Janvier-février.
XII.	Addaru.	Adar. . . .	Février-mars.
	Makru-sa-addaru . .	Ve adar.	

Chaque mois était consacré à une ou plusieurs divinités spéciales, qui servent quelquefois à les désigner ; nous avons ainsi une nouvelle concordance :

Nisannu,	le mois	d'Anu et de Bel.
Aïru,	—	de Nisruk, le Seigneur des hommes.
Sivanu,	—	de Sin, l'aîné des fils de Bel.
Duzu,	—	du Guerrier Adar.
Abu,	—	de la Souveraine des. . . .
Ululu,	—	de la Souveraine de . . . .
Tasritu,	—	de Samas, le Conquérant du Monde.
Arah-samna,	—	de Marduk, qui préside aux destinées des Dieux.
Kisilivu,	—	de Nirgal, le grand Guerrier.
Thebitu,	—	d'Anu et de Marduk.
Sabathu,	—	de Bin, le Chef de la terre.
Addaru,	—	des sept Grands-Dieux.
Makru-sa-addaru,	—	d'Assur, le Père des Dieux.

Chaque jour du mois était également consacré à une ou plusieurs divinités ; bien que les divinités dussent varier chaque mois, nous donnons ici une des mentions les plus complètes :

1er jour consacré	à Anu et à Bel.
2e —	aux Déesses.
3e —	à *nu-bi-tu* Marduk et à Zir-banit.
4e —	à *ud ab ab* de Nabu.
5e —	à Bel-Asar et à Beltis-Asar.
6e —	à Bin et à Sala.
7e —	à *nu bi tu* de Marduk de Zir-banit.
8e —	à *ud ab ab* de Nabu.

9e jour consacré à Adar et à Gula.
10e — à Beltis et à Dayan.
11e — à *sa lam man ni ti* de Tasmit et de Zir-banit.
12e — à *se sa* de Bel et de Beltis.
13e — à Sin, le premier des Dieux.
14e — à Beltis et à Nirgal.
15e — à Bit *an na kak sarit,* à Sin, le premier des Dieux.
16e — à *nu be tu* de Marduk et de Zir-banit.
17e — à *ut ab ab* de Nabu.
18e — à *sar* de la Lune et du Soleil.
19e — à *ib bu u* de Gula.
20e — à *zab se sa* de la Lune et du Soleil.
21e — à *kak sa rit* de la Lune et du Soleil.
22e — à *kak sa rit* de la Lune et du Soleil, *sar* de Beltis-ekal.
23e — à *sar* de Samas et de Bin.
24e — à *Bel-ekal* et à *Beltis-ekal.*
25e — à *su da hu* de Bel et de Beltis de Bab-ilu.
26e — à *ru un zun* de Nisruk, le Grand-Dieu.
27e — à *mi lab tu* de Nirgal *sar* de *uk.*
28e — à Nisruk, à *bunnu* (à l'image ?) de Nirgal.
29e — à *bunnu* de Sin, jour de l'invocation des esprits célestes.
30e — à Anu et à Bel.

Les mois et les jours sont aussi marqués comme jours heureux ou jours néfastes. M. Smith prétend que les 7, 14, 19, 21, 28 de chaque mois sont des jours de repos, etc., etc.; mais une étude spéciale du calendrier assyrien nous entraînerait au-delà des limites qui sont suffisantes pour l'intelligence des dates que nous avons rapportées.

II.

TABLE DES LIMMU.

(*W. A. I.* II, pl. 68-69. — *Ibid.* III, pl. 1.)

Les tables des Limmu auxquelles nous avons eu souvent occasion de renvoyer se composent de quatre documents très-fragmentés. Ils présentent une suite de noms alignés les uns après les autres et séparés de place en place par des traits que suit ordinairement le nom d'un roi connu.

Les quatre documents ne sont pas entièrement identiques, les variantes reposent sur la position des traits qui séparent les règnes, de sorte qu'il peut y avoir quelque incertitude sur le commencement du règne de certains rois. Cette incertitude ne s'étend pas du reste au-delà d'une ou de deux années au plus.

Ces tables ont été publiées, par sir H. Rawlinson d'abord, dans le IIe volume, pl. 68-69, des inscriptions du Musée Britannique, puis dans le IIIe volume, pl. 1, avec les variantes que la comparaison des textes avait pû suggérer. C'est ce dernier texte que nous avons suivi, en ramenant les dates aux concordances résultant de la détermination de la prise de Samarie :

AV. J.-C.

1130 (?) TUKLAT-PAL-ASAR, roi.
1120 (?) In-iliya-allik.
.... pa.
.... as.
.... si.
.... asur.
.... sit.
.... Zir . . . va.
.... Assur-danin-ani.
.... Assur-dini-pal.
.... Mas. . .
.... Abu. . .
.... Assur-bani-pal.
. . . .
.... BIN-NIRARI, roi.
. . . . . .
892. . . . sar.
891. Adar-sar-mi.
890. Damgati-Assur.
889. Assur-la-duri.

---

888. TUKLAT-SAMDAN, roi.
887. Taksit-ana-biliya.
886. Abu-malik.
885. Ilu-milki.
884. Iari.

AV. J.-C.

883. Assur-zizib-ani.

---

882. ASSUR-NASIR-HABAL, roi.
881. Assur-iddin.
880. Damiktia-tuklat.
879. Sa-nalbar-damka.
878. Dagan-Bel-usur.
877. Adar-piya-usur.
876. Adar-Bel-usur.
875. Sit-Assur-lilbur.
874. Samas-upakhar.
873. MardukB-el-kumuya.
872. Gurdi-Assur.
871. Assur-likh.
870. Assur-natkil.
869. Bel-mudammik.
868. Dayan-Adar.
867. Istar-mudammikat.
866. Samas-nuri.
865. Mannu-edil-el.
864. Samas-Bel-usur.
863. Adar-malik.
862. Adar-kar-anni.
861. Assur-malik.
860. Marduk-iskakat-anni.
859. Tar-Bel.

858. Sar-ur-nisi.

---

857. Salman-Asar, roi.
856. Assur-Bel-kaïni.
855. Assur-banuya-usur.
854. Abu-ina-hekal-lilbur.
853. Dayan-Assur.
852. Samas-abuya.
851. Samas-ukin.
850. Bel-banuya.
849. Nun-sulum-libusu.
848. Marduk-alik-pani.
847. Pur-ilu-ramanu.
846. Adar-ukin-nisi.
845. Adar-innadin.
844. Assur-banuya.
843. Tabu-Adar.
842. Taksit-ana-sar.
841. Bin-ur-anni.
840. Bel-abuya.
839. Sulmu-Bel-la-mur.
838. Adar-kibsi-usur.
837. Adar-malik.
836. Gurdi-Assur.
835. Neri-Sar.
834. Marduk-mudammik.
833. Yakhalu.
832. Ululai.
831. Sar-pati-Bel.
830. Nirgal-malik.
829. Khumba.
828. El-ukin-akhi.

---

827. Salman-Asar, roi.
826. Dayan-Assur.
825. Assur-banuya-usur.
824. Yakhalu.
823. Bel-banu-ya

---

822. Samsi-Bin, roi.
821. Yakhalu.
820. Bel-edil-el.
819. Adar-upla.
818. Samas-malik.
817. Marduk-malik.
816. Assur-banuya-usur.
815 Sar-pati-Bel.
814. Bel-balat.
813. Musiknis.
812. Marduk-Bel-usur.
811. Samas-Kumnya.
810. Bel-kat-sabat.

---

809. Bin-nirari, roi.
808. Marduk-malik.
807. Bel-edil-el.
806. Rab-Bel.
805. Assur-taksit.
804. . . . Bel.
803. El-halik-pani.
802. Assur-ur-nisi.
801. Adar-malik.
800. Niri-sar.
799. El...
798. Mutakkil-Assur.
797. Bel-sakal-nalbar.
796. Assur-Bel-usur.
795. Marduk-saduya.
794. Kin-abuya.
793. Manuki-Assur.
792. Musallim-Adar.
791. Bel-barani.
790. Kiri-Samas.
789. Adar-halik-pani.
788. Bin-musamir.
787. Rabit-Istar.
786. Balatu.
785. Bin-uballit.

784. Marduk-sar-usur.
783. Nabu-sar-usur.
782. Adar-nasir.
781. Nalbar-likh.

---

780. SALMAN-ASAR, sar.
779. Samsi-el. —
778. Marduk-ur-anni.
777. Bel-mustesir.
776. Nabu-ittalak.
775. Pan-Assur-ittalak.
774. Nirgal-irsis.
773. Istar-duri.
772. Mannuki-Bin.
771. Assur-Bel-usur.

---

770. ASSUR-EDIL-EL, roi.
769. Samsi-el.
768. Bel-malik.
767. Habliya.
766. Gurdi-Assur.
765. Musallim-Adar.
764. Adar-kin-nisi.
763. Sitki-el.
762. Pur-el-sakhle.
761. Tabu-Bel.
760. Adar-Bel-usur.
759. Lakibu.
758. Pan-Assur-la-habal.
757. Bel-taksit.
756. Adar-iddin.
755. Bel-saduya.
754. Kisu.
753. Adar-musezib-ani.

---

752. ASSUR-NIRARI, roi. —
751. Samsi-el.
750. Marduk-sallim-ani.
749. Bel-edil-el.
748. Samas-ittalak.
747. Bin-Bel-ukin.
746. Sin-sallim-ani.
745. Nirgal-nasir.

---

744. Nabu-Bel-usur. —
743. Bel-edel-el. —
742. TUKLAT-PAL-ASAR, roi.
741. Nabu-dannin-ani.
740. Salman-Bel-usur.
739. Nabu-edir-ani.
738. Sin-takkil.
737. Bin-Bel-ukin.
736. Bel-turranni.
735. Adar-malik.
734. Assur-sallim-ani.
733. Bel-edil-el.
732. Assur-danin-ani.
731. Nabu-Bel-usur.
730. Nirgal-uballit.
729. Bel-ludari.
728. Naphar-el.
727. Dur-Assur.

---

726. Bel-kas-Bel-usur.
725. Marduk-Bel-usur.
724. Mandie.
723. Assur-halli.
722. SALMAN-ASAR, roi.

---

721. Adar-malik.
720. Nabu-taris.
719. Nabu-izka-dannin.
718. SAR-KIN, roi.
717. Zir-bani.
716. Tab-sar-usur.
715. Tab-sil-Asar.
714. Takkil-ana-Bel.
713. Istar-duri.

712. Assur-bani.
711. Sar-turrani.
710. Adar-alik-pani.
709. Samas-Bel-usur.
708. Mannuki-Assur-likh.
707. Samas-upakhar.
706. Sa-Assur-dubbu.
705. Mulakkil-Assur.
704. Pakar-Bel.

.... (Sen-akhi-erib).

---

703. Nabu-sulum-epus.
702. Kannunai.
701. Nabu-likh.
700. Hananu.
699. Meluna.
698. Bel-sar-usur.
697. Immu-sar.
696. Assur-dur-usur.
695. Sulmu-ana-Bel.
694. Assur-Bel-usur.
693. El-illiya.
692. Idin-akhi.
691. Zazaya.
690. Bel-tur-ani.
689. Nabu-kin-akhi.
688. Gihilu.
687. Idin-akhi.
686. SIN-AKHI-ERIB, roi.
685. Bel-imur-anni
684. Assur-danin-anni.
683. Sar-zir-illi.
682. Mannuki-Bin.
681. Nabu-sar-usur.

---

680. Nabu-ahhi-issis.
.... (ASSUR-AKHI-IDIN monte sur le trône).
679. Dananu.
678. Dan-imni-nu.
677. Nirgal-sar-usur.
676. Abu-ramu.
675. Bamba.
674. Marduk-akhi-idin.
673. Sar-nuri.
672. Atar-el.
671. Nabu-Bel-usur.
670. Tebitai.
669. Salman-Bel-la-arme.
668. Samas-kasit-aibi.
667. Mar-la-arme.
(Assur-bani-pal).
666. Gabbaru.
665. Tabitai.
664. . . . . usur.
.... Bel-nahid.
.... Dabu-sar-sin.
.... Arba-ilu-aï.
.... Girzabuna.
.... Silim-Assur.
....
.... Sa-nabu-su.
.... Labasi.
.... Milki-ramu.
.... Dayanu.
.... Assur-nasir.
.... Assur-iluai.
.... Assur-dur-usur.
.... Dagabu.
.... Bet-haran-sadua.
.... Ahi-iluai.
....
.... Bel-eum.
.... Nabu-sar-aisu.
.... Samas-dain-ani.
. . . . . .
.... ASSUR-EDEL-ILI, roi.
....

III.

CANON DES ROIS DE JUDA ET D'ISRAEL.

Nous avons cru devoir donner ici le canon des rois juifs, d'après les calculs qui ont été faits antérieurement aux découvertes assyriennes, nous l'avons pris tel qu'il résulte particulièrement des travaux de M. Munck (*Palestine*, p. 300-333) ; il sera ainsi plus facile de suivre les points de concordance, de même que les divergences auxquelles les données historiques nouvelles donnent lieu de part et d'autre :

Av. J.-C.	Rois de Juda.		Rois d'Israel.	
975.	Réhabeam.	17	Jéroboam.	27
958.	Abiam.	3	»	»
955.	Asa.	41	»	»
954.	»	»	Nadab.	2
952.	»	»	Baesa.	23
930.	»	»	Ela.	1
928.	»	»	Zimri.	1
928.	»	»	Omri.	11
917.	»	»	Achab.	20
914.	Josaphat.	25	»	»
897.	»	»	Ochozias.	1
896.	»	»	Joram.	12
889.	Joram.	4	»	»
885.	Ochozias.	1	»	»
	»	»	»	»
884.	Athalia.	6	Jéhu.	28
878.	Joas.	40	»	»
856.	»	»	Joachaz.	16
840.	»	»	Joas.	15
838.	Amasia.	29	»	»
825.	»	»	Jéroboam.	43
809.	Azaria.	51	»	»

Av. J.-C.	ROIS DE JUDA.		ROIS D'ISRAEL.	
782.	»	»	Interrègne.	10
772.	»	»	Zacharie.	1
771.	»	»	Sallum.	1
771.	»	»	Ménahem.	11
760.	»	»	Pékahia.	2
758.	Jotham.	17	Pékah.	20
741.	Achaz.	15	»	»
738.	»	»	Interrègne.	9
729.	»	»	Osée.	9
726.	Ezéchias.	29	»	»
721.	»	»	Chute de Samarie.	
697.	Manassé.	55	»	»
642.	Amon.	2	»	»
640.	Josias.	31	»	»
610.	Joachaz.	» 3 mois.	»	»
610.	Joakim.	11	»	»
599.	Joachin.	» 3 mois.	»	»
599.	Sédékias.	11	»	»
588.	Chute de Jérusalem.		»	»

TABLE.

Ire PÉRIODE.

IIe PERIODE.

IIIe PÉRIODE.

IVe PÉRIODE.

Ve PÉRIODE.

AV. J.-C PAGES.

Appendices.

CARTES ET PLANS.

FIN.

IMPRIMÉ PAR ESPÉRANCE CAGNIARD, ROUEN.

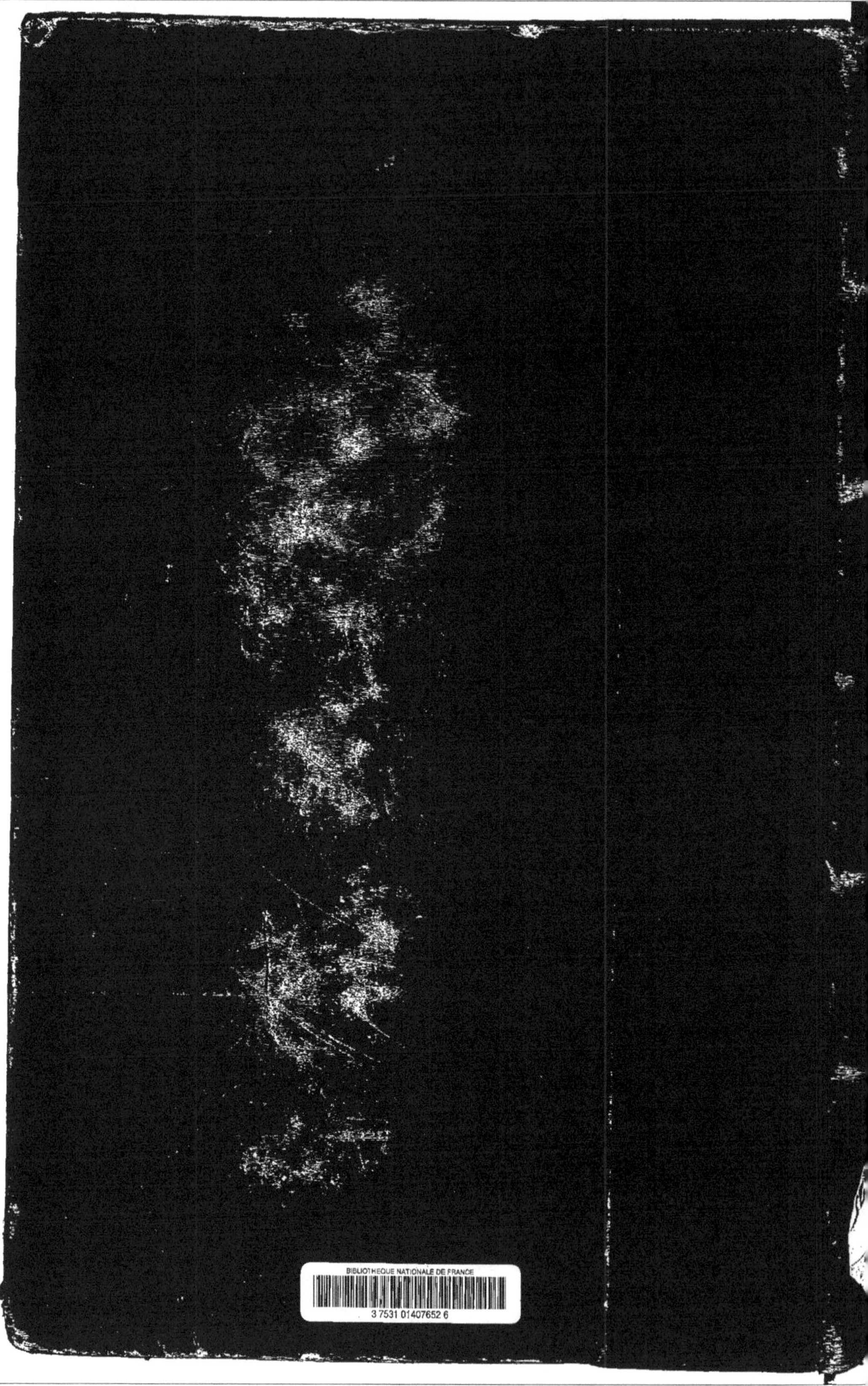
BIBLIOTHEQUE NATIONALE DE FRANCE
3 7531 01407652 6